心理学基础（第2版）

主　编　李　红　雷　怡

副主编　冯廷勇　陶　仁

　　　　张志杰　陈　寒

　　　　桑青松

中国教育出版传媒集团

高等教育出版社·北京

内容提要

本书为教师教育类核心课教材。本书内容丰富，深入浅出，共十四章内容，包括来源于生活的心理学，心理的发生与发展，心理的生物学基础，心理的环境基础，感觉和知觉，意识和注意，记忆和学习，思维，智力，需要、动机和意志，情绪，人格，群体心理，心理学与生活。本书力求把心理学基础理论与实践操作结合起来，突出心理学知识在生活中的应用，同时贴近教师教育课程的实际要求，具有较强的针对性和实用性。本次修订用二维码关联了丰富的数字学习资源，有利于开展线上线下混合式教学。

本书可作为心理学及相关专业本、专科生教材，也可作为在职教师继续教育教材。

图书在版编目（CIP）数据

心理学基础 / 李红，雷怡主编. -- 2 版. -- 北京：高等教育出版社，2025.3

ISBN 978-7-04-062066-5

Ⅰ. ①心… Ⅱ. ①李… ②雷… Ⅲ. ①心理学－高等学校－教材 Ⅳ. ① B84

中国国家版本馆 CIP 数据核字（2024）第 067319 号

心理学基础（第 2 版）
XINLIXUE JICHU

策划编辑	陈 容	责任编辑	陈 容	封面设计	李小璐	版式设计 马 云
责任绘图	黄云燕	责任校对	高 歌	责任印制	刘思涵	

出版发行	高等教育出版社	网　　址	http://www.hep.edu.cn
社　　址	北京市西城区德外大街 4 号		http://www.hep.com.cn
邮政编码	100120	网上订购	http://www.hepmall.com.cn
印　　刷	高教社（天津）印务有限公司		http://www.hepmall.com
开　　本	787 mm×1092 mm 1/16		http://www.hepmall.cn
印　　张	21.75	版　　次	2009 年 12 月第 1 版
字　　数	470 千字		2025 年 3 月第 2 版
购书热线	010-58581118	印　　次	2025 年 7 月第 2 次印刷
咨询电话	400-810-0598	定　　价	49.80 元

本书如有缺页、倒页、脱页等质量问题，请到所购图书销售部门联系调换
版权所有　侵权必究
物　料　号　62066-00

前言

2008年，受高等教育出版社委托，我和冯廷勇教授等组织部分高校专门从事教师教育课程"心理学基础"教学和研究的专家共同编写了这本《心理学基础》教材。10多年过去了，一方面，心理学的发展突飞猛进，新知识、新观念积累了很多，另一方面，党和国家日益重视心理健康服务体系的建设，人民群众日益关注心理健康素养的提升，因此，我们组织力量修订了这本教材。在此，特别感谢使用了这本教材的老师和同学们！

在过去的10多年里，中国社会发生了巨大变化。在伟大的中国共产党的领导下，社会心理服务体系建设日益加强，自尊自信、理性平和、积极向上的社会心态正在形成，广大人民群众的获得感、幸福感和安全感得到了极大提升。

在过去的10多年里，中国心理学的发展面临着巨大的机遇。心理学人才培养机构激增，全国已有400多所高校拥有心理学专业，心理健康教师、心理咨询师、心理督导师以及心理学研究人员等专业人才的数量和质量大大提升，中国学者在国际刊物上发表的心理学文章的数量和质量名列前茅。中国心理学与发达国家心理学的差距越来越小，在很多领域甚至走在了国际前列。

在过去的10多年里，本书的作者群体也发生了一系列改变。一方面，一部分作者已经成长为领军人才，例如，陈寒教授为绵阳师范学院校长，陶仁教授为昭通学院副校长，张志杰教授为河北师范大学教育学院院长，冯廷勇教授为国家级青年人才、西南大学心理学部副部长，等等。我本人也经历了若干单位的变化，担任了中国心理学会心理学教学工作委员会主任，教育部高等学校心理学教学指导委员会副主任，中国心理学会副理事长、理事长等职位，对于心理学的人才培养有了更加直观、深刻的体会和认识。另一方面，一些专家出于种种原因退出了编写团队。特别感谢他们在第1版教材中所做出的贡献，感谢他们信任并推荐青年学者参与修订工作！特别值得强调的是，本次修订工作得到了四川师范大学脑与心理科学研究院雷怡教授的全力支持，她和我一起担任本书主编。雷怡教授是四川省学生心理健康教育研究中心副主任，年轻有为，被选为国家级青年人才，主持了科技部重大项目，有着丰富的心理学基础课程的教学经验，曾在深圳大学主讲"普通心理学"课程，其课堂教学改革、教学效果甚佳，深得学生好评。此外，温州大学胡瑜教授、成都师范学院杨柯教授、信阳师范大学孙天义教授、绵阳师范学院林群教授、四川师范大学杨小洋副教授、青海师范大学魏凤英副教授、昭通学院罗国忠副教授、昭通学院郑鹏讲师、重庆师范大学侯鑫讲师等，也积极踊跃地参加了本次修订工作。

在第1版中，我们曾指出，对于将要从事教师工作的师范生而言，他们未来的工作需要面对成长中的儿童和青少年，正如军事指挥需要知己知彼方能百战不殆一样，未来的教师也同样需要对自己的工作、对学生有充分的了解。孔子所提倡的"因材施教"就是这个观点的最早例证。所谓"材"，指的就是学生的个别差异。"材"可以是身体方面的，例如，不同的学生身体素质不同，因而在很多不同的教育教学活动中，教师需要根据学生身体的实际情况做出任务区分；"材"也可以是智力方面的，例如，有的人聪慧过人、过目不忘，有的人略显迟缓但往往语出惊人，有的人长于文学，有的人长于数学，有的人擅长音乐，有的人热爱绘画，等等；"材"还可以是人格方面的，例如，有的人热情奔放，有的人温柔优雅，有的人果敢坚毅，有的人怯懦退缩，有的人喜欢听取不同的意见，有的人则别人稍有微词便大发雷霆；凡此种种，都需要教师在教育教学过程中充分了解并有所重视。作为教师，哪怕是对自己的种种状况，也需要做到"心中有数"。因此，学习心理学，实在是认识他人、认识自我的无上法门。

本次修订，除了进一步加强教材的师范特色，还考虑了职业教育的需求，以师范教育作为职业的范例，结合其他职业领域的共同特点，探讨了理论与应用相结合的问题。当然，由于篇幅限制，我们很难顾及所有职业，如有高职高专类院校使用本书，教师就可举一反三，将书中涉及师范生的例子，改造为更加适合本校学生的例子。

总体来看，本书具有如下特点：

第一，体系新颖。围绕如何科学地理解人类的心理现象这一核心问题，我们确定从四个维度去理解心理现象：从"个体－群体"角度将人的心理划分为个体心理和群体心理；从"适应－不适应"角度将人的心理划分为正常心理和变态心理；从"发展－成熟"角度将人的心理划分为儿童心理和成人心理；从"物质－文化"角度将人的心理划分为生理心理和文化心理。这一认识人类心理现象的维度理论，是我们在科学认识人类心理现象方面的体悟，由此建构了相对新颖的知识体系。

本次修订基本上保持了第1版的体系，也新增了一些重要内容。例如，本书根据马克思主义原理对心理现象实质的论述，强调了心理现象和大脑神经系统的关系，加强了脑科学方面的内容。同时，更特别强调了环境因素对心理现象的重要性，强调了心理现象实际上是人脑对客观现实的主观反映，客观现实会对人的心理产生巨大的作用。为此，本书在各相关章节力图把一些脑科学方面的新内容以不同的方式吸纳进来，并特别新增了一章来专门讨论心理现象的环境基础。这是很多同类教材所没有的部分，在一定程度上是本次修订的一个特色。

第二，内容科学。围绕心理科学发展的146年历史，根据教师教育专业领域的需求，本书既力求以心理学的经典研究内容为主体，把心理学研究史上最具有影响力的研究成果介绍给初学心理学的学生；又紧密结合现代心理学的发展趋势，把专业核心期刊上的新成果，特别是把我国心理学的理论创新与本土实践介绍给学生，使他们能够了解心理学的前沿动态与本土创新。同时，为了避免枯燥乏味，本书力求保持语言的生动性，用简洁的语言描述科学研究，辅以大量来自生活的鲜活案例，增强内容的可读性。

第三，应用性强。本书的编写人员既有多年来一直从事心理学基础课程教学与研究的资深教师，也有对教育教学怀有巨大热忱的青年才俊，我们把心理学与实践应用领域紧密结合起来，使学生在掌握科学心理学基本理论知识的同时，能够紧密结合教育实践，培养理论联系实际的能力。本书尤其注重落实职业教育教师、教材、教法改革要求，创新教材内容与形式，除了阐述基本理论、基本知识、基本方法，还穿插设置了知识导图、案例导入、拓展阅读、反思与探究、推荐阅读等栏目，促进学生开展项目学习、案例学习，以二维码技术为支撑、一体化设计、同步推进教材、数字资源建设，满足教师教学技能培养要求。

参与本书编写的人员有：第一章，李红（华南师范大学心理学部副部长，四川师范大学脑与心理科学研究院院长，二级教授）、雷怡（四川师范大学脑与心理科学研究院，二级教授）；第二章，杨小洋（四川师范大学心理学院副院长，副教授）；第三章，冯廷勇（西南大学心理学部副部长，二级教授）；第四章，胡瑜（温州大学人文社会科学处处长，教授）；第五章，张志杰（河北师范大学教育学院院长，教授）；第六章，陶仁（昭通学院原副校长，教授）、罗国忠（昭通学院教育科学学院副院长，副教授）；第七章，孙天义（信阳师范大学教育科学学院副院长，教授）、魏凤英（青海师范大学教育学院，副教授）；第八章，杨柯（成都师范学院教育与心理学院，教授）；第九章，陈寒（绵阳师范学院党委书记，教授）、林群（绵阳师范学院教育科学学院，教授）；第十章，曹成刚（重庆文理学院，教授）；第十一章，吴红（贵州师范大学教师教育学院，教授）；第十二章，李柞山（重庆师范大学教师教育学院院长，教授）、侯鑫（重庆师范大学教育科学学院，讲师）；第十三章，周宁（云南师范大学教育学部，教授）；第十四章，桑青松（安徽师范大学研究生院院长，教授）、郑鹏（昭通学院教育科学学院，讲师）。冯廷勇教授作为本书第一副主编，参与了本次修订的组织工作。高等教育出版社的编校人员为本书付出了辛勤劳动，特此感谢！

当然，因为教材编写工作的严肃性和特殊性，加上编写人员水平的局限性和修订时间的紧迫性，所以本书难免存在某些不足和疏漏。在此，恳请读者在阅读和使用本书的过程中不吝赐教，帮助我们编写出更加科学和更加实用的优秀教材。

李红
2025 年 1 月 25 日
于四川师范大学明德楼

目录

第一章　来源于生活的心理学 …………………………………… 1

第一节　心理学的界定与性质……………………………………… 2
第二节　现代心理学的发展………………………………………… 9
第三节　心理学的研究方法………………………………………… 16

第二章　心理的发生与发展 ……………………………………… 27

第一节　心理发展概述……………………………………………… 28
第二节　心理发展的基本原理……………………………………… 30
第三节　认知与社会性发展………………………………………… 35
第四节　人生发展与职业生涯规划………………………………… 49

第三章　心理的生物学基础 ……………………………………… 57

第一节　心理与遗传………………………………………………… 58
第二节　心理与脑…………………………………………………… 63
第三节　认知神经科学的研究进展………………………………… 72

第四章　心理的环境基础 ………………………………………… 81

第一节　心理与自然环境…………………………………………… 82
第二节　心理与人文环境…………………………………………… 88
第三节　生态系统理论……………………………………………… 95

第五章　感觉和知觉 103

第一节　感觉 104
第二节　知觉 112
第三节　感知觉规律的应用 122

第六章　意识和注意 129

第一节　意识 130
第二节　意识与生活 133
第三节　注意 136
第四节　意识和注意在教学中的应用 141

第七章　记忆和学习 147

第一节　记忆 148
第二节　遗忘 158
第三节　学习 160
第四节　儿童青少年的记忆与学习 170

第八章　思维 177

第一节　思维概述 178
第二节　想象 184
第三节　问题解决与决策 187
第四节　创造力及其培养 196

第九章　智力 203

第一节　智力概述 204
第二节　智力理论 206
第三节　智力评估 211
第四节　智力开发 214

第十章　需要、动机和意志 225

第一节　需要 226
第二节　动机 230

第三节　意志·· 237

第十一章　情绪·· 245
　　第一节　情绪概述·· 246
　　第二节　情绪与认知·· 254
　　第三节　情绪与压力·· 257
　　第四节　情绪与健康·· 261

第十二章　人格·· 269
　　第一节　人格概述·· 270
　　第二节　人格结构·· 275
　　第三节　人格发展·· 282
　　第四节　健全人格及其培养·· 286

第十三章　群体心理·· 291
　　第一节　社会认知·· 292
　　第二节　人际关系·· 296
　　第三节　个体与群体的相互作用·· 301

第十四章　心理学与生活·· 309
　　第一节　心理学在健康领域的应用·· 310
　　第二节　心理学在教育领域的应用·· 316
　　第三节　心理学在其他领域的应用·· 321

主要参考文献·· 333

第一章 来源于生活的心理学

知识导图

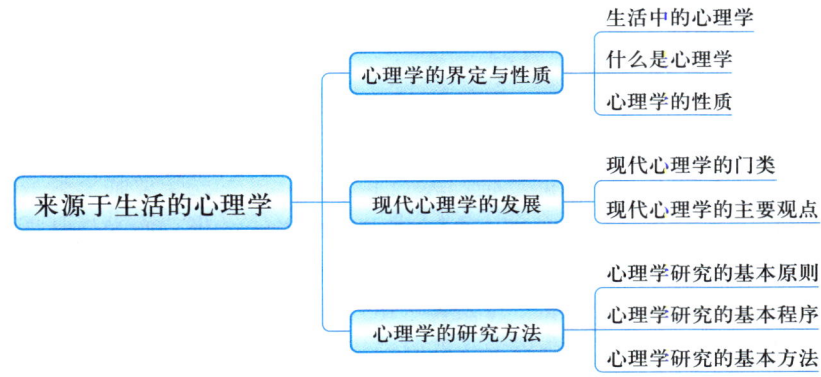

案例导入

皮格马利翁效应

相传古代的塞浦路斯国王皮格马利翁精心雕刻了一座象牙少女像。他十分欣赏和迷恋"她",每天都含情脉脉地凝视着她。日复一日,这种深情感动了女神,女神使"少女"活了起来,并与他结为连理。人们把这种由于真诚期待而出现的现象形象地称为皮格马利翁效应(Pygmalion effect)。

1968年,心理学家罗森塔尔等人在美国的一所小学,从一至六年级各选了3个班,对这18个班的学生进行了一场所谓的预测未来发展的测验。然后以赞赏的口吻,将有良好发展前途的学生名单悄悄交给有关教师。8个月后,他们再次进行了测验,结果奇迹出现了:名单上的学生的学业成绩有了明显进步,他们活泼开朗,求知欲强烈,与老师的关系特别融洽,最后个个成为名副其实的优秀学生。这时,罗森塔尔告诉老师们:其实我没有做过什么测试,只是随机选了一些学生。

如果人们对某人或某事始终怀着憧憬、期待、热爱、关怀之情,往往就会出现意想不到的效应。罗森塔尔等人用科学的方法证明了皮格马利翁效应的存在,因此它也被称为罗森塔尔效应(Rosenthal effect)。

皮格马利翁效应告诉我们,对一个人的积极期望会使他更快、更好地成长;反之,对一个人的消极期望则可能使他自暴自弃。在学校里,受教师喜爱或关注的学生,一段时间内其学业成绩及其他方面常常会有很大的进步,而受教师漠视甚至被歧视的学生可能一蹶不振。一些优秀的教师会在不知不觉中运用皮格马利翁效应来帮助后进学生。在企业管理方面,一些聪明的管理者也十分注重利用皮格马利翁效应来激发员工的斗志,从而创造出惊人的效益。

其实,心理的力量体现在了很多方面。我们究竟拥有哪些令人惊叹的能力?如何矫正不良的心理状态?我们是如何通过大脑来处理复杂的环境信息的?我们的认知、情绪是如何发展的?在社会生活中会出现哪些心理现象?所有这些问题归结起来就是:人是如何认识自己的?心理学就是揭开这个"斯芬克斯之谜"的钥匙。人本身就是这个世界上最复杂的现象。跟随本书,让我们一起来探索人类心理的奥秘吧!

【知识窗】"斯芬克斯之谜"与认识自己

第一节 心理学的界定与性质

心理学既是一门十分重要的基础学科,也是一门得到广泛运用的应用学科。与"宇宙(物质)的本质是什么?""宇宙(物质)来源于哪里?""宇宙(物质)将往何处去?""生命的本质是什么?""生命来源于哪里?""生命将往何处去?"一样,"意识(心理)的本质是什么?""意识(心理)来源于哪里?""意识(心理)

将往何处去？"被认为是人类科学的原初问题。宇宙、生命、意识，都有"是什么""从哪里来""到哪里去"的问题，而对这三大领域的三个问题的解答，就构成了人类对世界的根本认识，这既是科学、哲学等探讨的根本问题，又构成了人类世界最核心、最基本的知识体系。回答意识（心理）"是什么、从哪里来、到哪里去"的一切科学探索，构成了心理学研究的基本历史和基本知识体系。前文讨论的皮格马利翁效应，仅仅是心理学基本理论和实践应用中一个非常小的例证。

一、生活中的心理学

皮格马利翁效应是心理学在教育领域中的应用，它让我们更加深刻认识到心理学的重要性。其实，今天的心理学已经深入到我们生活的各个角落，帮助我们认识自己，认识他人，认识社会。可以说，只要有人的地方就有心理学。

在日常生活中，健康心理学家帮助人们解决学习、工作、生活中遇到的各种适应性问题。例如，提高人际交往能力，减轻焦虑情绪，改善夫妻关系，制订人生规划和职业生涯规划等。在临床治疗领域，心理咨询专家对来访者进行心理疏导，治疗各种心理障碍和心理创伤。

在教育领域，心理学能够为教师和学生提供更加符合学生身心发展规律的教学模式。例如，由北京师范大学林崇德教授领衔、多所高校近百名研究人员组成的"我国基础教育和高等教育阶段学生核心素养总体框架研究"项目组，历经三年集中攻关，最终形成了中国学生发展的六大核心素养——人文底蕴、科学精神、学会学习、健康生活、责任担当、实践创新，奠定了核心素养导向的课程与教学改革的基础。心理学研究能够帮助教育管理部门确定适合各类学生认知能力发展的学习内容和教学方法。

在招聘中，企业的人力资源部门越来越多地应用心理学测验，通过对应聘者人格、智力、技能等多方面的心理素质进行测验，大大提高了人才对岗位的适应性，真正做到"人尽其才"。通过人力资源管理，人力资源得到优化配置，从而提高企业竞争力和员工的工作满意度。心理学在组织管理中的应用越来越广泛。

在广告制作中，行为主义创始人华生（J. B. Watson，1878—1958）曾经利用当时人们对牛仔的崇拜将万宝路香烟打造成国际品牌，还利用名人效应成就了旁氏化妆品。媒体广告中也大量运用了重复效应（反复播放）、对比效应（产品使用前后效果的对比）等心理效应来增强广告的效果。广告心理学在营销与消费领域将持续大放异彩。

在航空航天领域，飞行员和航天员心理素质对安全飞行无疑是至关重要的因素。在孤独、超重、失重、高速飞行状态下，人的生理心理状态会发生哪些变化？飞行员和航天员如何进行科学的调节和适应才能完成任务？这些都是航空航天心理学研究的问题。

军事心理学的研究使心理战逐步成为现代战争的重要战术。所谓"不战而屈人之兵""攻城为下，攻心为上"等，就是强调心理战术的重要性。传统的战争影片中还会再现用扩音器喊话、用飞机散发传单等传统心理战术，当代的心理战已经发展出针对单兵、将领、军团的不同心理战术，并已经渗透到战争的各个环节。

心理学的应用范围可能超出你的想象。除了上面列举的研究和应用领域，还有许多心理学分支学科在当代社会中极富活力，如工业心理学、文化心理学、运动心理学、积极心理学、进化心理学、认知神经心理学等。生活中的心理现象如此纷繁复杂，研究者应该从哪些方面开展研究呢？我们该如何建立起对心理学的整体认识？要解答这些疑问，我们首先需要知道什么是心理学。

二、什么是心理学

在一定程度上，心理学不同于物理、化学等传统科学，它的研究对象是活生生的人，是活生生的人通过行为表现出来的内部心理活动。每个人都会对自身的一些现象感兴趣：我们所看到的物体颜色是否会和物体形状相分离？我们的感情是如何产生和表达的？我们是如何思考和做出决定的？我们是如何学习和应用知识的？我们为什么会有这样的行为？心理学的任务就是探索这些鲜活的心理和行为现象，以及这些现象形成的原因和规律。因此，心理学（psychology）是研究行为和心理过程的科学。

心理现象并不像物理现象那样可以触及，它是非常复杂的。为了便于研究，我们可以从三个不同的角度来理解人的心理现象：从"个体-群体"角度可以将人的心理划分为个体心理和群体心理；从"正常-异常"角度可以将人的心理划分为正常心理和异常心理；从"发展-成熟"角度可以将人的心理划分为儿童心理和成人心理；从"物质-文化"角度可以将人的心理划分为生理心理和文化心理。

（一）个体心理和群体心理

从"个体-群体"角度看，有些心理现象只在个体身上表现出来，有些心理现象是在人际互动中表现出来的。因此，从这个角度可以将心理现象分为个体心理和群体心理。

个体心理的心理过程、心理状态、共性心理、个性心理是常见的普通心理学的研究对象。在个体心理领域，可以从"稳态-动态"角度将人的心理划分为心理过程和心理状态，从"共性-个性"角度将人的心理划分为共性心理和个性心理。

1. 心理过程和心理状态

从"稳态-动态"角度看，心理现象可能是不断变化的、动态的，也可能是相对不变的、稳态的。人的心理现象被区分为心理过程和心理状态，正是以此为依据。事实上，在心理学的早期阶段，心理学者主要研究的就是心理过程和心理状态。

心理过程（mental process）是心理活动发生、发展的过程，也是人脑对现实的反映过程，包括认知、情绪和意志三个方面。① 认知过程（cognitive process）是指个体获取外部信息和运用知识的全部心智活动，包括感觉、知觉、注意、记忆、思维、想象和言语等。例如，我们可以通过感觉和知觉获得外部世界的信息，通过记忆存储和提取相关信息等。② 个体在认识外部世界的时候，内心会产生一种特殊的体验，喜、怒、哀、惧等基本情绪，羡慕、嫉妒、自豪、自卑等复合情绪，以及美感、理智感、道德感等高级情感。例如，当看到外部世界的美景时，我们会不由自主地觉得风景优美。人在认识客观事物时产生各种内心体验的过程就是情绪过程

(emotional process)。③人不仅能认识世界，对事物产生某种情绪体验，而且能在自己的活动中有目的、有计划地改造世界。个体在自己的活动中设置努力目标，根据努力目标制订行动计划，根据计划不断地排除行动中的各种障碍，力图达到该目标的心理过程称为意志过程（willed process）。

心理状态（mental state）是心理活动在一段时间里表现出的相对稳定的持续状态。心理状态既不像心理过程那样快速地动态变化，也不像心理特征那样持久稳定，其持续时间可以是几分钟、几个小时、几天或几个星期。人的认知、情绪和意志等心理过程都可能出现相对稳定的心理状态。比如，我们起床后如果听到一件喜事，会感到心情愉悦，而这种愉悦的心情很可能伴随我们一天的活动。

在人们的生活中，心理过程和心理状态是密切联系的。首先，心理状态是在具体的认知、情绪和意志过程中形成与表现出来的。例如，思维过程中会表现出聚精会神的状态。其次，心理过程的进行受心理状态的影响与制约。当我们处于某种心理状态时，心理过程会表现出不同的特点。例如，当我们处于聚精会神的思维状态时，思维过程通常是流畅的，具有较强逻辑性；当我们处于心神恍惚的思维状态时，思维过程往往难以进行下去，即便进行也是混乱的。

2. 共性心理和个性心理

从"共性－个性"角度可以将人的心理划分为共性心理和个性心理。

尽管每个人的心理过程和心理状态都不一样，但抽象地说，人类的心理过程和心理状态大致相似，具有很高的共性。因此，不论种族、文化背景、受教育程度等，每个人都具有大致相似的心理过程和心理状态。例如，逻辑思维能力可能和受教育程度有一定关系，但更多地和人类的基因相关联：很多因为家庭经济状况不佳而受教育程度不高的人具有较好的逻辑思维能力。记忆过程也一样，几乎每个人的工作记忆容量都为 7 ± 2 个组块。即使忽略个别差异，也可以对具有共性的心理过程开展深入研究。同样，无论个别差异有多大，某些心理状态都是一样的。例如，对于不同个体，克服困难的意志努力状态在性质上是一样的，努力或者不努力，只是程度不同而已。因此，我们把忽略个别差异而抽象出来的心理现象称为共性心理。

个性心理，顾名思义，是完全迁就于个别差异的。正如"世界上没有两片完全相同的树叶"一样，世界上也绝对没有两个完全相同的人。哪怕是同卵双胞胎，也总是存在不同的特征。个性心理包括两个不同的方面：个性心理倾向性和个性心理特征。

个性心理倾向性（individual mental inclination）是推动个体进行各种活动的动力系统，是个性结构中最活跃的因素，决定着个体对环境的认识、态度、倾向、选择，决定个体需要什么、喜爱什么、追求什么，包含着若干相互区别又紧密联系的成分，如需要、动机、兴趣、爱好、愿望、态度、理想、信仰和价值观等。个性心理倾向性体现了人对环境的态度和行为的积极特征。

个性心理特征（individual mental characteristics）是指一个人的心理活动经常表现出来的稳定特点。例如，有的人观察敏锐、细致入微，有的人观察粗枝大叶、挂一漏万；有的人记得快、忘得慢，有的人记得慢、忘得快；有的人思维灵活，有的人思维迟钝；有的人想象丰富，有的人想象贫乏；有的人情绪稳定、内向，有的人情绪易波动、外向等。个体所具有的多种心理特征有机整合后所显示出来的个人独特的精神面貌和行为，在心理学上也称人格（personality）。

群体心理是人在与他人、群体交往过程中表现出来的心理活动，通常是社会心理学的研究对象。人是一种社会性的动物，总会与他人形成各种各样的关系，从属于各种群体。与个体心理相比，群体心理只有在人与人的交往过程中才会表现出来。例如，同样是100元钱，在穷人眼中显得比较多，而在富人的眼中则显得比较少，这就是由于穷人和富人在知觉100元钱时参照了不同的社会标准。群体心理学关注的是群体中人与人、人与群体的关系。例如，在从众情境下，个体会不知不觉地表现出"随大流"的行为；在众目睽睽之下说脏话，说脏话者会明显感受到群体的压力；男生在异性面前会明显地表现出更加"绅士"的行为，在同性面前则会比较随便；两个不同班级的友好竞争，它们的关系就是群体关系；恋人之间的吸引和依恋表现的是人际吸引；民族自尊心则是作为本民族成员与其他民族成员比较时才会出现的一种特有的心理表现。群体心理是社会心理学的研究主题，它的研究内容主要包括从众、服从、侵犯、利他、归因、态度、说服、去极化等方面。

（二）正常心理和异常心理

从"正常－异常"角度看，可以把心理现象分为正常心理和异常心理。区分正常与异常，有多个标准。常用的是适应性标准，即采用社会认可的应对方式积极适应环境，这样的心理活动就是正常心理；反之，采用异于社会认可的应对方式来适应环境，则称为异常心理。无论是正常的心理现象还是异常的心理现象，都有一个因为受到生物因素和环境因素的双重影响而逐步产生与发展的过程。

在日常生活中，我们会凭借经验来区分正常与异常。如果一个孩子成绩优秀，一名员工广受欢迎，一位教师态度和蔼，我们会认为这是正常的；而有的人有自杀倾向，有的人极度抑郁，有的人从不与他人交流，我们会认为这是异常的。社会、个人和心理健康工作者对正常和异常有不同的评判标准：社会评判标准主要为是否符合已有的社会规范，个人评判标准主要为自我幸福感水平的高低。心理学家对正常和异常的区分往往采用多个标准进行综合评价：① 统计常模。假设人的各项心理特质（如智力、乐群性等）的测量值在人群中是正态分布的，一个人的某项心理特质的测量值处于平均数上下3个标准差以内，他在这一方面就是正常的；如果心理特质的测量值处于正态分布的两端（通常是平均数上下3个标准差以外），就是异常的。异常也分为两种情况，即高于平均数3个标准差和低于平均数3个标准差，前者属于超常，后者则属于低常。② 社会规范。一个人的行为如果符合社会规范，得到社会认可，就被判断为正常的，而偏离常规的行为就是异常的。③ 生活适应。生活适应良好的人就是正常的，适应困难甚至给社会或他人造成危害的就是异常的。④ 心理成熟状况。个体的身心两方面成熟程度相当就是正常的，心理成熟程度远低于同龄人就是异常的。

黄希庭等人（1997）提出了心理健康的六条标准：对现实的真实知觉、情绪上的安全感与自我接纳、自我调控能力、与人建立亲密关系的能力、人格结构的稳定与协调、生活热情与工作效率。

（三）儿童心理和成人心理

从"发展-成熟"角度看，可以将人的心理划分为儿童心理和成人心理。任何个体的心理现象都有一个从发生发展到成熟的过程。从刚出生的婴儿乃至更早的胎儿所具有的初步的感知觉能力到成人深邃的思维能力、稳重的处事能力，从婴幼儿更多受到生理因素影响的气质活动，到成人受到生理、环境双重因素影响的性格，都是如此。

儿童心理学一般以个体从出生到18岁的心理发生和发展为研究对象。因此，儿童心理学通常是包含了青少年研究在内的。儿童心理发展通常从认知发展（cognitive development）和社会性发展（social development）两方面来进行考察。认知发展主要包括感觉、知觉、记忆、注意、语言、思维等方面，其中，思维发展是核心内容。社会性发展主要包括兴趣、动机、情感、自我意识、道德、人格等方面，其中，人格发展其核心内容。婴儿一出生就具备一定的感觉运动能力，通过自己的活动逐步认识周围的世界，参与身边的活动。在这一过程中，儿童的各种认知能力和社会性技能得到发展。随着年龄增长，儿童的动作技能变得协调，他们逐步掌握了符号、语言等抽象操作工具，逐渐成长为独立的社会成员，获得适应社会生活的能力。由此可见，儿童心理的研究是认识人类心理发生、发展的重要窗口。从教育角度看，如何使未来教师们的教育手段符合并促进处于各个年龄阶段的学生的心理健康发展，显得至关重要。

成年心理学则包含了青年心理学、中年心理学、老年心理学等领域，是儿童心理学的延伸，也包含很多独特的内容，比如亲密关系、老龄化等等。各种心理能力的发展并不是同步的，它们分别在不同年龄阶段达到成熟。从整体上看，正常成人的心理活动达到了心理发展的高级水平，体现出人类心理活动的典型特征。普通心理学正是研究正常成人心理活动的特点和规律的科学，对成人心理的研究既包括感觉与知觉、学习与记忆、思维与言语等认知能力，也包括气质、性格、需要、动机、人格等社会性能力。

比较有意思的是，多数儿童在成长为成人的过程中，其心理活动会正常发展，但也有一部分儿童会异常地发展。因此，从小学中年级之后，就逐渐出现了一些心理异常发展的个例。其原因何在？这是很值得研究的。

（四）生理心理和文化心理

从"物质-文化"角度可以将人的心理划分为生理心理和文化心理。这实质上是在回答"遗传-环境"的关系问题，即心理现象到底来自遗传还是来自环境。如果人的心理现象来自遗传，那么，结果将是"龙生龙、凤生凤，老鼠生仔会打洞"，用心理学家霍尔（G. S. Hall，1844—1924）的话来说就是"一两的遗传胜过一吨的教育"，即人的一切心理现象均来自父母的遗传特性。如果人的心理现象来自环境，则结果必然是"蓬生麻中，不扶自直。白沙在涅，与之俱黑"，或者"近朱者赤，近墨者黑"，从而陷入环境决定论的泥沼。

所谓生理心理是指从遗传、生理发育角度来研究心理现象的成因、发展及规律，是心理学研究的重要组成部分，它主要探讨心理活动的生理基础和脑的机制。因为生理基础和大脑的发育主要是物质层面的，所以此类研究实质上是讨论心理现象这种看不见、摸不着的精神现象的物质基础。生理心理的研究包括脑与行为的演化；脑的解剖与发展及其和行为的关系；认知、运动控制、动机行为、情绪和精神障碍等心理现象与行为的神经过程和神经机制等。从解剖学、生理学的研究发现大脑机能定位，到心理活动的脑物质基础的生化研究，再到脑电波、脑成像技术，由来已久，历经百年。随着脑科学研究的兴起，这个领域更是长盛不衰。

所谓文化心理可以被理解为广义的环境心理，即探讨个体所处的环境变化是如何影响个体心理发生、发展规律的。对于人类而言，今天所谓的环境，几乎都是"人化"的环境。我们所处的所有环境事件，几乎都受到了人类的改造，打下了人类经验、人类文化的烙印，甚至母体内的羊水环境，也因为母亲所接受的教育、摄入的食物、身处的人文环境而有着种种差异。因此，探讨广义的环境，包括人类数十万年以来所逐渐积累的经验、文化以及受到人类改造的环境对个体心理的影响，这是一个基本的心理学议题，它回答的是人类心理现象的环境基础问题。

三、心理学的性质

（一）心理的实质

现代心理学的主流观点认为，心理是脑的机能，是人脑对客观现实的主观能动的反映。对心理的实质我们可以从以下两个方面来理解：

1. 心理离不开物质载体

首先，大脑是心理的器官。没有大脑这个物质基础，人的心理活动就无从产生。比如大脑布罗卡区损伤的病人，虽然能看懂文字和听懂别人说话，却失去了说话的能力。其次，人的心理也离不开环境刺激，几乎所有的心理现象都可以在客观环境中找到相关的刺激。例如，我们看见这页书，是因为实际存在的书所反射的光线作用于我们的眼睛，在大脑中形成了书的形象。即使是像"孙悟空"这样想象出来的形象，也是人和猴子形象的结合。最后，心理与行为密切联系。行为能够表现心理，不论肢体动作、言语、表情等简单行为，还是学习、上班、人际交往等复杂行为，都能不同程度地反映人的心理活动。然而，行为不等同于心理，行为可以被直接观察，而心理则不能被直接观察。例如，同样解决了一个数学问题，甲和乙两人也许会采用完全不同的方法，其内在心理过程很可能不一样，但结果完全一样。

2. 心理具有能动性

首先，心理对行为具有支配和调节作用。人们的行为不是无缘无故产生的，都有其心理根源。比如，找吃的是因为感到饥饿，哭泣多是源于悲伤等。其次，心理对环境具有选择和建构作用。同样的环境，人们的感受往往不同，比如在同样的家庭里，外向的孩子关注周围的人和事，而内向的孩子则可能对此熟视无睹。最后，心理对脑的活动具有调节作用，这种调节作用可以通过生物反馈来体现。生物反馈（biofeedback）是根据身体内部的生理变化所显示的线索，通过条件反射原理，逐步学习由自己的意识来控制原来不能控制的生理活动。通过这种方法，人们可以控制心跳的快慢，胃液和胆汁分泌的多少，甚至脑电波的出现或不出现（黄希庭，1997）。

（二）心理学的学科性质

由于研究对象——"心理"的复杂特性，心理学在学科性质上比许多学科显得更为"复杂"。按照研究对象的不同，人们一般将科学分为以研究物质规律为主的自然科学和研究社会规律为主的社会科学。那么心理学是自然科学还是社会科学呢？答案是：心理学既是自然科学又是社会科学。一方面，心理学要研究心理现象的物质属性，即心理的神经生物学基础。心理学致力于揭示不同心理现象的脑机制，研究脑病变、脑损伤与各种心理疾病的关系，以及脑发育对心理发展的影响，等等。现代心理学的发展甚至要研究心理现象的基因组学、蛋白质组学基础。从这个角度来说，心理学的研究目标和手段与自然科学一样，因此具有自然科学的性质。另一方面，心理学又要研究心理现象的社会属性。人是社会实体，心理的发生、发展离不开一定社会环境的影响，而且群体心理本身也是心理学研究的重要内容，因此心理学研究不能忽视心理现象的社会属性。从这个角度来说，心理学又具有社会科学的性质。由于心理现象的这种特殊性质，现在主流观点认为心理学是一门介于自然科学和社会科学之间的交叉学科。

从具体学科之间的关系来说，心理学与许多学科有着紧密联系。由于许多心理学家将他们的研究集中在心理和行为的不同方面，从而使得心理学的研究领域相当广泛。心理学与其他许多学科产生了复杂的联系，形成了许多交叉领域，如与社会学相关的心理学研究形成了社会心理学，与生物学相关的心理学研究形成了生理心理学，等等。

第二节　现代心理学的发展

1879年，冯特（W. M. Wundt，1832—1920）在德国莱比锡大学建立起世界上第一个心理学实验室，这标志着科学心理学从哲学中独立出来，成为一门独立的学科。现代心理学经过100多年的发展，经历了几次大的观念的变迁，出现了数量众多的分支领域。在各种不同观点的碰撞与融合中，心理学作为一门科学，取得了突飞猛进的发展。

一、现代心理学的门类

与其说现代心理学是一个单一的、统一的科学领域，不如将其看作"罩在各个松散联合的分支上的一把伞"（Morris & Maisto，2007）。总体来说，我们可以把心理学家的工作归入基础和应用两个领域中。在基础领域，心理学家致力于研究人类各种心理与行为现象的规律及机制；在应用领域，心理学家根据目前对人类心理现象的研究，致力于将这些心理学原理应用于人类生活的各个领域，帮助人们提高生活质量。这两个领域相互配合，不断探索和改变着人类对自身的认识。

（一）基础领域

普通心理学（general psychology）是研究心理现象及其发生、发展、变化一般规律的分支学科。它是所有心理学分支中最基础、最一般的学科。在现代心理学史上，出现过许多重要的心理学流派和思潮，如构造心理学、机能心理学，以及精神分析、行为主义、人本主义、认知心理学等，它们对心理学的基本原理各有不同的论述，都对心理学的发展产生了重大的影响。普通心理学对心理现象一般规律的研究分为几个领域：感觉与知觉、记忆与学习、思维与言语、情绪与意志、人格。对于心理学的一般问题，如人是如何感受到颜色的，记忆和学习的过程是怎样的，人类是如何理解语言的，应该如何评定人的能力等，都是普通心理学所关注的核心问题。

实验心理学（experimental psychology）是用实验方法研究心理学的分支学科。冯特于1879年在德国莱比锡大学建立第一个心理学实验室是实验心理学诞生的标志。实验心理学的研究主题包括感觉、知觉、动机、情绪等，关注的问题包括人们如何记忆？是什么导致了遗忘？人们如何决策和解决问题？等等。与专门研究某一方面的心理学分支学科不同的是，实验心理学主要是研究心理学的一种方法学。许多心理学家为实验心理学贡献了科学的方法，而随着日益精密的实验装置和测量仪器的使用，心理学的实验研究在客观性和准确性方面不断得到提高。

认知心理学（cognitive psychology）是20世纪中叶在西方兴起的一种心理学思潮，20世纪70年代成为西方心理学的一个主要研究方向。它采用反应时研究法、计算机模拟和类比、口语记录法等研究方法来研究人的心理过程——主要是认知过程，如感觉、知觉、注意、记忆、思维和语言等。认知心理学将人的内部心理过程看作一个信息加工系统，认为认知就是信息加工，包括感觉信息的输入、存储、加工表征和应用。认知心理学的兴起是西方心理学发展中的一个巨大变化，有人将其与行为主义并举，称为心理学发展中的第二次革命。

发展心理学（developmental psychology）是研究个体从受精卵开始到出生、成熟、衰老的生命全程中心理的发生、发展过程和规律的心理学分支。发展心理学主要研究个体心理的发展，也从种系发展的角度揭示人类心理的来源。个体发展是指人的个体从出生到成熟、衰老的生命全程中心理的发生和发展。一个人出生的时候是否有心理？个体的心理是怎样发生的？心理发展有什么规律？在儿童期、青年期、成年期、老年期等各个年龄阶段中心理是怎样发展变化的？这些发展变化在人的生活和发育上具有怎样的意义？……所有这些，都是发展心理学所必须阐明的问题。

社会心理学（social psychology）是研究个体和群体的社会心理现象的心理学分支。个体社会心理现象指受他人和群体制约的个人的思想、感情与行为，如人际知觉、人际吸引、社会促进和社会抑制、顺从等。群体社会心理现象指群体本身特有的心理特征，如群体凝聚力、社会心理气氛、群体决策等。社会心理学的研究和工业与组织心理学、个体社会性发展、社会活动有着越来越紧密的联系。今天的社会心理学家强调从现场研究到实验室研究，或从实验室研究到现场研究，循环往复、相互论证。同时，计算机的广泛使用，也为处理从现场获得的大量材料提供了方便，推动了社会心理学的进步。

人格心理学（personality psychology）是研究人与人之间个体差异，并整合各种影响因素对一个真实的人进行综合描述的心理学分支。它主要研究人格特征、动机、个体差异以及人格评鉴技术等。人格心理学家试图确定是什么原因导致一些人忧郁和紧张而另一些人却感到愉快和悠闲，为什么一些人稳重、谨慎而另一些人不安静、好冲动。他们也研究为何男性和女性之间，或来自不同种族和文化团体的个体之间，在诸如社会性、焦虑和责任感等方面存在稳定的差异（Morris & Maisto, 2007）。在心理学的发展中，各大心理学流派如精神分析、行为主义、人本主义等都为人格心理学贡献了重要的理论：精神分析强调人格的内部冲突和矛盾；行为主义强调外部环境、学习等对人格的影响；人本主义注重个体的主观体验以及个人成长机制的作用。

生理心理学（physiological psychology）是研究心理现象和行为产生的生理过程的心理学分支。心理现象是脑与身体的整体活动的产物，是脑对现实刺激和过去种种经验的反映。因此，生理心理学着重从整体观点来看待作为心理现象基础的神经活动。现代的生理心理学用神经生理学、生物物理学和生物化学等手段来研究感知觉、记忆、思维、情绪、学习等过程，目的是阐明各种心理活动的生理机制。生理心理学不仅可以记录脑电图（electroencephalogram，EEG），而且能够记录脑内单个神经元的活动。脑磁图（megnetoencephalography，MEG）、正电子成像术（positron emission tomography，PET）和功能性磁共振成像（functional magnetic resonance imaging，fMRI）等技术已被用来探索人在从事某种工作时脑内各部分的物质代谢活动的变化，观察与某种功能障碍有关的脑内的局部病变情况。

在基础研究领域还有其他心理学分支，比如比较心理学（comparative psychology）、心理统计学（psychological statistics）、理论心理学（theoretical psychology）和心理学史（history of psychology）等。这些领域的研究为心理学的整体发展提供了各种理论、方法、证据的支持。可以说，心理学的各个研究领域虽然千差万别，但并不是孤立的，各个领域的研究汇集了越来越多的证据，使我们得以从多个角度、多个层面逐步加深对神秘的心理现象的认识。

（二）应用领域

临床与咨询心理学（clinical and consulting psychology）是帮助那些有心理问题和心理疾病的个体调节认知、情绪和行为的适应不良状态，使他们恢复到正常状态的心理学应用分支。临床心理学家帮助那些有心理疾病的患者调适自己的心理以适应生活。他们通过心理访谈和心理测验来评鉴患者的问题，如焦虑和压力、性功能障碍、生活目标的迷失等，然后帮助患者解决这些问题，并矫正患者的自挫行为。咨询心理学家面对的来访者都有适应问题，但不是严重的心理疾病。比如，这些来访者的困惑很可能是过于理想化，或是无法选择职业，或是学校中的交际问题等。临床心理学家和咨询心理学家不同于精神科医生，他们的工作不是治疗精神疾病。

教育与学校心理学（educational and school psychology）旨在研究学校教育、教学中的心理学问题，并把相关的心理学知识应用于教育、教学工作之中。教育心理学是研究教育与教学过程中教育者和受教育者的心理现象及其产生与变化规律的心理学分支。一些教育心理学家主要研究学生心理、学习心理、教师心理、道德心理等与教育、教学相关的心理问题。比如，儿童的学习受到哪些因素的影响？是动机、智商等心理因素，贫穷、动乱等社会因素，还是教师的行为？另一些教育心理学家则致力于改进课程设计、成就测验、教师培训以及教育过程中其他方面的问题。学校心理学是运用心理测量、心理诊断、心理咨询、行为矫正等方法与技术为学校提供服务的心理学分支。学校心理学家通常在小学或中学里，鉴别和帮助那些存在各种学习困扰的学生，包括家庭问题、社会问题、人际纠纷、学习障碍等。

工业与组织心理学（industrial and organizational psychology）是紧密相连的两个研究领域。工业心理学主要研究工作中人的行为规律及其心理学基础，其内容包括管理心理学、劳动心理学、工程心理学、人事心理学、消费心理学，等等。组织心理学研究的是在一些组织如商业机构中的人的行为。比如，心理学家通过研究购物者的行为，发现如何摆放商品才能激发顾客的购买欲，如何改变橱窗里的陈设来吸引顾客，如何使报纸和电视上的广告更有说服力。

随着社会的发展，心理学的应用领域越来越广。健康心理学、司法心理学、运动心理学、军事心理学、航空航天心理学等应用分支在世界范围内取得了迅速的发展。应用心理学家的努力，促进了人类潜能的发挥，改善了大众的心理健康，促进了社会问题的解决。但是当今社会的压力、冲突和矛盾使得人们产生了越来越多的心理问题，应用心理学还有很长的路要走。

二、现代心理学的主要观点

心理学的历史漫长而又短暂。19世纪70年代以前，心理学一直属于哲学的范畴。1879年，冯特在莱比锡大学建立了世界上第一个心理学实验室，心理学从此脱离哲学而成为独立的科学。冯特的构造心理学盛极一时，但很快就被精神分析和行为主义取代。弗洛伊德（S. Freud，1856—1939）通过临床实践和不懈探究建立了精神分析流派。与构造心理学通过内省研究意识内容不同，精神分析关注的是人的潜意识和人格结构。弗洛伊德认为，潜意识中的本能和欲望是支配人的主要驱力，在潜意识的基础上，本我、自我和超我相继发展，表现为外在的人格结构。1913年，华生向冯特发出挑战。他认为科学心理学要建立在可以客观观察的事物上面，因而意识不能作为心理学的研究对象，只有人和动物的行为才是心理学研究的对象。20世纪40年代前后，斯金纳（B. F. Skinner，1904—1990）等新行为主义者强调在实验操作的基础上研究人和动物的行为。行为主义的盛行被认为是心理学界的第一场革命。行为主义在美国盛行的同时，欧洲出现了格式塔学派。格式塔学派同样反对构造心理学，认为心理现象是一个整体，整体决定部分，而不仅仅是构成心理的元素的集合。20世纪五六十年代，美国兴起了一股人本主义思潮，人本主义心理学是继行为主义和精神分析后的第三大势力，在咨询领域产生了重要影响。1967年，奈瑟尔（U. Neisser，1928—2012）的《认知心理学》出版，标志着心理学的第二场革命：认知主义的诞生。认知主义将人与计算机进行比较，认为认知就是信息加工，包括感觉信息的输入、存储、加工、表征和应用的过程，从而形成强调信息加工的认知心理学。直到今天，认知心理学仍然占据主流地位。20世纪八九十年代，认知科学和神经科学的迅速发展催生了认知神经科学。认知神经科学主张回归大脑，用各种神经成像技术研究各种心理现象的脑机制。这一蓬勃发展的领域必将引领今后几十年心理学发展的方向。

总体上讲，现代心理学的发展过程中出现了五大有影响力的观点：精神分析观点、行为主义观点、人本主义观点、认知观点和认知神经科学观点（如图 1-1 所示）。

（一）精神分析观点

精神分析是由弗洛伊德（见图 1-2）提出的。1900 年，弗洛伊德的《梦的解析》出版，标志着精神分析的诞生。弗洛伊德认为，人的心灵可以分为意识、前意识和潜意识三部分，其中后二者构成无意识。潜意识中的内容只有经过巧妙伪装，才能通过"检查"，经由前意识进入意识。1923 年，弗洛伊德又在《自我与本我》一书中提出本我、自我、超我的人格结构。本我是潜意识的，它的作用是促使人趋乐避苦，依照"快乐原则"来释放本能的力量。超我是

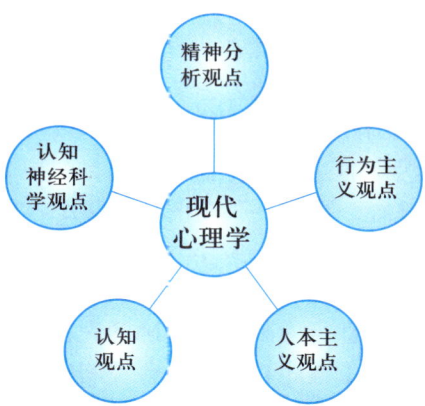

图 1-1　现代心理学的主要观点

人格结构中的最高层次，按照"道德原则"指导人的行为，监督本我和自我的活动。自我则按照"现实原则"协调本我和超我之间的活动。弗洛伊德认为，人格的发展就是本能（特别是性本能）的发展。人格的发展是由力比多（libido）驱使的，经过口唇期、肛门期、性器期、潜伏期和生殖期而发展成熟。精神分析的重要理论还有梦的理论和防御机制理论，在临床上主要采用自由联想法。

精神分析学派的观点一开始并没有受到正统心理学的青睐，但在医学、艺术、文学等领域有着巨大影响。弗洛伊德以研究病态心理来替代或推论对正常人心理的研究，以及他的潜意识基础论、泛性论和本能论都受到学者的批评。自 20 世纪三四十年代开始，新精神分析学派把弗洛伊德的理论扩展到个体的毕生发展和社会性发展中，并进一步发展了弗洛伊德理论中的合理因素，使他的很多观点逐渐进入主流心理学。时至今日，精神分析在心理咨询、生活以及许多其他领域仍然有着巨大的影响力。

（二）行为主义观点

行为主义观点首先由华生（见图 1-3）提出，并统治了西方心理学近 50 年的时间。华生于 1913 年发表《行为主义心目中的心理学》一文，主张通过对可观察的行

图 1-2　精神分析学派
　　　　的创始人：弗洛伊德

图 1-3　行为主义学派
　　　　的创始人：华生

为的客观研究取代对意识的研究。华生认为，心理学是一门纯粹的自然科学，其研究对象应该是客观的行为而非主观的意识。他进一步建立了刺激－反应的研究模式，并确定了观察法、条件反射法、言语报告法和测验法作为对行为进行研究的方法。

作为对行为主义思想的发展，新行为主义者托尔曼（E. C. Tolman，1886—1959）认为刺激和反应是以机体的内部因素为中介的。他进一步提出了符号学习理论，认为学习是有机体在一定的目的指导下，根据指向目标的一些符号，认识达到目标的途径，形成一种新的认知组织，即认知地图的过程。斯金纳则在经典条件反射理论的基础上提出操作性条件反射的观点。他把有机体的行为分为应答性行为和操作性行为。应答性行为是由特定的环境刺激所引发的，通过建立条件反射的方式习得。操作性行为则没有明确的先行刺激，是由行为的结果控制的。在此基础上，斯金纳提出了程序教学和社会控制的思想。程序教学是将学科的内容分成一系列有逻辑联系的项目，按照由易到难的顺序编排。学生学会了前一个项目就可以进入下一个项目的学习，学习进度是由学生自己控制的。程序教学在现代远程教育中得到了充分运用。社会控制认为人是不自由的，人的一切行为都受到环境的控制，通过分析和操作行为就可以实现对人的控制。这一思想对今天的儿童不良行为的矫正有着重要贡献。

行为主义者强调严格的实验和仔细定义的变量，影响了心理学的大多数领域。但是为了更精确地控制条件，他们往往以动物（通常是鸽子和老鼠）为研究对象，并且假定对动物研究的基本过程代表了对不同物种都适用的一般原则。行为主义的原则也产生了一套更为人性化的教育儿童的方法（通过正强化而非惩罚），新的修正行为紊乱的疗法，以及创建理想化社会的指导方针。

但是，心理、意识是客观存在的，单纯地研究行为显然无法了解心理、意识的特点与规律。新行为主义者如托尔曼、斯金纳等人不再完全无视有机体的内部过程，开始重视对动机和认知机制的研究，允许在经验事实的基础上对行为的内部动因进行推测，并以操作主义观点来解释刺激与反应之间的中介变量。

（三）人本主义观点

人本主义心理学是在20世纪50年代作为与精神分析和行为主义并驾齐驱的一种理论而出现的。它既反对精神分析学派的性本能决定论，也反对行为主义的环境决定论。人本主义心理学认为，人是先天良好而且具有选择能力的有能动性的动物。根据人本主义观点，人的主要任务是使自身的潜能得到不断发展。

人本主义心理学以马斯洛（A. Maslow，1908—1970，见图1-4）、罗杰斯（C. R. Rogers，1902—1989，见图1-5）为代表。他们认为人性是善良的，破坏和侵犯行为是人的基本需要遇到挫折后引起的；人是自由的，可以自主选择自己的未来；人是一直在成长的，行为动机指导人不断地趋于自我完善。人本主义者把整体论原则贯彻到人格、情感动机等领域，来解释人格的形成和发展。他们关注的问题是个体所体验到的主观世界，如人的本性、潜能、价值观、爱，以及人类生活的迫切问题与真实感受。

马斯洛提出的整体动力理论认为，心理学的对象是整体的人及其经验、行为和

图 1-4　人本主义代表人物：马斯洛

图 1-5　人本主义代表人物：罗杰斯

人格。在整体动力理论下，他又提出需要层次论，认为生理的需要、安全的需要、归属与爱的需要、尊重的需要和自我实现的需要是相继出现的，低层次需要的满足是高层次需要出现的基础。罗杰斯同样重视自我实现，他用无条件积极关注来解释自我发展的机制。无条件积极关注（unconditional positive regard）是一种没有价值条件的积极关注体验，即使自我行为不够理想时，也能感到自己仍然受到他人真正的尊重、理解和关怀。

"以人为中心"代表人本主义心理治疗的主要趋向，已经成为现代心理咨询与治疗的一条基本原则。罗杰斯提出的"以学生为中心"的教育观对素质教育也有很大贡献。另外，人本主义观点扩大了心理学的研究领域，把从文学、历史和艺术的研究中得到的有价值的内容都包括了进来。心理学因而成为一个更加全面的学科。

（四）认知观点

认知观点用信息加工的观点来研究知觉加工与模式识别、注意、记忆和问题解决等心理过程。图 1-6 是信息加工系统的一般结构。它冲破了行为主义研究刺激-反应的简单模式，但又不是完全向传统心理学认知研究的回归，而是取二者之所长，采用客观的实验方法来研究认知。

纽厄尔（A. Newell，1927—1992）和西蒙（H. A. Simon，1916—2001）设计的通用问题解决模型（general problem solver，GPS）的基本观点是：问题是介于两种状态之间的差异，如 A 和 B 间的差异。状态 A 是当前存在的，状态 B 是期望达到的目标。为了解决状态 A 和 B 之间的差异，需要经过一系列的检测和匹配，直至使当前状态和目标状态之间完全一致。认知心理学家将人脑与计算机进行类比，将人脑看作类似于计算机的信息加工系统，所谓的心理过程就是信息的获得、存储、加工和提取的过程。迄今为止，认知观点仍然是心理学中蓬勃发展的强有力的观点。

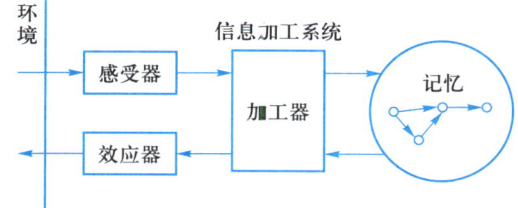

图 1-6　信息加工系统的一般结构（王甦，1992；Newell & Simon，1972）

（五）认知神经科学观点

20 世纪八九十年代，认知科学和神经科学的发展，产生了一个交叉的研究领域——认知神经科学。认知神经科学采用多种先进的脑成像技术研究各种心理现象的脑机制问题，其主要研究内容包括脑认知功能模块（或系统）的实验性分离、意识与无意识的脑机制、记忆与学习的脑机制、个体差异的神经机制等。在短短的发展历程中，这一领域已经取得了诸多重要发现，比如，目前已经确认了梭状回的面孔和字形的特异性加工功能、前额叶的规则整合与转换功能、杏仁核的情绪加工功能等。

认知神经科学的研究旨在阐明认知活动的脑机制，即人类大脑如何调用其各层次上的组件，包括分子、细胞、脑组织区和全脑去实现各种认知活动。自20世纪80年代后期发端以来，认知神经科学的研究已经取得了令人瞩目的进展，对传统认知心理学和发展心理学的理论建构与各内容领域的研究有着巨大影响。

认知神经科学是现代心理学发展最快的研究方向。无论是理论基础、研究方法还是其与众多交叉学科的关系，都反映了认知神经科学研究的重大意义和巨大的生命力。认知神经科学已然成为引领心理学发展方向的又一股潮流，它也为认识人类心理现象内在机制做出了重要贡献。

【知识窗】
第二次
认知革命

第三节　心理学的研究方法

在生活中，我们常常会接触一些有关心理的问题。比如，为什么会有"三个和尚没水喝"的情况？金融危机给人们的消费观念带来了怎样的影响？应该怎样调节情绪？怎样可以让我们的学习效率更高？等等。我们很想知道这些问题背后到底藏着什么玄机。那么如何才能得到答案呢？——我们去研究它。但是散乱的研究容易将人们引入歧途。比如，我们如果想知道儿童会在什么样的情况下帮助他人，就不能简单地在课后坐在操场边观察并进行记录。为了使得到的答案更有说服力，我们的研究方法就必须是科学的。本节我们就来介绍心理学家用来揭示心理现象奥秘的科学方法，首先介绍心理学研究的基本原则和基本程序，然后通过一些心理学研究中的真实案例来介绍几种主要的心理学研究方法。

一、心理学研究的基本原则

人们在揭示心理现象的客观规律时，无论选择哪种方法进行研究，都必须遵循一定的研究原则。违背任何一条原则，研究都可能是无效的甚至是有害的。坚持和运用唯物辩证法，最重要的是坚持和运用唯物辩证法的客观性原则、发展性原则、对立统一原则、批判性原则和实践性原则（梁树发，郝立新，2016）。心理学研究的基本原则包括：客观性原则、发展性原则、教育性原则、系统性原则和理论联系实际原则。

（一）客观性原则

客观性原则，简单来说就是实事求是。公开的经验观察是科学方法的基石，所谓经验观察，就是不带有主观偏见地记录和呈现事实。因此客观性原则也是心理学研究中最重要的原则。

客观性原则要求研究者按照科学的方法或程序进行研究，避免由于方法或程序上的失误使得结果不符合客观事实。最明显的一个现象就是期望效应（expectancy effects），即研究者一般都会对所研究的问题有一定的预期，这种预期若不加以控制就可能对被试产生影响从而造成实验结果的偏差。章前所介绍的皮格马利翁效应就是一种期望效应。

客观性原则更重要的要求是理论和观点都必须以相应的事实材料为佐证，而不是主观臆测。研究者为了支持自己的观点而任意伪造或者删减数据是很不道德的，其危害性也极大。它不仅易误导民众接受一个错误的理论，还会使相关的研究变成纯粹的浪费。

【知识窗】
伪造数据的典型：伯特事件

（二）发展性原则

世界上的一切事物都是运动、变化和发展的，心理现象也是如此。即使是较稳定的心理特征，也可能由于长时间各种因素的作用而发生变化。心理的发展和变化，表现为从低级到高级、从简单到复杂、从量变到质变的过程，具有连续性、顺序性和阶段性。每一发展阶段都表现出某些独特的心理发展特点，具有相对的稳定性。在两个相邻阶段之间（如少年期与青年期）又是相互联系的，前一个阶段的发展会为后一个阶段做准备。发展性原则要求在研究个体心理时，要以发展的眼光来看待心理现象，避免停滞和片面；同时还应考虑个体当前最佳的发展水平，并使研究成果有利于个体今后的发展。

（三）教育性原则

任何研究都不能以损害人的身心健康为代价。教育性原则要求在进行心理学研究时，应从有利于教育、有利于个体身心健康的角度来设计和实施研究。不仅在课题的选择上要考虑教育意义，而且在研究方案的设计和实际进行的过程中，都要对被试有良好的教育影响，不能有损被试的身心健康。在进行以人为被试的研究前，研究者要仔细评估被试可能面临的风险。即使潜在的风险微不足道，也必须仔细考虑。违背教育性原则，可能会给参与实验的被试带来灾难性后果，著名例子就是行为主义创始人华生等人所进行的"小阿尔伯特实验"。

拓展阅读

小阿尔伯特实验

华生等人的恐惧条件反射实验是在一名叫阿尔伯特的 11 个月大的婴儿身上做的。实验初期，阿尔伯特与小白鼠玩了 3 天。后来，当阿尔伯特伸手去触摸白鼠时，脑后响起了猛烈敲击钢条的声音。这显然是一种令人生厌的声音，阿尔伯特的反应是害怕。在小白鼠与敲击钢条的声音一起出现 3 次后，一出现小白鼠就会引起阿尔伯特的害怕和防御的行为反应。在 6 次条件作用后，阿尔伯特见到小白鼠时会产生恐惧情绪。最后，当小白鼠单独出现时，阿尔伯特也会表现出强烈的恐惧情绪和躲避反应。在阿尔伯特1岁以后，华生进行了一系列泛化测验。他们发现阿尔伯特开始惧怕任何有毛的东西，不管是看见白兔、狗，还是毛大衣、棉花，甚至圣诞老人面具，他都会哭或焦急，类似于对小白鼠的反应。可见阿尔伯特的恐惧已泛化到一切有毛的东西上了。

接下来，华生尝试用各种办法建立新的条件反射以便消除阿尔伯特的恐惧情绪。但不幸的是，阿尔伯特在接受治疗之前已经离开了日托中心，举家搬迁到别的地方去了。

从研究角度来说，小阿尔伯特实验提供了恐惧条件反射形成的直接证据，具有相当的科学价值。但科学是为人服务的，对人的心理的关怀是心理学研究的初衷，为了取得科学的进步而给一个不到一岁的孩子造成难以愈合的心理伤害显然是不人道的。因此，这个实验遭到了学术界的严厉批评。

（四）系统性原则

系统性原则要求心理学研究应该从研究对象的整体性、相互联系、有序化、动态性来探明心理的变化与发展特点（赵鸣九，2003）。心理作为一个多层次、多因素、极其复杂的系统，想要通过改变一个因素而保持其他因素不变，来考察整个系统的反应，所得到的结果往往是值得怀疑的。因此，在心理学的研究中必须在各个因素的相互作用中去认识整体，考虑各种内、外因素相互之间的关系和制约作用，在多层次、多因素和多维度的系统中进行分析。具体来说，在进行心理学研究时要注意以下三点：第一，要考察心理现象的构成因素和层次之间的相互影响，还要考察心理现象和外部环境的交互作用；第二，要将心理现象放到它所处的时间与空间中进行动态的分析；第三，要从系统结构与功能的关系上，了解系统内各种因素的联结方式和信息转换能力。

（五）理论联系实际原则

科学研究的成果是为了运用于生活实际，不能为了研究而研究。理论联系实际原则要求心理学的研究要联系人们的现实生活，使研究结果有利于提高人们的生活质量。心理学研究中的生态效度（ecological validity）是指研究结果推广到具体研究情境以外的可能程度。从这个角度来说，理论联系实际原则强调心理学研究应该尽可能地提高研究的生态效度，以便研究结果可以在人们的实际生活中应用。另外，心理学研究中建立的理论和观点，也需要在实际情形中验证其正确性，这也是检验科学研究的基本标准。

二、心理学研究的基本程序

尽管科学研究没有一成不变的法则，但是研究者还是会在研究时遵循一套共同的逻辑程序。心理学研究的基本程序如图1-7所示。

那么，怎么实施一项课题研究呢？我们来看下面这个例子：教师职业是高尚而神圣的，但是工作负荷、人际关系、情绪等问题的存在使教师面临很大的压力。当压力过大而没有办法得以有效缓解时，部分教师就会开始对教学感到厌倦并表现出一些情绪和人格上的症状，这种现象被称为教师职业倦怠（teacher burnout）。马斯拉克（C. Maslach）等人把职业倦怠定义为在以人为服务对象的多种职业领域中，个体表现出的一种情感衰竭、人格解体和个人成就感降低的症状，而教师职业倦怠则是职业倦怠在教育领域的延伸。假设我们是一群心理学家，想要帮助教师解决职业倦怠问题，要怎样做呢？让我们按照基本程序一步一步地来：

① 发现问题。我们已经知道工作负荷、人际关系、情绪等压力因素会引起教师职业倦怠，但是它们对不同教龄的教师职业倦怠的影响是否一样呢？

② 查阅文献。通过查阅文献我们发现，前人的研究已经确定了教师职业倦怠的诊断标准和主要压力因素，但还没有关于压力因素与不同教龄的教师职业倦怠之间关系的研究。

③ 理论思考。查阅文献时我们会发现，在所关心的领域内研究者已经建构了各种各样的理论。完善的理论有两个共性：一是能整合现有的科学数据，二是能为新的研究指明方向。通过对相关变量间关系的分析，完善的理论能告诉我们，研究者以某种方式对变量进行操纵，可能出现怎样的结果。在这个研究中，我们要关注有关教师压力因素和教师职业倦怠的相关理论。

④ 提出假设。随着研究的成型，我们需要建立具体的假设。假设必须能直接进行验证，也就是说，我们必须能够以客观的定义、操纵、记录和控制各个变量，并且结果能很好地说明是支持假设还是反对假设。在这个例子中，我们的假设是：随着教龄的不同，各种压力因素与中小学教师职业倦怠的相关是不同的。

⑤ 研究设计。一旦形成假设就需要对研究进行总体规划，也就是研究设计。在研究设计中需要详细说明：如何选择和分配被试，如何控制额外变量，如何收集数据以及详细的研究流程是什么等。比如在这个研究中，我们选择以问卷调查的方式对市区内所有中小学在职教师进行研究。为了获得中小学教师工作压力因素和职业倦怠的数据，我们用《中小学教师工作压力量表》来测量教师面临的压力因素，用《教师职业倦怠问卷》来收集教师职业倦怠的数据。在研究设计中还要规定怎样发放和回收问卷等研究细节。关于问卷调查实施的各个要点在本节的"调查法"中还有更详细的介绍。

⑥ 实施研究。这个步骤就是要实施设计好的研究程序。

⑦ 数据分析和统计结果。得到数据后要对结果进行统计分析。首先，我们对问卷结果进行初步整理，剔除无效问卷（比如那些漏答或者明显胡乱回答的问卷等）。然后，分析问卷得分的总体情况。例如计算教师职业倦怠和各压力因素的平均分、

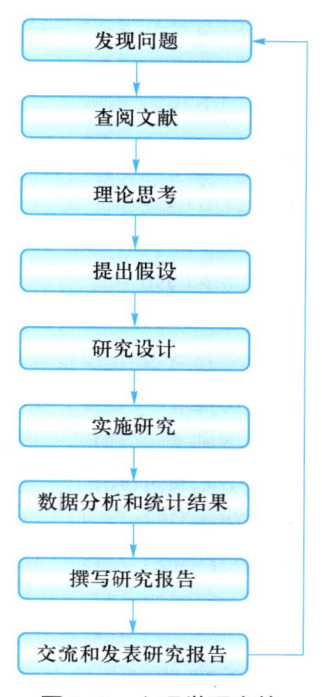

图 1-7 心理学研究的基本程序

分布情况等。最后，计算各种压力因素和教师职业倦怠的相关系数。通过分析我们发现，随着教龄的增加，职业倦怠与工作压力影响因素的相关逐步减小，与社会压力影响因素的相关逐步增大。也就是说，我们的研究发现：随教龄的增加教师职业倦怠的主要压力因素从工作压力向社会压力转移。这个结果支持了我们的假设——随着教龄的不同，各种压力因素与中小学教师职业倦怠的相关不同。

⑧ 撰写研究报告。这个步骤要求对研究过程和结果进行详细的报告。注意，要依照标准的格式。

⑨ 交流和发表研究报告。将研究报告在学术期刊或其他公开刊物上发表，以供其他研究者参考和检验。这样，这个研究就算告一段落了。

在这个例子中，我们的研究揭示了教师职业倦怠和压力因素的关系的变化。我们发现随着教龄的增加教师职业倦怠的主要压力因素从工作压力向社会压力转移。这个结果提示我们，为了避免出现教师倦怠对不同老师要区别对待：对新手教师要注意在工作上对其进行指导，以便他们能顺利地适应教师工作；对教龄比较长的教师则要注意在人际关系、生活压力等方面多加关注。

三、心理学研究的基本方法

心理学研究的基本方法包括：观察法、个案研究、调查法和实验法等。所谓"基本方法"是指目前心理学研究中用得最多最常见的几种方法。当然，心理学研究用到的方法还有很多，比如临床法、质的研究等，并且随着理论和技术的进步，新的方法也在不断地涌现。

（一）观察法

观察法（observational method）是指在自然情境下对表现心理现象的外部活动进行有系统有计划的观察，从中发现心理现象发生和发展规律的研究方法。在进行观察时，首先要建立一个记录某种行为的分类系统和等级量表，并确定记录的方法。例如，要观察攻击行为，就需要对攻击行为做出界定并将其分类成言语攻击和行动攻击，再进一步细分，如讽刺、骂人属于言语攻击，推搡、打人属于行为攻击。如此下去，直至观察者看到一个行为时可以将它归为特定类别。这样的观察记录就会比较客观。

观察法的优点是：一方面，不改变或干扰自然环境，研究者能观察到一些自然情况下发生的行为。例如通过单向玻璃，研究者能观察儿童游戏，而儿童没有意识到在被观察。另一方面，有些现象只有通过观察才能进行研究，而在非自然条件下的研究可能是不道德的或不切实际的。例如对灾害心理的研究就常常如此。观察法的主要缺点是：自然条件下的事件很难以严格的方式被重复，因此观察结果也难以验证；未能对变量进行操纵和控制，观察法只能提供描述性结果而无法对事件关系进行推论；同样由于未加控制，想要研究的现象也许不会出现，造成研究成本的浪费。

实施观察法时需要注意以下两个效应的影响：① 观察者效应（observer effect），指的是由于意识到自己被观察而引起行为上的改变。比如，对学生和教师之间的互动感兴趣，就不能简单地坐在教室并开始记录，因为观察者的出现可能影响学生和教师的行为。观察者要尽可能隐蔽自己，避免这种影响。② 观察者偏差（observer bias）。有时，观察者只看到希望看见的东西，记录的观察结果也就反映了观察者个人的偏见。因此，实施观察时要尽量做到客观。珍妮·古道尔（Jane Goodall）对黑猩猩的观察是自然观察法的应用典范，我们从这个例子中可以看到科学观察的重要意义。

拓展阅读

珍妮·古道尔和她的黑猩猩

对于塑造复杂行为模式中物种的自然栖息地所具有的长时效应，在实验室的任务环境中是难以观察到的。珍妮·古道尔的研究是自然观察法中最有价值的一个例子。珍妮·古道尔花了 30 多年的时间在非洲贡旦的坦噶尼喀研究黑猩猩的行为，发现黑猩猩和人类一样可以使用工具，证明了黑猩猩家族中母亲和后代长期情感联系的重要性以及黑猩猩之间行为和"个性"的惊人差异。下面是一段摘自她的《黑猩猩在召唤》一书中的记述，这段话体现了科学发现的兴奋："很快地调好双筒望远镜，我发现那是一只黑猩猩，而恰在此时它转向了我……它正蹲在一个红土白蚁窝的土墩旁边。我看见它将一根长草梗插进土墩上的一个洞（如图 1-8 所示），过了一会儿，抽了出来，并用嘴在草梗上舔食一些东西。我离得太远看不清它吃的是什么，但是很明显，它把草梗当作工具了。"（库恩等，2004，p.44）从这个例子中我们看到，可以在自然条件下通过观察得到很有价值的结果，而这在人为的实验条件下是很难实现的。

图 1-8　黑猩猩在用草梗"钓"白蚁

（二）个案研究

个案研究（case study）要求在一段相当长的时间内对特定个体或组织进行深入详尽的观察和研究，从而发现影响某种行为和心理现象的原因。个案研究要求对被试各个方面的资料进行详尽的分析，主要包括：个人生活史、家庭关系、生活环境和人际关系等。根据需要，研究者也常常对被试做智力和人格的测试，对其亲友进行访谈，收集其书信、自传、日记等文字资料。

个案研究的主要缺点是，由于研究样本量过少，其结果可能只适合个别情况，因此在推广结果或做出更概括的结论时必须很谨慎。但个案研究的被试常常有着某些不同寻常的特征，可以给后续研究提供许多有意思的信息。

拓展阅读

亲子游戏促进幼儿同伴交往能力发展

亲子游戏是指幼儿家庭环境中，父母与幼儿以语言、动作、表情、声音等为媒介开展的游戏活动。这种游戏以亲子情感作为游戏的基本要义，强调父母与孩子之间的亲密互动，在互动中使幼儿形成安全依恋、良好性格和正确交往动机等。已有研究表明，亲子游戏可以满足亲子之间共同娱乐和互动的需要，使孩子在自由、和谐、平等的氛围中身心得到多方面发展，对改善亲子关系及儿童问题行为具有一定的有效性（Allen，2020）。

某研究（凌辉等，2023）设计了一套亲子游戏方案，采用个案研究法对一名同伴交往能力中等的幼儿进行干预，对个案干预前后及追踪时的同伴交往能力进行评估，初步检验其效果。结果发现，父母的参与程度对干预效果有至关重要的影响。以同伴交往为主题的亲子游戏虽以幼儿为主导，但对父母的要求比较高，需要父母参与幼儿的游戏并且对幼儿进行引导。此时父母对游戏的参与程度会直接影响游戏的进度及效果。

该研究还发现，父母教养方式是影响幼儿同伴关系类型的重要因素之一。该研究中个案的父母属于民主型教养方式，善于倾听孩子的想法、意见，尊重孩子的兴趣和爱好，不会对孩子提过高要求，在教育观念上也比较开放，善于站在孩子的角度思考问题，以身作则地教育孩子如何处理问题。父母的这种教养方式个案积极参与游戏，在游戏中获益和成长起了很好的作用，也为其他父母在家庭教育中促进幼儿的社会性发展提供了一定的建议与指导。

（三）调查法

调查法（survey method）是指用一套预先经过标准化的问卷或量表来测量某种心理品质的方法。这种方法在社会心理学、工业或组织心理学等领域比较常用。调查法一般以调查问卷或量表为工具。问卷或量表实际上就是一组问题，被试的回答可以反映他们对某个事件的态度或某种心理特征。调查问卷或量表要具有相当的可靠性（信度）和有效性（效度）。也就是说，短期内同一批被试对同一份问卷或量表的两次反应不会显著不同，并且问卷或量表确实反映了研究者想要了解的那个问题。编制问卷或量表时还要注意调查的问题必须小心措辞，要避免生涩的术语和具有攻击性的用语。最后，调查法实施的关键在于选取代表性样本。所谓代表性样本（representative sample）是指能准确反应总体某一特征的一组人。比如，想要了解大学生对体能测试的态度，就要同时选取喜欢和不喜欢体能测试的学生作为样本。

除了通过调查问卷或量表，研究者还可以通过与调查对象面对面的对话来完成调查，称为访谈法（interview method）。实施访谈法时，调查者要按所需资料的要求，编制访谈提纲，以较为固定的程序向被访者提问来获取相关资料。这种方法一一般在书面调查有困难或者需要获得答案以外的信息时使用。相对于书面调查来说，访谈法的优点是：访谈中可以按照了解的问题随时发问，获得更多的信息。但是访谈法所费的时间与精力较多，对调查者的素质与访谈技巧也有较高的要求。

调查法的优点是，只要取样得当，就可以很容易地将来自少数被试的结果推论到更大的总体上去，效率很高。其缺点是调查结果一般都是描述性的，很难进行因果关系的推论。但调查结果可以为之后严格控制的实验研究提供基本框架。比如关于公园与肥胖关系的调查结果给了你怎样的启示呢？

拓展阅读

公园和肥胖

加拿大蒙特利尔大学的研究发现，生活环境与儿童活动量有密切关系：如果生活区附近有公园、绿地或运动场等，儿童进行体育锻炼的概率就高，罹患肥胖症的风险也相对较低。研究人员是在对300个家庭600多名8—10岁的儿童进行调查后得出上述结论的。参加调查的儿童都被视为有可能患肥胖症的"高风险群体"，因为他们的父母中至少一方罹患肥胖症。研究人员考虑了影响儿童肥胖的其他因素，如父母的教育程度和家庭经济状况等。

儿童肥胖呈上升趋势，这一现象的主要原因并非生理因素，而是环境因素，即久坐不动和锻炼过少。相关调查显示，如果人们生活在"有利于锻炼"的环境中，他们罹患肥胖症的风险就会降低。所谓"有利于锻炼"的环境指的是生活区域内附近有步行道、公园、绿地或运动场所等。

（四）实验法

所谓实验法（experimental method）就是在控制条件下进行观察。也就是说实验涉及两个基本要素：变量和控制。变量（variable）指有两种或两种以上取值的事件或行为。比如，温度、焦虑水平、某一测验的成绩等都属于变量。控制（control）则是对变量的操作。心理学研究的变量有三种类型：第一，自变量（independent variable）是实验者直接操纵的一种刺激或环境的一个方面，比如词语再认实验中不同词频的汉字。第二，因变量（dependent variable）是被测量的一种反应或行为，如被试的反应时、作答的正确率等。在认知神经科学实验中因变量还常常包括被试的脑电信号、大脑某区域的血氧含量等。第三，控制变量（controlled variable）则是自变量之外会对因变量产生影响的变量，如练习效应、疲劳、被试的性格特点、照明、噪声以及实验者的期望等都是可能影响实验结果的变量，对其进行严格的控制是实验有效的前提。

实验法分为两种：实验室实验和自然实验。实验室实验（laboratory experiment）是在实验室内借助专门的实验设备，对各种条件进行严格控制的实验。比如，反应时实验或者感觉阈限实验等。实验室实验的优点主要包括：① 对无关变量的控制有利于对结果进行反复验证；② 原则上实验室实验可以得到因果关系；③ 经济。相比观察法来说，实验室实验可以通过对变量的操纵来产生想要观察的心理现象。实验室实验的主要缺点是实验室情境有着很大的人为性。心理是很微妙的，被试处于实验室这种特殊情境下，意识到自己正在被观察，其反应难免会与日常生活中的反应有所不同。自然实验法在一定程度上弥补了实验室实验的这个缺陷。自然实验（natural experiment）也对实验条件进行控制，却是在自然的学习和工作的情境中进行的。例如，在课堂教学的情境中，让两个班的学生以不同的方法学习一组词，隔一个小时后，用测试记忆成绩来比较哪种方法可以让学生记得更牢。由于在自然情境中进行，自然实验法的结果比较符合真实情况。但是由于没有对实验条件进行严格的控制，自然实验难以得到精密的结果。

不像一般的以物质属性为对象的实验，有许多因素会影响心理学实验中被试的反应，导致结果偏差。其中最主要的两个就是要求特征和实验者效应。① 要求特征是指参与实验的被试会自发地对实验目的进行猜测，并按照自以为符合实验者期望的方式来反应。这样被试的反应就不是由自变量而是由要求特征引起的，实验结果就很难推广到实验情境之外了。要求特征的著名例子是霍桑效应（Hawthorne effect）。② 实验者效应是指实验者的期望影响了实验的结果。例如，实验者可能没有意识到在被试做出他们期望的反应时，点了点头以示肯定。实验者的性别、种族等也可能是潜在的实验者效应。实验者效应的一个重要方面就是前文提到的皮格马利翁效应。

拓展阅读

霍 桑 效 应

霍桑效应是指个体因意识到自己正在被研究或观察而改善行为的现象，是一种反应倾向。

1924—1932 年，美国心理学家梅奥（G. E. Mayo）和同事在美国芝加哥西方电气公司所属的霍桑工厂进行了一系列实验，旨在研究影响工人工作效率的因素，包括照明强度、工作时间、作息时间、休息次数等。结果发现，不管工作环境是变亮还是变暗，工人的工作效率都有所提高。因为工人认为他们的需要得到了关注，所以更加积极努力地工作，提高了工作绩效。

1958 年，美国学者兰茨贝格尔（H. A. Landsberger）重新分析了梅奥的实验数据，指出作为实验对象带来的新奇感和受到关注会提升工人的工作动机，进而提高工作效率，但是该效应的持续时间不长。兰茨贝格尔称之为霍桑效应。研究者发现，只要改变工作变量，工作效率通常会短时间得到提高，而实验结束时又会回落。

可以看到，参加实验本身就会对被试的反应产生一定的影响，从而造成结果的偏差。因此，应当将要求特征作为一个在绝大多数心理学实验中都会出现的控制变量在设计中加以控制。

那么怎样控制要求特征和实验者效应呢？心理学家一般采用以下三种方法：（1）双盲控制，就是让实验者和被试都不知道哪些被试接受了哪种实验条件。（2）实验设计，就是将可能成为实验者效应的因素作为控制变量。如果实验者的性别可能影响实验结果，那么可以让一半被试由男性实验者施测，另一半被试由女性实验者施测。（3）自动化呈现，是指通过计算机或其他设备来做实验，可在很大程度上消除实验者效应。

实验法是心理学研究中最重要的方法之一，在心理学研究的所有领域都发挥着不可替代的作用。心理学史上有许多有趣的经典实验研究，比如反馈实验。

拓展阅读

反 馈 实 验

有研究者曾做过一个实验：把某班学生分为三组，每天学习后接受测试；对第一组每天告诉其学习结果，对第二组每周告知其学习结果，对第三组则不告诉其学习结果。如此进行八周后，改变实验条件，除第二组依旧每周一次反馈其学习结果外，第一与第三组对调，即对第一组不再告诉他们学习结果，对第三组每天测验后就告知其成绩结果，这样再进行八周。

结果发现，第八周后除第二组显示出稳的进步以外，第一组与第三组的情况发生了很大的变化，即第一组的成绩逐步下降，第三组的成绩则突然上升。实验结果表明，反馈在学习上的效果是很显著的，当学生不知道自己的学习结果时，就会缺乏学习的热情，学习自然不会得到进步。与每周反馈相比，每天反馈的效果最好。

想一想：在上面的实验中，自变量和因变量各是什么？控制变量都有哪些？如果让你来完成这个实验，你又将如何控制它们？

反思与探究

1. 心理过程包括哪几个方面？
2. 如何判断心理异常？
3. 心理学的发展过程中出现了哪些影响较大的观点？
4. 心理学研究中为什么要坚持客观性原则？
5. 运用实验法时要注意哪些问题？
6. 你能从身边发生的事件中找到一个有价值的研究主题吗？

推荐阅读

1. 彭聃龄，陈宝国. 普通心理学［M］. 6版. 北京：北京师范大学出版社，2023.

该书是教育部推荐的高等学校21世纪课程教材，是一部站在时代前沿，既重视基础知识又强调应用的精品教材。全书五篇14章，全面论述了心理学研究的对象和方法，心理的神经生理机制，人的信息加工系统（感觉、知觉、意识和注意、记忆、思维、语言）、控制和调节系统（动机和情绪、情感）、心理特征系统（能力和人格）等内容。

2. 游旭群. 普通心理学［M］. 2版. 北京：高等教育出版社，2023.

该书为"十二五"普通高等教育本科国家级规划教材的修订版，涵盖感觉、知觉、注意、记忆、思维、语言、情绪和情感、动机、能力、人格、心理健康与心理障碍、社会心理等内容。在落实党的二十大精神进教材的基础上，该书以马克思主义理论为指导，坚持同中国具体实际相结合，坚持同中华优秀传统文化相结合，优化内容、调整结构，进一步梳理逻辑体系，反映相关研究领域的新进展，注重让学生带着问题学习，注重解决学生的生活实践问题，倡导学生主动阅读和广泛阅读。

3. 津巴多，约翰逊，麦卡恩. 津巴多普通心理学：第8版［M］. 傅小兰，等译. 北京：人民邮电出版社，2022.

该书是美国著名心理学家津巴多（P. G. Zimbardo）的扛鼎之作。全书分为14个专题，涵盖了当代心理学的各个领域，每个专题都由一个生活中的常见问题引起，然后围绕这个问题提出一系列的关键问题和核心概念，引领读者进行深入剖析。每章末尾的批判性思维栏目，旨在引导读者对14个被广泛误解的问题进行独立思考，培养读者的批判性思维能力。

第二章 心理的发生与发展

知识导图

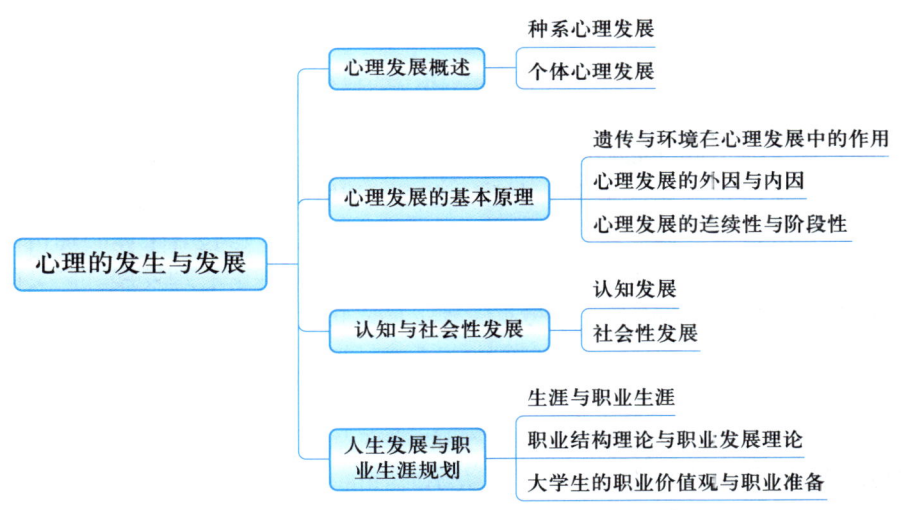

> 📖 案例导入
>
> **天性与教养的作用**
>
> 　　1797年，三个猎人在法国的阿韦龙村附近发现了一个由森林中的动物抚养长大的男孩。这个男孩大概十一二岁，很脏，赤裸着，全身上下布满伤疤。当时人们认为，对这个"野孩"进行研究可能有助于回答人类本性这个根本问题：如果他从童年阶段开始与人类接触，能够完完全全地成为人类的一员吗？
>
> 　　一位名叫伊塔（Itard）的医生，承担起了教养这个孩子的重任，他给男孩取名为维克多（Victor）。起初，伊塔的强化训练似乎很起作用——维克多变得有感情，举止得体，学会了听从指示，但5年后，他的进步停止了，伊塔只好终止了实验（Itard，1962）。是天性还是教养失败了呢？

　　这个案例带给我们的思考是：心理发生发展的本质是什么？人类的心理如何才能不断地向前发展？在个体心理发展过程中，认知与社会性发展的具体进程和特点是什么？本章将对心理发生与发展的具体问题展开探讨。

第一节　心理发展概述

　　心理发展（psychological development）是指种系或个体从产生到死亡的持续有规律的心理变化过程。从这个定义来看，心理发展既包括种系心理发展，也包括个体心理发展；既包含个体心理机能的获得、成长和成熟，也包含个体心理机能的下降、衰退和丧失。因此，我们应从毕生发展观的角度来理解心理发展。广义的心理发展包括种系心理发展和个体心理发展，狭义的心理发展仅指个体心理发展。

一、种系心理发展

　　种系心理发展是指从动物到人类心理的演变过程。这种演变又包括两个过程：一个是动物心理的进化过程，另一个是人类心理的进化过程。前者属于动物心理学的研究内容，即研究动物的心理和行为实质。后者属于民族心理学的研究内容，即对不同历史发展阶段、各民族的心理进行比较，以探讨人类心理的历史发展轮廓。

　　心理现象是生命长期进化的结果，是在动物界长期进化的基础上产生的。任何物质都具有反映的特性，生物都具有感应性，但是只有在生命物质进化到一定阶段才会产生心理这种高级的反映形式。在动物进化过程中逐步出现的一些心理现象，为人类心理的发生与发展打下了基础。

（一）动物的进化

　　生命起源与进化是一个自然现象，通过考古学和历史学等研究，我们知道人类是从动物进化而来的。动物的进化是一个从低级到高级,从简单到复杂的演化过程。动物的进化大致经历了如图 2-1 所示的四个阶段:① 刺激感应阶段。这一阶段以单细胞动物为主,它们只具备最原始的网状神经系统,只能对外界刺激做出简单反应。② 感觉阶段。这一阶段是以环节动物为主,它们发展出了链状神经系统,虽然比刺激感应阶段高级,但还是原始的,只能凭感觉行事。③ 知觉阶段。这一阶段主要以脊椎动物为主,它们形成了较发达的神经系统和复杂的大脑结构,具备了一定的思考能力和情感。④ 思维萌芽阶段。这一阶段以高级脊椎动物为主,它们形成了高度发达的大脑和大脑皮质,可以进行思考和学习等高级行为,情绪情感也更加丰富。由此可见,动物的进化经历了一个漫长的过程,动物的不断演化,大脑结构的优化发展,为人类心理的发生与发展奠定了一定的生物学基础。

图 2-1　动物进化阶段简单示意

(二)人类的进化

地球从 36 亿年前开启了生命起源与进化的漫长历程。最初从微生物开始,历经藻类、植物、动物等,及至 20 万~200 万年前开始出现人类,逐渐形成了目前仍在快速发展的人类社会。在达尔文进化论中,基于大量科学观察所形成的《物种起源》以及"物竞天择、适者生存"等认识,构成了人类对自然界在生命现象方面的主要认知体系(Schopf et al., 2018)。按照达尔文的观点,人类动物祖先是高度发展的类人猿,它们具有高度灵活的运动能力、高度发展的定向探索反射和初级思维。生活条件和生活方式的改变导致人类动物祖先的进一步发展。直立行走、制造和使用工具、语言的产生促使人类动物祖先向人类演进。人类的进化是物种生成的一种全新形式或例外,是以心理选择(或自我选择)取代自然选择的过程,或是人体适应工具、文化的功能增强,适应自然环境的功能减退的过程(刘小明,2016)。同时,人类的进化也受到社会规律的支配。社会是人类相互交往的产物,是各种社会关系的总和。随着社会的发展,原始人发展为远古时代的人、古代社会的人、中世纪的人、近代社会的人,直到现代社会的人。

关于"进化论",我们也许会想到某句戏谑的玩笑——人是由猴子变的,但是这个逻辑中暗含着一种思维谬误——遗传决定论。其实,达尔文进化论认为人与黑猩猩具有某种亲缘关系,在进化的解释中,二者很可能是从同一个祖先中分化而来的两个分支物种。因此,遗传决定论并不能作为人类进化的单一解释。例如,从进化心理学来看,女性择偶时通常认为养家糊口是男性的第一使命。换言之,女性除了要看男性是否携带了最佳的基因(遗传),如长相、身高、有无遗传疾病等,同时还要考虑男性带来多少生存资源(环境),如权、钱、势等,所以,女性的择偶策略实际上是将遗传与环境进行复杂计算的结果(苏佳佳,叶浩生,2021)。因此,在进化心理学看来,"决定性"不是根本特征,在适应环境的过程中所体现出的"多样性"与"灵活性"才是进化赋予人类的根本特征。

（三）人类心理的特点

人类心理表现出三个特点：一是有意识的心理。意识包括对客体的意识和对自我的意识，人类既能清醒地觉知周围事物的本质特征和内在联系，又使认识活动具有目的性、组织性、计划性和自觉能动性。二是社会性的心理。人类心理受到社会历史的制约，不同的社会、不同的时代、不同的民族有不同的心理特点。社会心理学家正是在研究不同社会、文化背景下的人类心理和行为表现。例如，研究社会环境如何影响社会知觉，社会因素如何作用于人类的态度和信仰等。三是有语言功能的心理。语言具有概括和调节作用，人类借助语言认识了周围事物的内容，使感知、概念、记忆具有概括化和理性化的特点，使情感、意志具有调节功能。

二、个体心理发展

个体心理发展是指个体从受精卵开始到出生、成熟直至衰老的生命全程中，心理的发生和发展。个体心理发展可分为两个方面：一是认知发展，主要包括感觉、知觉、注意、记忆、思维、想象和言语等认知能力的发展。其中，思维的发展是认知发展的核心环节。二是社会性发展，主要包括自我意识、情绪、动机、兴趣、价值观、人格和道德品质等的发展。其中，人格的发展是社会性发展的核心环节。

（一）认知发展

认知（cognition）是大脑反映客观事物的特性与联系，并揭示事物对人的意义与作用的心理活动。认知发展（cognitive development）是指个体认知结构和认知能力的形成，以及随年龄和经验增长而发生变化的过程。维果茨基提出，认知发展发生于社会文化背景中，社会文化影响着认知发展的形式。

（二）社会性发展

个体心理发展的过程也是一个社会化的过程。社会化（socialization）是个体掌握和积极再现社会经验、社会联系与社会关系的过程。通过社会化，个体获得在社会中进行正常活动所必需的品质、价值、信念以及社会所赞许的行为方式。社会化过程是在一定社会环境中，个体在生理和心理两方面发展而形成适应社会的人格，并掌握社会认可的行为方式的过程。社会化过程包括学习、适应、交流等个体借以发展自己的社会属性、参与社会生活的一切过程。人类在社会化过程中学会基本的生活技能，掌握社会规范，确定生活目标，形成社会职能，培养社会角色。其中，有些过程在儿童期即可完成，即儿童的社会化；有些过程则贯穿个体的一生，即成人的继续社会化和再社会化。社会化过程是人类学会共同生活和彼此有效交互的过程，也是个体与社会环境进行交互作用的过程。

第二节　心理发展的基本原理

在人类心理发展的基本原理或规律问题上，各种心理学流派之间的争论可以归纳为四点：第一，人类心理和行为是先天的还是后天的；第二，人类对待环境的关系是主动的还是被动的；第三，人类心理发展是连续的还是分阶段的；第四，发展的终点是开放的（发展能持续下去）还是有最终目标的。因为有这些争议，所以心理发展的基本原理涉及如下三个方面。

一、遗传与环境在心理发展中的作用

从章前阿韦龙"野孩"的例子中我们不难发现，遗传与环境在个体心理发展的过程中是相互作用的。没有人类的大脑为基础，就不具有高级的心理品质。"野孩"虽然是人类的后代，拥有人类的大脑，但不与人类社会接触，高级的心理品质还是不能得到发展。

关于遗传与环境在心理发展中的作用的争论一直伴随着心理学的发展。不同的心理学理论争论的核心问题是：遗传与环境如何作用于个体的心理发展？其作用的机制是什么？随着时间的推移，人们对遗传与环境的作用问题的认识也发生了变化。大致上，心理学对这一问题的认识经历了三个阶段。这三个阶段可以用三个问题来概括：第一个阶段，发展变化是由遗传决定的还是由环境决定的？第二个阶段，遗传与环境在心理发展中各起多少作用？谁的影响大？第三个阶段，遗传与环境如何相互作用形成心理机能？

（一）单因素论

早期的心理学家对遗传与环境的作用问题持"非此即彼"的单因素观点。单因素论者认为，发展要么是遗传决定的，要么是环境决定的，即遗传或者环境单独对个体心理发展起了决定性作用。单因素论又分为遗传决定论和环境决定论。

遗传决定论认为，心理发展是由遗传因素决定的，心理发展的过程是遗传素质的自然显现过程，环境只能促进或延缓遗传素质的显现。遗传决定论的代表人物是英国的高尔顿（F. Galton，1822—1911），他断定人的能力来自遗传。属于遗传决定论阵营的霍尔（G. S. Hall，1844—1924）曾说过："一两的遗传胜过一吨的教育。"詹森（A. Jense）认为，人的智商的80%来自遗传，只有20%受环境的影响。一些来自实验研究的证据似乎在某种程度上也支持了单因素论。特赖恩（R. C. Tryon）依据走迷津能力的高低将一群最初未加挑选的白鼠分类，选择其中聪明的公鼠与聪明的母鼠作为聪明组配对、繁殖，迟钝的公鼠与迟钝的母鼠作为迟钝组配对、繁殖，再对其子代白鼠走迷宫的能力进行考察。结果发现，聪明组的白鼠走迷宫时犯错误的次数越来越少，而迟钝组的白鼠犯错误的次数越来越多。这说明与学习走迷宫有关的特性具有遗传性。

环境决定论认为，心理发展是由环境因素决定的，强调环境或教育在心理发展中的作用，否定遗传因素在心理发展中的作用。环境决定论的代表人物是华生。华生的一段名言是环境决定论和教育万能论的典型写照："给我一打健康的婴儿，让我自己设定一个特殊的世界去抚养他们，我敢保证，随便选择其中一个，也可以被我培养成任何一种专家——无论他的才能、嗜好、倾向、能力、职业以及种族是什么情况。"

很显然，遗传决定论和环境决定论分别重视遗传和环境对心理发展的制约作用，但两者都因为片面强调一个因素的作用而走向极端，失去了科学性。

 拓展阅读

近墨者未必黑

近朱者赤，近墨者黑。诚然，人的成长、价值观的塑造的确会受外界环境影响。然而，事物的发展是内外因共同作用的结果，毕竟即使生活在黑暗的环境里，也可以仰望星空。身边的环境是朱是墨，是否能决定一个人或好或坏？近墨者必黑吗？

我们时常相信环境决定论。当因为忙碌、自矜、不屑而放弃真实深刻地认识他人时，我们会匆匆一览他所处的环境，将对环境的刻板印象套用到这个人身上。听起来荒诞，但很真实。古有九品中正门阀制度，"上品无寒门，下品无士族"。凭借血缘决定的成长环境是士子们一生的标签。今有地域歧视论层出不穷，甚至有人奉为圭臬，衍生出可笑的相亲歧视链、职场歧视链等，将"近墨者黑"奉为真理，致使无论何时，环境竟都是评价人高低的无奈准则。

正因为多数人并不拥有选择环境的条件，环境决定论从某种意义上成为"寒门子弟"无形的枷锁，"近墨者黑"竟是无助者的宿命，甚至是对其一生的宣判。如鲍照一般的寒门士子，因生在贫穷的市井，空有一腹才学却被无端歧视，而他终也怒吟"大丈夫岂可终日碌碌与藜雀相随乎"，创作出许多优秀诗篇，闻名于诗坛。人的一生有太多客观原因是既定的，但因为这些客观原因，人就不能"出淤泥而不染"吗？

其实，环境的作用之所以被放大，近朱近墨的理论之所以有生存的土壤，是因为人们过于在乎外在表现，而忽视了人内心的力量，于是才把黑色红色作为标尺，赋予其魔力来打压别人奖赏自己。

本质上讲，赤者墨者不过是大千世界万象之一，身处其中的我们亦然。环境是复杂的，身边的人是多样的，无论赤者墨者都不必排斥。坦然接受，以赤者激励，墨者自省。此心光明，阴影之下亦能有光！（李培池，2020）

（二）二因素论

为了克服遗传决定论和环境决定论的片面性，心理学家提出了各种调和的观点，这些观点被统称为二因素论。二因素论的基本观点是：遗传和环境共同决定心理的发展，二者是相互独立存在的，关注遗传和环境在心理发展中发挥作用的程度。

二因素论的出现是心理发展基本理论问题的一大进步，在当时是有一定影响力的，得到了许多心理学家的认同，至今仍有一定影响，但是它没能进一步揭示遗传与环境之间的复杂的本质关系。

（三）相互作用论

相互作用论认为，在心理发展中，遗传与环境之间是相互依存、相互联系的制约

关系，是相互渗透、相互转化的互动关系，遗传与环境的相互作用受到个体主观能动性的影响。相互作用论的代表人物是瑞士心理学家皮亚杰（J. Piaget，1896—1980），他认为人的发展是由内在因素和外部环境相互作用的结果：遗传与环境是两个维度，它们在个体发展中都具有重要作用，但二者不是孤立作用的，而是通过相互作用决定着个体的发展。对于两者发挥怎样的作用，目前的主流观点认为，遗传决定了个体发展的潜能范围，环境决定着在这一潜能范围之内的个体实际的发展水平。

这一观点类似于我国著名发展心理学家朱智贤（1908—1991）的思想，即遗传决定发展的可能性，环境决定发展的现实性。首先，他承认先天因素在心理发展中的作用，不论是遗传因素还是生理成熟，都是儿童与青少年心理发展的生物前提，提供了发展的可能性；其次，环境和教育将这种可能性变为现实性，决定儿童心理发展的方向和内容。

对于遗传与环境在心理发展中的作用问题，相互作用论是目前国际心理学界普遍认可的观点。它为我们认识遗传和环境在心理发展中的作用提供了科学的视角，也为实践教育提供了理论支持。

二、心理发展的外因与内因

对于心理发展的外因和内因，不同的心理学家或心理学流派持有不同的观点。有的只讲外因而不讲发展，如罗素（B. A. W. Russell，1872—1970）的早期观点；有的只讲内因而不讲发展，如比勒（K. Bühler，1879—1963）的早期观点；有的讲内因外因相互作用而不讲发展，如格式塔学派；有的既讲外因又讲发展，如联想心理学派；有的既讲内因又讲发展，如桑代克（E. L. Thorndike，1874—1949）的尝试错误学说。皮亚杰持内外因相互作用的发展观，既强调内外因的相互作用，又强调在这种相互作用中心理不断产生质和量的变化。他认为，心理、智力、思维，既不是源于先天的成熟，也不是源于后天的经验，而是源于主体的动作，这种动作的本质是主体对客体的适应。主体通过动作对客体的适应是心理发展的真正原因。皮亚杰的内外因相互作用的发展观是目前国际心理学的主流观点。

朱智贤不仅持内外因相互作用的发展观，而且提出了心理发展中内因外因的具体内容。他认为，环境和教育不是机械地决定心理的发展，而是通过心理发展的内部矛盾起作用。这个内部矛盾是主体在实践中，通过主客体的相互作用而形成的新的需要与已有水平的矛盾，这个矛盾是心理发展的动力。一方面，他承认环境和教育对心理的决定作用；另一方面，他也承认环境和教育只是儿童心理发展的外部原因（外因），外部原因如果要对儿童心理发展起作用，就必须通过内部原因（内因）才能实现。

朱智贤认为，儿童心理发展的动力是儿童在不断地积极活动过程中，社会和教育向儿童提出的要求所引起的新需要和儿童已有的心理水平或心理状态之间的矛盾，是儿童心理发展的内因或内部矛盾，这个内部矛盾就是儿童心理发展的动力。如图2-2所示，个体在与外界相互作用的过程中，环境和教育不断给个体提出新的、已有水平难以满足的要求，在个体积极地寻求解决矛盾的过程中，心理和行为不断向更高水平发展。从已有水平1到已有水平4的发展过程是一个不断从量变到质变的过程，儿童心理正是以这种形式得以发展的。

三、心理发展的连续性与阶段性

心理发展的连续性与阶段性问题涉及个体心理发展过程的本质问题，它是指个体心理发展是经历一系列微小连续的增长，发展过程中没有明显的、戏剧性的质变，还是表现为从一个阶段向另一个阶段的发展或过渡。发展意味着变化，个体成长的过程是心理发展的过程，但关键在于怎样认识这一发展过程。对于这个问题，心理学界可以分为两大阵营——阶段论和连续论观点。图2-3是发展的阶段性与连续性示意图。

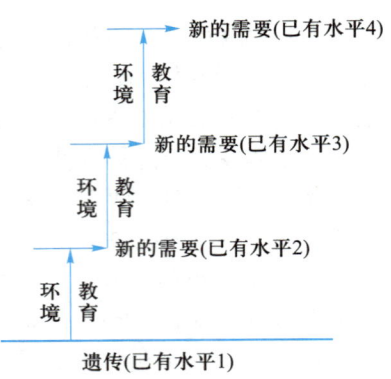

图 2-2 儿童心理发展的动力示意（朱智贤，2003）

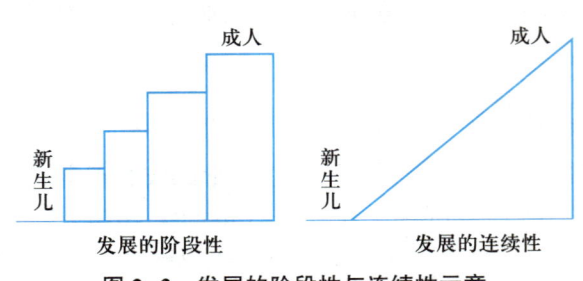

图 2-3 发展的阶段性与连续性示意

阶段论认为，发展要经历一系列的质变，个体的发展中存在着一些明显可以标志出来的阶段。个体的发展是从一个阶段向另一个阶段质的飞跃过程。美国心理学家弗拉维尔（J. H. Flavell）认为，阶段应该具备四个重要特征：①阶段以质变为重要特征。例如，儿童由爬行到直立行走的转变就是一种质变，因为行走的能力并不是爬行动作完美发展的结果，二者所运用的肌肉及其组合方式是不同的，其间儿童的动作发生了重组。②从一个阶段向另一个阶段过渡的标志是个体的许多心理与行为表现同时发生了变化。例如，个体从婴儿期发展到儿童早期后，不仅语言表达能力增强，能够说出更合乎语法的句子和更复杂的话语，而且能够进行假装游戏等。③阶段之间的变化是快速的。例如，儿童中期的身心发展较为缓慢，之后青春期却突然来临。④标志着某一发展阶段出现的多项行为和生理变化形成了一个相互联系的整体。例如，由儿童中期发展的推理能力能够与社会认知形成一个有机整体。

心理发展的阶段性表现为个体心理发展由一些具体的发展阶段组成，它往往与个体的年龄相联系。因此，心理学家把个体心理发展各年龄阶段所表现出来的一般的、典型的、本质的特征称为年龄特征。打个比方，阶段论认为，发展就像爬楼梯，儿童每走一步就成熟一点，功能的重组方式与以前不同，当儿童一级一级向前迈进时，就会出现一个又一个平台，让他们经历着快速转变。

连续论认为，发展过程是一个逐渐变化的连续性过程，是由一系列小的增长完成的；发展是一种量变，其间不存在明显的阶段性标志。一种心理活动在发展变化中，就处于一种量变的积累过程。在个体的成长发展过程中，心理与行为的发展变化是以渐进的方式进行的，每一个发展的时期，都奠定了未来发展的基础，对未来的发展产生累积的影响。连续论的主要观点包括：① 心理特性的永恒性，如儿童形成客体永久性后不会丧失。② 发展是按照一定的模式有规律地进行的，遗传对后天发展有重要影响，早期发展可预测后期发展，如对同卵双生子智力的研究及对精神分裂症患者的研究均提供了证据。③ 对个体来说，发展具有一种内在的稳定性，如早期表现出的对环境的探索精神，将在以后发展阶段持续地经常地表现出来。④ 在个体心理结构中存在着一些深层的结构、过程和机制，它们使发展过程倾向于稳定和连续，如一个人2岁时与父母的依恋关系，20岁时与同伴或恋人的关系，82岁时与家人或朋友的关系，表面上看起来不一样，即从表层上看是不连续的，但若从深层结构分析，则有其连续性和稳定性，可以从早期的关系特征预测其晚期关系特征。⑤ 个体在人群中相对位置的稳定性，如6—16岁，儿童自身的智力获得很大发展，变化很大，但其在同龄人群中的相对位置则可能变化很小。⑥ 早期经验对后期发展具有巨大影响，如儿童期若遭遇家庭不和、父母离婚，将在日后加大心理失调的危险性。

在20世纪，持阶段论的心理学家居多，如弗洛伊德、埃里克森（E. H. Erikson，1902—1994）、皮亚杰、科尔伯格（L. Kohlberg）等都主张个体心理发展是分阶段的，在本书的后续章节将会结合具体内容分别进行介绍。

第三节　认知与社会性发展

成人的心理是由儿童的心理发展而来的，儿童的心理发展始于胚胎形成。当胎儿在5个月左右时，其神经系统和感知觉器官已初步形成。从这时起，儿童就开始了最初的认知发展，如视觉、听觉、运动觉等的发展。出生后，个体开始接触外部世界，包括各种物理世界和不同的人类世界。从这时起，儿童心理的发展就逐步走向了认知和社会性协同发展的道路。一方面，感知觉、记忆、思维、想象、言语等认知功能依次形成并逐步完善；另一方面，自我、自尊、依恋、情绪、信任、共情、利他，以及气质、性格甚至品德、价值观等等，也在逐步形成。认知发展和社会性发展，是人类个体心理毕生发展中的整体，两者既相互区别又相互作用。

一、认知发展

认知发展主要包括感知觉、注意、记忆、思维、想象和言语等认知能力的发展，此处主要介绍感知觉、记忆、思维和言语的发展。

（一）感知觉的发展

感知觉是一个积极的过程，主体在这个过程中，从环境刺激中抽取某些信息，并据此调整自己的行为。感觉（sensation）是人脑对直接作用于感觉器官的客观事物的个别属性的反映。例如，眼睛看到苹果的颜色和形状，鼻子闻到苹果的香味，手触碰到苹果表皮的光滑等，这些都是感觉。知觉（perception）是人脑对直接作用于感觉器官的事物的整体属性的反映，是人脑对感觉信息的组织和解释的过程。知觉以感觉为基础，从感觉到知觉是一个连续的过程。婴儿从出生就开始主动选择和接受外界的刺激，表现出明显的感知觉偏爱，会对某些形象、声音、气味等产生偏好。感知觉包括视觉、听觉、嗅觉、味觉、空间知觉、运动知觉等。下面主要介绍视觉、听觉的发展以及感知障碍的相关内容。

1. 视觉的发展

视觉是个体获得外界信息的主要渠道之一。新生儿虽然没有完善的视觉，但已能用眼睛追随视刺激。婴儿要到 2 个月时才能自己调节焦点，直到 4 个月时才能像成人那样改变晶状体的形状，以看清不同距离的物体。

婴儿视觉集中的时间和注视距离都随年龄的增长而增长。3—5 周婴儿的视觉集中仅为 5 s，3 个月时已达 7~10 min；3—5 周婴儿的注视距离为 1~1.5 m，3 个月时达到 4~7 m，6 个月时已能注视远距离的客体。婴儿最初注视客体时较被动，总是由客体吸引其注意。3 个月左右的婴儿开始主动地搜寻视觉刺激。

个体视觉的发展主要表现在视敏度和颜色视觉两个方面。视敏度是指视觉系统分辨最小物体或物体细节的能力。已有研究表明，出生几周的婴儿就表现出对不同图形的视觉偏爱，或对新异刺激表现出去习惯化，这表明他们对视觉刺激已具有一定的区分能力。一般 1—2 岁儿童的视力为 0.5~0.6，3 岁时视力可达 1.0。随年龄增长，儿童的视觉能力逐步完善，有人认为视敏度发展最快的时期是 7 岁，也有人发现在 10 岁以前视敏度仍有明显发展。我国眼科研究证明，学龄前是弱视治疗的最佳期，12 岁以后疗效较差。国外研究发现，在 20—60 岁，视敏度呈轻微的下降趋势；过了 60 岁，视敏度下降的趋势骤然增大（Schulz & Salthouse，1999）。图 2-4 是不同年龄视敏度的发展变化情况。

颜色视觉是指区别颜色细微差异的能力，也称辨色力。2—4 个月婴儿的颜色视觉已发展得很好。一般认为，儿童从三四个月起就能分辨彩色与非彩色，4 个月时已表现出对某种颜色的偏好，且已具有正确的颜色范畴知觉，其基本功能已接近成人。红色特别能引起儿童的兴奋，4—8 个月婴儿最喜欢波长较长的暖色，不喜欢波长较短的冷色。进入成年期后，视网膜的一些视觉感受细胞会凋亡，使得视网膜对光的感受性减弱，人们很难看清物体的细节，对物体颜色的感知也减弱了。

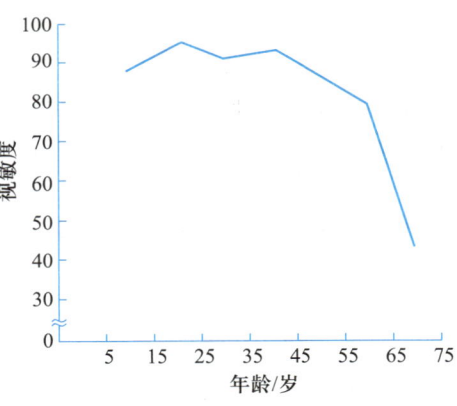

图 2-4　不同年龄视敏度的发展变化情况

心理学家范茨（R. L. Fantz）通过注视偏好范式发现，婴儿对一些视觉刺激有特别的偏好，这些刺激很容易引起他们的注意，如鲜艳的色彩，运动中的物体，物体轮廓密集的地方或黑白对比鲜明处，正常的人脸，曲线或同心圆图案等。这些偏好的意义在于：他们注视承载客体最大信息量的轮廓和边线，可以获得最多的信息，表明他们对所接触的外部事物具有选择性。随着年龄增长，这种受外界刺激的控制作用逐渐为经验所调整。

感知觉的训练对促进认知的发展是很重要的，婴儿很早就接受了声音刺激，各种认知能力也会逐步地发展起来，父母和教师应该结合儿童认知发展的特点，在不同的阶段采取不同的教育方式。婴幼儿对实物的感知、操作能够促进其认知能力的发展。入学以后，感知觉的材料是学生认知发展的最基本元素，教师应当多结合不同年龄阶段学生的感知觉特性及发展规律，有针对地给予学生丰富的感觉刺激。例如，在课堂上，教师应注意语言、语调、音量的变化，采用多变的、有趣的语言刺激学生的听觉，引起学生的注意；同时，也可以结合肢体语言、书写动作、各种各样的教具材料，从视觉上给予学生丰富的刺激。

在日常交流中，情绪信息可以通过听觉通道传递（如韵律、语义等），也可以通过视觉通道传递（如表情、手势等）。如果想准确理解对方的情绪状态，只根据某一通道的信息进行判断可能是不准确的，因此持续整合来自多个感觉通道的情绪信息是个体的一项重要能力，也是大脑的一项重要功能。视听刺激在同时呈现时，视觉信息可能先行加工，并影响到随后有关视、听关系的加工；无论视听信息情绪效价是否冲突，积极情绪的视觉信息都会促进视听信息关系的判断（陈晓宇等，2016）。

2. 听觉的发展

人类个体的听觉在新生儿阶段已经有了很好的发展。由于听觉刺激的特殊性，胎儿在母体的子宫里就能够感受到某些声音。出生以后，新生儿的听力发展更为迅速，刚出生一周的新生儿所能听到并做出反应的声音范围已相当宽泛。新生儿的听觉很好，比视觉更好一些。一般认为，3个月的婴儿能表现出明显的听觉集中，能感受不同方位发出的声音，并且向声源转头。3—4个月的婴儿能听音乐，并且对舒缓的音乐（如催眠曲）表现出愉快的情绪，而对于强烈的声音表示不快。4个月的婴儿能快速、准确地转动他们的眼睛和头朝向合适的方向。到6个月大时，婴儿的声音定位更加熟练，到2岁时这一能力会持续增强。从第4个月开始，婴儿能分辨出成人发出的声音，如听见母亲的说话声就高兴，并开始发出一些声音，似乎是对成人的"回答"。

儿童的听觉敏锐度随年龄而提高。小学时，儿童听觉的敏锐度已经接近成人，大多数青少年听力很好，但如果长期处在噪声环境中，儿童的听力也会受损。

听力发展的最佳年龄是20岁，以后便缓慢下降。研究发现，成人音调的差别阈限随年龄的增长没有明显下降（Olsho，1985），老年人对高频率的声波反应不灵敏。马潇斌（2021）等人针对河北省石家庄市3 125名60岁及以上老年人的调查研究发现，28%的老年人出现听觉退行性改变，同时听觉的退化还与社区老年人孤独情绪的发生相关。

3. 感知障碍

感知发生异常变化或明显失常时，称为感知障碍（perceptual disorder）。正常个体由于生理、心理原因可出现各种感知障碍，甚至出现明显感知错误。感觉障碍一般有其生理上的不足或缺陷，如耳聋、失明、色盲等。一般来说，感觉减退、消失或感觉过敏，常是一些疾病的症状，尤以神经系统疾病多见。知觉障碍主要为错觉、幻觉和知觉综合障碍，这类知觉障碍对个体的情绪和行为有很大影响，可引起惊恐、拒食、出走、自杀或伤人等行为。感知障碍是值得我们深入研究的领域。

对于一些存在感知障碍的特殊儿童来说，正常的促进感知觉发展的任务可让位于补偿教育，即为了弥补特殊儿童某些感知缺陷，需要采取专门措施来强化训练其感觉器官。例如，孤独症儿童对感官刺激的反应或是过敏或是冷漠：在视觉方面，他们害怕与他人的目光接触，却过分留意窗帘、灯、手电筒及其光线转移等；在听觉方面，他们对别人的话充耳不闻，却喜欢自己制造声音，如拍桌子、晃椅子，有的对耳语或某些其他声音过分敏感。增加感官刺激有利于孤独症儿童的感知觉发展，在教育训练中可编入舌操、手指操、眼部操、唇操等运动，也可采用音乐刺激、光刺激、声刺激等方式。针对孤独症儿童的感知觉异常，可以设计有利于感知觉发展的训练内容，促使其感知觉的发展。

（二）记忆的发展

记忆（memory）是一种更高级、更复杂的心理过程，是过去经验在人脑中的反映，包括识记、保持和再认（或回忆）三个基本环节。记忆在个体生活中起着重要作用，如果没有记忆，就没有日常生活经验的积累；如果没有记忆，任何感知觉都会消失得无影无踪，人们就只能永远处于新生儿的状态。

新生儿已表现出一定的记忆能力——对刺激物的习惯化是原始的记忆因素。出生 10 天左右，当母亲或其他人把孩子抱在怀里时，新生儿就会做出吃奶的反应，他们似乎对这种姿势有熟悉之感。随着生理、心理的不断成熟，儿童的记忆容量、记忆品质都在不断发展。

1. 记忆容量的发展

记忆容量是指在单位时间内能够记忆的材料的数量。记忆被区分为瞬时记忆、短时记忆和长时记忆。尽管外部信息能够在瞬间大量进入记忆系统，但由于仅能在瞬时记忆中最多存储 2 s，因此通常不讨论瞬时记忆的容量大小；而长时记忆的容量几乎是无限的，只要被我们学习过的信息，一旦进入长时记忆系统，均可得到长期储存，一旦提取条件合适，就可以被提取出来，因此，通常也不讨论长时记忆的容量。关于记忆容量的研究，主要在短时记忆领域，短时记忆也称工作记忆。记忆广度（memory span）测量是用来度量短时记忆容量的一种有效方法，即按顺序迅速向被试呈现一系列项目，然后让被试按顺序进行回忆，刚好能够被正确回忆的项目数就是其记忆广度。人类的记忆广度为 7 ± 2 个信息单位或组块。

儿童的记忆容量是在不断发展的。7—9 岁是小学生记忆能力发展迅速期，9 岁以后则是发展平稳期（许智权等，1986）。对数字工作记忆广度的研究表明，随着年龄的增长，数字工作记忆广度在 16 岁达到最高峰，以后开始衰退。与年长儿童和青年人相比，老年人需要更多的工作记忆空间来执行基本的心理操作。老年人虽然拥有大量关于学习和记忆的知识，但记忆广度下降会导致他们在使用那些能占用工作记忆容量的记忆策略时存在困难。

2. 记忆品质的发展

记忆品质的发展主要体现在记忆内容的发展、无意识记向有意识记的发展和元记忆的发展。

在记忆内容方面，儿童最早出现的是运动记忆。上文提到的新生儿对哺乳姿势的条件反射即属于最初的运动记忆。个体学会各种动作，学习各种生活技能，养成各类行为习惯，也都依靠运动记忆。情绪记忆也较早出现，新生儿已经明显地出现了对惧怕情绪的记忆。婴幼儿容易识记和保持带有感情色彩的东西。形象记忆是指根据具体形象来记住各种材料。婴儿认识奶瓶，认识母亲，分清家人和陌生人，都是形象记忆的表现。在个体1岁前，动作记忆、情绪记忆、形象记忆紧密联系。在幼儿的记忆中，形象记忆占主要地位。语词记忆的发展以语言中枢的发展作为生理基础，在儿童掌握语言过程中逐渐发展，所以语词记忆最晚发展。此后随着学习的需要，个体的各种记忆不断得到发展。

幼儿初期，无意识记占优势。凡是儿童感兴趣的、印象鲜明且强烈的事物就容易记住；幼儿晚期，在成人和教育的引导下，儿童的有意识记能力才逐步发展起来。有意识记最初是被动的，记忆目标通常由成人提出，有意识记的出现标志着个体记忆发展的一个质变。无意识记和有意识记都随着年龄的增长而增强，但有意识记发展的速度更为明显，且学龄儿童随着学习的需要，有意识记的意义变得更加突出。

元记忆（metamemory）是指关于记忆的知识和对记忆过程的监控与调节，包括明确记忆任务，估计任务难度，选择记忆策略，评估自己的记忆能力等。元记忆随着有意识记的发展而出现，3岁儿童开始具有自觉完成记忆任务的意识，并能在实践中逐渐运用记忆策略。小学和初中是元记忆的两个高速发展时期。小学之前，儿童的记忆以无意识记为主，表现为对记忆任务不清楚、对自己的记忆策略不自觉、不会评价自己的记忆成绩。进入小学后，学校教育促进了儿童自我意识、自我监控、自我调节能力的发展。幼儿期儿童元记忆的发展是导致其记忆能力提高的原因。元记忆更好的儿童记忆能力也更好，但元记忆与记忆的这种正向关系受多方因素的影响。个体的记忆经验和任务性质对这种关系都有影响。对记忆过程的意识有助于幼儿完成简单、熟悉的任务，在这种情况下，元记忆和记忆的正向关系也很明显。超常儿童和普通儿童的元记忆的比较研究发现，在元记忆知识水平上，超常儿童的成绩显著优于普通儿童的成绩。

3. 记忆的衰退

个体的记忆随着年龄的增长而发展，到了成年期，记忆能力达到最高峰，18—30岁是记忆的"黄金时期"，记忆的效率最高。35岁以后，记忆逐步衰退。我国研究发现，个体记忆在40岁以后会出现较为明显的衰退，然后维持在一个相对稳定的水平上，直到70岁以后又出现较明显的衰退。记忆的衰退主要表现在：机械识记减退、记忆广度缩小、工作记忆衰退、再认能力显著下降。

对于老年期记忆老化问题的解释有以下两种观点：① 基本加工容量观点，强调认知资源（如影响许多认知任务的加工速度和工作记忆）普遍下降时记忆衰退的原因。② 情境观点，强调组群差异、动机因素等对认知资源的需求所引发的个体差异与情境差异。许多成人会丧失一些基本加工资源，但他们会发展出一些特殊的知识和策略来执行必要的认知活动，以减少丧失的资源对记忆的不良影响。

老年人的记忆也存在着积极效应。研究发现，老年人对情绪性材料的再认成绩好于年轻人，同时老年人在情绪工作记忆中表现出了积极效应：虽然工作记忆水平会随着个体的老化不断下降，但老年人对积极信息的工作记忆成绩较好，甚至超过了年轻人,说明老年人会以更积极的情绪回忆过去,从而提高自己的生活满意度和主观幸福感(尤梦施,蒋京川,2016)。

(三)思维和言语的发展

思维和言语的发展是个体心理发展的重大质变。思维是复杂的心理活动,出现较晚,是在感觉、知觉、记忆等心理过程的基础上形成的。思维的产生,说明儿童已具备了人类的各种认知过程。

1. 思维的发展

儿童的思维是在和周围现实的相互作用中产生、发展起来的。新生儿只有一些无条件反射。在出生后的第一年里,婴儿没有真正的思维活动。在这一时期,儿童对外界的反应是基于操作和知觉的,而不是基于语言或者符号的。出生后的第二年年初,在和周围环境相互作用的过程中,婴儿出现了初步的概括,开始出现"延迟模仿"现象,也开始能使用间接手段达到目标。

在出生后的第一年里,儿童从不能随意运动到开始独自活动,再到逐渐协调地抓取物体、摆弄物体,儿童能主动地接近和接触物体。这样就扩大了知觉的范围,也促进了儿童和周围人的交往,积累了感性经验,形成了表象。

随着动作、语言的发展和随之带来的经验,儿童的认识逐渐具有了间接性和抽象概括性,逐步能反映事物的本质和规律,促进了思维的产生。直观行动思维主要借助感知和动作,具体形象思维主要借助实物和表象,而抽象逻辑思维主要借助语言或符号。学前儿童思维发展的趋势是从具体向抽象转化,抽象逻辑思维开始萌芽。

2. 言语的发展

语言是交流的工具,对个体心理发展具有深刻而广泛的影响。口语方面,婴儿期是口语学习的关键期。为掌握言语,婴儿需要学会辨别语音、理解语言和自己产生言语。0—1岁婴儿就在为掌握言语做各种条件准备。1—1.5岁儿童往往只说一个词,即单词句。此时,言语是与动作紧密结合的,婴儿实际上并不具备句子结构和语义范畴的知识。1.5—2岁,开始出现由2个或3个词组合在一起的不完整语句,犹如电报,进入电报句阶段。2岁后,婴儿开始产出简单句。三四岁的幼儿已基本掌握母语,具备与他人进行言语交流的能力。

词汇量方面,当婴儿开始说出第一个词后,他们的口语词汇量将会快速增长。1.5—2岁,婴儿单词学习的速度显著增长,每周可能增加10~20个新单词,这种词汇迅速提高的现象被称为词汇爆发(vocabulary spurt)。幼儿期是个体词汇量增长最快的时期,是口头言语发展的关键期。该阶段词汇的数量不断增加,内容不断丰富,范围不断扩大,积极词汇不断出现。幼儿使用最频繁和掌握最多的词汇是与他们日常生活关系最密切的词汇。随着年龄的增长,幼儿掌握的抽象词汇逐渐增多,幼儿对所掌握的每个词的外延和内涵的理解也不断丰富、深刻。

语法方面,幼儿主要使用简单句。随着年龄的增长,尤其是2岁以后,儿童使用复合句的比例逐渐增加。儿童最初掌握的是陈述句,到幼儿期,疑问句、祈使句、感叹句等也逐渐被掌握。概括起来,幼儿句法结构的发展表现出以下特点:①由混沌一体到逐渐分化,早期言语功能中表达情感、意动(语言和动作结合表示意愿)

和指物三者紧密结合，之后逐渐分化，句子结构也是逐渐分化的。② 句子结构由松散到严密、由压缩呆板到逐渐扩展灵活。3.5 岁以前儿童的话语经常词序不顺，含义模糊，之后儿童说出的句子规则越来越严格，意义更明确易懂，修饰语更多。

作为一种普遍发展的能力，儿童的言语能力在 4—5 岁得到了快速发展。对 4、5 岁两个年龄组的儿童进行前测与后测后发现，半年间隔后，两个年龄组的语言成绩稳步提高，且提高的速度大致相当。两组儿童的语言理解能力和语言表达能力较前测时均显著提高，明显体现在一般语言能力测试中的词汇理解和故事复述方面。在后测中，儿童对一些抽象语词，如"诚实""缩小"的理解和释义能力明显增强。儿童复述短句、复述故事的用时明显减少，准确性大大提高。同时，在整个测试中，儿童语言表达的流畅性也得到了快速发展（张丽锦，吴南，2010）。

屏幕使用时间与儿童言语发展

目前，已有大量研究表明，过度或不适宜的屏幕使用对婴幼儿体格生长、神经与行为发育和社会情绪发展等均有不良的影响，时间过长（每天超过 3 人）的屏幕暴露可能会导致言语发育落后。

用更多电子产品，即"电子屏幕"使用时间较长的儿童，大脑负责言语和其他早期读写能力的白质结构的完整性比较低。这些白质也与儿童成长过程中需要发展的想象能力、执行功能——如自控能力等有密切的关系。研究也发现，使用电子产品比较多的儿童，在言语和读写能力方面的得分比较低。

美国儿科学会对儿童的电子屏幕使用时间建议为：

- 对于 1.5 岁以下儿童，除视频聊天之外，应避免其接触电子产品。
- 对于 1.5—2 岁儿童，家长若希望让孩子接触电子产品，那么应有意识地选择高质量的儿童视频节目并和孩子一同观看。在观看过程中，家长要引导孩子通过视频学习。
- 对于 2—5 岁儿童，应限制其电子屏幕使用时间为 1 h，尽量观看高质量的视频节目。家长应该与孩子共同观看节目，以帮助他们理解所看到的内容并将其应用于周围的世界。
- 对于 6 岁以上儿童，家长对儿童使用电子产品的时间和类型应该有所限制，并确保电子产品不能代替充足的睡眠、体育锻炼和其他健康所必需的活动。

3. 言语发展与思维发展的关系

儿童的言语发展和思维发展呈现出密切的相关关系，但它们并不是平行、同步的。四五岁以后的十几年里，语言表达能力的进步主要表现在口语和书面语等方面。但同样的十几年中，个体思维的发展却比相应的言语能力的发展快很多。

关于言语发展与智慧（思维）发展之间的关系，皮亚杰认为，语言在动作内化于表象和思想方面起着主要的作用，但语言不是唯一起作用的因素。语言不是唯一的符号系统，一旦这个符号系统遇到障碍（如聋哑儿童），其他符号系统也可能达到相对正常人来说较高的水平。

（四）教育如何促进认知发展

认知发展是个体心理发展的一个方面，我国学校教育一向重视认知的教学，认知教学的心理学基础就是认知发展。个体认知的发展是有一定规律的，教育既要适应个体认知发展的规律，又要促进认知的进一步发展。教育应该循序渐进，教授学生已知的知识容易使他们产生厌倦感，教授学生太难、太复杂、知识背景太少、与现实生活差距较大的知识容易使他们产生受挫感，同样没有效果。教师应该鼓励学生解决有一定挑战性的任务，加强师生之间的互动。当学生提出一种新的思考方式时，他们的思维能力就得到了发展。当教育提高学生的思维能力时，教育对认知发展的促进作用就显现出来了。

二、社会性发展

个体出生的时候只是一个生物个体，其心理活动还只是片段的、无系统的、易变的。个体在与社会环境相互作用中获得所处社会的各种行为规范、价值观念和知识技能，成为独立的社会成员并逐步适应社会。社会性发展主要包括自我意识的发展、情绪的发展、个性心理特征的发展和品德的发展。

（一）自我意识的发展

自我意识（self-concept）是指一个人对自身、自己与他人、自己与社会关系的认识和态度，包括自我认识、自我概念、自我评价、自我体验、自我控制等重要内容。

在出生后的第一年，婴儿自我意识的发展主要集中在自我认识方面，即把自身和物体分开，把自己和他人分开，从而产生了主体我。婴儿在 9 个月时就出现了最早的视觉形象上的自我再认。在 1—2 岁时，婴儿已开始学会说话，逐渐学会称自己为"我"，这是客体我产生的重要标志，也标志着自我意识的产生。两三岁以后，儿童能把自己与他人加以比较，从而产生简单的自我评价，但这时的自我评价很大程度上依赖成人的评价，且具有很强的主观情绪性，直到幼儿晚期，自我评价才较客观和全面。

3—4 岁，自我控制能力逐渐发展起来。5—6 岁，80%～90% 的儿童具有一定的自我控制能力。随着年龄的增长以及学习和生活任务的增加，个体的自我控制能力得到进一步发展。自我意识的高度发展是青少年时期个体重要的发展主题。

成年初期（18—25 岁），自我意识发展的特点是：自我认识逐渐走向清晰，更具主动性、自觉性，自我认识的内容广泛深刻；自我评价能力提高；自我体验具有丰富性、波动性；自我控制能力有所增强，但不稳定；个体差异比较显著。成年初期个体常见的自我意识偏差有：自卑、自负、自我中心，自制力差。

1. 自我概念的发展

自我并非与生俱来，婴儿对自我的理解大致始于生命的第二年，从对身体的识别，到自我的社会认知，最终发展出对自我特征和能力的丰富、全面的认识，形成心理自我概念。自我概念的发展有着非常明显的年龄特征：从幼儿期到青年早期呈下降趋势，11—14岁是自我概念水平的最低点，而后趋于平缓，再不断上升直到成年早期。周国韬等人（1996）的研究证实，除身体自我外，11—15岁学生的各项自我概念基本上表现出U字形发展趋势，初一年级（13岁）是自我概念水平的最低点。

凌辉等人（2016）系统地梳理了自我概念内容的变化历程：儿童在2岁左右基本获得稳定的自我识别能力（认识到自己是独立于环境中其他客体的个体），开始发展各种情感和社交技能，出现攻击行为和亲社会行为。学前儿童自我的萌芽里并不包含稳定的自我感受和自我态度，他们对自我的理解仅仅局限在某人的名字、性别、年龄、体型或拥有的物品上。这种绝对的自我描述并不是恒定的，会随着情境的不同而发生变化。在学龄期，儿童进入小学后，他们会更频繁地审视自己的优点和缺点，用社会比较的结果来定义和评价自己，并且发展出了相对稳定和结构性的自我概念。9—11岁时，逐步发展的归纳推理能力和分类能力能使儿童更深刻地理解自己和他人的行为背后的多重原因。青春期个体自我概念中的生理成分越来越少，心理成分逐渐增多，他们的自我认识更准确，发展出对自己和他人的看法，形成更加整合一致的自我形象。成年期个体的辩证思维能力和问题解决能力有了显著的提高，其智力水平和记忆能力达到顶峰。40—65岁时，伴随着一系列社会和个人重大事件的发生，成人会重新对自我进行评估，会更多地思考关于死亡、亲子关系、年老的父母、离婚、再婚等人生问题。

2. 自尊的发展

张向葵和刘双（2008）指出，能力感是指我们发挥自身潜能克服生活中的挑战和压力时对自我能力的知觉。能力感让我们顺利地完成某件事或者达成某个目标，从而获得成功；如果能力不足，那么面对挑战和压力的时候就会体验到失败所带来的无力感，导致能力感的获得受阻。能力感是价值感的基础，有能力感才能知觉到自己是有价值的人，但只有那些符合社会价值标准的能力才能获得社会的承认和尊重，从而形成价值感。反之，就会形成无价值感。能力感和价值感共同组成了自尊。自尊（self-esteem）是个体对自我的情感性评价。

自尊在儿童早期以掌控感和归属感为标志。掌控感是指个体能够对周围世界施加影响的感受，包括掌控自我、掌控外物和掌控他人，掌控感将发展成为之后的能力感。归属感来自安全的依恋关系，如果母亲的态度让儿童感受到自己被接纳，儿童就会形成归属感；反之，就不会形成归属感。

张林（2004）采用大样本的青少年被试，对初中生、高中生和大学生的自尊发展进行了横向与纵向比较。结果发现：17、18岁是外显自尊发展的"低谷"阶段，这一时期青少年元自尊的发展也处于最低水平；青少年的内隐自尊在17、18岁处于较高水平，但在19岁时处于最低水平，以后有逐渐上升的趋势。这说明17—19岁是青少年自尊发展的关键时期。

（二）情绪的发展

情绪（emotion）是客观事物是否符合人的需要而产生的态度体验。情绪发生的生理-心理学研究表明，情绪是一种先天预置的为适应生存而发展的心理能力。情绪是新生儿生存适应的最初的心理调节工具，是婴儿与成人之间信息传递的桥梁（孟昭兰，1992）。

婴儿的情绪是通过运动、姿态和面部表情展示出来的，在婴儿身上可以观察到痛苦、快乐、恶心、悲伤、惊讶或愤怒等。情绪具有交流私人情感、感受特定体验、可识别等特征（Darwin，1965）。情绪是婴幼儿生存适应的重要心理工具。在生命刚开始要适应新的环境时，新生儿呈消极情绪状态较多；2个月后，积极情绪逐渐增加。随着婴儿认知的发展，情绪随之社会化（孟昭兰，2000）。随着年龄的增长，个体情绪的内容会不断丰富，各种社会性情感也会不断发展起来，情绪的深刻性和稳定性不断增强。

（三）个性心理特征的发展

个性心理特征是人格的重要方面，包括能力、气质和性格，决定着人的行为方式上的个人特征。由于人的遗传素质不同，生活经验也具有独特性，因此个体的个性心理特征会表现出差异性。此处主要从气质和性格两个方面介绍个性心理特征的发展。

1. 气质的发展

气质（temperament）主要受神经系统基本特性的影响，在人的个性心理特征中，气质是最早出现的，也是变化最缓慢的。新生儿已经具备一定的气质特点，这些特点在整个儿童时期都是相对稳定的。在个体生长的过程中，气质是可以改变的：人的高级神经活动具有可塑性，气质的形成往往是先天和后天相互作用的结果，因此气质可随着自我教育、自我调控、长期职业训练、经验的积累、生活重大事件的影响而发生不同程度的改变。

2. 性格的发展

性格（character）是个人对客观现实的稳定的态度和习惯化了的行为方式，是人格中最重要的心理特征之一。两岁左右，随着各心理过程、心理状态和自我意识的发展，个体与外界进行相互作用的过程中出现了最初的性格。

每个儿童都有独特的性格，相同年龄的儿童又有典型的性格特点。随着年龄的增长，人与人之间生活经验的差异越大，性格差异也越大。与此同时，性格的典型特征也将发生变化。许多年长儿童已逐渐变得沉着稳重，能自制，但是有些人直至成年，仍然具有易冲动、不善于自制的性格特征。

青少年存在的主要性格问题有：偏激、自我中心、自制力差、意志薄弱、叛逆等。青少年时期是人生的关键时期，也是性格培养的关键时期。处在这一年龄阶段的个体性格鲜明，因而需要家长和教师加以引导，避免误入歧途。在实际教育教学中教师和学校应当帮助学生克服其性格中的缺陷和弱点，努力创设良好的学习和合作氛围，帮助学生形成热情、开朗、诚实、勇敢、勤奋、自信等良好品质。

（四）品德的发展

品德（morality）又称道德品质、德行、品性，是一个人依据一定的社会准则和规范行动时表现出来的稳定的心理特征和倾向。从心理学的角度来看，品德一般由三个基本成分组成：道德认知、道德情感和道德行为。品德是外部行为表现与内部心理活动的统一，因而是道德认知、道德情感和道德行为的统一。

每个社会都希望它的社会成员能按照该社会的道德规范和行为准则行事，因此，品德发展成为儿童社会化的核心内容。

1. 品德发展的年龄特征

从品德发展的年龄特征来看，2岁左右，品德产生，个体表现出最初的道德观念和道德行为。之后品德不断完善，直到3岁前，品德还只是处在萌芽时期，此时个体懂得简单的好与不好的道德观念，道德行为时有表现。随着儿童认知的发展、经验的积累和与他人的互动，儿童的道德认知在3岁以后有了明显的发展，具有明显的情境性，即情境改变，行为将随之改变，儿童尚未形成自觉、稳定的品德。

从小学开始，儿童逐步形成系统的道德认知以及相应的道德行为。在整个小学时期，儿童在品德发展上，认知与行为基本是协调对称的。小学儿童品德发展的"关键年龄"大致在三年级下学期前后，此时多数学生已能根据行为的原因或后果进行判断。有研究发现，小学三年级是道德情感发展的转折期，当个体行为与社会道德标准发生偏差时，儿童会产生一定的道德情绪，这些情绪有助于引起其对自身的道德审视和认知反省，促使他们重新调整行为，使之符合社会规范。随着年龄的增长，儿童的道德行为与道德观念更趋于一致，大量研究证明，社会性强化、榜样、行为目标、行为短期训练等都能够影响儿童的道德行为。

整个中学阶段是青少年品德迅速发展的时期，初一年级学生已能较自觉地运用一定的道德观念、原则、信念来调节行为，世界观在这个时期已初步形成。初中二年级是品德发展的关键年龄和质变期（林崇德，1990）。初中三年级下学期到高中二年级是个体品德发展的初步成熟期。

2. 品德教育

品德教育是教育的重要组成方面，是实现社会道德个体化的过程。家庭、学校通过将一定社会的道德观念、道德情感和道德行为渗透于个体的认知、情感和行为中，对个体的品德进行塑造。品德教育的作用在于影响儿童社会性发展方向，在儿童青少年社会性发展中起着导向作用。

品德的三个基本成分中，道德认知是基础，道德情感是重要的教育途径，良好道德行为的塑造是关键。教育应该抓住儿童可塑性较大的阶段，特别是关键质变期，进行良好品德的培养。如小学三年级是道德情感发展的转折期，应该在这一时期加强爱国主义、集体主义、集体荣誉感等高尚的情感教育。如果把良好的道德情感渗透于家庭、书本、课堂以及社会活动中，将会取得更为明显的效果。在道德情感培养的过程中，教师也要注意培养学生控制和调节情绪的能力，及时消除学生在品德培养过程中出现的情绪障碍。

在接受学校教育的阶段，学校和教师要为学生提供和创建良好的集体道德氛围，首先要建立一个以公平为基础的相互尊重和关心的团体，制定需要遵守的规则，保证每一位学生都深入学习并按照规则行动。其次要确保所在班级的集体活动、阅读材料、板报、班会等能反映正确的世界观、人生观和价值观。再次，培养良好的道德行为习惯。良好道德行为习惯的培养要注重榜样的示范作用和及时的反馈——奖励好的行为，惩罚不好的行为。

3. 品德不良行为

品德不良行为是指经常发生违反道德准则的行为，或采用违背道德规范的方式和手段来达到个人目的但构成对他人利益的侵犯，犯有较严重的道德过错，甚至处在犯罪的边缘或已经有轻微的犯罪行为。可以看出，品德不良行为会对公共秩序和人际关系造成不利影响。

造成品德不良行为的原因可以分为外部因素和内部因素（张驿清，2017）。外部因素包括家庭、学校和社会。在家庭方面，有的父母认为孩子只需要得到物质条件的满足就够了，忽视其对家庭关怀的需要。有的父母无条件地溺爱和关心孩子，孩子也认为这是理所应当的，极少思考自己是否应该关心和照顾父母，这无疑破坏了关怀关系中平等互惠的原则。如果学校一味强调升学率而忽视教学过程和学生感受，学校管理者、教师及家长迫于升学压力只关注智育而忽视情感教育，开设的德育课程浮于表面而没有唤起学生的道德动机，那么品德教育将严重失衡，不能产生实效。如果社会中道德缺失、善恶混淆、见利忘义等时有发生，社会诚信出现危机，以权谋私、弄虚作假等社会乱象层出不穷，那么这些不良风气将动摇学生已有的道德观念，易使其产生品德不良行为。

品德不良行为产生的内部因素主要表现在：处在道德发展中的学生还未形成准确的道德认知，在道德观念和准则上存在道德偏差；道德行为的表现不只是道德认知导致的，如果意志薄弱，不能抵制不良行为的诱惑，即使再正确的道德认知也不能造就完美的道德行为。

关于品德不良行为的矫正和教育策略主要有以下几点。首先，父母和教师应该加强与儿童的交流，用关爱消除儿童的对抗情绪，分析他们品德不良行为的真实动机，开展适当的教育。其次，在集体中，教师要对品德不良学生给予信任和爱护，利用集体的温暖化解其不良情绪，在对其进行品德教育时提供更多的来自积极情感方面的帮助。再次，除了注意儿童内部观念的改变外，父母和教师还要加强监督与管理，避免不良行为的诱因，例如不良的同伴、网络或书籍等。最后，父母和教师要抓住改变的关键时期耐心开展工作，要了解品德不良转变过程的反复性，要把这一现象当作契机，对微小的进步加以肯定，耐心开展教育，使转变得到巩固。

（五）环境对个体社会性发展的影响

人在成长过程中，必然受到来自家庭、学校、社会三个方面的影响，家庭教育、学校教育和社会教育是教育的三种基本形式，每一个人的成长过程都是这三种教育形式综合作用的结果。这三种教育中，家庭教育和学校教育在个体的社会性发展中起着举足轻重的作用。

1. 家庭教育对个体社会性发展的影响

家庭是人生的第一所学校，又是终身的学校；父母是孩子的第一任教师，又是孩子的终身教师。家庭是个体社会化的最初场所，也是最重要的场所。家庭的社会化功能主要通过父母与子女的相互作用来实现，家庭对个体社会性发展的影响主要是通过父母的教养观念和教养方式来实现的（邹萍，杨丽珠，2005）。积极型父母对教育孩子具有较高的自信，注重与孩子的交往，有比较明确的培养目标，对他们的成长有正确的看法，对孩子的个性等发展具有积极态度，在各方面对孩子有较高的要求与希望，愿意积极主动承担教育孩子的职责，在子女教育上付出较多。不协调型父母的教养观念与实际做法不协调。低标准型父母对自己教育孩子的能力估计不足，较少关注孩子。在这三种教养观念中，积极型教养观念对儿童人格特质的发展有着积极的影响；不协调型教养观念使儿童总体人格特质发展相对较差；低标准型教养观念对孩子的人格发展存在不利影响。

【知识窗】
洛伦茨与鸭子

在亲子互动中，父亲和母亲的作用是不同的。母亲在亲子交往中更具有情感性，即母亲更善于和孩子进行情感交流，更体现情感上的呵护与支持。一般来说，母亲在心理上对孩子的眷恋、疼爱比父亲强烈，母亲更多采用情感的方式去教育、感染孩子，表现出更多的关心、体贴、温情。父亲在亲子互动中更具有"工具性"，即父亲更能代表外部世界的要求，是孩子外部世界的引导者、信息传播者和闲暇时间的游戏伙伴。虽然父母双方在子女教育过程中的作用是不一样的，但父母双方必须保持教养观念、教育目标、教养态度和教养方式上的协调一致，才有利于子女的健康发展。

在亲子关系、父母关系的互动中，父母的婚姻关系起着重要的调节作用。夫妻冲突在母亲教育孩子过程中的作用的研究发现，夫妻冲突对母亲的教育行为、教育方式和抚养困难都有显著或极其显著的消极作用（易进，庞丽娟，1995）。经历父母婚姻冲突的儿童更可能表现出焦虑、抑郁等内化问题行为，也更可能表现出攻击、违纪等外化问题行为。父母婚姻冲突不仅具有即时影响，导致儿童在当下表现出较多的问题行为，还具有长时影响，导致其在 5 年后表现出较多的问题行为（Gerard et al.，2006）。这一结果可能是由于睡眠者效应（sleeper effect），即经历父母婚姻冲突之后，儿童短时间内可能不会表现出明显的问题行为，但随着时间的推移，会表现出明显的问题行为；也可能是由于累积效应（cumulative effect），即父母婚姻冲突的长期累积导致儿童产生了更多的问题行为（王学思，李静雅，王美芳，2021）。父母婚姻冲突对儿童的社会关系如亲子关系、同伴关系和师生关系等都易产生不良影响。

所以，父母要为儿童提供良好的家庭环境，形成正确而统一的教养观念和教养方式，最好是积极型教养观念、民主型教养方式，提供融洽的生活氛围，从而有利于儿童社会性的良性发展。亲子关系融洽、感情亲密，父母是孩子的良师益友，孩子往往活泼开朗、刚毅、直率，具有自信心和自制力，表现出较高的道德情操和较强的自我教育能力。

2. 学校教育对个体社会性发展的影响

学校是个体系统学习文化科学知识、德智体美劳全面发展的场所，学校教育作为特殊的环境和特殊长期的活动，是影响个体社会性发展的环境因素的重要组成部分。与家庭教育相比，学校教育对于个体发展的影响表现出其独有的特点。

首先，学校教育保证了儿童社会性发展的方向。通过对儿童实施德智体美劳全面发展的教育，引导儿童的社会性朝着适应社会需求并发挥个人潜能的方向发展。其次，学校教育的系统性和实践性能全面推动儿童社会性的发展。如将中华优秀传统文化和道德规范以课程形式体现，课程的内容尽量包含社会性发展的各个方面。

再次，教师发挥着重要作用。教师在与学生的交往过程中，对各种良好的社会行为给予强化，使之不断规范化、定型化。例如，在课堂上，强调符合社会规范的行为，培养学生养成良好的学习习惯；在游戏中，教师对儿童及其游戏活动的指导、教育，让儿童逐渐掌握各种行为规范，进一步发展道德感。教师可以通过角色扮演来培养儿童的移情能力，使社会性得到发展。最后，学校中的同伴交往会促进同学之间的合作，使个体逐渐学会尊重他人、遵守规则、共同进步。

儿童社会性的培养既可以通过专门的校本课程，如认识社会、生命教育、社会情感教育、品德教育等进行，也可以有目的、有意识地利用学校良好的环境、特定的情景来影响、感染儿童。

3. 社会教育对个体社会性发展的影响

社会教育的概念有狭义和广义两种。狭义的社会教育认为，社会教育是学校与家庭以外的社会文化机构及有关的社会团体或组织（如少年宫、文化馆、体育馆、博物馆、图书馆等）对社会成员，特别是青少年所进行的教育。广义的社会教育则认为，一切影响个人身心发展的社会生活（包括看电视、交谈、他人的示范行为等无组织、无意识的带有教育性质的活动）都是社会教育。

社会教育的主要任务是继家庭教育和学校教育之后，帮助青少年顺利完成社会化过程。例如，确立社会意识、形成社会观念、塑造社会性格、养成社会能力、学会社会规范、了解社会文化等，其最终目标是帮助青少年建立正确的世界观、人生观和价值观。从教育过程来看，社会教育并非松散的教育活动，而是针对青少年某些心理与行为特点，开展系统的、有目的的、有组织的教育活动。社会教育也需要认真策划、精心设计和周密安排。从教育的形式来看，社会教育主要包括培训、讲座、媒体传播（网络、电视、报纸、杂志等）、展馆（图书馆、博物馆、科技馆、展览馆）等。随着新兴网络媒体的发展，基于移动互联网的网络社会教育逐渐成为一种新的社会教育形式，并对青少年产生着持续深刻的影响（姜永志，白晓丽，2019）。

4. 家庭-学校-社会协同育人

每一名儿童的成长都与家庭、学校、社会三者息息相关，而家庭教育、学校教育、社会教育又存在着相互依赖、制约、合作的关系。2023年，《教育部等十三部门关于健全学校家庭社会协同育人机制的意见》指出，学校要充分发挥协同育人主导作用，家长要切实履行家庭教育主体责任，社会要有效支持服务全面育人。我们应该重视家庭-学校-社会协同共育的价值和意义，共同促进中小学学生全面综合素质的发展，树立"服务学生"的教育观念，积极摸索家庭-学校-社会共育的新方式、新创举，充分体现家庭教育的主体作用，联合社会资源与学校资源进行协助，实现家庭-学校-社会的有效沟通与交流。

当前，我国教育领域对家庭-学校-社会协同育人的重要性达成基本共识，各地积极探索推进学校家庭社会协同育人取得了明显成效，但实践中的合作却存在种种现实困境，突出表现为合作主体权力与地位的不对等、合作过程的形式化以及合作保障机制匮乏等问题。家庭-学校-社会合作体系的建构需要注意以下几点：① 制定专业合作标准，落实各方教育合作机制。家庭教育、学校教育、社会教育是三种不同的教育形态，各自有不同的教育方式、职责范围、影响价值，在学生个人成长中也有不同的教育功能，而建构家庭-学校-社会协同育人体系，要先明确家庭、学校和社会在学生个人成长中的职责定位。② 发展大教育课程观，构建多种系统交互的课程内容，以终身学习为引导，在学校教育中逐步渗透家庭生活教育、职业技能教育并开展多种应用实践项目，进而建构多种系统交互的课程内容。③ 施行弹性管理机制，提升各方合作效能。提升家庭、学校、社会各方的教育合作活力和效能。一方面，应将家庭教育和社会教育尽快纳入学校教育的综合治理体系中；另一方面，要充分发挥合作团体的自组织作用，优化教育合作的流程和方法，不断促进教育合作共同体的形成（吕贝贝等，2021）。

【知识窗】
"萌"：感知与后效

第四节　人生发展与职业生涯规划

随着年龄的增长、社会阅历的丰富、自我认识的加深以及知识水平的提高，我们对职业有了更强烈的渴望，但如何从自身出发，制订切实可行的职业生涯规划呢？要回答这一问题，就要先了解生涯与职业生涯、职业结构理论与职业发展理论以及大学生的职业价值观与职业准备。

一、生涯与职业生涯

根据《牛津英语词典》的解释，生涯（career）原有"道路"之意，后引申为个人一生的道路或进展途径。学者从不同角度对生涯做出了界定，美国职业生涯规划学者舒伯（D. E. Super）的定义得到广泛认可，他认为生涯是指一个人终其一生所扮演角色的整个过程。由于工作占据了人们的大部分时间，所以职业生涯是生涯的重要组成部分。职业生涯是指个体职业发展的历程，它是一个人终生经历的所有职业发展的整个历程，选择一种工作即选择了一种生活。

职业生涯规划（career planning），又称职业生涯设计，这一概念最初由管理学家罗斯维尔（W. J. Rothwell）提出，是指个人在深入了解自身情况和全面客观地认识主客观因素的基础上，进行自我定位，设定自己的职业生涯目标，并采取各种积极的行动去实现职业生涯目标的过程。

因此，职业生涯规划通常包含以下含义：① 职业生涯规划的前提是全面客观地认识自我（如个人的性格、气质、兴趣和价值观等）和外在环境（如职业类型、时代和行业发展等）。② 职业生涯规划的首要任务是确定个人的职业生涯发展目标。③ 职业生涯规划是一个连续的动态过程，包括自我剖析、目标设定、目标策略、反馈与修改。④ 职业生涯规划的实现是渐进的，必须遵循一定的时间安排。⑤ 职业生涯规划的最终目的是实现最初的职业目标，不仅是帮助人们按照自身条件找到一份合适的工作，更重要的是帮助人们真正地了解自己，积极地筹划自己的未来，确定一生的发展方向。

二、职业结构理论与职业发展理论

每个人的职业生涯蓝图都不是固定不变的，而是随着年龄的增长和社会角色的切换动态发展变化的。职业结构理论和职业发展理论可以帮助我们提升职业生涯蓝图的规划能力。

（一）职业结构理论

1. 霍兰德职业兴趣理论

美国心理学家霍兰德（J. Holland）认为，兴趣即人格，工作环境的特点因素是由在该环境中大多数从业者的人格特点所代表的。霍兰德职业兴趣理论认为，人格和工作环境均可分为六种基本理论类型，每种人格类型都包括一系列特有的偏好活动（兴趣）、自我信念、能力和价值观，每种环境类型都包括一些特有的工作内容和技能要求。这六种基本的理论类型如图2-5所示。

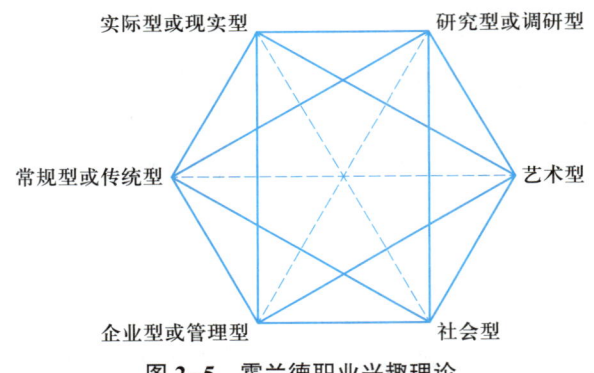

图 2-5　霍兰德职业兴趣理论

社会型（S型）个体乐于且善于社交，有广泛的人际关系，语言表达及沟通能力较强，愿意教育和指导他人，会主动承担社会责任，重视并遵守社会道德。此类人适合并有能力从事信息交流、教育指导、培训开发及医疗服务等方面的工作，如教师、咨询人员、社会服务者、公关人员等。

企业型或管理型（E型）个体追求权力、威望及财富，具有领导特征和管理才能。他们务实，有雄心抱负，好竞争，敢于承担风险，常常利益和权力导向，做事目的性较强。此类人适合并有能力从事具有领导、管理监督、经营博弈性质的工作，如经理、行政领导、企业干部、法官等。

常规型或传统型（C型）个体尊重权威和遵守规章制度，细心有条理，喜欢依照计划做事，有奉献和牺牲精神，愿意接受他人的领导和指示，谨慎保守，创造力水平不高，会回避有风险或需要竞争的工作。此类人适合并有能力从事需要注重细节，系统有条理的工作。他们特别长于信息搜集、资料管理等程序性较强的工作，如办公室文员、秘书、档案或图书馆管理员、出纳等。

实际型或现实型（R型）个体有较强的实际操作能力，身体协调，手脚灵活。他们愿意承担具体执行层面的工作，谦虚、严谨、认真，能独立工作，但是沟通能力欠佳，做事较为保守。此类人适合并有能力从事与物（工具、机器）打交道的工作，如软件编程人员、工程师、机械师、装配员、修理工、木匠、厨师等。

研究型或调研型（I型）个体会更多地思辨但较少实际执行。此类人具有较强的思维能力和求知欲，富有想象力和创造力，学识渊博，较理性，逻辑推理能力强，但不喜欢动手实干，缺乏领导能力。他们具有通过观察、测量、评估推演理论并解决问题的能力，适合从事对思维分析能力有一定要求的工作，如科研人员、高校教师、工程师、医生、经济分析师等。

艺术型（A型）个体具有创造力强、表现力强的特点，喜欢通过展现自己的个性去获得认可，实现自身的价值。他们做事较为理想主义，追求完美，具有艺术天赋和才能，善于借助语言、声音、图像、行为等来表达情绪和态度。此类人适合并有能力从事那些需要一定创造力、表现力的工作，如演员、画家、导演、雕塑家、指挥家、作曲家、歌唱家、作家、诗人、行为艺术家等。

霍兰德兴趣理论认为个体可能同时与多种人格类型都有相似之处，但多数人会与其中一种相似性最高，表现出一种主要人格类型，同时与其他类型的相似性较弱，表现为一些附加的人格类型，因此，个体可以利用自己在六种类型上的相似性的高低顺序排序来加深对自己的认识。为了解释六种类别之间的关系，该理论进一步提出了1个结构模型：六种基本类型按顺时针方向依序排成环形（顺序为R型－I型－A型－S型－E型－C型）。因此，两种类型间有相邻、相对、相隔三种关系，其中相邻类型的相似性最高，而相对类型的相似性最低。该理论假设，当个体的人格类型与所选择的职业类型完全一致时，他才能达到最佳工作状态，将才能与积极性发挥至最好，工作满意度、职业稳定性和职业成就感也最高，当人格类型与职业类型相邻时次之，相隔时又次之，相对时最低。

2. 帕森斯的特性-因素论

帕森斯（F. Parsons）的特性-因素论也称人职匹配理论，顾名思义，该理论重点关注的是个体特征与职业因素之间的匹配关系。该理论指出，只有将主客观条件与社会职业岗位相对照、相匹配，最后才能做出正确的职业决策。

特性-因素论十分强调个体具有的特性与职业需要的因素（如素质、态度、经验等）之间的协调和匹配。该理论首先提出了在职业决策中进行人-职匹配的思想，为人才测评研究及实践奠定了理论基础，促进了职业指导与生涯规划中人才测评手段的运用与发展，对今天的职业心理与生涯规划意义重大。

（二）职业发展理论

舒伯提出了职业选择发展理论，将人生职业生涯发展划分为成长、探索、建立、维持和衰退五个阶段，构成职业生涯发展理论的基本主张和框架基础。

在成长阶段（0—14岁），个体开始辨认他们周围的事物，并逐渐意识到自己的兴趣所在。个体在成长阶段的发展任务是形成初步的自我概念以及对工作世界的初步了解。

在探索阶段（15—24岁），个体开始通过学校生活、集体活动、兼职等，对自己的兴趣、能力、角色、职业进行探索，尝试自己对于职业的一些假想，发展清晰稳定且能反映个人兴趣和能力的职业自我概念。18—21岁的青年逐渐进入就业市场或接受专业训练，开始将一般性的职业偏好转化为具体的职业选择。个体在22—24岁的发展任务是使职业偏好逐渐具体化、特定化并实现。

在建立阶段（25—44岁），个体会在工作实践的基础上，逐步探索符合自己的职业，最终将确立职业目标，并开始稳定发展。建立阶段的重点是职业目标的确立与职业发展的逐步稳定，这也是职业生涯的关键期，它决定了今后职业发展的速度与职业提升的高度。

在维持阶段（45—64岁），个人不断付出努力获得生涯的发展和成就，避免产生停滞感。维持阶段的发展任务是维持既有成就与地位，更新知识，实现技能创新。

在衰退阶段（65岁至生命结束），由于身体和心理机能日渐衰退，个体会减少工作时间，在退休后开始计划工作领域之外的新生活。

在舒伯提出的职业生涯发展的五个阶段中，每个阶段都有自己的职业发展目标和任务，任务、目标的达成情况都会直接影响下一阶段的发展。

1976年，舒伯在自己的理论基础上发展出生涯彩虹图（如图2-6所示），用来描绘个体的生涯发展阶段和多重社会角色，以及两者的决定因素和相互作用。彩虹图形象地诠释了舒伯关于生活广度与生活空间的生涯发展观。彩虹图的横向层面代表生活广度，横跨一生。最外一层显示了人的生理年龄和主要的发展阶段，依次包括成长阶段（儿童期）、探索阶段（青春期）、建立阶段（成人前期）、维持阶段（中年期）和衰退阶段（老年期）。彩虹图的纵向层面代表的是纵贯上下的生活空间，是由一组大多数人都会扮演的主要人生角色所组成的，依次为子女、学生、休闲者、公民、工作者、持家者，分别用彩虹图的内圈弧形代表。

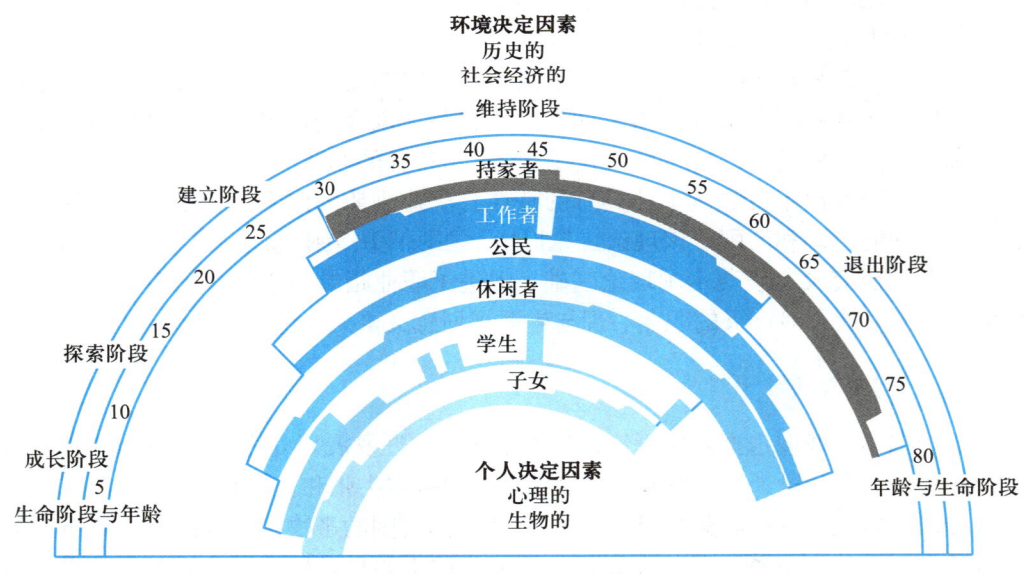

图2-6　舒伯的生涯发展彩虹图

🍃 **拓展阅读**

工 作 塑 造

近年来，许多员工（特别是"90后""00后"员工）经常以主动的方式改变他们现有的工作，这种自发改变工作的努力被称为工作塑造——员工塑造和重新定义他们工作的行动（Unsworth et al., 2019）。工作塑造在工作和行业中能产生一些积极结果，如增加组织承诺，促进员工的工作投入，提高工作绩效等。

关于员工为什么会采取不同的工作塑造策略，研究者认为个体的内部需求是提供工作创造动力的内在驱动力。自我决定理论确立了三种核心需求作为行为驱动力的重要因素，即关联性需求（与重要他人感到亲密和联系的需求）、自主性需求（自己决定完成哪些活动的需求）、能力的需求（有效地带来预期效果和结果的需求）。大量研究表明，为了实现重要的幸福感、生命意义和行为结果，满足这三种核心需求非常重要，在工作中满足不同需求的动力将与工作塑造的方向密切相关。

晋升导向和预防导向的工作塑造与创新绩效的关系各不相同。相比预防导向，晋升导向可能会加强个人需求与创新之间的联系。例如，一个希望探索和扩大业务的组织可能会发现，通过确保员工高度重视与工作相关的晋升，可以更有效地实现组织目标。

三、大学生的职业价值观与职业准备

大学时期是人生最宝贵的知识积累与技能提升时期。随着社会的发展，就业的竞争越来越激烈，大学生的就业形势不容乐观。为了提升大学生的就业竞争力，提前进行自我探索从而为未来的职业决策做好准备非常必要。

（一）大学生的职业价值观

职业价值观（occupational values）是指人生目标和人生态度在职业选择方面的具体表现，也就是一个人对职业的认识和态度以及他对职业目标的追求和向往。理想、信念、世界观对于职业的影响，集中体现在职业价值观上。俗话说："人各有志。"这个"志"表现在职业选择上就是职业价值观，它是一种具有明确的目的性、自觉性和坚定性的职业选择的态度与行为，对一个人的职业目标和择业动机起着决定性作用。哪种职业对我们来说是好的？哪个岗位适合我？从事某一项工作的目的是什么？这些问题其实都是职业价值观的具体表现。

1. 职业价值观的类型

大学生对自己的职业价值观进行分析时，可以参照学者所提出的价值观类型。袁方舟在归纳总结国内外学者对价值观分类的基础上，结合经典的人性假说理论，将职业价值观分为三类：① 经济型，注重满足与生存有关的基本需要，重视对物质和地位权势的追求，常将工资收入和福利待遇作为评判职业的标准；② 社会型，注重满足与社会参与、人际交往有关的基本需要，重视对良好人际关系和集体归属感的追求，常将是否获得社会群体认可作为衡量自己职业发展成功与否的首要标准；③ 自我实现型，注重满足与自我价值实现有关的基本需要，重视对人生理想或使命的追求，常以实现自我理想为职业追求的目标和成功标准。

2. 职业价值观与职业发展

职业价值观在我们每个人的职业生涯中发挥着指导方向和驱动力的作用

（Doyle，2021），决定了我们的职业期望，影响着我们对职业方向和职业目标的选择以及就业后的工作态度与绩效水平。比如，持经济型价值观的大学生可能更看重未来职业的薪资、福利等因素，因此在进行职业选择时更多以薪资待遇为参考；而持社会型价值观的大学生则更重视权力和人际关系等因素，因此在进行职业选择时更多以人脉和声望为参考。

（二）大学生的职业准备

1. 树立正确的职业价值观

大学生在做职业生涯规划之前，一定要清楚和明确自己的职业价值观。职业价值观决定了哪些因素是重要的，哪些是不重要的；哪些是要优先考虑和选择的，哪些不是。当未来的工作能够带来成就感、社会地位或薪资报酬等一些人所看重的东西时，其职业价值观和工作环境就是相契合的。要实现这一目标，树立正确的职业价值观是关键。具体来说，大学生要做好以下三方面：首先，对物质保持理性的追求，不要因为对物质的重视而忽视了更多发展的可能，用科学发展的眼光正确看待各种因素在不同阶段的价值。其次，协调好个人内部需要和社会认可的关系，追求他人认可的同时恰当考虑个人需求和感受。最后，作为新时代的青年，要有奉献精神，不仅要澄清自己的职业价值观，更要践行社会主义核心价值观！在为祖国发展服务的同时，收获真正的职业价值。

2. 评估职业生涯机会

社会职业多种多样，大学生需要结合自己的职业兴趣，了解和评估各种职业信息，明确自己到底适合什么工作。对2015—2017年在读大学生就业能力结构问题的调查分析显示，大学生对自己适合什么样的工作越明确，其对就业能力的自我评价也就越好（史秋衡，王芳，2018）。并且，个体对职业相关理论知识了解越多，其职业规划也就越清晰（蔡玲梅，王鑫，2022）。因此，大学生可以充分利用学校资源，比如通过学习职业规划课程，参加职业规划相关的活动和竞赛，利用校内图书资源和数字资源，以及接受专家开展的职业心理培训等方式，对职业生涯进行多方面探索。各类职业或大型就业机构会随着时代、社会的发展而不断变化，成功的职业生涯规划需要大学生清楚地认识和评估各种社会职业的动态变化。

3. 提升个人核心竞争力

对于职业准备来说，大学学习无疑是专业知识技能准备的最佳时期。获得一纸文凭不代表能在未来就业市场具有竞争力。专业知识、职业技能、相关工作经验的准备都是提升大学生个人的核心竞争力不可忽略的方面。在这个人才济济的社会，短板可能是未来职业发展的最大绊脚石。大学生可支配时间充裕、社会关系简单、学习资源获取便利、个人学习能力最强，因此，大学时光是积累个人知识技能和提升核心竞争力的关键期。此外，弥补个人短板的同时，发展某一方面的特长也非常重要。特长的培养，贵在坚持，要在结合个人兴趣爱好的基础上不放弃练习，今天的坚持将会成为未来职业发展的最大助力。

反思与探究

1. 如何通过言语发展促进个体的思维发展？
2. 儿童青少年的品德教育可以从哪几个方面入手？
3. 根据霍兰德职业兴趣理论，分析教师这一职业属于哪一种职业类型。

推荐阅读

1. 苏彦捷. 发展心理学［M］. 2版. 北京：高等教育出版社，2023.

该书秉持毕生发展观，以发展主题为线索构建内容体系，涉及语言、智力、情绪、气质、人格、自我与社会认知、性别差异与性别角色的社会化、道德等主题，系统凝练基础知识，准确界定核心概念，着重介绍我国发展心理学的本土化研究进展和最新成果，以科学的人才观、成才观、教育观指导学生的科研实践和生活实践，有效培养学生运用所学解决现实情境中与个体发展相关的问题意识、运用发展心理学原理解决实际生活问题的能力。

2. 朱秀芬，王璐，李翠萍. 大学生职业生涯规划［M］. 2版. 北京：高等教育出版社，2023.

该书站在当今大学生的角度，基于个体发展职业生涯的同时满足社会需求的理念，系统地介绍了职业生涯规划的基本理论及职业规划的具体实施步骤，从而指导大学生针对将来的职业目标，科学、客观地制订大学期间的职业生涯规划，并对求职和进入职场之后可能遇到的问题，提供了相应的指导和帮助。

第三章 心理的生物学基础

知识导图

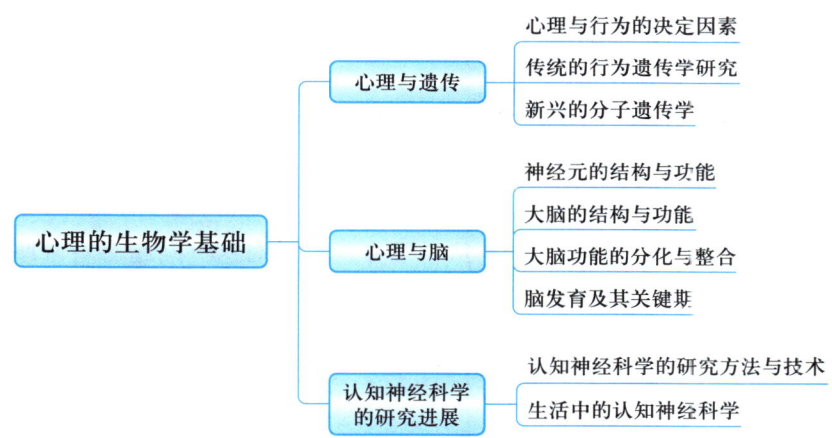

> **案例导入**
>
> **心理源于大脑而非心脏**
>
> 　　1848年，一个名叫盖吉（P. P. Gage）的铁路工人在一次意外爆炸中，不幸被一根约9.4 cm的铁钎击穿头颅，可是他的意识还是清醒的。人们用卡车把他送回旅馆时，他自己走上了楼。在随后的2～3周，他濒临死亡。幸运的是，他活了下来。
>
> 　　但是，盖吉变了，他的气质、性格和为人处世的风格发生了相当大的变化，可以说是完全变了一个人：受伤前，大家都认为他是一个机灵、有毅力、精力充沛、努力工作的人；受伤后，他变得无理、放纵、脾气暴躁、反复无常，常常说粗话……

　　这个案例刚好发生在科学家着手研究脑功能与复杂行为之间关系的时候，盖吉的经历提供了较早的证据，证明脑是心理活动的器官。此后，行为遗传学的发展为心理的生物学基础提供了大量的证据，而认知神经科学的发展则为心理的生理学基础研究开辟了新途径和新视野。

第一节　心理与遗传

一、心理与行为的决定因素

　　人的心理与行为是怎样产生的？从古至今，人类对这一问题有着浓厚的兴趣。现代科学表明，心理与行为的产生受到多种因素的制约，是一个复杂的系统工程，如图3-1所示。心理与行为的产生有其生物学和生理学基础。

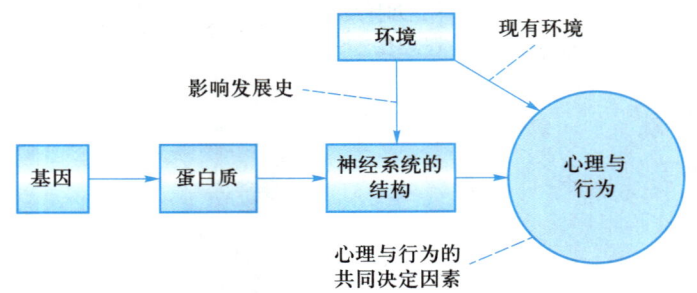

图3-1　心理与行为的决定因素（艾森克，2000）

【知识窗】
心身关系

　　按照达尔文进化论的观点，人类是物种进化的产物，基因则是物种进化中传递信息的载体。基因携带着由蛋白质构成的信息，蛋白质是复杂的化学结构组织，它是心理与行为的生物学基础。人体的生长发育有赖于基因的表达，其中，神经系统尤其是大脑构成了心理与行为的生理学基础。因此，可以这样说，没有基因就没有我们的身体，更没有我们人类引以为傲的大脑。

环境对心理与行为的产生也起着重要作用。如果没有环境（起初是子宫——胎内环境，然后是出生后的成长环境），我们就无法生存。胎内环境直接影响着胎儿的发育——从无到有的器质性发育。例如，先天性心脏病的病因可能有二：一是遗传所致，即基因缺陷；二是在心脏发育的关键期（3～8周），胎内环境发生异常变化（如母体感染病毒或是服用了某些药物）。出生后的成长环境（包括自然环境和社会环境）对神经系统的成熟有着重要影响。因此，我们的神经系统有赖于基因和环境，心理与行为则取决于神经系统与环境的相互作用。当讨论某一具体行为时，问"基因（遗传）与环境谁更重要"这样的问题显然是毫无意义的，这就相当于问"决定长方形面积最重要的因素是长还是宽"。没有长或宽，长方形就不会存在。同理，没有基因（遗传）或环境，人类就不会存在，当然也就没有心理和行为。

行为遗传学（behavioral genetics）研究行为的遗传基础，试图探明遗传因素和环境因素在个体的行为发展差异中所起的作用。行为遗传学是研究正常范围内的非病理变化，与人类疾病遗传学存在差异。它研究的是人的个性，而不是实际的疾病或病症（Michel，2004）。自20世纪80年代以来，行为遗传学取得了长足进展。在定量遗传学方面，共享环境和非共享环境概念的引入深化了人们对环境作用的认识；对于环境和遗传关系，不仅认识到基因-环境的交互作用可能存在三种形式，还揭示了遗传对环境测量的影响。分子遗传学作为新兴的研究途径，目前以寻找基因为主，将来则以认识基因如何工作为重。

二、传统的行为遗传学研究

心理发展是遗传与环境交互作用的结果。遗传所决定的个体特征是由受精卵内23对染色体中的大量基因决定的。遗传对发展的影响通过成熟表现出来。成熟（maturity）是指身体发育或心理发展达到完备和完善的状态。

遗传因素对心理发展的影响可以通过多种途径加以研究。传统的行为遗传学研究主要有两种途径。

第一种途径是家谱分析和血缘关系的研究，它是早期遗传学的重要研究方法。家谱分析是对具有某一特征或某种异常行为的典型个案的家谱做调查，分析该特征或行为在这个家族中出现的频率是否高于普通家族。优生学的创始人高尔顿进行了大量的家谱分析研究。他曾从英国名人（政治家、法官、文学家、科学家、艺术家等）中选出977人，发现他们的父子兄弟中有332人同样出名；而在由普通人组成的人数相等的对照组中，成员的父子兄弟中只出了1个名人。高尔顿以此作为人的能力受遗传因素决定的证据。但是这显然难以令人信服，因为同一家族的人不仅在遗传上有联系，而且也长期生活于相同的环境之中（黄希庭，1997）。高尔顿的研究缺乏科学性是由于其没能将环境因素从中分离所致，但家谱分析的方法具有一定的科学性。例如，在现代的精神分裂症、抑郁症等病症的遗传特性研究中仍然会用到家谱分析。

第二种途径是双生子研究。同卵双生子的遗传基因可视为相同，异卵双生子的遗传基因较为相近，而不同血缘的人的遗传基因则不相同。人们在最关心的遗传与环境对智力发展的作用的问题上，采用了大量的双生子研究。研究表明，不同血缘的人自幼在同一环境中长大时，其智力的相关系数为 0.20；有血缘关系的同胞兄弟姐妹在不同环境中长大时，其智力的相关系数为 0.47，而在相同环境中长大时，其智力的相关系数为 0.55；异卵双生子在同一环境中长大时，其智力的相关系数为 0.60；同卵双生子在不同环境中长大时，其智力的相关系数为 0.75，而在相同环境中长大时，其智力的相关系数为 0.87（Holden，1980）。这表明了血缘与智力的关系：血缘关系越近，智力的相关系数越高；无血缘关系但生活在同一环境中的个体的智力呈中等程度的相关。同卵双生子生活在同一环境中与在不同环境中的智力的相关系数是有差异的，说明环境对智力的发展有重要影响。就智力的发展而言，遗传与环境具有交互作用，遗传的作用看起来比环境的作用还要大一些。

【知识窗】
双生子研究的 ACE 模型

三、新兴的分子遗传学

分子遗传学起源于 20 世纪初，到 20 世纪末才应用于人的心理与行为研究，它在研究方法和研究理念上都较定量的行为遗传学有了革命性突破，而且以惊人的速度发展着（王申连，2013）。分子遗传学试图确定使行为和心理特质具有遗传性的特殊基因，发展势头非常强劲，是研究心理与行为遗传机制的新兴途径。

（一）鉴别基因——基因组学对行为遗传学的影响

总体上看，分子遗传学现处于基因组学阶段，研究重心集中在具体基因的寻找上。目前，寻找同特定心理与行为相关联的易感基因的研究主要有三种——连锁研究、候选基因关联研究和全基因组关联研究。

连锁研究（linkage study）采取从行为水平到基因水平的"自上而下"的研究思路，它以具有某种心理特质的家系为研究对象，分析几代人的 DNA 样本，以确定是否有对该心理特质影响较大的特定基因存在。然而，大多数复杂的心理或行为往往牵涉多种基因，因此在分子遗传学研究中已较少使用连锁研究，最常用的是一种更新的候选基因关联研究。

候选基因关联研究（candidate gene association study）采取由基因到行为的"自下而上"的研究思路，根据既有遗传相关信息（基因位置）、生物相关信息（如单核苷酸多态性）或者实证研究结果来直接选定可能与个体心理或行为有关的基因，并通过病例对照设计或基于随机人群的关联分析来确定候选基因与心理或行为之间的关联情况（张文新，2012）。例如，对人类可卡因成瘾的分子遗传学研究发现，大麻素 I 型受体（Cannabinoid receptor 1，CNR1）基因中的 rs806368 和 CHRNA5-CHRNA3-CHRNB4 基因簇中的 rs16969968 能够有效预测可卡因成瘾，并且该结果已被多个研究重复验证（Fernàndez-Castillo et al.，2022）。候选基因关联研究比连锁研究更容易找到存在微弱效应的特定基因，但系统性不够强。

随着人类基因组多态性研究和单核苷酸多态性分型技术的发展，全基因组扫描（genome-wide scanning）已成为分子遗传学主要的研究方向，包括对心理特质表现型的全基因组连锁研究和全基因组关联研究（genome-wide association study，GWAS）。

它先将心理特质表现型的相关位点定位在染色体某个区域，然后进行候选基因研究或连锁不平衡分析，确定其具体的基因位点（王申连，2013）。例如，一项对拒绝使用现代设施过着俭朴生活的被试的认知功能及其衰退的全基因组关联研究发现，10号染色体上的LHPP基因（一种蛋白质编码基因）对认知功能减退具有全基因组意义，同时还发现6个预示认知功能下降的基因座以及5个可能与认知状态相关的基因座（Song et al.，2021）。全基因组关联研究在精神疾病领域也发挥着重要作用。2021年，有研究者对超过25万名患有创伤后应激障碍（posttraumatic stress disorder，PTSD）的欧洲退伍军人进行了全基因组关联研究，确定了3个与PTSD全基因组显著相关的基因座（Stein et al.，2021）。除此之外，一项研究大麻成瘾的大规模全基因组关联的元分析研究发现，大麻成瘾与7号染色体基因座的rs7783012和8号染色体基因座的rs4732724全基因组呈显著相关关系，而且大麻成瘾的遗传易感性与大麻成瘾之间存在区别（Johnson et al.，2020）。

（二）运用基因——心理学家参与的行为基因组学

普洛明（R. Plomin）根据自2000年以来发表的数篇论文，不仅预期了分子遗传学的发展趋势，也为心理学家指明了研究方向：心理学家的参与有助于认识基因与行为的关系；心理学家的主要任务是运用基因。心理学家可以通过运用DNA研究成果，结合定量遗传学的分析方法着重解决以下问题：遗传效应与环境是怎样产生相关关系和交互作用的；对行为的遗传影响是怎样作用于发展的变化性和连续性的；遗传效应是怎样对性状之间的相互影响起作用的。具体而言，在心理学研究中，研究者可以通过确定个体的基因型来认识与行为特征有关系的特定基因，通过基因与环境的交互作用来跟踪特殊基因与行为之间的作用途径，生成以基因为基础的诊断和治疗程序。

随着分子遗传学技术的推广，心理学领域已经出现不少与基因有关的经典研究。这些研究在一定程度上警示我们，不能将基因的有关研究结果盲目推广，在推广时有必要考虑到样本的祖先和地理因素的影响（Giannakopoulou，2022）。

在基因-环境交互作用方面，心理学家也做出了不少重要成果。有研究发现，多巴胺受体D4（DRD4）基因是亲社会行为的重要候选基因，且该基因会与环境产生交互作用来影响亲社会行为的发展。比如，当母亲的积极教养水平较高时，相较于不携带7R（位于DRD4-VNTR）等位基因儿童，携带7R等位基因儿童的亲社会行为更多；当母亲的积极教养水平较低时，携带7R等位基因儿童的亲社会行为更少。研究者认为，DRD4基因可能是通过影响"奖赏通路"及情绪加工相关脑区的功能，进而影响个体亲社会行为的发展（李曦等，2020）。另外，负性生活事件对青少年早期抑郁具有显著正向预测作用，且儿茶酚胺氧位甲基转移酶（COMT）基因Val158Met多态性和父亲的积极教养行为在其中起着调节作用，但该调节作用仅存在于男性青少年群体中（王美萍等，2019）。这些研究说明，心理学已经可以运用分子遗传学领域研究成果揭示基因怎样影响个体的发展，并且进一步探索遗传效应与环境的交互作用。

目前，基因组学研究已经从寻求了解人类遗传密码的基本原理发展到将这些原理应用于干预措施上（Collins et al., 2021）。基因编辑技术当属这一领域最有潜力的研究方向。基因编辑（gene editing）又称基因组编辑，是一种新兴的比较精确的能对生物体基因组特定目标基因进行修饰的一种基因工程技术，能够让人类对目标基因进行定点"编辑"，实现对特定DNA片段的修饰。随着分子生物学技术的不断进步，基因编辑注定会在未来发挥更重要的作用，心理学家也有望利用基因编辑进行更深入的心理与行为的探索。

【知识窗】
基因编辑
与基因
敲除

拓展阅读

生命科学的"登月计划"：人类基因组计划

2022年4月1日，《科学》杂志介绍了人类基因组计划（Human Genome Project，HGP）的最新成果，同时发表了与人类基因组计划有关的6篇论文，这种极其特殊的待遇表明人类基因组计划的科学价值不言自明。

1987年，《纽约时报》将人类基因组计划描述为历史上最大、最昂贵、最具挑战性的生物医学研究项目，它与曼哈顿原子弹计划和阿波罗计划被称为三大科学计划，是人类科学史上的又一个伟大工程，被誉为生命科学的"登月计划"。这一计划于1984年由美国科学家率先提出，1990年正式启动。美国、英国、日本、法国、德国、加拿大和中国等国的研究机构参与了这项预算达30亿美元的计划。截至2003年4月14日，人类基因组计划的测序工作已经基本完成。其中，2001年人类基因组工作草图的发表被认为是人类基因组计划成功的里程碑。在该项目于1990年启动到2003年初步完成之间的十几年里，基因组技术取得了巨大的进步。

在2003年报告的参考序列中，实际上只完成了约92%的基因组解析，仍有8%没有完全解析。这些遗漏的部分，主要是DNA序列高度重复的染色体中间部分的着丝粒、末端的端粒（在很大程度上之前被视为垃圾）。为了解析剩余的8%的基因组，由美国国家人类基因组研究所、加利福尼亚大学圣克鲁斯分校、华盛顿大学等机构研究人员领衔的国际科研团队组成"端粒到端粒联盟（T2T）"，对人类基因组进行完整的、无间隙测序。

2022年，T2T联盟成功拼出了第一个人类基因组的完整序列（T2T-CHM13），为新一轮的生物学和临床发现奠定了基础。这也是时隔二十多年后，人类基因组计划的全新里程碑：一份更完整的人类基因组图谱。该团队确定了GRCh38参考基因组中缺失的近2亿个碱基对序列，包含近2 000个候选基因，其中99个基因被预测为编码蛋白质。新完成的序列包括基因组中以前无法解决的复杂区域，包括参与细胞分裂、翻译和基因组空间组织的序列，为进一步的研究奠定了基础（Attwaters，2022）。人类基因组计划的完成，不论是对于科学研究还是对于整个人类而言，都具有非常重要的意义。

第二节 心理与脑

根据章前的盖吉案例，我们不难发现大脑对于心理与行为的产生有着决定性作用——心理起源于大脑而非心脏。现代科学认为，大脑是产生心理的器官，心理是大脑的机能。下面，我们将介绍神经系统和大脑的知识，以便更好地了解心理和行为产生的生理学基础。

神经系统（nervous system）是人体内结构和功能最复杂的调控系统，主要由神经组织构成，具有主导、调控人体各种功能活动的作用。神经系统主要分为两个部分：中枢神经系统和外周神经系统。中枢神经系统（central nervous system，CNS）是人体神经系统的主体部分，包括脑和脊髓，其主要功能是传递、储存和加工信息，产生各种心理活动，支配与控制人的心理与行为。外周神经系统（peripheral nervous system，PNS）由联系中枢神经系统和身体的全部神经元及其神经纤维组成，从中枢神经系统发出，导向人体各部分，担负着与身体各部分的联络工作，起传入和传出信息的作用，可分为躯体神经系统和自主神经系统。自主神经系统是指控制呼吸、心跳和消化过程等非自主活动的神经系统，包括相互拮抗的交感神经系统和副交感神经系统。图 3-2 是神经系统的结构示意。

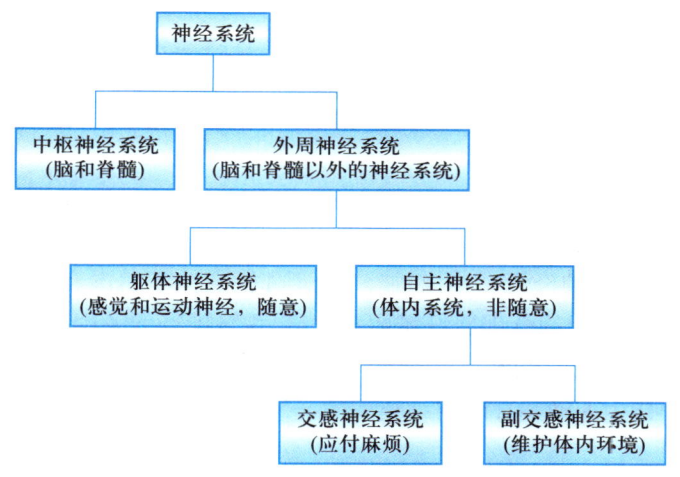

图 3-2 神经系统的结构示意

一、神经元的结构与功能

神经元（neuron）是神经系统的结构和功能的基本单位。神经系统主要由神经细胞和神经胶质细胞所组成。神经元的形状和大小不一，但多数神经元具有一些如图 3-3 所示的共同结构，大致可以分为胞体和突起两部分。胞体的中央有细胞核。细胞核是细胞的能量中心。通过化学反应，胞体为神经活动提供能量，并大量制造用于传递信息的化学物质。自胞体伸出两种突起，呈树枝状的突起称为树突，它接收其他神经元传来的信息并传至胞体；那一根细长的突起称为轴突，它把神经冲动由胞体传至远处，传给另一个神经元的树突、肌肉或腺体。髓鞘由胶质细胞构成，包裹在轴突上，起着绝缘作用。一个神经元的轴突有许多分支末梢膨大，呈葡萄状，称为突触小体，它与其他神经元的胞体或树突的膜共同构成突触。

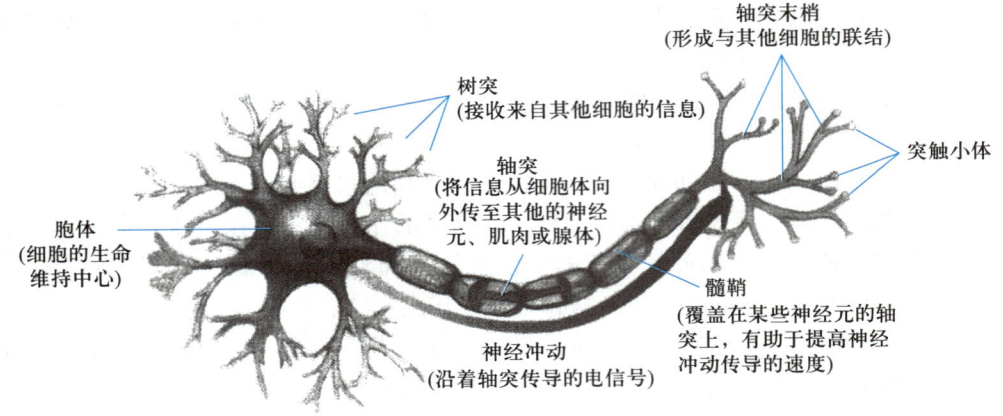

图 3-3　神经元的结构

神经元具有两个最主要的特性——兴奋性和传导性。神经元的兴奋性具有一种很特殊的现象，当刺激强度未达到某一阈限值时，神经冲动不会发生；而当刺激强度达到该值时，神经冲动发生并能瞬时达到最大强度，此后刺激强度即使继续加强或减弱，已诱发的冲动强度也不再发生变化。这种现象称为全或无定律。神经元的传导在性质上类似于电流传导，但作用机制不同。电流靠接触传导，而相邻神经元则靠其间一小空隙进行传导，这个小空隙叫作突触。突触的作用在于桥接不同神经元之间的神经冲动。

神经元的功能表现多种多样，归纳起来可分为三类：① 感觉神经元（传入神经元），其树突的末端分布于身体的外周部，接受来自体内或体外的刺激，将兴奋传至大脑和脊髓。② 运动神经元（传出神经元），其轴突达于肌肉和腺体。运动神经元的兴奋可引起其所支配的全部肌纤维兴奋。③ 联络神经元（中间神经元），介于上述两种神经元之间，把它们联系起来，或组成复杂的网络，起着神经元之间机能联系的作用，多存在于大脑和脊髓中。

二、大脑的结构与功能

人脑是由约 140 亿个脑细胞构成的重约 1 400 g 的海绵状神经组织。大脑（brain）是中枢神经系统的主要部分，在构造上，按部位的不同分为后脑、中脑和前脑三大部分，分别具有不同的功能。

（一）后脑

如图 3-4 所示，后脑（hindbrain）位居脑的后下部，包括三部分：① 延脑，位于脊髓的上端与脊髓相连，呈细管状，大如手指。延脑的主要功能在于控制呼吸、心跳、吞咽及消化，稍受损伤即危及生命。② 脑桥，位于延脑之上，是由神经纤维构成的较延脑更肥大的管状体。脑桥连接延脑与中脑，如受损可能影响到睡眠。

③ 小脑，位于脑桥之后，形似两个相连的皱纹半球，其功能主要是控制身体的运动与平衡。小脑如受损，易丧失身体自由活动的能力。

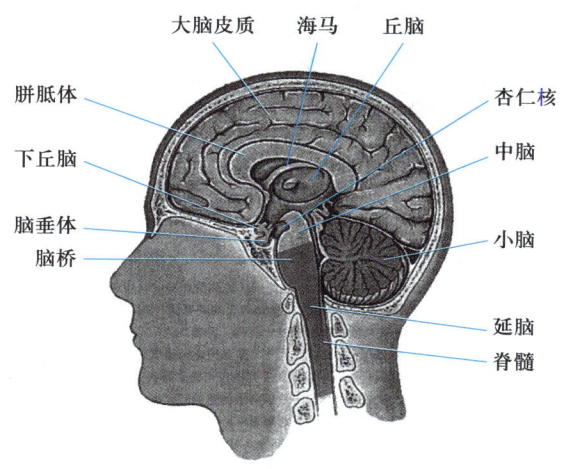

图 3-4 脑的纵切面示意

（二）中脑

中脑（midbrain）位于脑桥之上，恰好处在整个脑的中间。中脑是视觉与听觉的反射中枢。在中脑的中心有一个网状的神经组织——网状结构，其主要功能是控制觉醒、注意、睡眠等意识状态。网状结构的作用扩及脑桥、中脑与前脑。中脑与脑桥、延脑合在一起称为脑干（brain stem）。脑干是生命中枢。

（三）前脑

前脑（forebrain）是大脑的最复杂部分，也是最重要的部分。前脑主要包括五个部分：大脑皮质、边缘系统、丘脑、胼胝体、脑垂体。

大脑皮质（cerebral cortex）是中枢神经系统中最重要的部分，平均厚度为 2.5～3.0 mm，面积约为 2 200 cm²，上面布满了下凹的沟和凸出的回。分隔左右两半球的深沟称为纵裂。纵裂底部由胼胝体相连。大脑半球外侧面，由顶端起与纵裂垂直的沟称为中央沟。在半球外侧面由前下方向后上方斜行的沟称为外侧裂。半球内侧面的后部有顶枕裂。这样从垂直和水平方向上将每个半球又分为四个区，称为"脑叶"，如图 3-5 所示。额叶具有控制运动和进行认知活动的功能，包括计划、决策、目标设定等功能，它位于外侧裂之上和中央沟之前。因意外事故损伤额叶会破坏一个人的行为能力，并引起人格改变。盖吉正是由于这一脑区受损引起了明显的运动和人格变化。顶叶负责触觉、痛觉和温度觉，位于中央沟后方，顶枕裂前方，外侧裂上方。枕叶是视觉信息到达的部位，位于顶侧裂后方。颞叶处理听觉信息，也与记忆和情感有关，位于外侧裂下方，即两个大脑半球的侧面。大脑半球深部是基底神经节，主要包括尾状核和豆状核，合称为纹状体。其机能主要是调节肌肉的张力来协调运动。

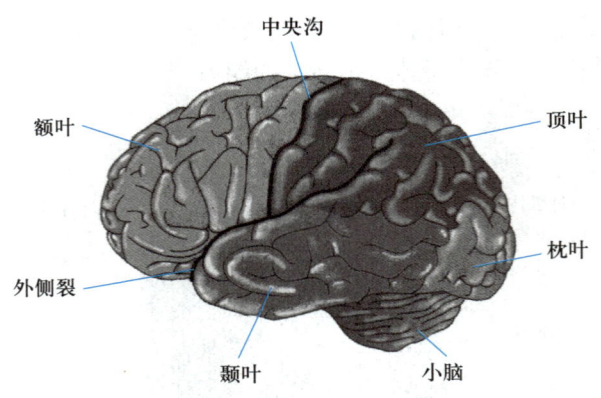

图 3-5 大脑半球上的脑叶位置

边缘系统是位于胼胝体之下包括多种神经组织的复杂神经系统。边缘系统与动机、情绪状态和记忆过程相关，它参与体温、血压和血糖水平的调节并执行其他体内环境的调节活动。边缘系统由三个结构组成：海马、杏仁核和下丘脑。海马是边缘系统中最大的脑结构，在外显记忆获得上具有重要作用。杏仁核在情绪控制和情绪记忆形成中具有重要作用。由于它的控制功能，杏仁核损伤可能对精神特别活跃的个体产生镇静作用。下丘脑位于丘脑之下，其体积虽比丘脑小，功能却比丘脑复杂。下丘脑是自主神经系统的主要控制中心，它直接与大脑皮质的各区相连，又与主控内分泌系统的脑垂体连接。下丘脑的主要功能是控制内分泌系统、维持新陈代谢、调节体温，并与饥、渴、性等生理性动机及情绪有关。下丘脑如受损，将影响个体的饮食习惯与排泄功能。

丘脑是卵形的神经组织，其位置在胼胝体的下方，具有转运站的功能——从脊髓传来的神经冲动，都先终止于丘脑，然后由丘脑分别传送至大脑皮质的相关区域。丘脑如受损，将使感觉扭曲，无法正确了解周围的世界。

胼胝体连接大脑两半球，使两半球的神经网络得以彼此沟通。

脑垂体位于下丘脑之下，其大小如豌豆，虽在位置上属于前脑，但在功能上属于内分泌系统中最主要的分泌腺之一。

三、大脑功能的分化与整合

伴随着人类的进化，人脑成为自然界中最复杂的系统之一。最初，研究者持功能分化的观点，认为特定的心理功能往往有与之对应的大脑区域。例如，语言的特定脑区包括布罗卡区（运动性语言中枢）和韦尼克区（感觉性语言中枢）。随着脑科学研究的不断深入，研究者发现多个脑区的协同配合与动态交互所形成功能网络才能支持个体高级认知功能的实现，这体现了大脑的功能整合。例如，在抑制自己的冲动决定时，背外侧前额叶与顶下小叶等脑区（额顶网络）的共同激活，在此过程中发挥着重要作用（Baltruschat et al., 2020）。功能分化与功能整合是人脑功能的两大组织原则，接下来将从这两个角度进行具体介绍。

（一）脑区功能的特异化

认知神经科学的大量研究表明，脑区功能具有特异化的倾向，甚至具有功能高度特异化的神经元，尤其体现在低级认知功能上。研究已探明不同的脑区负责不同的工作：中央前回是主运动区，是绝大部分运动的投射中枢；中央后回是主感觉区，负责绝大部分感觉功能；枕极是主视觉区，是视觉的投射中枢；颞横回是主听觉区，负责听觉功能。

脑损伤的研究为我们了解脑区功能的特异化提供了大量的实验证据。下面介绍几种关于失认症的脑损伤现象。

统觉性失认（apperceptive agnosia）患者的视觉功能正常，但是感知觉系统受损，他们不能明确地概括自己看到的物体是什么。例如，给统觉性失认患者呈现一根蜡烛，问他这是什么，患者会说这是一根长长的、顶端尖细的物体，甚至可以把蜡烛准确地画出来，但就是说不出它的名字。然而，如果让患者触摸蜡烛，问他这是什么，他马上能够说出名字——蜡烛。统觉性失认患者一般能够说出物体的颜色、大小和现状，但认不出到底是什么东西。

【知识窗】失语与失视

联想性失认（associative agnosia）患者无法将视觉分析的结果与其心理意义进行联结。面孔失认是其中的一种类型，患者会失去对面孔的辨认能力。例如，有位联想性失认患者，她不知道照片上谁是自己的亲生孩子。当她的丈夫和母亲到医院来探望她时，她看着他们，但不知道他们是谁。直到探望者开口讲话之后，她才通过声音认出自己的亲人。负责面孔识别的关键脑区位于枕叶下部一个叫作梭状回的区域。梭状回体积的减小是先天性面孔失认患者的神经表现，而后天的面孔失认主要与个体腹侧视觉皮质受到神经损伤有关。目前看来，梭状回的功能包括识别面孔。从进化的观点来看，这一部分大脑区域专门为识别面孔而存在也不奇怪，因为对不同面孔的识别在社会生活中有着非常重要的意义（Martinaud，2017）。

拓展阅读

左脑与右脑

人的左脑和右脑按一种很有趣的方式分工合作。例如，语言性工作一般由左脑负责。大约有95%的成人用左脑控制说话、写作和言语理解。在右利手者中，97%的人的语言中枢在左脑；在左利手者中，70%的人的语言中枢在左脑。另外，左脑在数学、时间判断、节奏和控制复杂运动等方面的功能更强，在一切与语音有关的方面更优越。

相比之下，右脑只对一些简单的语言和数字有反应。如果一个人只用右脑工作，说起话来就好像是一个只懂十几个单词的小孩。

由于言语是由左脑控制的，当裂脑人（被切断胼胝体的癫痫患者，其左右半球之间不能进行信息传递）使用右脑回答问题时，他们需要使用非言语的方式进行反应。在一个实验中，当一个三角形的信息进入裂脑人的右脑后，他们说不出自己看见了什么，但可以用左手毫不费力地挑出挡板下的三角形。然而，此时被试不可能用右手挑出三角形。当一个圆圈的信息进入裂脑人的左脑时，他们可以马上说出："我看到一个圆圈。"同时，他们可以用右手挑出放在挡板下的圆圈，但不可能使用左手挑出圆圈。

在相当长的一段时间内，人们认为右脑是"次要的"大脑半球。但是现在我们都知道，右脑亦有其特殊才能。右脑在知觉技能方面的功能超过左脑，在对模式、面孔和音调的识别，对情绪的识别和表达等方面也都起着主要作用。右脑在视觉、空间技能和完成操作性任务等方面也比左脑强，例如，用积木排列图形、做填词游戏或绘画等活动都依赖右脑。

研究者做了一个有趣的实验来证明右脑在空间技能方面的优越性。空间能力测验中都会包括几何题。在进行空间能力测验时，裂脑人能很好地运用左手，但其右手却不听指挥。有趣的是，当右手不听指挥时，左手会"纠正"其右手。这就好像是A在解题，B在旁边看着，当B看到A犯错时，便忍不住要替A写出正确答案。

（二）脑网络的功能整合

从功能整合的角度出发，研究者将分布在全脑范围、功能上存在相互依赖关系的脑区集合定义为大尺度功能脑网络，不同的脑功能网络之间的连接关系对人类的决策、计划、学习、情绪等心理与行为都具有重要的推动作用。

自2000年起，人们开始大量利用静息态fMRI数据来研究大脑功能，并依据脑区间功能连接模式的相似性划分出多个静息态功能脑网络。2011年，研究者基于1 000人的静息态fMRI数据采用聚类法对大脑皮质进行了功能剖分，按照功能连接模式的相似性将全脑划分为七个功能网络——额顶叶网络、腹侧注意网络、默认模式网络、背侧注意网络、边缘网络、视觉网络和躯体运动网络（Yeo et al., 2011）。不同的脑网络具有特定的认知功能。

额顶叶网络参与个体自上而下的认知控制以及行为调控。在个体解决新奇的或复杂的任务时，往往需要认知控制的参与来克服习惯性的反应，纠正错误行为等（Gazzaley, 2013）。个体在做出理性决策时，涉及额顶叶网络的激活。例如，在选择食物时，相比于仅依据食物口味来做选择的个体，更多依据食物健康与否来做选择的个体的背外侧前额叶皮质的激活程度更强（Hare et al., 2009）。对于戒烟的个体来讲，当面临较大的压力时，背外侧前额叶皮质的激活程度会减弱，往往导致戒烟的失败（Lim et al., 2020）。

腹侧注意网络参与个体自下而上的注意，这种注意是由刺激所引起的，个体没有预定目的、不需要意志努力就可以对出现的刺激产生注意。例如，在课堂中，"嗡嗡嗡"的蚊子会不由自主地吸引你的注意力。

默认模式网络参与"休息"时的大脑活动。当不进行认知活动时，大脑就会进入"休息"状态。在这种状态下，默认模式网络的活跃与个体的内部心理活动有关，具体包括回忆自己过去的经历（自传体记忆），规划自己未来的生活（预期想象）以及感受自己当前的情绪状态等（Andrews-Hanna et al., 2010）。当个体在进行认知活动时，例如在专注地写作业时，默认模式网络的活跃程度降低。大量研究表明，精神疾病患者的表现与默认模式网络的活动密切相关。例如，抑郁症患者表现出的过度自我聚焦和情绪问题，与默认模式网络的异常活动有关（Shu，2014）。

背侧注意网络参与个体自上而下的注意，这种注意是由预先的目的引起的，需要付出一定的意志努力，是一种积极主动的注意（即通常所认为的专注力）。例如，在课堂上能够摒除外界环境的干扰，将注意力集中在老师对知识的讲解中。注意缺陷多动障碍患者的背侧注意网络有所损伤，因此其自上而下的注意控制能力较弱，常常表现出注意力不集中等。例如，注意缺陷多动障碍患者在进行认知活动时，往往难以抑制其对任务不相关物体的注意（Wang et al., 2016）。

此外，边缘网络与个体情绪的产生以及记忆过程密切相关（Catani et al., 2013）。视觉网络负责个体的视觉功能，包括对物体的识别、对距离的识别等。躯体运动网络主要负责个体的运动控制以及觉察自身的身体状态等（Uddin et al., 2019）。

四、脑发育及其关键期

（一）脑结构的发育

在生命的最初几年里，大脑的整体发育非常迅速。出生后2—3周，婴儿的脑容量约为成人脑容量的35%，1岁儿童的脑容量为足月时脑容量的两倍，2岁儿童的脑容量会再增长15%，达到成人脑容量的80%（Gilmore et al., 2018）。

大脑皮质单位体积内的突触数目（突触密度）在出生后会迅速变化。出生时，婴儿大脑皮质突触密度远低于成人，出生后的几个月内，大脑皮质突触数目迅速增加。9岁左右的儿童，其大脑皮质各区的突触密度达到顶峰，约为成人的150%左右。在整个儿童期，突触密度保持在远高于成人的水平。到青春期，大脑皮质启动某种尚不清楚的机制，开始裁减突触数目，突触密度逐渐接近成人水平。

与突触密度的变化相应，神经回路在出生后也会继续发育。出生时婴儿脑内的神经元数量已与成人不相上下，但神经回路的构建远没有完成，有些回路尽管已经建立起来，但并不稳固，在其后相当长的一段时间里（至15岁）才能逐渐完善。

在此基础上，大脑的灰质和白质会随着年龄的增长不断发展。大脑白质由聚集在大脑内部的神经纤维构成，主要负责信息的传递；大脑灰质由聚集在大脑皮质的胞体和树突构成，主要负责信息的处理。有研究者为了构建大脑的生长图表，收集了迄今为止最大的神经成像数据集，其中包含出生前到100岁个体的大脑数据，从而绘制人类大脑的发展和衰老轨迹（Bethlehem et al., 2022）。具体的发展大致如图3-6所示。

大脑的灰质总体积（GMV）从妊娠中晚期开始快速增长，在6岁左右达到峰值，之后随着年龄的增长而呈线性下降。大脑的白质总体积（WMV）从妊娠中晚期到幼儿期增长迅速，之后平稳增长，30岁左右达到峰值，而在50岁之后下降较快。皮质厚度同样在妊娠中晚期开始快速增长，在2岁左右达到峰值。在儿童时期，相比于正常个体，注意缺陷多动障碍患者的前额叶区域的皮质厚度发育不足，这可能提示了注意缺陷多动障碍的发病机制与大脑结构发育之间关系密切（Wang et al., 2016）。脑脊

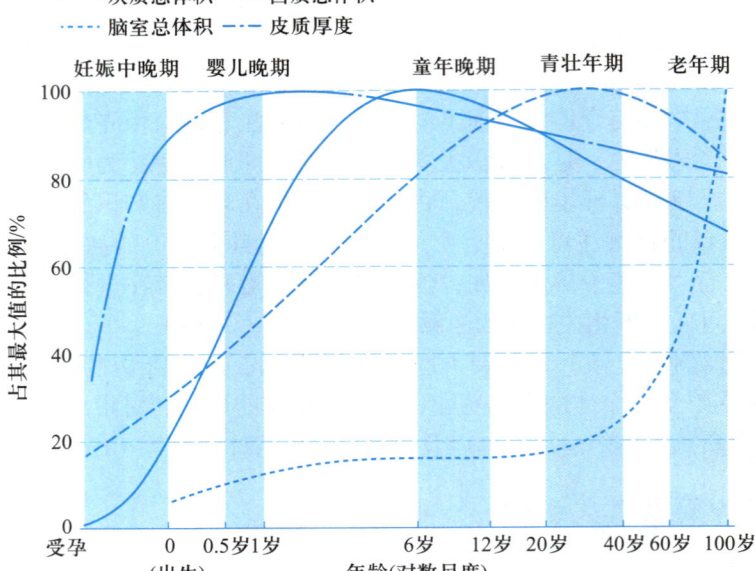

图 3-6　人类大脑的发展和衰老轨迹（图中数据为中位数）

液总体积（脑室总体积）在 2 岁前呈增长的趋势，随后保持平稳至 30 岁，之后开始缓慢增加，直到 60 岁后开始呈缓慢的线性增长。脑脊液存在于中枢神经系统，它为脑细胞提供营养，并运走脑组织的代谢产物，同时也能够缓冲大脑的压力，对大脑起到一定的保护作用。

大脑的皮质下灰质总体积（sGMV）的生长模式介于 GMV 与 WMV，在 14 岁左右达到峰值。大脑皮质的总面积和总体积有相似的发育过程，在 7 个月的时候增长速度最快，并且在 11—12 岁时达到峰值。sGMV 和皮质总体积的发展与新生儿早期以及青少年时期个体的身高和体重的发展相吻合。

（二）脑功能的发展与可塑性

在脑科学中，脑发育的关键期与人类智力发展有着十分密切的关系。脑科学研究表明，在脑的发育过程中存在着关键期（critical period）：在这一时期，大脑在结构和功能上都具有很强的适应与重组的能力，易于受环境的影响，具有依赖经验的可塑性。对于同样的脑损伤，处于关键期内的儿童一般比成人恢复得好。关键期内适宜的经验和刺激是运动、感觉、语言与其他大脑高级功能正常发展的重要前提。

1. 视觉发育与可塑性

人的视觉发育有三个重要的时期：① 0—6 个月是视觉系统发育的关键期。6 个月的婴儿的黄斑（视网膜的一个重要区域，与精细视觉及色觉等视功能有关）已基本发育完全，0—6 个月要多对婴儿施加丰富的视觉刺激。② 7 个月—3 岁是视觉损伤的关键期，是相关眼病治疗的关键时期。例如，婴儿若患有先天性白内障，将导致原本用于视觉的脑细胞萎缩或转而从事其他任务。如果视觉在 3 岁时还不能得到恢复，患儿就会永久性地丧失视觉功能。③ 3—7 岁是视觉恢复的关键期，期间视觉

【知识窗】
科学用眼

系统对异常刺激表现很敏感且易出现视觉问题。例如，儿童若患有弱视（一只眼睛的视力由于年幼时视觉发育异常而下降），将导致大脑为了准确加工视觉信息而忽略较弱的眼睛的信息。弱视的最佳治疗时间在 7 岁以前，可以通过遮掩健康眼的方式加强弱视眼的使用，7 岁后的治疗效果比较差（Birch，2013）。

关键期内有无视觉经验以及视觉经验是否丰富，对能否拥有正常的视觉功能有着极其重要的意义。医学史上曾有这样一个病例：一名 6 岁男孩的单眼失明了，对其原因，人们起初惶惑不解，因为眼科检查表明其眼睛是完全正常的，最后真相大白——在他还是婴儿时，在视觉发育的关键期内，为治疗轻微的感染，他的眼睛被绷带缠了两周。这样的治疗对于已成熟的大脑固然不会有影响，但对发育中的婴儿的大脑来说，影响就非常严重。由于缠绷带的那只眼暂时不活动，脑内相应的神经元发生萎缩，从而导致了这一悲剧。

2. 语言习得与可塑性

语言对于人类智力的发展具有极其重要的意义。语言习得同样存在关键期。为了能正常地习得语言，人必须在特定的年龄接触正常的语言环境。婴儿的大脑在出生后就有区分语音刺激与其他刺激的能力，而且这种语言能力一生下来或在出生以前就已在左半球优先发展了。但是，随着大脑的发育，与语言活动对应的皮质结构不断经历着专门化的过程。5 岁之前是儿童大脑高速发育的时期，也是儿童语言习得的关键期。在关键期后，虽然儿童的语言能力可继续得到发展，但其发展速度、加工过程以及学习效果都与正常语言习得有显著差异。

库尔（P. Kuhl）曾提出，儿童第二语言学习的关键期一般在 7 岁之前，但也有研究者认为可延长至青春期。第二语言学习确实受到学习者年龄的影响，这种影响既表现在音韵（口语）上，也表现在词汇和语法水平上。6 岁前学习第二语言的儿童，口语都较为纯正；6—12 岁是儿童词汇学习的关键期，12 岁之后的词汇学习随着年龄的增长而下降。对于语法的学习来说，7 岁之后语法习得的正确率开始逐渐下降（Granena，2013）。对于学习英语的年龄始于 7—15 岁的人，他们所犯的语言学习错误随开始学习的年龄不断增加，15 岁时达到成人犯错的水平。从这些证据可以看出，无论是口语、词汇还是语法方面，的确存在语言习得的优势年龄。总的来说，第二语言学习的关键期一般在 7 岁之前，可延伸至青春期。

虽然脑科学和认知神经科学研究积累的大量证据表明，脑的许多功能的发展存在关键期，但应该说明的是，对于关键期的研究还有大量的工作要做，特别是对大脑高级功能发展的关键期的认识还处在初步阶段，对关键期的概念也存在争议，甚至有研究者认为关键期只存在于视觉、听觉、语言这些功能上，而其他的大脑高级功能的发展并不存在关键期。

3. 成人大脑的发展与可塑性

成年之后的大脑是否具有可塑性呢？研究发现，通过学习和经验的影响，成人大脑内部的突触、神经元之间仍可以建立新的连接，进而影响个体的行为，这种现象被称为大脑的结构可塑性。一些研究者发现对成人进行 3 个月的三球杂耍（three-ball cascade juggle）训练后，成人的视觉运动相关脑区（双侧颞中回区域和左后顶内沟）的突触数量增多，表现为灰质体积显著变大，并且该区域灰质体积在停止训练

3个月后会逐渐向最初状态缩减（Draganski，2004）。此外，成人大脑神经元之间的联结也会因为学习和训练发生变化。另外一些研究者发现对成人进行6周的三球杂耍训练后，成人的知觉-运动协调相关脑区（右后顶内沟）的神经元之间建立了新的联结，表现为该区域白质纤维束数量增多，并且该区域纤维束数量在停止训练4周后会逐渐向最初状态缩减（Scholz，2009）。简而言之，成人的大脑遵循"用进废退"的规律，即可以通过系统有规律的学习训练改变大脑结构，并随着学习的停滞回到"起点"。因此，什么时候开始努力都不算晚，但要持之以恒。

更加神奇的是，大脑损伤也具有"可塑性"，是指经过学习、训练后，损伤脑区的功能可以由邻近脑区或对侧半球的脑区代偿，脑损伤患者在行为上表现出一定程度的恢复或者其他（相似）行为的增强。例如，当负责语言性工作的左脑受到严重损伤后，2岁以内儿童通常能将语言处理中心转移到右脑。如果左脑损伤发生在2—5岁，语言区不能再向右脑转移，但能够转移到左脑中的一片新区域。10岁以后，这种可塑性就不存在了（Dennis，2004）。关于盲人的神经影像学研究发现，当盲人用手"阅读"盲文及加工听觉信息时，大脑的视觉区非常活跃。此外，生活中的盲人能够在现实环境中定向行走，是因为他们能通过声音来感知空间，实现"以耳代目"。这可能发生了跨通道功能重组——视觉系统加工了其他感觉通道的信息。

现代医学之父希波克拉底曾说："所有的疾病始于肠道。"近些年来，许多科学家发现肠道菌群会通过一种特殊的肠-脑轴（gut-brain axis）来影响大脑结构，预防很多疾病的发生，比如阿尔茨海默病、帕金森病、抑郁症、自闭症等。肠道菌群会是第二个"大脑"吗？肠道菌群与大脑如何产生双向作用，共同调节机体发育？随着科技的发展和进步，关于大脑的谜题正在被一个个地解开，科学家还在不断地研究和探索。未来研究中的突破也许能够使我们知道如何更好地利用、开发我们的大脑，如何提高我们的记忆、思维和问题解决能力。

【知识窗】
肠-脑轴

第三节　认知神经科学的研究进展

21世纪被公认为是生物科学、脑科学的时代。在20世纪末欧美"脑的十年"和日本"脑科学时代"计划的推动之下，对语言、记忆、思维、学习和注意等高级认知过程进行多学科、多层次的综合研究已经成为当代科学发展的主流方向之一，而认知神经科学的根本目标就是阐明各种认知活动的脑内过程和神经机制，揭开大脑-心灵的关系之谜。

传统的心理学基础研究即认知心理学，仅从行为、认知层次上探讨人类认知活动的结构和过程。而认知神经科学作为一个新兴的研究领域，则高度融合了当代认知科学、计算科学和神经科学，把研究的对象从纯粹的认知与行为扩展到大脑的活动模式及其与认知过程的关系。对认知神经科学的意义与前景，国际科学界已经形成共识，许多人把它看成与基因工程、纳米技术一样可能取得突破性进展的学科。

认知神经科学的特点是强调多学科、多层次、多水平的交叉。它把行为、认知和脑机制三者有机结合起来，试图从分子、突触、神经元等微观水平上，系统、全脑、行为等宏观水平上全面阐述人与动物在感知客体、形成表象、使用语言、记忆信息、推理决策时的信息加工过程及其神经机制。传统的研究手段有认知行为实验、神经心理学检查、单细胞活动记录、神经结构解剖等。

一、认知神经科学的研究方法与技术

（一）微电极记录与微电极刺激技术

神经心理学家不仅可以在头皮上记录大脑活动时的电位变化，而且可以使用电极记录脑内大量神经元的活动情况。当然，微电极记录（micro-electrode recording）技术为研究者提供了更为重要的证据。微电极是一根极为细小的、内含盐分和导电液体的玻璃管，其顶端部位小得足以探测单个神经元的活动（直径小于 0.1 μm）。通过观察单个神经元的电位活动，我们才可能了解行为的起源。实验是这样进行的：用立体定位仪将微电极插入大脑中非常接近某个神经元的地方，同时给动物的感受器以各种刺激，随后导出单个神经元的动作电流。研究表明，神经系统中有许多检察器或觉察器。例如，枕叶中，有的神经元只对光的开关起反应，有的神经元既对光的开关起反应又对声音刺激起反应，也有的神经元则对任何刺激都不起反应。在颞叶中，有一类神经元只对高音起反应，另一类神经元只对低音起反应，并且这些神经元有严格的布局。进一步研究表明，大脑皮质中有一类"注意神经元"：其中，有的神经元只对直线起反应，或只对曲线起反应，或只对锐角起反应，或只对圆形起反应等；有的神经元对线条的斜度和厚度起反应，或只对刺激的一定数量起反应；有的神经元对专门的感觉刺激不起反应，但对刺激物的更换或性质上的改变起反应，或对习惯化刺激不起反应，一旦刺激发生变化就起反应。

除了微电极记录技术，还有微电极刺激技术。1954 年，加拿大神经外科医生潘菲尔德（W. G. Panfield）在一本专著中描述了采用微电极刺激技术的经典案例。对于一位 60 多岁的病人，在切除位于颞叶的癫痫病灶之前，对附近的正常颞叶皮质采用微电极刺激技术给予适当的微弱电流刺激，病人立即童声稚气地唱起一首早已失传的儿歌，或说出绝传的童谣，并不时喊起爷爷奶奶或小猫小狗的名字。停止电刺激后，病人会立即从 50 多年前的生活情景回到手术台的现实中。医生请他重复方才唱的儿歌、说的童谣，他却十分茫然，不明白医生要他做什么。这一案例说明，人类无意识记忆的容量是无限的，它可以把我们一生中看到、听到的一切情景完好无损地存储到头脑中。我们回忆不起来，不是因为记忆痕迹在脑海中随时间推移而消退，其真正原因是提取困难，记忆中的信息很难投射到意识中来。

（二）脑电图

在头皮表面记录到的自发节律性脑电活动，称为脑电图。这种自发电位主要是大脑皮质锥体细胞顶树突的电位总和。人脑只要没有死亡就会不断地产生脑电。健康成人在清醒状态下，头皮表面记录的脑电活动从数微伏到几十微伏不等，但在病理状态（如癫痫发作）下可达 1 mV 以上。脑电图的测量方法是将许多平头的金属电极放置在头皮上的各个部位，电极把探测到的脑电活动送入脑电图仪，再由脑电图仪将这些微弱的电信号放大并记录下来。

1947年，道森（G. Dawson）首次报道用照相叠加技术记录人体诱发电位。1951年，他又介绍了诱发电位平均技术，从脑电图中提取出诱发电位（evoked potentials，EP）。诱发电位是刺激（包括物理刺激和心理因素）引起的脑电的实时波形，时间分辨率可以精确至微秒。这里将刺激视为一种事件（event），故诱发电位又称事件相关电位（event-related potentials，ERP），指的是当外加一种特定的刺激，作用于感觉系统或脑的某一部位，在给予刺激或撤销刺激时，在脑区引起的电位变化。ERP的研究已经深入到心理学、生理学、医学、神经科学、人工智能等多个领域，发现了许多与认知过程密切相关的成分。例如，关联负变化的ERP波与期待、动作准备、定向、注意、时间认知等心理活动有关；P300（刺激呈现后约300 ms达到波峰的正波）与注意、辨认、决策、记忆等认知功能有关，现已广泛运用于心理学、医学、测谎等领域；失匹配负波反映了脑对信息的自动加工。

（三）计算机断层扫描

计算机辅助的X射线扫描在对大脑疾病和损伤的诊断中起着革命性的作用。传统的X光检查最多只能产生一幅大脑阴影的图像，这种影像的分辨力不高。为了解决这个问题，研究者设计了计算机断层扫描（computed tomography，CT）。CT是以X线从多个方向沿着头部某一选定断层层面进行照射，测定透过的X线量，数字化后经过计算机算出该层层面组织各个单位容积的吸收系数，然后重建图像的一种技术。这是一种图质好、诊断价值高、无创伤、无痛苦、无危险的扫描技术，它使我们能够在任何深度或任何角度重建脑的各种层面结构。CT能够显示脑创伤后遗症、损伤、脑瘤和其他大脑病灶的位置，这样，也就可以通过CT来诊断一个人行为变化在脑水平上的病因。

目前，广泛应用在科研和临床领域的多为多层螺旋CT。相比传统CT，它具有扫描范围大、图像质量好、成像速度快等优点。CT的出现无疑是技术上的一大进步。之后，其他新的脑成像技术也相继出现。

（四）磁共振成像

磁共振成像（magnetic resonance imaging，MRI）是利用生物体内特定原子核在磁场中所表现出的磁共振现象而产生信号，经空间编码、重建而获得影像的一种成像技术。使用MRI时，由一个探测器负责记录身体内氢原子对强磁场的反应，之后通过计算机程序产生一个三维的大脑或躯体的图像。体内任何一个两维平面的物体都能在计算机对MRI数据的选择中被找到并形成一个图像，然后在屏幕上显示出来。这样，研究者就仿佛在一个透明的三维空间中观察大脑的内部状态。

功能性磁共振成像是MRI的一种运用和深入发展，主要是用MRI的方法研究人脑和神经系统的功能，通过磁共振信号的测定来反映血氧饱和度及血流量，间接反映脑的能量消耗，在一定程度上能够反映神经元的活动，间接达到功能成像的目的。它是认知神经科学领域应用最为广泛的技术之一。

在心理学研究中，fMRI被广泛应用于探测认知功能的源定位。这种技术的显著优点是：信号直接来自脑组织功能性的变化，无须注入造影剂、同位素或者其他物质,是无创性的方法;实验准备时间短,同一被试可以反复参加实验;可以进行单被试分析;能同时提供结构影像与功能影像;空间分辨率非常高。但是,fMRI最大的局限性在于时间分辨率较低。原因在于认知过程所引起的血流量变化通常需要数秒后才能达到高峰,而认知过程往往能够非常迅速完成。

(五)正电子成像术

正电子成像术是目前脑成像技术中应用最多的方法之一,是一种利用正电子的放射性核素显像剂的发射计算机断层显像技术。当含有微量的放射性同位素葡萄糖溶液等进入血液被大脑吸收后,PET能检测到这种溶液发射的正电子。大脑工作时必须消耗能量,这样,通过PET就能显示大脑中的哪个区域在消耗更多的葡萄糖,能量消耗越多的地方,也是大脑活动越多的地方。研究者把正电子探测器放置在头部周围,探测到的数据被录入计算机,这样就能够生成一个正在变化的、彩色的大脑活动图像。

PET已被广泛地应用在临床和基础研究上。临床上主要用于诊断神经类疾病、心脏疾病、癌症等,也可辅助设计治疗方案和评估药物疗效,并可用于探寻一些神经类疾病的发病机制。PET能定量无损地测量血流、物质代谢、配基结合位点等,给认知神经科学提供了观测手段,被越来越多地应用于研究人类的学习、思维、记忆等生理机制。

(六)经颅磁刺激

经颅磁刺激(transcranial magnetic stimulation,TMS)是一种用来刺激大脑中表面区域的磁方法,可被看作一种暂时的、可逆的"虚拟性损毁",其基本原理是电容器首先储存大量电荷,然后将电荷输至感应器,感应线圈会瞬时释放大量电荷产生磁场,磁力线以非侵入的方式轻易地穿过头皮、颅骨和脑组织,并在脑内产生反向感应电流,皮质内的电流激活较大的锥体神经元,引起轴突内的微观变化,进而诱发电生理和功能变化。

TMS可用于刺激视皮质、躯体感觉皮质等大脑皮质,引起局部的兴奋或抑制效应,来探测系统的功能。另外,TMS还可以用于学习记忆、语言及情绪等领域的研究。新一代的无框架立体定位式TMS能整合fMRI结果,极大地提高TMS刺激部位的准确性,并精确控制刺激大脑的深度从而准确地调节刺激强度,已被应用于科学研究和神经外科手术中。

(七)脑磁图

脑磁图(magnetoencephalography,MEG)是一种无创地探测大脑电磁生理信号的脑功能检测技术,它检测的是头皮脑磁场信号,与颅骨形状的复杂性以及颅骨内脑组织的导电率无关。因此,MEG具有定位精度高,无损伤,无须测定基准等优点。

人的颅脑周围也存在着磁场,这种磁场称为脑磁场。但这种磁场强度很微弱,要用特殊的设备才能测知并记录下来,需建立一个严密的电磁场屏蔽室。在这个屏蔽室中,将受检者的头部置于特别敏感的超冷电磁测定器中,通过特殊的仪器测出颅脑的极微弱的脑磁波，再用记录装置把这种脑磁波记录下来，形成图形，这种图形就是脑磁图，反映了脑的磁场变化。它与脑电图反映脑的电场变化不同。脑磁图对脑部损伤的定位诊断比脑电图更准确。

（八）经颅直流电刺激技术

经颅直流电刺激（transcranial direct-current stimulation，tDCS）技术是一种神经调节技术，它通过头部电极释放大小恒定的低强度直流电，来刺激激活脑细胞产生皮质兴奋性。具体来说，当施加正性刺激（阳极 tDCS）时，电流导致神经元的静息膜电位去极化，这会导致更多的自发细胞放电并增强神经元的兴奋性；而当施加负性刺激（阴极 tDCS）时，电流导致神经元的静息膜电位超极化，导致更少的自发细胞放电并降低神经元的兴奋性。

tDCS 最初是为了帮助脑损伤或神经疾病（如重度抑郁症）的患者而开发的。针对左侧背外侧前额叶皮质的阳极 tDCS 能够显著改善抑郁症患者的症状（Moffa et al.，2020），tDCS 也能够用来改善焦虑（Stein et al.，2020）和 PTSD（Ahmadizadeh et al.，2019）等心理问题。对普通人施加 tDCS 能够在认知方面带来一系列益处，包括增强注意力、学习能力和记忆力（Coffman et al.，2014）。因此，无论是患有神经疾病的特殊人群还是普通人群，tDCS 都有着巨大的应用潜力。

（九）深部脑刺激

深部脑刺激（deep brain stimulation，DBS）是一种神经外科手术，通过在大脑的某些区域植入电极，向特定区域释放电脉冲来中断导致震颤和其他运动症状的不规则信号，用以治疗运动和情感失调等神经系统疾病。

DBS 系统包括三个部件：植入式脉冲发生器、刺激引线和电极、延长线（如图 3-7 所示）。植入式脉冲发生器是一种电池驱动的神经刺激器，封装在钛金属盒

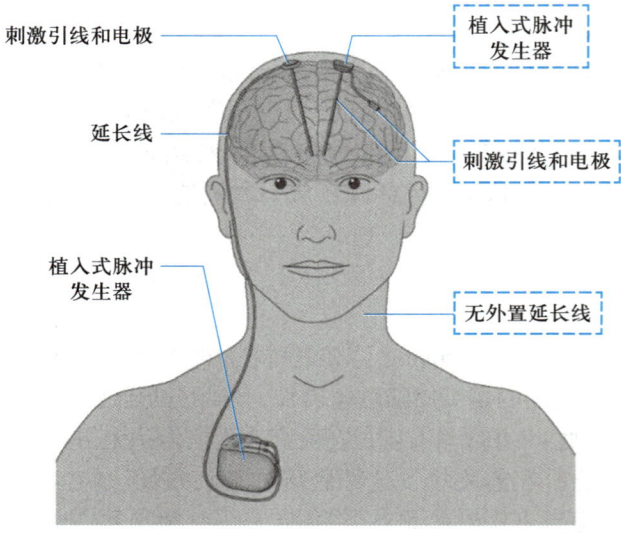

图 3-7　深部脑刺激系统（Krauss et al.，2020）

中，可向外输出电脉冲，干扰目标部位的神经活动。刺激引线是一种用聚氨酯绝缘的盘绕线，带有四个铂铱合金触点电极，并放置在大脑的一个或两个不同的神经核团中。引线/电极通过延长线连接植入式脉冲发生器。延长线是一根绝缘线，从头部延伸到颈侧、耳后，一直到植入式脉冲发生器，植入式脉冲发生器位于锁骨下方的皮下。

二、生活中的认知神经科学

认知神经科学是21世纪心理学研究的发展趋势，它是脑科学的重要研究学科。在人们生活的各个领域，认知神经科学开展了大量的研究。从2000年以后，《科学》（*Science*）、《自然》（*Nature*）、《神经元》（*Neuron*）等杂志每年都会发表相关研究成果，而这些研究成果越来越贴近我们的生活。

【知识窗】
教育神经科学

（一）"买或不买"的认知神经机制

这款新产品实在是太棒了！但是将近2 000元的标价可不是一笔小数目。是选择买下还是选择放弃？一项研究深入剖析了消费者的决策机制。

人类行为研究者对激发人们购买商品的内在机制提出了两个理论：一个理论认为，购买者会掂量预期的喜悦和与钱"分手"的痛苦孰轻孰重；另一个理论认为，购买者掂量的是购买其他同样价格的商品的收益是否更大。简单地说，这两个理论，一个是利弊权衡理论，另一个是最优权衡理论。

为了证明哪个理论更准确，研究者（Knutson，2007）进行了一个有趣的研究：采用fMRI测试26名被试在做出"买或不买"决策时的脑部反应。被试面前的显示屏上有一些富有吸引力的商品，为了模拟真实的商店，被试先看商品再看价格，之后他们需要做出决定——买或不买。为了让实验更具真实性，研究者给每个被试都发了一张商店的购物卡，他们可以购买一些自己看中的商品。看完显示屏上的图片后，研究者询问被试对每件商品的喜爱程度，可以为其心甘情愿地花多少钱。

研究发现，当被试真心喜欢某样商品时，其大脑的伏隔核会被激活。伏隔核是人类大脑的奖赏中枢，它的激活会引起愉快、高兴等正性情绪体验。当被试发现商品太贵时，其大脑的岛叶区域会被激活；同时，内侧前额叶皮质区域会发生去活化（deactivated）。岛叶和内侧前额叶皮质是大脑的厌恶中枢，它们的激活会引起厌恶、难过等负性情绪体验，它们与失去、对代价的期望等相关。这些发现支持了利弊权衡理论：当得到某商品带来的愉快感超过了损失那么多钱带来的不愉快感时，人们就会做出"买"的决策；当损失那么多钱带来的不愉快感超过了得到该商品带来的愉快感时，人们就会做出"不买"的决策。

（二）大脑对不诚实行为的适应

在学习和生活中，人们常常面临着诚实和利益的冲突，如是否要通过考试作弊来取得好成绩，是否要将捡到的东西据为己有等。这种冲突的一个结果就是个体为了获得更多利益而做出不诚实的行为。不诚实行为不仅是对秩序和道德规则的破坏，更会损害他人和社会的利益，因此需要得到及时的制止。俗话说"小时偷针，长大偷金",假如不能及时地制止不诚实行为,那么即使一个再小的不诚实行为,最终也有可能升级成为性质恶劣的不诚实行为。

拓展阅读

大脑与不诚实行为

2016 年,伦敦大学学院沙洛特(T. Sharot)教授等人通过一项有意思的实验对不诚实行为的升级进行了探索。研究者让被试两人一组玩一个猜谜游戏:一人担任顾问(真正的被试),另一人担任评估者(由研究者安排的帮手,但被试并不知道)。顾问和评估者都看到了同一张装有硬币的透明储蓄罐的图片,但顾问看到的图片的清晰度更高、时间也更长,并且能够获得额外的有用信息(关于储蓄罐里金钱总额的范围)。顾问需要向评估者提供关于储蓄罐里金额大小的建议,最后由评估者给出估计的金额。估计结果的准确性和付给被试的报酬有关(顾问以为只有他自己知道这一点)。在某些情况下,结果越不准确,付给顾问的报酬就会越高,因此顾问可能会为了自己的利益向评估者给出不准确的信息(也就是做出不诚实行为)。结果发现,假如不诚实行为能够为顾问带来更多报酬,那么随着实验的不断进行,顾问的不诚实行为会逐渐升级,他们给出的建议金额和真实金额的差距会越来越大。

那么在不诚实行为的进行和升级过程中,我们的大脑会作何表现呢?沙洛特等人使用神经影像技术在实验过程中对被试的大脑活动进行了记录。结果发现,被试在进行不诚实行为(给出不准确的建议金额)时,大脑的杏仁核表现得异常活跃。在过去的研究中发现,杏仁核的活动与情绪尤其是负性情绪的体验有关(如厌恶、恐惧等),其活动强度也能够代表体验到的负性情绪的强弱。

研究者在不诚实行为的升级过程中发现了一个更有意思的结果:随着被试进行越来越多、越来越过分的不诚实行为,他们的杏仁核的活动水平不但没有继续提高,反而呈现出下降趋势。这一发现揭示了"小时偷针,长大偷金"背后的神经过程:当最初进行不诚实行为时,我们的大脑会本能地对这种行为做出反应,产生负性情绪体验(可能包含了对不诚信的厌恶,以及对可能受到的惩罚的恐惧),但随着不诚实行为的继续和升级,大脑对此会逐渐习惯,不再努力地产生负性情绪来阻止进一步的不诚实行为。大脑的这种"破罐子破摔"的反应模式,短期来看虽然减轻了人们进行不诚实行为的负性情绪体验(如负罪感),但长远来看会对个体乃至整个社会产生不良影响。由于这种趋势的存在,小到父母和教育工作者,大到执法者和立法者,都应该重视点点滴滴的不诚实行为,以免"小时偷针,长大偷金"的悲剧发生。

(三)短视频让人上瘾背后的神经机制

我们生活在一个信息爆炸的时代,其中视频信息占据了我们每天大部分的时间和注意力。研究发现,每天全世界的人们会花费超过 10 亿个小时在互联网上浏览视频。短视频究竟有何魔力,能够紧紧抓住我们的心、让我们欲罢不能?斯坦福大学克努森（B. Knutson）教授带领团队，使用神经影像技术揭开了短视频让人们上瘾背后的神经机制。

研究者从视频网站上选择了 64 个短视频（每个视频的时长都在 3 min 以内）作为研究材料，要求被试在功能性磁共振扫描仪里进行任务。首先进行视频选择：被试会依次看到 64 个视频的缩略图（持续 2 s）和标题（持续 6 s），并进行按键反应来决定是否想要观看这一视频。然后进行视频观看：在 64 个短视频中随机选取 32 个短视频让被试观看，在每个视频播放了 4～8 s 后，被试可以随时选择暂停播放并跳过该视频或继续观看。在选择跳过该视频和看完视频后，被试都需要对观看视频的情绪感受进行评价（这个视频给你的感受是积极的还是消极的？有多积极或多消极？）。

结果发现，被试对视频的选择可以预测他们观看视频的时长，而且他们对于一个视频的情绪感受评价越积极，就会花更长的时间观看这个视频。研究进一步分析了被试的神经活动，发现被试在观看视频时的神经活动能够显著预测他们对这个视频的观看时长。具体来说，大脑中和预期情感有关的伏隔核的活动越强，观看视频的时长就越长；而和价值评估有关的内侧前额叶的活动越强，观看视频的时长就越长。

这一结果成功揭示了短视频让人欲罢不能的神经机制：让人上瘾的短视频以一种极其"便利"的方式，不仅为我们提供了情绪上的快乐，更重要的是为我们提供了价值感。从人类的进化史来看，人类获得快乐、满足价值感的方式越来越丰富，也越来越抽象——从饱腹之欲到信念和精神需求的满足。但从互联网发展的近几十年里，我们不难发现，人们满足精神需求的方式迅速地从读书时代（阅读和理解抽象的文字），发展成读图时代（观看具体的、静态的图片），到现在的看视频时代（观看具体的、动态的视频）。

进化将人类需要满足的需求逐步往更加抽象和高级的领域推动，我们的高级认知神经功能（如理解抽象概念、逻辑推理和控制情绪的能力）也在这个过程中不断发展和进化，但近几十年互联网和短视频的出现改变了这一趋势：人们不再需要读完一本书来感受思想成长的快乐，更不需要看完一场电影来获得情绪共鸣的快乐，现在只需要观看几分钟甚至不到一分钟的短视频就能获得"便利"的快乐。在这种趋势下，一些人变得越来越没有耐心，也在逐渐丧失深度思考的能力，我们的高级认知神经功能似乎也在逐步退化。以如此低的时间和精力成本便利地获得快乐和满足，究竟是一件好事还是坏事，值得这个时代每个人的思考。

拓展阅读

清华大学研究团队用脑电波"读心"

脑机接口（brain computer interface，BCI）技术是在人脑和外部设备之间建立信息沟通的连接，已被广泛地应用于人机交互和医疗等领域。限制脑机接口技术发展的重要瓶颈之一是信息传输速度，即每秒在人脑和外部设备之间的通信速率。

2015 年，由清华大学神经工程实验室高小榕教授、高上凯教授团队开展的一项研究打破了这一瓶颈。该研究团队通过高精度神经影像技术，对被试的脑电活动信号进行实时记录，并通过计算机对脑电信号进行解码，最后成功输出被试的"心意"——平均每分钟能够输出 12 个单词的信息，信息传输速度达到了 4.5 b/s。

这一研究成果得到了国际科学界的认可，发表在了国际著名学术期刊《美国国家科学院院刊》(Proceedings of the National Academy of Sciences of the United States of America，PNAS)上。

反思与探究

1. 心理与行为的决定因素有哪些？
2. 遗传与环境在智力发展中如何发挥作用？
3. 分子遗传学为什么成为行为遗传学研究的新途径？
4. 人类神经系统的结构是怎样的？
5. 如何利用脑发育的关键期？
6. 认知神经科学的研究方法与技术有哪些？

推荐阅读

1. 布扎基. 从内向外解析大脑［M］. 尚春峰，李叶菲，李晟豪，译. 北京：科学出版社，2022.

从古至今，人们对大脑一直十分好奇和关注，尤其是进入 20 世纪 80 年代以后，脑的研究成为最富有挑战性的科学研究课题之一。该书从神经元的信息解读出发，讨论了神经元集群的交流作用，并指出大脑作为自组织系统，深切地影响了人们的心理及行为活动。此外，作者也提供了一种极具趣味的思考视角，为人工智能研究提出了新方向。

2. 科布. 大脑传［M］. 张今，译. 北京：中信出版集团，2022.

大脑的复杂程度超乎想象，它像是一个内在的小宇宙。该书作者用有趣而又引人入胜的笔法，揭示了人类是如何一步一步理解自己的大脑是如何工作的，并指引下一步的脑研究该去向何处。

第四章 心理的环境基础

知识导图

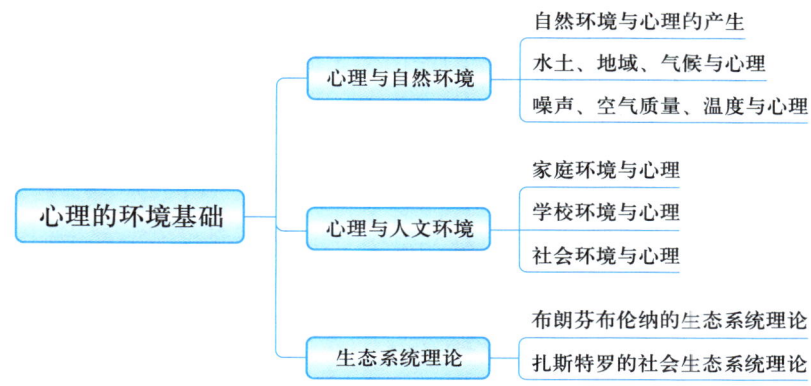

> **案例导入**
>
> **一方水土养一方人**
>
> "橘生淮南则为橘,橘生淮北则为枳"说的就是秦岭淮河一线的南北植物差异。除了橘子的不同,秦岭淮河一线的南北方农作物也不同——北方生长小麦,而南方生长稻谷。生活在秦岭淮河一线南北两侧的人群存在语言、饮食、行为习惯等差异。就语言来讲,北方方言大部分是音调的不同,只要不是一些比较偏僻的词,大体上都能听懂。秦岭淮河一线以南,尤其是在东南沿海和一些中部地区,基本上每个地区的方言都不一样,而且普遍语速较快,甚至有些地方每隔十里的方言都不一样。除了语言,南北方人在其他许多方面也有一定的区别:在饮食上,北方人倾向面食,南方人倾向大米;北方人身材高挑,南方人较为娇小;北方人性格豪爽,南方人则有一种婉约美。不同的地理环境会造就不同的心理与行为。

不同的地理环境孕育着不同的人群,也孕育着不同的文化。长时间在特定地理环境中生活的个体,潜移默化中会带有一定地理环境的特色。那么环境是如何影响个体的呢?环境中的要素通过什么机制作用于心理?环境与心理的发生又有怎样的关系?本章通过自然环境、人文环境对心理产生的影响展开讨论,并通过生态系统理论来分析其中的作用机制。

第一节 心理与自然环境

自然环境不仅是人类生存必需的物质基础,而且是人类心理产生的客观源泉。构成自然环境的物质种类有很多,包括空气、水、植物、土壤、阳光等。这些物质作用于我们的感觉器官,通过神经系统的加工处理,从而产生感知觉、记忆、思维、想象等心理活动。因此,如果没有自然环境等客观现实,心理就成了无本之木、无源之水。环境心理学对自然环境的定义是:环绕人类社会的自然界,包括作为生产资料和劳动对象的各种自然条件的总和,是人类生活、社会存在与发展的物质基础和必要条件(张媛,2015)。

一、自然环境与心理的产生

不同的自然环境会诱发人产生不同的心理状态:一个人在荒凉、空旷的高原,往往会产生敬畏、渺小的感情;在溪水潺潺、鸟语花香的地方会产生放松、愉悦的感情;在遮天蔽日的密林中会产生一种警惕、压抑的感情。这是因为不同的自然环境会诱发不同的心理。一般来说,恶劣的自然环境不能满足人的生理需要,也会对心理造成不利影响;优渥的自然环境则可以给人一种美的感觉,满足人们的审美需求，从而产生愉悦的情绪和积极向上的心态。习近平总书记强调"青山就是美丽，蓝天也是幸福"，正表明了优美的自然环境会让人民心情愉悦，提升人民的幸福感。

相同的自然环境作用于不同的个体，也会产生不同的心理影响。究其原因，主要取决于主体的个人素质。如我们之前所说，恶劣的自然环境的确会对心理造成不利影响，但是恶劣的自然环境在一定条件下会磨炼个人的意志，激发人的斗志，从而转变为对个人发展有利的因素。而优渥的自然环境在一定情况下也能使人的意志消沉，进取心减退。由此可见，不仅不同的自然环境会使个体产生不同的心理，即在相同的自然条件下，由于个体间的差异，也会产生不同心理。

自然环境对心理的影响还可以从自然条件、自然资源和自然灾害三个方面去认识（吴建平，2011）。它们影响着心理的发生，制约着心理发展的方向，从而形成个体独特的心理特点。

自然条件是人类生存的基础，会对人类的生产生活产生影响。个体在不同自然条件下的生活中形成了具有当地环境特色的生产生活方式，在这一过程中也形成了具有不同地区特色的心理特点。如内蒙古空旷的自然条件，影响着内蒙古人豪放、洒脱的心理特点的形成。浙江多山，土地可提供的生存资料有限，影响着浙江人节约、精打细算的心理特点的形成。

自然资源的数量和质量会对人类的心理产生影响。自然资源是人类赖以生存的基础，生产力尚不发达时期，在物质资源较易获得的中原地区，人们往往会产生一种安稳的心理状态，缺少冒险的心理；而在物质资源缺乏的地区，人们会为了生存而去探索其他地区，从而产生冒险的心理。随着生产力的发展，人类对自然资源的利用率不断提高，人们的心理也随之发生了一定的变化。例如，农作物杂交技术、基因编辑技术的发展丰富了我国的农作物种类，主要粮食作物的生产保持高度的自给自足。中国人民从"饥寒交迫"到解决温饱，再到全面实现小康社会，真正富起来了，获得感、幸福感、安全感不断增强，爱国热情高涨，展现出和半殖民地半封建时期截然不同的心理状态。

自然灾害是指给人类生存带来危害或损坏人类的生活环境的自然现象。一般来说，自然灾害对心理的影响可分为即时反应和长期影响。在面对突发的自然灾害时，人们的反应是受到惊吓、震惊和撤退；随着时间的推移，人们开始变得伤心或者漠然，同时群体间也会出现焦虑、沮丧等不安情绪。随着灾难事件的过去，受灾者还会出现强迫性思维、抑郁等情绪。调查发现，在灾难发生数月后，只有25%～30%的受灾者较少受到心理影响。在自然灾害中，受到灾害持续影响比较深刻而出现心理和行为异常的情况称为创伤后应激障碍，这类受灾者常常伴有失眠、社会退缩和高度唤醒等心理症状。

心理的产生受自然环境的影响，在相同的自然环境下生活的群体易产生相同的群体心理特征。但是自然环境与心理是相互作用的，相同的自然环境对于不同个体呈现出的心理意象不同，对心理也会产生不同的作用。受个体之间差异性的影响，部分个体在面对相同的自然环境时会产生不同的心理。

二、水土、地域、气候与心理

（一）水土与心理

水土会影响植物的生长特性，人类的生存与水土也存在天然的联结。原始社会时期的人们便因黄河流域拥有丰富的水资源和肥沃的土壤而更容易获得食物，选择在此定居，形成了黄河文明。黄河流域良好的生存条件，是早期文明生存的基础，也是形成中华文明的前提。我国是典型的农业文明国家，最初的小农经济的生产规模小且分散，对天灾的抵抗力较低，农耕收获和天气有较大的关系，这在一定程度上影响了中国人小心谨慎、稳健矜持的心理特征。

地中海沿岸土壤资源匮乏，当地居民为了获取更多的资源不得不将目光投向未知的大海。依靠航海技术的发展，地中海区域形成了典型的海洋文明。人们通过对外贸易，开拓殖民贸易等方式形成并发展了海洋文明，海洋文明下生长的个体具有开放性和一定的侵略性。

农业文明和海洋文明受到了不同水土条件的影响，在这两种环境下生活的个体也具备不同的心理特征。这种心理特征带有一定的稳定性，即使个体后期迁移到不同的水土环境中，也能长期保留。

（二）地域与心理

个体在不同地域的养育下得以成长，受地域的影响，会形成带有地域特色的心理特征。一个地区形成特定的心理特征，需要经过时间、地形和历史文化等诸多因素的共同作用。

陕西深居内陆，属于典型的大河文明，基本不受海洋文明的影响。陕西受中国传统文化影响较大，所以陕西人具有憨厚朴实、相对保守的心理特征。

受地理位置的影响，广东与外来文化的交流较多。在与外来文化长时间的接触中，广东人形成了包容和易接受外来文化的心理特征。长期的出海活动也使得广东人拥有较强的团队合作精神。

山东是孔子的故乡，山东人受儒家文化的影响较大，所以山东人的伦理道德观念和宗族观念较强，至今仍保留了许多礼仪制度。同时，山东因受儒家文化影响，较为推崇"学而优则仕"。如今的山东人仍偏爱在政府机关工作。

值得一提的是，地域环境造就了个体初始的心理特征，随着经济和文化的发展，地域间的差异也呈现出来。在原有的地域心理特征之外，还发展出其他心理特征。北京作为近现代以来的政治、文化、经济中心，北京人有着自豪和骄傲的心理特征。上海、广州、深圳等一线城市的人或多或少也会有一定程度上的心理优越感，而欠发达地区的人们容易出现自卑的心理特征（王云艺，2011）。

除了经济与文化因素外，人为因素如刻板印象产生的地域标签也容易使人产生自卑心理，如谣言散播和带有误导性的偏见报道（殷一榕，2017）。因为对某些地区小部分人有固定看法，从而认为某一地区的所有人都带有类似特点。例如，如果认为来自发达省份的居民比来自欠发达省份的居民更富裕，那么来自欠发达省份的个体易产生自卑心理。

由地域产生的心理特征，受多种因素的影响。随着政治和经济的发展，一些地域会发展出新的地域特征，也会影响地域中的个体形成新的心理特征，这些特征随着时代的发展在不同的阶段会呈现不同的特点。

（三）气候与心理

气候不仅影响人的生理特征，还会影响人的心理特征，如气候会影响人的认知、情绪及行为。这种影响对许多人来说可能是渐进的、积累的（Weber & Stern, 2011）。

【知识窗】
气候与心理

不同气候下的人们在长时间的发展中形成了各自特有的心理特征。江南水乡气候湿润，万物生机盎然，这里的人们头脑灵敏，感情丰富，富有诗意。古人曾这样形容吴越一带人的心理特点与气候之间的关系："南风之薰兮，可以解吾民之愠兮；南风之时兮，可以阜吾民之财兮。"研究发现，生活在气候寒冷、阳光稀少、高纬度地带的人们，患抑郁症的比例较高。因为寒冷地区的人们，大多在室内活动，很少接受阳光照射，5-羟色胺分泌少，使得寒冷地区的人易脾气暴躁。

我国幅员辽阔，既有热带季风、亚热带季风、温带季风、温带大陆性等气候特点，还有受地形影响的区域性气候，四川盆地就是典型的盆地气候。盆地气候多阴雨天气，年日照时间短，使得四川人的生活节奏较慢，呈现出一种较惬意、舒适的生活方式。四川人较慢的生活方式主要是因为阴雨天气下光线较弱，人体分泌的松果体激素较多，这样，甲状腺素、肾上腺素的分泌浓度相对降低，人体内的细胞就因此"偷懒"，变得不怎么"活跃"，人也会变得无精打采。相同纬度但不同气候的西藏人则有着和四川人不同的心理特点，西藏的高原山地气候造就了他们自由奔放、心胸宽广和坚强的心理特征。

研究发现，气候与攻击行为之间也存在着明显的区域效应（geographical effect）。长期生活在热带气候的人，性格比较暴躁、易怒。那些接近赤道范围的美国城市和地区确实有着更高的犯罪率（Simister & Van，2005）。

气候的极端变化也会导致心理出现一系列的问题。世界卫生组织出具的资料表明，1982—1983年出现了厄尔尼诺现象，全球大约有10万人患上了抑郁症，精神疾病的发病率也上升了8%。究其原因，这种极端的气候变化超出了一部分人的心理承受能力，从而导致出现一系列的心理问题。2018年，《美国国家科学院院刊》上的一篇文章通过匹配随机抽取的2002—2012年近200万美国居民报告的心理健康数据和宏观的气象数据，从短期天气暴露、多年气候变暖、自然灾害三个具体层面量化分析了气候变化对美国居民心理健康造成的负面影响。事实证明，气候变化与心理健康风险之间的关联是存在的。

综上，气候不仅会影响个体产生区别于其他气候下的心理特征，气候的变化也会导致个体心理随之出现变化。极端气候的出现甚至会导致心理问题的增多，从而影响人们的生产生活。

三、噪声、空气质量、温度与心理

（一）噪声与心理

你是否曾因生活中的噪声而苦恼？随着经济发展和城市建设的推进，噪声在我们的生活中几乎"随处可见"，汽车的鸣笛声，邻居装修时的敲击和电钻声，工厂机器的轰鸣声，等等。噪声污染日益影响城市环境和居民身心健康。

生活中的噪声超过 85 dB，人们就会感到心烦意乱，无法集中精力，强噪声还会引起耳部的不适，如耳鸣、耳痛、听力损伤等。噪声如果长期作用于中枢神经系统，会使大脑皮质的兴奋和抑制过程失衡，导致条件反射异常、脑血管张力受损，使人头疼、头晕、耳鸣、失眠多梦、全身疲乏无力，还会引起消化不良、胃溃疡、高血压、冠心病、动脉硬化等。噪声对人体健康的危害是多方面的，最容易受到关注的是它对听力的损害：噪声会引起耳部不适，导致听力下降。

从心理上看，噪声心理效应（psychological effect of noise）是指噪声引起的心理变化。主要表现在对工作绩效、言语交谈、思考和睡眠的影响上。噪声会引起睡眠不好、注意力不集中、记忆力下降等症状，导致心情烦乱，情绪多变，忍耐性降低，脾气暴躁，从而引发一系列的生理疾病。飞机噪声、火车噪声等交通噪声，工地施工噪声以及邻里噪声会对居民的睡眠质量、抑郁和焦虑水平、幸福感等产生影响（Basner et al.，2018；Beutel et al.，2016；Firdaus et al.，2014；Guskiet et al.，2017）。

那么噪声是如何作用于人的生理和心理的呢？噪声使人的大脑皮质的兴奋和抑制过程失衡，这种失衡在早期是可以复原的，但是长此以往产生的危害是不可逆的，进而累及自主神经系统而产生某些心身疾病。同时，噪声还可以刺激下丘脑，引起交感神经紧张，使呼吸、脉搏加快，皮肤血管收缩，血压升高，发冷出汗，心律不齐等。例如，在一个超标准噪声车间里工作的工人，高血压、C 动脉硬化、冠心病的发病率比低噪声车间里的工人高。噪声还可以导致心身疾病，加剧焦虑、抑郁等消极情绪，形成恶性循环。

因个体间的差异，人们对噪声的敏感程度不同。不可否认的是噪声的危害是巨大的，不少国家都相继出台了一系列抑制噪声的政策：德国出台了住房"安静时间"，法国使用"噪声雷达"检测噪声，我国也出台了系列治理噪声的法律法规（张慧中，2022）。

（二）空气质量与心理

2019 年，中国社会科学院经济研究所和首都经济贸易大学经济学院联合发布了《中国城市生活质量报告》。报告中对中国 35 个主要城市的居民进行调查，同时结合全国空气质量实时发布平台所发布的空气质量数据，通过建立回归模型发现，空气质量与居民心理健康之间存在负相关关系——空气质量越好，居民心理健康天数越多（辛颖，2021）。有学者使用 2010 年和 2014 年中国家庭追踪调查（Chinese Family Panel Studies，CFPS）数据通过断点回归分析发现，空气污染不仅会造成个体生理上的不适，而且会对个体的心理健康带来危害（李卫兵，邹萍，2019）。

空气污染与心理健康的关系一直以来都受到学者的关注。早期研究结果表明，空气污染与负性情绪（Bullinger，1989）、抑郁（Jacobs et al.，1984）相关，越来越多的研究证实，空气条件对人的心理状态具有明显的影响：良好的天气可以使人心情愉快、情绪高涨；而糟糕的天气则容易使人情绪低落、郁郁寡欢、萎靡不振（唐奇开，2000；杨芳，2013）。

那么空气质量对心理的影响机制是什么样的呢？较差的空气质量会减少户外出行并改变日常的健身锻炼计划，人们更加倾向于留在室内，导致社会群体间的沟通交流减少，进而影响其心理健康（李卫兵，邹萍，2019）。显然，深层原因肯定不只如此。空气污染对心理健康的影响机制可以从直接生理机制和其他间接机制两方面进行解释。就直接生理机制而言，造成空气污染的细颗粒物的成分中含有毒害神经的物质（如铅、汞、锰等），会对人体的神经行为功能产生直接的损伤，引发前额皮质的炎症和组织损伤。而神经炎症会破坏血脑屏障，不仅可能诱发中枢神经系统疾病，还可能造成脑血管内皮损伤，导致血管性抑郁的进一步发展，从而影响人们的心理健康（Wagner et al.，2014）。长期暴露于 $PM_{2.5}$ 空气环境中还会引发海马神经炎症反应，而海马区域神经元树突棘的形态与密度的变化与抑郁症的发病机理有关（Fonken et al.，2011）。

值得一提的是，相同空气质量的环境下，对于不同性别、年龄和职业群体的心理影响也是不同的。中国男性群体、年轻人群体、低教育群体和城市居民受到空气污染的负面心理健康效应会更大（张广来，张宁，2022）。相对于女性，空气污染对男性居民的幸福感损害更大，这可能是因为女性比男性更容易获得幸福感（也可能是因为千百年来形成的"男主外、女主内"），而男性要承担更多的家庭和社会责任，外出接触污染空气的时间更久，所以男性因空气污染受到的心理危害更严重（罗红格，张李斌，2017）。

（三）温度与心理

温度会影响心理的证据之一就是气象情绪效应。所谓气象情绪效应是指一个人的情绪状态会受到气象条件的影响：有利的气象条件可使人们情绪高涨、心情舒畅，提高生活质量和工作效率；而不利的气象条件则使人情绪低落、心胸憋闷、懒惰无力，甚至会导致心理及精神病态和行为异常（Palinkas & Wong，2019）。

温度与心理健康状况之间存在着倒 U 形关系，过高和过低的温度都会对心理产生不良影响（Melrose，2015；Mullins & White，2019），长期暴露于高温与低温环境会增加心理疾病的患病率（Chen et al.，2019；Gao et al.，2019）。例如，暴露于极端温度会降低积极情绪、增加消极情绪，从而使心理障碍的发病率增加（Lee et al.，2018；Noelke et al.，2016）。

极端温度还会加剧一些心理疾病的恶化。例如，在控制时间、湿度等一些变量后，温度的变化与精神分裂症患者的发病或住院治疗效果之间存在显著相关性（Trang et al.，2016）。又如，对体感温度和精神分裂症患者住院人数的时间序列进行分析后发现，过高和过低的环境温度都是精神分裂症的危险因素（Yi et al.，2019）。

温度对于个体的心理影响还存在年龄、性别、社会经济群体的区别。儿童青少年和老年群体是易感人群，对温度变化的感触更为明显，相对于成人来说，更应该保护这类人群（Sugg et al., 2019）。面对高温环境时，女性会表现出比男性更强的耐受力。从经济收入来源上看，低收入群体和发展中国家的人更易受温度变化的影响（Sanson et al., 2019）。与低收入群体相比，高收入群体可以利用更多可支配的社会资源来抵抗来自极端温度的影响。

 拓展阅读

色彩与心理

色彩对心理具有微妙的影响。国外曾发生过这么一件事：有一座黑色的桥梁，每年都有一些人在那儿自杀；后来把桥涂成了蓝色，自杀的人显著减少了；又把桥涂成了红色，在那儿自杀的人就没有了。这是什么原因呢？

环境心理学家告诉我们，这是因为黑色显得阴沉，会加重人的痛苦和绝望；而蓝色和红色使人感到愉快开朗，充满希望，会使人从绝望中挣脱出来，重新燃起希望。这个例子说明，颜色能够影响人的情绪：红色表示快乐、热情，它使人情绪热烈、饱满，激发爱的情感；黄色表示快乐、明亮，使人兴高采烈，充满喜悦之情；绿色表示和平，使人有安定、恬静、温和之感；蓝色给人以安静、凉爽、舒适之感，使人心胸开朗；灰色使人感到郁闷、空虚；黑色使人感到庄严、沮丧和悲哀；白色使人有素雅、纯洁、轻快之感。

根据颜色的这些不同特性，学校在布置教室和寝室时也采用了一定的手段，教室和寝室冷暖色调的搭配使得学生心理上能产生潜移默化的变化。暖色调（鲜红色、橘红色、淡黄色等）能够刺激人的大脑活跃性水平，提升创新能力，冷色调（深蓝色、翠绿色、深灰色等）易让人偏重理智，释放压力。在临床医学实践中，颜色也得到了应用：高血压病人戴上烟色眼镜可使血压下降；红色和蓝色可使血液循环加快；病人如果住在涂有白色、淡蓝色、淡绿色、淡黄色墙壁的房间里，心情就易安定、平和，有助于恢复健康。

第二节　心理与人文环境

除了自然环境，人文环境也会影响个体心理。人文环境主要指个体在成长过程中的家庭因素、学校因素和社会因素。

一、家庭环境与心理

家庭对个体的成长与发展的影响已被诸多研究证实。家庭对个体的影响主要表现为不同的家庭环境会对个体的发展产生不同的影响力。家庭环境主要包括家庭结构、家庭氛围、家庭社会经济地位、父母教养方式。这些影响个体心理发展的因素又可分为结构性因素和过程性因素，前者主要涉及父母的受教育水平、父母职业、家庭结构等，后者主要包括家庭的社会经济地位、父母教养方式、家庭氛围等。本书主要选取几个重要因素来剖析家庭对个体心理的影响。

（一）家庭结构对个体心理的影响

家庭结构是指家庭成员以及成员之间的互动关系，涉及家庭的类型、人口以及代际构成（吴银涛，胡珍，2008）。家庭结构可分为核心家庭、主干家庭和联合家庭：核心家庭是一对夫妇与未婚子女共同生活组成的家庭；主干家庭是夫妇与一对已婚子女共同组成的家庭；联合家庭则是指夫妇与多对已婚子女共同组成的家庭（林富德，翟振武，1996）。不同的家庭结构会对个体的心理产生不同的影响。比如，离异家庭的子女在亲子关系和社会性发展方面均与双亲家庭子女存在差异（陈会昌等，1990），单亲家庭子女存在更多的心理健康隐患，更有可能产生抑郁症，自杀倾向性更高，易具有一些心理与行为障碍（张志群，2004）。家庭成员，尤其是父母之间的冲突与矛盾更有可能会造成子女的一些心理问题，比如一些单亲家庭或重组家庭中生活的子女的人格更容易表现出冷漠、粗暴以及孤僻等特质。父母的争吵也会造成子女在人际关系方面的障碍，比如更自私、敌对，道德感缺失（魏鹏程，2007）。诸多研究表明，家庭结构会对个体心理产生重要影响。

（二）家庭社会经济地位对个体心理的影响

家庭经济状况会对个体产生直接或者间接的影响。心理学用社会经济地位（socioeconomic status）来指家庭的经济状况。家庭社会经济地位是指一种家庭等级排序，基于家庭获取或控制的有价值的资源，反映了个人获取实际或潜在资源的差异。一般情况下，我们用一个家庭的收入、父母的受教育水平和职业来测评家庭社会经济地位。在心理学研究中，家庭社会经济地位是以人口学变量呈现出来的。比如，我们在调查个体的相关心理发展水平的时候，会先设置父母的职业和父母的受教育水平，然后将职业、受教育水平进行分类并对其赋值。最后，可以以虚拟化的方式探究该变量对研究主题的影响，或者单纯地以分类变量的方式探测其对研究主题的影响。家庭社会经济地位在一定程度上反映了其可能占有和利用的社会资源，而这些又会对个体的心理产生重要影响。

关于家庭社会经济地位对个体的影响，我们可以用家庭压力模型和家庭投资模型来解释。家庭压力模型认为，家庭经济窘迫会导致父母承受着较大的压力，易产生更多的负面情绪，易使父母对孩子的养育方式更简单粗暴。比如，缺乏情感上的温暖，会有更多的苛责行为以及更少的鼓励与支持。而这种父母教养方式会对个体的心理健康带来极大的负面影响。相关研究也表明：高家庭社会经济地位的个体更有可能以积极的教养方式来养育子女，以及面对压力的时候能够拥有更好地缓解压力的心理资源；反之，低家庭社会经济地位的个体在面对压力的时候更易将压力转移给儿童，从而导致儿童问题行为的产生（宋丹，2019）。儿童早期的家庭经济状况比较差的话，其心理健康水平就比较低（Evans & Cassells，2014），低家庭社会经济地位就可以预测抑郁水平（Danese et al.，2009）。

家庭投资模型认为，由于家庭社会经济地位存在差异，高家庭社会经济地位的个体拥有更多的社会资源和更好的教育资源，从而发展的空间更大；那些缺乏优质教育资源和社会资源的个体，比如父母失业或者患病等，一定程度上成为阻碍他们发展的重要因素（翟晓婷，2018）。所以，不同的家庭社会经济地位会导致不同的发展状况，高家庭社会经济地位的个体，在面对生活中的压力或者挫折的时候，能够拥有更多的抵御风险的能力和资源，容易顺利摆脱发展中遇到的困境，这也成为心理发展的有利条件；反之，低家庭社会经济地位的个体，在遇到挫折与生活困境的时候，缺乏可利用的资源，容易导致一系列心理问题，比如更多的焦虑、对社会的不信任感甚至是仇视社会等不良心理状态。相关研究也证实了这一理论，比如，家庭社会经济地位低的个体在人际关系、应对学习压力以及社会适应性方面均存在一些问题（冯晓黎，2007），家庭社会经济地位和母亲的受教育水平、个体的幸福感显著相关（孙玮玮，2014）。

由上所述，家庭社会经济地位会对个体的心理产生影响，其可能的缘由在于相对剥夺感，因为与他人的比较过程中产生了负面的情绪状态，或者低的家庭社会经济地位预示着物质资源的匮乏，而这是个体心理健康成长的物质基础。但以上论述中没有对主观感知到的家庭社会经济地位的讨论，而这也会影响个体的自我认知，尤其是拥有较高家庭社会经济地位的个体依然会出现一些心理问题的时候，主观感知到的家庭社会经济地位便成为揭示其心理不良发展的重要因素之一。

（三）父母教养方式对个体心理的影响

父母教养方式（parenting style）是指父母在养育子女的过程中表现出来的相对稳定的行为风格和特征，是亲子互动的重要形式，父母教养方式会对子女产生重要影响（刘丹霓，李董平，2017）。父母教养方式具有不同的分类，较为经典的是鲍姆林德（D. Baumrind）提出的三种类型——专制型、权威型和放纵型。专制型父母教养方式的特点是父母控制、限制以及过分保护子女。这种父母不鼓励子女提问、探索、冒险和主动行为，倾向于把严格的规则强加给子女而不作说明，甚至用惩罚来强制执行。权威型父母教养方式是促进儿童心理发展的较为积极的父母教养方式。具有这种教养方式的父母对孩子温和而关心，他们鼓励孩子争取成就、独立和探索，他们虽然也用惩罚来贯彻提出的规则，但加以说明，并且会随儿童对它们的反应而显示出灵活性。在鲍默林德的研究中，权威型父母教养方式下的子女比其他两种教养方式下的子女能力更强、自尊感也相对较高（Comstock，1973）。放纵型父母教养方式的特点是父母对子女倾向于采取放任的态度，不加控制、不提要求、不惩罚。这种不加任何干涉的方式，同样意味着不鼓励儿童去探索、争取成就和尝试，也不指导儿童去判断自己能否胜任，行为是否恰当。那些行为不成熟的儿童大多来自放纵型父母教养方式的家庭。

关于父母教养方式对个体心理影响的实证研究表明，未成年犯的父母所具有的教养方式更为消极，且与正常青少年的相比存在显著差异。积极的教养方式，如情感温暖、理解，预示着积极的成长，如更适宜的社交能力，更少的问题行为；消极的教养方式，如拒绝、否认、严厉、惩罚等，预示着消极的发展结果。在诸多因素中，父母的人格是影响其教养方式的更为重要的因素，母亲的行为抑制系统和行为活动系统的高低可以预测其教养方式是权威型还是忽视型（徐淑慧，2016）。据此可知，父母教养方式是家庭生态系统中对个体心理与行为产生影响的关键要素。

二、学校环境与心理

儿童的大部分时间是在学校中度过的，学校是儿童学习活动的主要场所，儿童期也是个体心理健康发展的关键阶段，学校更是将培育学生健康心理素养作为其教育目标之一。

我国从顶层设计上对学生心理健康教育发布了一系列文件。1999年，教育部发布《关于加强中小学心理健康教育的若干意见》，心理健康教育开始进入中小学课堂。2012年，教育部颁布《中小学心理健康教育指导纲要》，对中小学心理健康教育工作进行了科学指导和规范。2016年，《"健康中国2030"规划纲要》指出要"加强心理健康服务体系建设和规范化管理"，《关于加强心理健康服务的指导意见》提出要"加强重点人群心理健康服务"。2019年国家卫生健康委、中宣部等12部委联合制定并印发《健康中国行动——儿童青少年心理健康行动方案（2019—2022年）》，2023年教育部等17部门印发《全面加强和改进新时代学生心理健康工作专项行动计划（2023—2025年）》，为加强儿童青少年的心理健康工作，促进儿童青少年心理健康和全面素质发展提供了具体的行动目标与可操作的行动指南。学校对个体的心理发展具有重要作用，促进学生心理健康、全面发展，是党中央关心、人民群众关切、社会关注的重大课题。下面，我们主要从校园环境、教师和同伴等方面论述学校环境对个体心理的影响。

【知识窗】
中华优秀传统文化与高校心理育人

（一）校园环境对学生心理的影响

校园作为学生生活、学习和娱乐的环境，对学生的健康成长具有隐形的影响力，校园内的一草一木、一砖一石都能体现教育的引导和熏陶作用。校园环境包括校园内的教学、办公、运动场等公共建筑空间，以及景观绿化等诸多要素组成的整体系统。所以，校园建筑要符合学生的审美心理，以便达成对学生心理的正向影响。

作为校园环境的重要构成要素的校园建筑，对学生的影响体现在它的教育价值上。首先，校园建筑应是对教育意蕴的揭示。也就是说，校园建筑不仅应该为儿童青少年提供保障人身安全的场所，更应该具有培养学生良好道德品质、唤醒其高尚的审美情操的教育意蕴。其次，校园建筑应该具有一定的教育功能，比如对学生道德情操的培育、审美心理的培育以及一定程度的文化传承（彭宗朝，2012）。最后，校园建筑还要在一定程度上体现教育理念，反映和谐的师生关系等。

校园建筑由于要实现教育目的而具有自身的特殊性。首先，校园建筑具有教育属性。因为校园建筑的存在目的就是服务于学校教育，而学校则是培育人才、传承文明的重要场所，基于学校的社会职责，校园建筑就会融入一定的教育思想和理念，这样才更加有利于学生的健康成长。其次，校园建筑具有一定的生态属性。校园建筑需要构建一个适宜学生成长的教育生态环境，所以要考虑到合理有效地运用周边自然环境来达成其目的。再次，校园建筑具有文化属性，其本身蕴含着文化，具有传承文化、培育人才的功能。最后，校园建筑具有一定的符号属性，即它可以凸显学校实体形态与空间形式，从而更加明确学校的教育意义。

综上所述，校园环境，尤其是校园环境中的校园建筑，它的设计与布局是为了促进教育目标的达成。不管是对舒适、安全性的考量，还是教学空间的设计，抑或是充满美感的外在形式的建造，都是为了实现受教育者的认知需求、审美需求、人文需求，是为了培育受教育者的高尚审美情操、创新能力以及健全而完善的人格。

（二）教师对学生心理的影响

作为人类灵魂的工程师，教师对学生成长的影响作用仅次于父母。孔子曰："其身正，不令而行。其身不正，虽令不从"。教师对学生的影响不是通过强制性的灌输教育实现的，而是存在于日常的教学和活动当中，以自身为榜样给予学生一种积极的影响。

教师对学生的影响可以体现在教师期望上。布罗菲（J. Brophy）和古德（T. Good）提出了教师期望模型的五个步骤：一是教师对学生传递出期望，这种传递是根据学生的个体差异性进行的；二是教师对不同的学生传递不同的期望并反映在行为中；三是学生接收到这种期望；四是这种期望在持续一段时间后改变了学生的行为；五是学生对这种期望进行了验证。教师期望会影响到学生的方方面面，最为直接体现的是学业成就。学生的学业成就会影响到其学业自我效能感乃至自尊等，最终会对其人格产生影响。

除了教师期望，师生关系作为外在因素也可以影响学生的情绪，这已被相关研究证实（王光强，2021）。师生关系会影响学生的问题行为（Lei et al., 2016; Sutherland et al., 2020），而这种影响可以用依恋理论进行阐释：师生关系包含三个维度，即师生关系是温暖、亲切、有效的亲密状态，师生关系是消极和无效的紧张冲突状态，师生关系是一种彼此依赖却缺乏明确界限的关系（Bowlby, 1969; Pianta, 2001）。积极的师生关系有助于学生的发展也可以用自我决定理论来解释：因为积极正向的师生关系能够满足学生的一些基本心理需求，进而达成学生对心理资源的最小损耗，促使学生去探索、创新、追求理想，进行自我实现。显而易见，亲密的师生关系有利于学生的发展，能够促进学生创新意识的培养，并能有效减少学生的问题行为；反之，紧张冲突的师生关系不利于学生的健康成长。

（三）同伴对个体心理的影响

同伴对个体心理的影响主要体现在同伴关系上。同伴关系（peer relationship）是一种特殊的人际关系，主要是指在同龄人或者心理发展水平相当的个体之间形成的一种相互协作的关系。同伴关系主要发生在儿童期，其形成的场所一般是在学校，故而我们将其放在对心理影响的学校因素中来探讨。同伴关系因为它的特殊性如平等互惠性，而有着成人无法替代的作用。同伴关系对个体获得主流价值观、正常社会化以及对社会的适应等方面均具有重要影响。简而言之，良好的同伴关系可以促使个体形成健全的人格；反之，不良的同伴关系可能会使儿童的社会化受阻，进而导致一系列心理与行为问题。

同伴关系对个体心理的影响早在皮亚杰的认识发生论中就进行了阐释。皮亚杰认为，儿童与同伴的交往中出现的矛盾和冲突有助于其认知水平的提升，并且可促使儿童解锁新的社会交往技能。比如，儿童在交往初期由于认知发展所处的阶段而以自我为中心，但随着同伴交往的进一步加深，他们会体验到冲突和协商。这种交往体验有助于其认知能力的发展。维果茨基认为，个体心理发展的本质是从低级心理机能向高级心理机能发展的一个过程，并在这个过程中受到环境和教育的影响。这里的环境和教育包括与他人的交往，即个体的社会交往活动。在社会交往活动中，儿童习得了一些社会规则和价值观，而同伴关系在整个社会交往活动中起到了非常重要的作用，促使儿童内化这些社会规则和价值观。同伴关系还会为儿童提供归属感，这也是个体心理的基本需求之一，为其人格的健全发展奠定基础。

三、社会环境与心理

康德认为，"人只有通过教育才能成为人"，"除了教育从他身上所造就出的一切外，人什么也不是"。杜威进一步认为，个体的行为、性格和态度必须在与社会环境的交互作用过程中才能够得以生成和发展，个人参与某种共同活动到什么程度，社会环境就有多少真正的教育效果。社会环境对个体成为一个"社会人"有着重要作用，换言之，个体只有在正常的社会环境中才能够成为一个正常的社会人。除了学校教育，个体还会接受社会教育。社会对个体心理发展的影响是从未停止的，从摇篮到坟墓的整个过程都没有间断。

（一）社会环境影响个体心理的理论依据

1. 庄子的思想

《庄子》中有关个体的人格发展等方面的观点，一方面体现了当时社会环境对个体心理的负面影响，另一方面体现了作为社会文化的圣人思想观点对个人心理的积极影响。例如："吾意善治天下者不然。彼民有常性，织而衣，耕而食，是谓同德。一而不党，命曰天放。故至德之世，其行填填，其视颠颠……及至圣人，屈折礼乐以匡天下之形，县跂仁义以慰天下之心，而民乃始踶跂好知，争归于利，不可止也。此亦圣人之过也。"（《庄子·外篇·马蹄》）

这些思想观点，体现了当时纷争的社会环境对个体的影响，所以，庄子提出要取消所谓的礼教束缚，让人释放自己的天性，成为真正意义上的人。虽然庄子的言论具有一定的局限性，但是揭示了当时社会文化对人性的异化与扭曲，而这种"自然""齐物"的思想对遭受封建礼教迫害的文人的健全人格的成长却有着积极意义。

2. 社会认知理论

社会认知理论是美国心理学家班杜拉（A. Bandura）提出来的，其中三元交互决定论是最为核心的内容。三元交互决定论反映了个体、环境和行为这三个要素之间的交互作用：个体通过一系列主观信念引导其行为，行为产生的结果又反馈给个体，引发个体的一系列情绪情感反应，故而，个体和行为之间是一种双向的互动关系；个体也会对环境产生影响，不同的环境特征也会对个体产生反馈作用；行为在个体与环境中起到了中介作用，受到个体的支配，同时也被环境制约。所以，三元交互决定论的三个要素是彼此影响、相互决定的。

三元交互决定论已在实际社会生活被证实。比如，张晓娟（2017）基于该理论发现手机用户的信息安全行为意愿受到个体反应效能的影响，而环境因素对个体反应效能也有显著影响；徐小阳（2017）发现，互联网氛围会影响购买行为，而购买意愿和购买行为之间也存在显著关系。

3. 社会文化理论

维果茨基提出的社会文化理论强调社会文化因素在个体认知发展中的核心作用。社会文化理论认为，人的认知是在环境的影响下，从低级心理机能逐步向高级心理机能发展的一个过程。其中，社会文化中的语言符号起到了很重要的作用。首先，语言符号是个体由低级心理机能向高级心理机能转化的关键工具，正是因为使用了语言等文化符号，人类的心理机能具有了目的性、计划性和随意性，逐步与动物的低级心理机能有了本质的区别。同时，个体认知的发展也是在社会环境中进行的，成人的示范与文化展示，为儿童的认知发展以及价值观的形成提供了可模仿的范本。其次，个体通过与他人的互动掌握了语言，语言发展遵循了从外部语言到内部语言，即从社会化语言—自我中心语言—内部语言的发展过程，这代表个体的语言逐步从社会交往功能向自我调控功能的转化，体现了个体自我意识的增强。整体上来看，维果茨基的社会文化理论强调了个体认知与心理机能的发展对社会文化环境的依赖性与互动性，甚至可以毫不夸张地认为，个体的高级心理机能都是社会文化的产物，因为个体从出生起就存在于一定的社会文化环境中，并在这种特定的文化环境中通过与他人进行交往和互动发展了其心理机能。

（二）社会文化对个体心理的影响

文化是在某一特定群体或社会的生活中形成的、并为其成员所共有的生存方式的总和，包括价值观、信仰、艺术、法律、风俗习惯、风尚、生活态度及行为准则，以及相应的物质表现形式。文化因素以其渗透力浸染人的身心，并直接影响和制约着人的成长，从而使人的言行举止打上深刻的文化烙印。生活世界是一个文化化的世界，人的成长过程实质上就是人的文化化过程，维果茨基的社会文化理论就特别强调社会文化对个体心理成长的影响。文化之所以与个体发展紧密相关，其根本原因在于从广泛的意义而言，文化与社会结构几乎难以区分，它们是同一现象的两种不同概念。

文化的"化人"作用主要表现在以下几个方面：

第一，文化为个体成长提供社会规范。每种文化都有自成体系的行为规范和价值系统，规定着哪些思想和行为是允许的，哪些是不允许的，哪些是正当、合理的，因而是提倡的，哪些是不正当、不合理的，因而是反对的。如果个体的行为趋向符合规范和准则，就能得到赞许和鼓励，违背规范和准则必将受到批评和惩罚。一个自然人便是在特定的文化背景下，在不断地被规范强化的过程中最终成为具有特定文化标志的"社会人"。

第二，文化培养人们对身份、地位的认同，以成为特定的社会角色。角色是指个人在一定社会关系中占有的地位及其规定的行为模式。每个社会角色都代表着一套有关行为的社会准则，这些准则规定了个人在扮演某一特定角色时所应有的行为方式。众多社会角色，如法官、警察、教师、学生、演员、观众、父亲、儿子，等等，无不具有带特定文化标志的角色规范和行为模式。个人扮演的任何角色都必须通过社会规范的内化而确立，这正是社会文化的责任。苏联社会学家安德烈耶娃

（G. M. Andreeva）认为，成长是一个双面的过程：它一方面包括个体通过进入社会文化环境、社会关系体系，掌握社会文化经验；另一方面包括个体的积极活动、积极介入社会文化环境，再现社会关系体系。就是说，人不仅掌握社会文化经验，并且还把它们变成自己的价值、观点和立场。不同的文化都对不同角色有独特规定，并驱使人们通过对角色规范的学习，合乎要求地扮演各种社会角色。譬如男性和女性作为不同的性别角色，不同文化对其特征有不同的规范。文化往往通过规范的灌输和不断地强化，培养社会成员的角色规范认同，并使之内化为准则，以维护社会的稳定。

第三，文化造就人的心理和人格模式。不同文化背景下人们的心理和人格有一定的差异。可以说，某一文化的深层内容正体现在它的心理层面。民族文化心理是整个文化结构中最为稳定的部分，也是最有影响能量、最具稳定性的部分。一言以蔽之，个体的文化心理和人格是社会文化塑造的结果，人格和心理的差异，首先体现了文化的差异。

习近平总书记指出："文化是一个国家、一个民族的灵魂。"中国有着五千年连绵不断的文化传承，这种强大的文化基因使得作为深有文化自信的每一个中国人，从小就打下了浓厚的中国文化的浓厚底色，都有着浓浓的中国文化的血脉传承。中国的年轻一代，尽管身处全球化的大背景下，但受到生活环境中浓厚的中国优秀传统文化的影响，拥有浓浓的中国传统文化底色，哪怕是小学生，也常常流露出作为中国人的高度自豪感。在新时代的中国，党和人民在伟大斗争中孕育的革命文化所迸发的持续文化动力和社会主义先进文化所指向的科学文化方向，强烈地影响着每一个中国人，使我们前所未有地感受到国家的团结统一和繁荣富强所带来的、与其他国家和其他文化相比所具有的独特性与优越性。因此，一方水土养一方人，中华优秀传统文化滋养着每一个中国人。

第三节　生态系统理论

生态系统理论通过"环境的相互联系及其对直接影响心理成长的力量的影响"这一棱镜来描述人类发展。对于人类发展的生态学研究，研究者试图解释和理解个体与他所处的环境中相互关联的系统的互动方式。生态系统理论提供了一个理论框架，据此可以研究和发现形成人类发展的过程。它的产生经历了一系列的历史演变，最终，生物学、心理学和社会学在这一理论中得到了融合。

一、布朗芬布伦纳的生态系统理论

布朗芬布伦纳（U. Bronfenbrenner，1917—2005，见图 4-1）作为生态系统理论的一位重要代表人物，主张人类发展是成长中的人类有机体与其环境之间相互作用的产物。他试图发展一种人类发展理论，考虑所有在影响个人生活经验方面起作用的系统的影响。

布朗芬布伦纳在 1979 年出版的《人类发展生态学：

图 4-1　布朗芬布伦纳

【知识窗】奋力谱写新时代生态文明建设新华章

自然和设计的实验》中总结了几十年来关于指导生命全程发展的基本过程的理论与研究，提出了生态系统理论（ecological systems theory），并在之后不断对其进行完善。这一理论有两个基本的假设：第一，人的发展（尤其是早期阶段，并且在很大程度上贯穿整个生命全程）受到某一活跃的、不断发展的具有生物心理特征的个体与其周围环境中的人、物和符号之间复杂的相互作用过程的影响；第二，这种相互作用过程的形式、力量、内容和方向会系统地变化。环境对人的发展的影响不是由环境中的活动、角色和人际关系的客观性质所决定的，而是由发展主体对于这些因素的感知或解释所决定的。

（一）生物生态学模型

布朗芬布伦纳进一步提出了生物生态学模型（bio-ecological model）。在这个模型当中，发展中的个体处于中心位置，环境是分层嵌套式结构，围绕在个体周围，包括微观系统、中间系统、外部系统、宏观系统、时序系统。这些系统之间相互作用，共同影响人的心理发展。

1. 微观系统

微观系统是发展主体在一个特定的面对面的环境中所经历的活动、角色和人际关系的模式，具有特定的物理、社会和象征性特征。例如，家庭、学校、同龄人群体和工作场所等环境。这里所说的环境主要由三个要素构成：① 活动，指人们正在做什么；② 角色，指在社会中担任某种职务的人们被期待做出的行为；③ 人际关系，指人们对待彼此的方式，表现为他们在一起时的言行。布朗芬布伦纳强调发展主体与环境相互影响，即环境可以影响发展主体，发展主体也可以反过来影响环境。例如，一个脾气不好的婴儿可能会疏远他的父母，甚至使父母之间产生摩擦。

布朗芬布伦纳进一步提出了促进儿童发展的两大过程，即儿童与他人的互动，以及儿童参与各种社会的活动。这两大过程受到儿童的四种属性的影响（Bronfenbrenner, 1993）：① 个人特征，儿童的一些特征可能会激起或阻止来自环境的各种反应，而这些反应将会反过来促进或阻碍儿童的心理成长。例如，一个非常漂亮的女孩与一个样貌普通的女孩相比，往往会引起他人的不同反应。② 选择性反应，儿童有选择地对环境的某些方面感兴趣并且进行探索。例如，一个孩子喜欢读书，而另一个孩子喜欢打篮球。③ 结构化倾向，儿童倾向于追求越来越复杂的活动，即以更复杂的方式重组他们所处的环境。例如，一个五岁的孩子不满足于仅仅抱着两个玩具熊，而是假想出两个玩具间的关系和一出情景剧——其中一个玩具熊是另一个玩具熊的妈妈，在给她的孩子讲故事。④ 指令性信念，随着年龄的增长，儿童倾向于从概念上组织他们的经验，设计出越来越详细的计划和方法来实现他们的计划。布朗芬布伦纳将这四种属性统称为个人刺激特征（personal stimulus characteristics）。

2. 中间系统

中间系统包括两个或多个环境之间发生的联系和过程，并且所有这些环境都包含发展主体（即都是微观系统）。例如，家庭和学校、学校和工作场所之间的关系等。换句话说，一个中间系统是由多个微观系统构成的系统。中间系统强调要关注每个环境中存在的激发或抑制特征和过程的相互作用所产生的协同效应。一个典型的例子是，教师在家长会上将儿童在学校的表现告诉家长，家长回到家里可能表扬或批评儿童。在中间系统中，主要看社会化的影响因素是一致的还是对立的，即发展主体认为不同的微观系统是相互支持的还是相互冲突的，在不同的微观系统中是否存在对不同行为方式的期望或规定。例如，尽管父母和教师尽力鼓励学业成就，但当同龄人群体贬低学习的价值时，往往会破坏儿童学习的积极性。

3. 外部系统

外部系统包括两个或多个环境之间的联系和过程，并且其中至少有一个环境不包含发展主体（即至少有一个不是微观系统），但其中发生的事件会间接影响发展主体所处的直接环境。例如，家庭和父母的工作场所之间的关系：如果父母的工作单位离家近，并且他们的工作相对轻松，那么他们将会有更多的时间在家陪伴和辅导儿童。又如，学校和教育政策制定机构之间的关系：如果教育部门将某项教育工作列为重点推进项目，那么儿童在学校接受到的教育也会受到相应的影响。

4. 宏观系统

宏观系统由特定文化或亚文化的微观系统、中间系统和外部系统的总体模式组成，被认为是一种特定文化或亚文化的社会蓝图。大多数的宏观系统是非正式的、潜意识中沉淀下来的意识形态，个体通过习俗和传统继承并表现出来。具体地说，可能包括信仰、知识体系、物质资源、习俗、生活方式和生活过程选择。宏观系统发挥作用的方式是：宏观系统的特征行为和概念模型通过不同的文化机构，如家庭、学校、工作场所和行政部门，在社会化的过程中，从一代传到下一代。例如，集体主义国家的儿童被潜移默化地教育要懂得协作，注重人际关系的和谐；而个体主义国家的儿童则被教育得要彰显自己的个性。又如，在一个对于离婚普遍持有随意态度的国家中，可能会有更多的单亲家庭。这种普遍的内隐态度通过家庭结构影响了儿童的发展。因此，在任何特定的文化、社会、种族或宗教团体中，儿童的日常经验往往是相似的。宏观系统研究的是那些具有相当不同的社会组织基本模式的系统，或是那些从根本上改变特定社会特征的变故。

5. 时序系统

时序系统将环境扩展到三维，而不再是一个平面。它不仅包括个体特征的变化性或一致性，也包括个体所处环境的变化。它可以涵盖一段短期或长期的时间，并且会通过"变化""发展""历史""时间"和一个人的"生命历程"等术语显示在模型中。它包括规范性或非规范性的改变。规范性的改变发生在个体的生活中，也发生在文化或亚文化上的预期事件范围内，如进入中小学、上大学、约会、结婚或生育。非规范性的改变涉及文化或亚文化上的意外中断，影响个体在一段时间内的发展进程，如亲人突然死亡、离婚、搬家、收入的重大变化或意外怀孕。时序系统的影响也不一定都来自重大事件，还要考虑个体所处的时代和地点。例如，一个生活在21世纪中国的年轻人与一个生活在19世纪中叶巴西的年轻人对隐私及其影响的看法会有很大的不同。

（二）布朗芬布伦纳生态系统理论的启示与应用

生态系统理论给予发展和教育心理学很多启示。首先，它提醒教育者，儿童的心理发展会受到来自多个环境系统的综合影响，因此在教育的过程中，要重视同一系统内不同环境（例如学校与家庭）和不同系统内环境（例如家庭与社区）之间的联系。其次，儿童既是环境的产物也是环境的缔造者。既然人与环境存在相互作用，两者之间就会存在一种匹配或拟合。对于一名儿童成长不利的环境可能对于另外一名儿童是有利的。因此，教育者应当同时关注儿童与环境两者的特性，并且使两者之间的匹配或拟合最优化。

布朗芬布伦纳的生态系统理论已经被应用于多个研究领域，如儿童心理健康、小儿伤害、自杀意念等。

（三）对布朗芬布伦纳生态系统理论的评价

布朗芬布伦纳的生态系统理论专注于人类的发展，关注一个人如何成长为一个完全有能力的社会成员。因此，它是一种发展性的心理学理论。这个理论的重要贡献在于它使人们注意到人类发展中的情境变化，并帮助发展心理学关注对自然环境中的发展个体进行"生态学上更有效"的研究。

然而，布朗芬布伦纳的理论的一个局限是，很难对该理论进行实证检验。关于生态系统的研究可能会产生一个结果，但研究者不能确定系统是否是这个结果的直接原因。此外，这个理论可能会导致这样的假设：那些没有处于积极的生态系统中的人将会发展不良。虽然在某些情况下确实如此，但许多人在生态系统没有积极影响的情况下，仍能发展成为全面的个体。例如，断言所有在世界贫困地区长大的人都会有消极的发展，这是不正确的。如何利用生态系统理论去指导社会工作实践，如何改善这些系统以使得个体的问题得到解决，布朗芬布伦纳并没有给出具体方案（卓彩琴，2013）。这使得这一理论的实际应用受到了限制。

二、扎斯特罗的社会生态系统理论

扎斯特罗（C. H. Zastrow）是现代生态系统理论的代表人物。他在继承了之前生态系统理论研究者的基础上，提出了社会生态系统理论。

（一）三个系统

扎斯特罗认为，系统是一组相互关联的元素，它们构成一个功能整体，并且将系统分为三种基本类型：微观系统、中间系统和宏观系统。微观系统是指个人。从广义上讲，人是一种包含生物、心理和社会系统的系统。所有这些系统都相互作用。中观系统是指任何小团体，包括家庭、工作团体和其他社会团体。有时为了评估，很难清楚地区分涉及个人的微观系统和中观系统，这是因为个人完整地参与了与其亲近的人的互动。宏观系统是指比小群体更大的系统，包括影响人们获得资源和生活质量的社会、政治、经济等（Zastrow et al., 2019）。

（二）系统之间的相互作用

1. 宏观系统对微观系统的影响

在社会环境中，微观系统（个人）不断地受到与之互动的宏观系统的影响。文化、制度、社区、组织四种主要的宏观系统会交织地影响个人。文化是共享的态度、价值观、目标、精神信仰、社会期望、艺术等，是人们生活的更广泛社会的特征。制度是一种文化的基本风俗和行为方式，如婚姻、正义、幸福等；也可能是为了某种公共目的建立的组织，以及进行工作的物质设施，如监狱。社区是一些有共同点的人，这些共同点以某种方式将他们联系在一起，并使他们区别于其他人。共同特点可能是人们居住的街区，参加的活动（如工作），或其他联系（如民族认同）。组织是一群人聚集在一起为共同的目标而工作，参与既定的活动，而这些活动会被分配到不同的单位。组织通常有明确的成员，知道谁在其中，谁不在其中。

两个理论能够解释宏观系统对于微观系统的影响。一个是组织理论，它包括理解组织如何运作，是什么提高（或削弱）了组织完成其使命的能力，是什么在激励人们朝着组织目标努力。组织理论的一些方法集中于管理或领导风格，另一些则关注结构性问题，如组织层级、计划、人员配置模式和预算。另一个是社区理论，它主要由两个部分构成。第一个部分是对社区性质的看法。什么构成了一个特定的社区？它的边界是如何界定的？一个社区可能是由特定的地理边界划分而成的，也可能是一群有着共同想法和兴趣的人构成的，比如虚拟社区。第二个部分是社会工作者如何在社区环境中实践。例如，从业者如何改善社区服务和条件？社会工作者必须掌握什么技能来提高社区中服务对象的生活质量？

2. 微观系统内的相互作用

扎斯特罗认为在微观系统内部存在个人的生物系统、心理系统和社会系统，这三者会相互作用、相互影响。他举了两个例子来证明这一点。一个例子是关于抑郁的青少年。虽然他们的抑郁是心理问题，但可能会导致与他人接触变少或对待他人的态度变差，进而影响到他们的社会交往质量。而这可能会进一步加剧他们内心的烦躁，产生饮食和睡眠问题，最终导致疾病加重。另一个例子是酗酒会影响成人的生理、心理和社会发展。饮酒导致了酗酒者的体重下降，宿醉头痛。他们感受到了身体上的变化，开始对自己的酗酒行为感到心理上的自责和自我厌恶。他们的心理状况影响了自己与亲近之人的互动，有的人回避酗酒者。因此，酗酒者的社会交往和心理发展受到了影响。社会孤立反过来增强了酗酒者喝酒和逃避现实的情况，使身体状况持续恶化（扎斯特罗，2006）。

（三）社会生态系统理论的应用

社会生态系统理论强调个人与社会环境之间的和谐互动。据此，社会工作主要有两个目标：一是提高人们适应环境的能力，二是努力改变环境以满足人们的需要。具体地说，社会工作者要关注个人与环境中各个系统的相互作用，并从这个角度去寻找影响人类行为的各种深层因素。从这些因素入手，根据环境的要求培养具备一定适应能力的个体，同时消除环境中阻碍人们成长、发展的要素，促使环境更好地满足人们的需要（付立华，2009）。

（四）对社会生态系统理论的评价

相比于布朗芬布伦纳的生态系统理论，扎斯特罗的社会生态系统理论对于生态系统的划分相对简单，但是它将微观系统看成生态系统的一部分，认为出现问题就是生态系统的不和谐导致的（卓彩琴，2013），并且在微观系统中加入了个体的生物系统、心理系统和社会系统，细化了个体本身对环境的反映。该理论最初提出的目的是指导社会工作，这也弥补了布朗芬布伦纳的理论难以指导实践的不足。具体地说，社会生态系统理论为社会工作者提供了一种观察世界和处理社会问题的独特视角与方法，已经被应用于社区工作、矫治工作、司法、教育等领域。尽管在如何把社会系统与生态学观点组合在一起的问题上还存在着一些分歧，但社会生态系统理论的要义是十分明确并富有启发意义的——社会工作者必须认识到人类生存环境的差异以及这种差异对人类行为的影响，善于从人与环境互动的角度出发去寻找影响人类行为的各种深层原因，从改变人与生存环境的关系入手去解决各种社会问题（师海玲，范燕宁，2005）。

拓展阅读

文化对数学学习的影响

众所周知，文化会对个体如何看待自己，如何看待他人，乃至如何进行交往产生潜移默化的影响。但你能想象文化甚至会影响数学学习吗？

首先，生活在不同文化中的人们的数字符号系统不同。例如，巴布亚新几内亚的某些文化使用身体各部分的名称作为其计数系统。计算从一只手的拇指开始，通过27个独立的位置（手指、手腕、肘部、肩膀、耳朵、眼睛、鼻子等）到另一只手。

其次，心算的形式因文化的符号系统而不同。在一些亚洲国家，过去人们经常使用算盘来解决数学问题，现在也鼓励儿童学习珠心算。这种设备和计算方式促使人们通过形成算盘的心理表象来解决脑中的计算问题。这样做的结果是，当不同地区的人们出错时，错误具有相似性。而这些典型的错误又与不使用算盘的文化中的人所犯的错误截然不同。例如，因为算盘包含值为"5"的珠子和值为"1"的珠子，所以与使用简单的以"10"为基数的计数系统的美国人相比，中国人可能会出现的典型错误是答案会多出"5"。

最后，文化会影响儿童的计算能力。在数学活动方面，亚洲儿童的数学能力超过了美国儿童（尽管在整体智力方面并没有显著差异）。其中一个原因可能是，亚洲的母亲通常将数学成绩归功于努力学习和不放弃，并将这些行为灌输给她们的孩子。这种态度与他们通过努力工作来证明自己的文化信仰是一致的。与此相反，美国母亲倾向于强调固有的能力，如果一个人在考试中表现不佳，这种归因不会使他有动力更加努力学习。令人惊讶的是，与中国或日本的母亲相比，美国母亲倾向于高估她们孩子的能力，并对孩子的表现更加满意，而日本的母亲易对孩子的能力估计不足。另一个原因可能是中日的语言系统鼓励人们关注现实中的数量。汉语和日语中有单独的量词来计算鸟（只）、四条腿的动物（匹、头等）、薄的物体（张、面等）和长的物体（条、根等）。日本母亲甚至鼓励年幼的孩子玩计数游戏。

反思与探究

1. 哪种自然条件对心理的影响最大?
2. 除了本章介绍的自然因素外,还有哪些自然因素会对个体的心理产生影响?
3. 气候和温度对个体的心理影响机制的区别在哪里?
4. 地域对心理产生的影响是否因性别、年龄不同而产生差异?
5. 环境中的物理因素是否会影响个体产生攻击行为?
6. 如何利用环境促进青少年的心理发展?
7. 介绍布朗芬布伦纳的生态系统理论,并提供现实案例。
8. 阐述扎斯特罗的社会生态系统理论的构成。

推荐阅读

1. 苏彦捷. 环境心理学[M]. 北京:高等教育出版社,2016.

该书从心理学角度诠释的环境心理学,突出了环境以人为本、人与环境和谐的理念。第一部分介绍了环境心理学的学科特点、重要理论和研究方法,以及环境认知和环境知觉问题。第二部分围绕环境要素对行为的影响,介绍了环境基本要素、非常规环境、气候、灾害污染和环境问题等方面。第三部分围绕空间与环境问题,介绍了领地与个人空间、密度与拥挤,以及地方依恋等内容。第四部分则以环境设计为线索,介绍了教育环境、居住环境和公共环境设计的特点及重要影响因素等。第五部分围绕环境与心理健康、文化与环境行为,以及环境的意义与价值等相关问题进行了深入讨论。

2. 朱建军. 心由境造:人人都能看懂的环境心理学[M]. 北京:中国人民大学出版社,2021.

该书是一本环境心理学的科普书。作者是环境心理学研究者,主要研究环境中的象征性意象对人心理的影响。该书用生动通俗的语言,描述了人是以象征性意象的方式来理解环境的。环境在人的眼中,会被赋予象征意义。这些象征会激发人的特定情绪和感受,并给人带来深刻的影响。人也会把自己的内心情绪感受,转化为建筑的特别形象,反过来构造环境。人理解环境和创造环境,而环境又影响其他的人,这构成了人与环境之间的互动。

3. 黄希庭. 心理学导论[M]. 2版. 北京:人民教育出版社,2007.

黄希庭教授主编的《心理学导论》是我国心理学教科书中的经典,于1995年荣获第三届全国普通高等学校优秀教材二等奖,2009年荣获首届中国大学出版社图书奖优秀畅销书一等奖,两次入选国家级规划教材。在众多心理学教科书中,该书首次纳入"心理的环境基础"一章,对于深刻理解"心理是客观现实的反映"具有重要参考价值。

第五章 感觉和知觉

知识导图

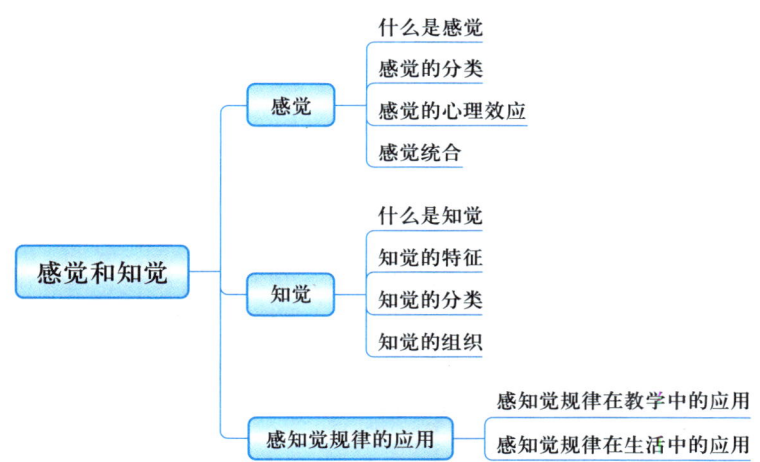

> **案例导入**
>
> **奇妙而重要的感知**
>
> 在生活中，你可能会有这样的经历：刚刚吃过酸酸的橘子后，接着吃糖，你会觉得糖不甜了；喝了苦涩的中药后再喝白开水，你会觉得水也有一丝甜味；深秋季节，气温突然下降，你只好穿上厚厚的衣裤，刚开始觉得很不舒服，就像枷锁捆在了身上，但穿一阵子后，你就不会觉得难受了……从这些现象中我们可以体会到感知的奇妙。
>
> 作为正常人，我们耳聪目明，能看见缤纷的世界，也能听到美妙的声音，能闻到芬芳的花香，也能品尝到各种美味。但是，你可知道，那些失去感知能力的人，他们的内心世界是怎样的呢？美国作家、教育家海伦·凯勒（Helen Keller，1880—1968）自幼患病，两耳失聪，双目失明。她在《假如给我三天光明》中，以一个身残志坚的视角，告诫身体健全的人们应珍惜生命、珍视光明、关爱人生、关爱他人。从中，我们可以深切地感受到，一位失去视觉、听觉的人，对光明和声音的渴望。
>
> 作为正常人，我们有喜怒哀乐，我们可以掌握概念，理解原理，运用所学的知识解决问题。但是，我们应该知道，假如我们自幼失去正常的感知能力，这一切都将无法产生。可以说，人类的情绪、情感、理性认识都与感知活动息息相关。
>
> 的确，感知对我们来说，既是那么奇妙又是那么重要。

本章，我们将带领大家进入奇妙的感知研究领域，让大家了解感知觉的主要研究成果和基本知识。我们首先讨论什么是感觉、感觉的心理效应以及感觉统合现象；然后探讨什么是知觉，知觉的特征与种类，知觉组织以及错觉现象；最后会对感知觉和错觉规律在教学、生活中的应用进行分析。

第一节 感　　觉

眼睛看到苹果的颜色和形状，鼻子闻到苹果的香味，手触摸到苹果表皮的光滑等，这都是感觉。个体除了能获得关于外界环境中的各种事物的感觉信息以外，还能感受到自身机体的状态，获得关于自身的位置、运动、舒适程度、饥饱等感觉信息。

一、什么是感觉

感觉（sensation）是人脑对直接作用于感觉器官的客观事物的个别属性的反映。

感觉信息的神经加工包括三个主要环节：① 对感受器的刺激过程，是指与某种感受器相对应的刺激（适宜刺激）对感受器施加影响，感受器把刺激能量转化为神经冲动（生物电活动）。② 传入神经的活动，是指传入神经会将神经冲动传递到中枢。③ 中枢神经系统特别是大脑皮质的活动，从而产生感觉经验。（黄希庭，2007）

感觉是客观内容和主观形式的统一。从感觉的对象和内容来看，感觉是客观的，感觉反映着不依赖人的意识而独立存在的客观事物。感觉以客观事物为对象，没有客观事物，人也就不会产生感觉。从感觉的形式和表现来看，感觉又是主观的，感觉形成、存在于特定的主体身上。人的任何感觉，都受到自身的经验、知识、情绪情感及身体状况的影响。人与人之间有个体差异，不同的个体对相同对象的感觉有差异。可见，感觉是以客观事物为源泉，以主观解释为形式和结果，是主客观联系的主要渠道，是客观事物的主观映像。

感觉是人类认识的开端。人对客观世界的反映，是从具体事物的个别属性开始的。从这个意义上说，感觉是一切认识的源泉。感觉是一切较高级的、较复杂心理活动的基础，是人的全部心理现象的基础。知觉、记忆、思维等复杂认知活动都是依据感觉提供的原始材料进行加工而产生的。

人不但要从感觉信息中获得知识，在清醒的时候，也需要通过感觉与外界保持直接的联系，以维持机体与环境的信息平衡。如果没有感觉提供刺激信息，人不仅不能获得对新事物的认识，就连已有的心理机能也将遭到破坏。

二、感觉的分类

根据感觉刺激来自有机体外部或内部，感觉可以分为外部感觉和内部感觉。

（一）外部感觉

外部感觉来源于外界刺激，对外界事物属性的反映属于外部感觉，包括视觉、听觉、嗅觉、味觉和肤觉。视觉是以眼睛为感觉器官，辨别外界物体明暗、颜色等特性的感觉。声波振动鼓膜产生的感觉是听觉。某些物质的气体分子作用于鼻腔黏膜时产生的感觉是嗅觉。可溶性物质作用于味蕾产生的感觉叫作味觉。刺激作用于皮肤引起的各种各样的感觉统称为肤觉。肤觉又可分为温度觉、触压觉和痛觉。

（二）内部感觉

内部感觉来源于肌体内部刺激，对身体的肢体状态和内脏器官的感觉属于内部感觉，包括运动觉、平衡觉和机体觉。运动觉是主体辨别自身姿势和身体某一部位的运动状态的内部感觉，是肌肉伸缩产生的刺激作用于肌肉、肌腱和关节中的感受器而引起的。平衡觉是反映头部位置和身体平衡状态的感觉。它的感受器分布在内耳的前庭器官中。机体觉是机体内部器官受到刺激时产生的感觉。只有在强烈的或者经常不断的刺激作用下，机体觉才会较为明显，比如饥、渴、饱、胀、恶心等。

拓展阅读

感觉剥夺实验

当今世界常常让我们感到嘈杂、纷扰，我们有时是多么渴望片刻的宁静。但心理学研究表明，当人与外界处于高度隔绝的状态时，人的正常心理活动会发生变化。

1954年，加拿大心理学家贝克斯顿（W. H. Bexton）等人首次以人为被试进行了感觉剥夺实验。为了营造出极端的感觉剥夺状态，研究者将被试关在有隔音装置的小房间里，让他们带上半透明的保护镜以尽量减少视觉刺激。接着，让他们戴上棉手套。为了限制各种触觉刺激，被试的头部被垫了一个气泡胶枕，同时用单调的"嗡嗡"声限制他们的听觉。除了进餐和排泄以外的其他时间，研究者要求被试一直躺在床上。可以说，这就等于是一种几乎所有感觉都被剥夺了的状态。

实验前，大多数被试以为能利用这个机会好好睡一觉，或者考虑论文、学业计划。但后来他们说，当时对任何事情都不能进行清晰的思考，哪怕在很短的时间内，他们也不能集中注意力，思维活动似乎是"跳来跳去"的。感觉剥夺实验停止后，这种影响仍在持续。

结果，尽管报酬很高，但几乎没有人能在这项实验中忍耐3天以上。最初的8 h好歹还能撑住，之后，有的被试吹起了口哨，有的自言自语，显得有点烦躁不安。对于那些8 h后结束实验的被试，即使实验结束后被要求做一些简单的事情，他们都频频出错，难以集中注意力。

在实验中，50%的被试报告有幻觉，其中大多数是视幻觉，也有被试报告有听幻觉或触幻觉。视幻觉大多在感觉剥夺的第3天出现，大多是简单的幻觉经验，如光的闪烁——没有形状，常常出现于视野的边缘。听幻觉包括狗的狂吠声、钟声、打字声、警笛声、滴水声等。触幻觉包括感到冰冷的钢块压在前额和面颊，感到有人从身体下把床垫抽走了。当实验进行到第4天时，一些被试出现了双手发抖、不能笔直走路、反应速度迟缓以及对疼痛敏感等症状。

被试结束实验后，研究者对他们进行了追踪调查，发现他们在实验结束后需要3天以上的时间才能恢复到原来的正常状态。

感觉剥夺实验说明，感觉的丧失会严重影响人的认知过程，特别是思维过程，并涉及人的情绪和意志，造成心理的紊乱乃至病态。可见，人们在日常生活中所"漫不经心"地接受的刺激以及由此而产生的感觉是多么重要！

三、感觉的心理效应

（一）感受性与感觉阈限

感觉的产生，首先必须有作用于各种感受器的适宜刺激。对某一感受器来说，更容易被个体感官敏锐地感受到的那种刺激叫作适宜刺激。适宜刺激引起相应的感觉，需要一定的强度，如果达不到一定的刺激强度，便不能产生感觉，这就与感受性和感觉阈限相关。

感受器对刺激的感觉能力，叫感受性（sensitivity）。感受性的强弱用感觉阈限（sensory threshold）的大小来度量。每种感觉都有两种感受性和感觉阈限——绝对感受性与绝对感觉阈限、差别感受性与差别感觉阈限。

1. 绝对感受性与绝对感觉阈限

感觉是由刺激物直接作用于某种感官引起的，但并不是任何强度的刺激都能引起人们的感觉。人的感官只能对一定范围内的刺激做出反应，只有在这个范围内的刺激，才能引起人们的感觉。我们很难觉察到过弱或过强的刺激。例如，人眼只能对波长为380～780 nm的光波产生视觉，人耳只能对16～20 000 Hz的声波产生听觉，低于16 Hz的次声波或高于20 000 Hz的超声波，我们都很难感觉到。那种刚刚能引起感觉的最小刺激量，叫作绝对感觉阈限（absolute sensory threshold）；而对这种最小刺激量的感觉能力，叫作绝对感受性（absolute sensitivity）。

绝对感受性的强弱用绝对感觉阈限的大小来衡量。绝对感觉阈限越大，即刚刚能引起感觉所需要的刺激量越大，绝对感受性就越弱；相反，绝对感觉阈限越小，即刚刚能引起感觉所需要的刺激量越小，绝对感受性就越强。因此，绝对感受性与绝对感觉阈限在数值上成反比关系。

绝对感觉阈限不是一个单一的强度值，而是一个统计学上的概念。按照惯例，心理学家把有50%的次数被觉察到的刺激值定为绝对感觉阈限。这个阈限值并不是绝对不变的：就同一种感觉而言，绝对感觉阈限不仅具有显著的个体差异，而且即使是同一个人，在不同的条件下，绝对感觉阈限也可能不同。人的活动的性质，刺激的强度和持续时间，个体的注意、态度和年龄等，都会影响绝对感觉阈限的大小。

2. 差别感受性与差别感觉阈限

当引起感觉的刺激强度发生了变化时，并不是所有的变化都能被我们觉察到。例如，在原来100 g的砝码上，再加1 g，人们不易感觉到砝码质量的增加，但是当质量增加到一定程度时，人们就能感觉到砝码质量的增加了。两个同类刺激间，强度的差异也只有达到了一定程度，人们才能觉察到这种差别，从而将它们区别开来。这种刚刚能引起差别感觉的刺激物间的最小差异量，叫作差别阈限（difference threshold）或最小可觉差（just noticeable difference，JND）。对这一最小差异量的感觉能力，叫作差别感受性（difference sensitivity）。

差别感受性与差别感觉阈限在数值上也呈反比例。差别感觉阈限越小，即刚刚能引起差别感觉的刺激物间的最小差异量越小，差别感受性就越强。

德国生理学家韦伯（E. H. Weber，1795—1878）曾系统研究了触觉的差别感觉阈限。他让被试用手先后提起两个质量不大的物体，并判断哪个的质量大。用这种方法确定了刚刚能引起差别感觉的最小刺激量。结果发现，对刺激物的差别感觉，不决定于一个刺激物增加的绝对数量，而取决于刺激物的增量与原刺激量的比值。例如，如果手中的砝码的质量是100 g，那么至少要增加2 g，人们才能感觉到它们之间（100 g与102 g）的差别；如果原有质量是200 g，那么增加的质量至少要4 g，人们才能感觉到它们（200 g和204 g）之间的差异。可见，为了引起差别感觉，刺激的增量与原刺激量之间存在某种关系。这种关系用公式表示为：$k=\Delta I/I$。其中 I

为标准刺激的强度或原刺激量，ΔI 为引起差别感觉的刺激增量，即 JND。k 为一个常数。这个公式叫韦伯定律（Weber's law）。

对不同的感觉来说，k 的数值不同，即韦伯分数不同。比如在视觉（对光强度的感觉）中 k 为 0.02，在听觉（对声音强度的感觉）中 k 为 0.1。需要指出的是，韦伯定律只有在中等刺激强度范围内才是适用的。刺激过强或过弱，比值都会发生变化。

（二）感受性变化规律

人的感受性不是一成不变的。引起感受性变化的因素很多，其中主要的有感觉适应、感觉对比、不同感觉间的相互作用、生活条件和劳动实践对感受性的影响。

1. 感觉适应

感觉适应是指由于刺激物持续作用在同一感受器上，引起感受器感受性的升高或降低的现象。

各种感觉都有适应现象，但其表现和速度是不同的。① 视觉适应，包括明适应和暗适应两种。明适应是指开始照明或由暗处转入亮处时，视觉感受性下降的过程，明适应的时间很短暂。比如，当我们晚上起床突然打开灯，或看完电影从电影院出来时，开始觉得光线耀眼，到处都是白花花一片，看不清东西，但很快就能恢复正常状态。暗适应与明适应相反，是指停止照明或由亮处转入暗处时，视觉感受性提高的过程，暗适应的时间较长。比如，我们从阳光照射的室外进入电影院，或在夜晚学习时突然停电了，开始觉得一片漆黑，什么也看不见，经过一段时间，眼睛开始能看清黑暗中的物体，说明视觉感受性提高了。② 听觉适应，是指由于刺激物的持续作用而引起听觉感受性的下降。听觉适应在日常生活中常常发生。比如，长时间听一种单调的声音会引起听觉感受性降低，甚至让人昏昏欲睡。又如，工人长时间受到强烈的机器声的刺激，会引起听觉感受性的降低，严重时甚至会出现听觉感受性的明显丧失。③ 嗅觉适应，是指由于刺激物的持续作用而引起嗅觉感受性的下降，正如"入芝兰之室，久而不闻其香；入鲍鱼之肆，久而不闻其臭"。④ 味觉适应，是指刺激物的持续作用而引起味觉感受性的下降。典型的一个例子是如果一个人连续做几道菜，就容易把菜越做越咸，因为他对咸度的味觉感受性在下降。⑤ 触觉适应，是指刺激物的持续作用而引起皮肤感受性的下降。例如我们刚戴一副新眼镜时，会觉得特别难受，戴久了甚至会发生戴着眼镜找眼镜的现象，这正是因为产生了触觉适应的现象。

2. 感觉对比

感觉对比，是指同一感受器接受不同的刺激而使感受性发生变化的现象。感觉对比分为两类：同时对比和继时对比。

同时对比是指几种刺激同时作用于同一感受器，从而使感受性发生变化的现象。比如，皓月当空的夜晚，我们看到的星星很稀少，这就是我们通常所说的"月明星稀"；同一个灰色图像，放到白色的背景上就显得暗些，放到黑色的背景上就显得亮些，放到红色的背景上就略带绿色，放到绿色的背景上就略带红色等。继时对比是指同一感受器先后接受多种刺激的作用，从而使感受性发生变化的现象。例如，吃完糖后吃橘子，会觉得橘子太酸；喝完苦药后喝白开水，会觉得水有点甜等。

3. 不同感觉间的相互作用

不同感觉间的相互作用是指一种感觉的感受性，不仅取决于作用于该感受器的刺激的性质，还会受到其他感受器机能状态的影响。比如，微痛刺激、某些嗅觉刺激，可以使视觉感受性有所提高；在噪声的影响下，黄昏时视觉的感受性降低；在绿色光线照明下，听觉感受性提高；在红色光线照明下，听觉感受性降低；视觉变化会影响平衡觉，使人发晕或呕吐等。一般说来，微弱的刺激能提高其他感觉的感受性，而强烈的刺激则会降低其他感觉的感受性。

此外，不同感觉间的相互作用还包括联觉和感觉补偿。联觉是指一种感觉通道的刺激不仅引起该通道的感觉，还可以引起另一种感觉通道的感觉。联觉的形式很多，最常见的是颜色—温度联觉，即颜色视觉可以引起温度觉，比如红色让人感到温暖甚至炎热，绿色、蓝色则让人感到凉快。此外，还有颜色—重量联觉，即颜色视觉引起轻重感觉，比如现代家具常采用淡而鲜艳的颜色，从而给人以轻巧的感觉。视—听联觉，比如对音乐有一定造诣的人，听到某些乐曲，便会产生相应的视觉等。感觉补偿是指某种感觉受损或缺失后，其他感觉的感受性会变得十分敏锐而对受损或缺失的感觉加以补偿的现象。比如，失去了视觉后，盲人的听觉和触觉会变得十分敏锐，他们会通过听声音来辨别地形，通过触摸来阅读盲文等。失去听觉后，失聪的人的视觉和触觉会变得十分敏锐，例如音乐巨人贝多芬在生命后期完全失去了听力，但是依靠手指来感受键盘的震动，凭着自己对音乐的热情，完成了很多著名的乐曲。需要说明的是，不同感觉的相互补偿并不是先天就有的，也不是后天自然产生的，而是通过长期大量的练习获得的。

4. 生活条件和劳动实践对感受性的影响

人的各种感受性都是在生活实践中发展起来的。在儿童时期，各种感觉能力没有明显的差异，但是由于生活实践尤其是特殊的职业对感官的感受性提出了不同的要求，人们的感觉能力才逐渐表现出个体差异来。例如，专门研究黑色纺织品的技术员，能辨别出40~60种不同程度的黑色，而一般人仅仅能区别出三四种不同的黑色；在呼伦贝尔草原上，有经验的牧民凭借嗅觉就可以判定牧草的营养价值；熟练的面粉工人，仅通过触觉就能评定面粉的品质；调味师有高度完善的味觉和嗅觉；音乐家有高度精确的听觉等。

总之，人的感觉能力可以通过生活实践去训练提高。只要感官健全，我们的各种感觉能力就具有很大的发展潜力。

（三）感觉后效

对感受器的刺激作用停止以后，感觉印象并不立即消失，仍能保留一个短暂的时间。这种在刺激作用停止后暂时保留的感觉现象称为感觉后效（sensory after effect）。

感觉后效在视觉中的表现尤其明显，称为视觉后像（after-image）。视觉后像有两种：正后像和负后像。现在，请你先看强光刺激物几分钟，然后闭上眼睛，这时你会看见眼前有一个与强光刺激差不多亮的后像。因为后像和强光刺激一样，都是亮的，即品质相同，所以叫正后像（positive after-image）。正后像出现以后，如果此时把眼睛转向白色的墙壁，就会看到一个比墙壁还要暗的像，因为后像和强光刺激在品质上是相反的，所以叫负后像（negative after-image）。颜色视觉也有后像，不过正后像很少，一般都是负后像。颜色的负后像在颜色上与原来的颜色互补，而在明度上与原来的颜色相反。例如，注视一个红色菱形几分钟后，再看一个白色背景，这时在白色背景上就会看到一个蓝绿色菱形，这就是颜色视觉的负后像。

在视觉中，如果让断续的刺激达到一定的频率，则后像可以使这些断续的刺激引起连续的感觉，例如电风扇高速转动时，我们会感觉扇叶是连成一片的，分不开。刚刚能引起连续感觉的最小频率，叫闪烁临界频率。这时产生的心理效应就是闪光融合。例如，使用交流电的日光灯，如果每秒闪动 100 次，我们看到的就不再是断续的闪光，而是融合的不闪动或连续的光。在中等光强下，视觉后像能保留大约 0.1 s。因此，如果一个闪烁的光源每秒钟闪动超过 10 次，就会产生闪光融合现象。

四、感觉统合

感觉是人认识世界的开端，我们的各种感官为我们提供了大量的关于客观世界的信息。然而，我们的大脑能否对这诸多的信息进行有效的加工处理，从而做出适当的反应呢？这里涉及一个重要的过程——大脑的感觉统合。

（一）感觉统合的实质及研究概况

环境中存在丰富多彩的刺激，人的大脑通过感觉系统，如视觉、听觉、嗅觉、味觉、触觉等获得环境中的各种信息，并将它们整合起来，形成知觉，从而及时有效地对环境刺激做出适当的反应，这一过程就是感觉统合。

感觉统合（sensory integration）是指大脑将各种感官传来的感觉信息进行多次分析、综合处理，并做出正确的应答，使个体在外界环境刺激中和谐有效地运作。感觉统合最早是由美国心理学家艾丽丝（A. J. Ayres）于 1972 年提出的（杨霞，叶蓉，2007）。艾丽丝在研究越来越多的有行为问题的儿童时，发现有的孩子看着聪明，却好动，注意力不集中，学习成绩差；有的看着懂事，却脾气急躁，黏人爱哭闹；有的看着可爱，却胆小害羞，缺乏自信；有的看着伶俐，却动作不协调；等等。据此，她根据脑功能研究，最先系统地提出了感觉统合理论。艾丽丝认为，只有经过感觉统合，神经系统的不同部分才能协调整体运作，使个体与环境相适应。当感觉统合过程无法正常进行时，就会引起感觉统合失调。

事实上，人类的感觉系统如同一个个"通讯员"，将各种信息传递给"总司令部"——大脑，大脑对此做出协调、指挥。如果某一个"通讯员""开小差"，无法正确有效地传递信息，或者"总司令部"失灵，无法对"通讯员"传来的信息进行统整，人的身心系统就会出现某种征兆，从而无法对客观刺激做出良好的反应。

（二）感觉统合失调

感觉统合失调是指外部的感觉刺激信号无法在大脑神经系统进行有效的组合，使机体不能和谐地运作。儿童感觉统合失调意味着儿童的大脑对身体各器官失去了控制和组合的能力,这将会在不同程度上削弱儿童的认知能力与适应能力,推迟其社会化进程。

大部分儿童在学龄期以前都会形成比较完善的感觉统合功能,但由于神经系统和各种环境因素的影响,有些儿童的感觉统合却存在着许多困难或直接表现出明显的感觉统合失常。有关资料表明,在学龄儿童中,感觉统合失常的儿童所占的比例在10%~16%。艾丽丝报告的检出率为14%,我国相关研究发现,2 120名调查对象中有556名幼儿存在不同程度的感统失调,检出率为23.23%。其中,轻度失调率为23.68%,重度失调率为2.55%(李哲等,2023)。

艾丽丝把感觉统合失调分为几种:① 身体运动协调障碍,指在身体运动的协调能力方面存在问题,从而导致的运动障碍。比如,儿童在做跳箱、跳马等技术性动作时显得笨拙,易跌倒;系鞋带、扣纽扣等细致动作较慢等。艾丽丝认为在学习困难儿童中,身体运动协调障碍较正常儿童更为多见。② 结构和空间知觉障碍,主要涉及视知觉问题。其一方面可能与身体感觉过程有关,另一方面可能与右脑的功能有关。这类障碍在儿童身上可表现为对空间距离知觉不准确,左右分辨不清,外出不记路,易迷失方向等。③ 前庭平衡功能障碍,可能与前庭功能障碍相关。艾丽丝在研究中发现,学习困难儿童可能前庭功能未见下降,但他们往往对前庭刺激的统合存在问题。旋转运动后缺乏眼震,有平衡障碍。④ 视听语言障碍。有视听语言障碍的儿童会表现出语言发展迟缓、语言表达能力不佳;注意力不集中,好动不安;学习困难,完成作业的时间过长,看书速度慢或跳行,写字姿势不正确,书写中错字较多,常漏字漏行,计算时常进错位,学习成绩较差等。⑤ 触觉防御障碍。触觉防御障碍与不安、活动过多有关。当对此类儿童进行触觉检查时,儿童常表现出:过分防御、躯体和情绪反应过度;他们讨厌别人的触摸,连洗头、洗澡、剪指甲都会反抗;同时他们十分胆小、害羞、孤独、不爱与别的孩子玩(冯江平,2000)。

造成感觉统合失调的原因包括:① 母亲怀孕和分娩方式。母亲在怀孕期间出现早产、先兆流产或采用剖宫产等生产方式,可能导致儿童的感觉统合失调。② 儿童出生后的抚养情况。如孩子出生后缺少足够的触摸、爱抚和情感交流,没有获得足够的依恋,这样的孩子有可能出现感觉统合失调。育儿方式不当,比如,随着城市化发展和居住条件拥挤,孩子缺乏足够的生活空间和运动量;舒适的生活环境,使孩子失去了应有的锻炼机会;摇篮、怀抱、童车代替儿童的坐、立、爬、行;等等。这些因素使得孩子的生长发育过程受到了阻碍。

(三)感觉统合训练

自艾丽丝提出感觉统合这一概念以来,感觉统合训练曾成为矫正动作障碍和学习困难的主要方法。科学认识感觉统合训练,对于儿童动作和学习障碍的矫正及儿童健康发展具有重要意义(董奇,2002)。一方面,感觉统合训练通过提供多种特别设计的活动,为儿童带来多样化的动作刺激和活动机会,从而有效促进儿童视觉、听觉、触压觉、机体觉、平衡觉等发展;另一方面,感觉统合训练为儿童提供了促进其发展所需要的适宜的社会心理环境,儿童可以获得同伴和成人的信任和支持,从而促进儿童形成积极情感,提高交往能力,有利于儿童个性品质的健康发展。

感觉统合训练方法分个别训练和集体训练两种形式。个别训练一般在各训练机构或家庭中进行，而集体训练更多在幼儿园和学校开展。

依照感觉刺激的类型，感觉统合失调的矫治方法可分为以下几种（董奇，陶沙，2002）：① 触觉刺激的矫治。感觉统合失调的矫治通常从触觉刺激开始，一是基于触觉输入的广泛性特点，二是由于触觉感受器受到刺激时所产生的一部分信息会到达大脑皮质，具有促进大脑发育的作用。触觉刺激可用毛巾、丝绸衣服或治疗师的手等摩擦儿童的皮肤。可从手、背、脸、脚等部位渐次刺激。② 前庭刺激的矫治。前庭感觉作为一种综合性感觉，有助于个体头、眼、四肢和身体相互协调做出一系列动作。前庭刺激和触觉刺激具有促进其他感觉统合的作用，因此被优先引入感觉统合的矫治中。治疗师在进行被动式前庭刺激时，一般让儿童仰或坐在吊床上，让床有节奏地摇摆或旋转，从而达到刺激前庭感觉的效果。③ 本体感觉刺激的矫治。肌肉的收缩，特别是对反抗阻力的收缩，是促进本体感觉信息输入中枢神经系统的主要方法。由于最大的阻力源自地心引力对身体的作用，因此相应的活动包括让儿童俯卧或仰卧在滑板上时，较重的头会使颈肌产生强烈收缩，肌肉收缩会为脑干部位的统合提供感觉输入。④ 顺应性反应。顺应性反应是个体为实现特定目标而做出的目的性动作。若动作的目标超出了合理范围而无法达到时，反应则为非顺应性。儿童顺应性反应的水平是评价治疗效果的重要指标，是治疗师关注的重点。但强迫儿童表现出顺应性反应是不可能的，治疗师只能提供治疗情境，期待诱发有目的的动作反应。

第二节　知　　觉

从感觉到知觉是一个连续的过程。感觉是感性认识的初级阶段，各种感觉都是刺激作用于感受器所产生的神经冲动的表征。知觉虽然以感觉为基础，但不以现实的刺激为限，它还涉及记忆、思维等心理成分。知觉属于高于感觉的感性认识形式。

一、什么是知觉

知觉（perception）是人脑对直接作用于感觉器官的客观事物整体属性的反映，是人脑对感觉信息进行选择、组织和解释的过程。

人对客观世界的认识总是从感觉开始的。通过感觉，我们获得了关于客观事物个别属性的认识。然而我们对事物的认识，并不仅仅停留在对其个别属性的认识上。我们通常要对感觉输入的信息进行加工处理，获得对事物整体属性的认识，这就是知觉。

知觉与感觉一样，是事物直接作用于感官产生的，同属于对现实的感性认识形式。离开了事物对感官的直接作用，既没有感觉，也没有知觉。

知觉以感觉为基础，没有感觉提供的信息，就不能产生知觉。例如，没有感觉提供的关于苹果的颜色、形状、大小、味道等个别属性的信息，就绝不会产生对苹果整体属性的认识。但是知觉的产生，不是个别感觉信息的简单相加。因为知觉的产生除了以各种感觉为基础外，还要借助人过去的知识经验。同样获得的是关于苹果个别属性的认识,一个从没有见过苹果的人只能将这些个别属性的信息简单堆砌,而不能用语言将它表征出来;而一个吃过苹果的人不仅能够用词语给它命名,而且能借助以往的经验补充一些不能直接由感觉提供的信息。除此之外,个体对事物的需要、兴趣和爱好,或对活动的预先准备状态和期待等都会在一定程度上影响知觉的过程和结果。例如,我们去火车站接一位不认识的客人,我们对客人的期待将影响我们对他的识别和确认。

感觉和知觉都是人对客观世界认识的初级阶段,是人们认识世界的开端,也是人类一切知识的源泉。感觉和知觉又是其他一切心理活动形成和发展的基础,一个人若没有感知觉,就不能形成表象、思维、情感和意志等高级的心理活动。

二、知觉的特征

我们的知觉具有选择性、整体性、理解性和恒常性特征。

(一)知觉的选择性

知觉的选择性是指我们在知觉客观世界时总能迅速地从背景中选择出知觉对象的特性。

我们在知觉客观世界时,总是有选择地把少数事物作为知觉的对象,而把其他事物当成知觉的背景,以便更清晰地感知特定事物。例如,在课堂上,教师的声音成为学生知觉的对象,而周围环境中的其他声音便成为知觉的背景。在这个意义上,知觉过程就是将知觉的对象从背景中分离出来的过程。

知觉的选择性与注意的选择性有关。当注意指向某种事物的时候,这种事物便成为知觉的对象,而其他事物便成为知觉的背景。因此,支配注意选择性的规律,也就是知觉的选择性规律。一般说来,刺激物本身的特点与知觉者的主观因素会影响注意的选择性,从而使特定的事物从背景中分离出来成为知觉的对象,得到清晰的反映。

知觉中的对象与背景是相对的,是可以相互转化的。在一种情况下作为知觉对象的刺激物,在另一种情况下会成为背景,而原来作为背景的刺激则成为知觉的对象。例如,图5-1所示的鲁宾双关图形(或两歧图形)和图5-2所示的少女老妪双关图,就是知觉对象和背景相互转化的典型事例。在图5-1中,如果我们把图形中的白色部分看成知觉的背景,我们就会知觉到两个相对的侧面人脸;如果我们把图形的黑色部分看成知觉的背景,我们就会知觉到一个白色的花瓶。

图5-1 鲁宾双关图形

图5-2 少女老妪双关图

（二）知觉的整体性

知觉的对象有不同的属性，由不同的部分组成，但我们并不会把它们感知为彼此孤立的各个部分，而总是把它们知觉为一个有组织的整体，知觉的这种特性称为整体性。

格式塔心理学家曾对知觉的整体性做过许多研究并提出，知觉不是对知觉对象各部分属性的简单相加，而是将知觉对象的各部分属性按照一定的规律形成和组织为一个整体进行反映。例如，在图 5-3 中，虽然感觉仅仅给我们提供了如（b）所示的客观刺激，但我们的知觉系统却在经验的指导下，把这些刺激组织起来进行整体反映，因而我们会把它们看成如（a）所示的立方体。

（三）知觉的理解性

知觉的理解性是指在感知当前事物时，人们总是根据以往的知识经验来理解它，并最终用语词把它标示出来的特性。对知觉对象的理解有两种形式：一种是概括化的认知，即把知觉对象归入某个较一般、广泛的类别，如当我们看某些抽象画时，习惯把里面的一些形状知觉为日常生活中的事物；另一种是分化认知，即把知觉对象归入一个较为严格确定的类别。对于图 5-4 如果只看横行，很多人会看到"12、13、14"；而如果只看竖行，很多人会看到"A、B、C"。

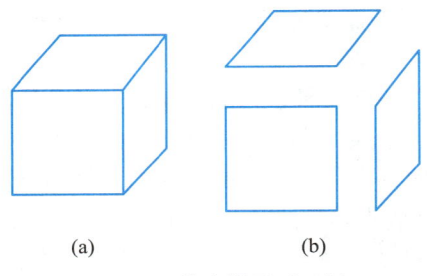

图 5-3 格式塔图形示例

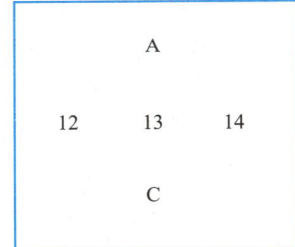

图 5-4 知觉的理解性：字母与数字

知觉的理解性帮助对象从背景中分离出来。在图 5-1 中如果我们事先知道图中画的是一个花瓶，那么图中黑色部分很容易被知觉为背景。知觉的理解性还有利于知觉的整体性。我们易将自己理解和熟悉的东西当成一个整体来感知。例如一个未学过英文的孩子可能更容易将图 5-4 的中间部分知觉为数字"13"，而不是字母"B"。在不理解的情况下，知觉的整体性常会受到破坏。知觉的理解性还有助于产生知觉期待和预测，例如，熟悉英语词汇知识的人，在看到字母 WOR 后，会预期出现 D、K、M、N 等字母。

人对知觉对象的理解，主要受到个人知识经验的影响。对同一事物，知识经验不同的人，对它的知觉也会有差别，对它的理解也不同。例如，对建筑图纸，建筑师对它的理解易比一般的建筑工人更深刻、精确，而对于完全不懂建筑的人来说，就只不过是一些线条和图形的组合。

言语指导也是影响知觉理解性的一个重要因素。例如，对图 5-5 的知觉，初看时，上面的图形好像是由一组规则的三角形组成的六角形，而下面的图形好像是更复杂的图形所组成的。知觉者似乎对上面刺激的不确定性更小，而对下面刺激的不确定性更大，但仍很难确认这是一组什么图形。一旦提示说，这是一组正方体的透视图形时，知觉者就能很快地辨认出来了。

此外，实践活动的任务，知觉者的兴趣、爱好等都会对知觉的理解性有不同程度的影响。

（四）知觉的恒常性

知觉的恒常性是指在知觉熟知的对象时，尽管客观的知觉条件在一定范围内发生了变化，但我们获得的知觉映像却在相当程度上保持恒定不变。

图 5-5　知觉的理解性示意

知觉恒常性在视知觉中很普遍，主要表现为下列几种：

1. 大小恒常性

在一定的范围内，当我们从不同距离观看同一物体时，随着距离逐渐增加，物体在视网膜上的像逐渐变小，但是我们知觉到的物体大小不变，这就是大小恒常性。例如，同一个人站在离我们 3 m、30 m、50 m 的不同位置上，尽管这个人在我们视网膜上的像不断变小，但我们对这个人身高的判断却不会因距离的远近而有所变化。

2. 形状恒常性

当我们从不同角度观察同一物体时，尽管物体在视网膜上投射的形状是不断发生变化的，但我们知觉到的物体形状并没有显示出很大的变化，仍倾向于把它感知为一个标准形状，这就是形状恒常性。图 5-6 是一扇从关闭到敞开的门，尽管这扇门在视网膜上的像各不相同，但我们依然把它看成是长方形的。

图 5-6　形状恒常性示意

3. 明度恒常性

外在照明条件改变时，我们仍然倾向于认为物体的表面亮度不变，这就是明度恒常性。例如在强烈的阳光下，煤块反射的光强于黄昏时白粉笔所反射的光，但我们还是把煤块知觉为黑色的，把粉笔知觉为白色的。

4. 颜色恒常性

一个有颜色的物体在有色光的照射下，尽管颜色改变了，但是物体表面的颜色并不受有色光照射的影响,而是仍把它感知为原先的颜色,这就是颜色恒常性。例如,不论在黄光照射下还是在蓝光照射下,我们总是把一面国旗知觉为红色的。

三、知觉的分类

根据不同的标准,知觉可以分为不同的类型。

(一)根据人脑所认识的事物特性,知觉可分为空间知觉、时间知觉和运动知觉

1. 空间知觉

空间知觉是人对客观世界物体的空间关系的认识,包括形状知觉、大小知觉、深度知觉、方位定向等。空间知觉在人与周围环境的相互作用中有重要作用。如果人们不能认识事物的形状、大小、距离、方位等空间特性,就不能很好地生存。

形状知觉是事物所有属性中最重要的属性,是视觉、触觉、动觉协同活动的结果。通过视觉,我们得到了物体在视网膜上的投影形状;通过触觉和动觉,我们探索着物体的外形。它们的协同活动,提供了物体的形状信息。

我们知觉物体的大小与物体在视网膜上像的大小有关。我们对物体大小的知觉遵循大小－距离不变假设,即视网膜上像的大小与物体的大小成正比,而与距离成反比。在物体与人的距离恒定时,像越大,说明物体越大;像越小,说明物体越小。在像恒定时,距离越大,说明物体越大;距离越小,说明物体越小。此外,人对物体大小的知觉还与人对物体的熟悉程度、物体与邻近物体的大小对比、观察者的体态变化等有关。

深度知觉是涉及三维空间的知觉,即不仅能够知觉物体的高和宽,还能知觉到物体的距离、深度、凹凸等。人对物体深度和距离的知觉同单眼线索、双眼线索有关。单眼线索指用一只眼睛就能感受的深度线索,强调了视觉刺激本身的特点。比如,对象的相对高度、重叠遮挡关系、空气透视、线条透视、运动视差与运动透视等。双眼线索强调了双眼的协调活动所产生的反馈信息的作用,主要包括视轴辐合和双眼视差。此外,一些肌肉线索如睫状肌对水晶体的调节等也提供了深度与距离的线索。

方位定向指对物体的空间关系、位置和对机体自身所在空间位置的知觉。方位定向是各种感官协同活动的结果。对人类来说,视觉与听觉在定向中有特别重要的作用。人的视觉定向必须借助各种主客观的参照物。例如,太阳升起的方向是东方,落下的方向是西方。地磁的南极为北方,地磁的北极为南方等。在声音的方位定向中,听觉起了重要作用。人的左右两耳相隔大约27.5cm,同一声源到达两耳的距离不同,便产生了两耳刺激的时间差、强度差和位相差,这是人耳进行声音定向的主要线索。此外,动觉和视觉也在声音的方位定向中具有一定的作用。

2. 时间知觉

时间知觉是指人对客观现象的延续性和顺序性的反映。其形式主要有四种:① 对时间的分辨。例如,早自习时读了一会儿单词,接着上语文课,课间休息结束后去上音乐课。能够按照时间顺序把这些活动区别开来,就是对时间的分辨。② 对时间的确认。例如,知道今天是星期日,党的二十大是在2022年10月16日召开

的。③ 对持续时间的估量。例如，这节课已进行了大约半个小时，会议已经进行了三天。④ 对时间的预测。例如，再过两个月就到元旦了，再过5天就要进行期末考试了。

由于时间只有在事件进行之后，才能做出估计，因此对时间的衡量必须通过某种媒介进行。衡量时间的媒介有外在标尺和内在标尺两种。外在标尺包括自然界的周期性变化、客观的自然现象和计时工具，如太阳的东升西落、月亮的盈亏、昼夜交替、季节变化，以及时钟、日历和手表，等等。内在标尺是指人体内部的各种有节律的生理过程和心理过程，如饥饿、饱胀、心跳、呼吸、记忆信息的衰减、情绪的波动等。身体组织的这些节律性活动，也叫生物钟，给我们提供了时间的信息。

在现实生活中，时间知觉的准确性不仅会受到感觉通道的影响，还与我们自身活动的内容、情绪、动机、态度等有密切的关系。活动内容丰富有趣，易使人觉得时间过得很快，活动内容贫乏枯燥，易使人觉得时间过得很慢；积极的情绪易使人觉得时间短，消极的情绪易使人觉得时间长。一般来说，一个人对持续时间越注意，就觉得时间越长。

3. 运动知觉

运动知觉是人脑对物体运动特性的反映，包括对真正运动的知觉和似动知觉。真正运动是指物体按照特定速度或加速度，从一处向另一处进行连续的位移。由此引起的知觉就是真正运动的知觉。似动知觉是指在一定的时间和空间条件下，我们在静止的物体间看到了运动，或在没有连续位移的地方看到了连续的运动。似动的主要形式包括：① 动景运动，指当两个刺激物（光点、直线、图形或画片）按一定空间间隔和时间距离相继呈现时，我们会看到从一个刺激物向另一个刺激物的连续运动。例如，给被试呈现两条线段，一条水平，一条垂直，或两条互相平行：当这两条线段的时距过短（低于30 ms）时，我们会看到两条线段同时出现；当两条线段的时距过长（超过200 ms）时，我们会看到相继出现的两条线段；当时距为60 ms左右时，我们就会看到从一条直线向另一条直线的运动。② 诱发运动，指由于一个物体的运动使其相邻的一个静止的物体产生运动的印象。例如，夜空中的月亮是相对静止的，而浮云是运动的。③ 运动后效，指在注视向一个方向运动的物体后，如果将注视点转向静止的物体，那么会看到静止的物体似乎朝着相反的方向运动。例如，如果我们注视瀑布的某一处，然后看周围静止的田野，会觉得田野上的一切在向上飞升。在注视飞速开过的列车之后，会觉得附近的树木向相反的方向运动。④ 自主运动，例如在暗室内，如果你点燃一支熏香，并注视着这个光点，我们会看到这个光点似乎在运动。

影响运动知觉的因素包括三个方面：① 依赖物体运动的速度。物体运动的速度快，看起来也快；运动速度慢，看起来也慢。但是，我们不能直接察觉到非常缓慢的运动和非常快速的运动。例如，人们不能察觉钟表上时针的运动，也不能感知光的运动。② 运动物体距离观察者的远近。以同样速度运动的物体，距离我们近的，看起来速度快；距离我们远的，看起来速度慢；距离我们非常远的，似乎看不出来它在运动。③ 观察者本身运动或静止的状态。有时观察者本身是运动的，会误以为运动物体是静止的。例如，在开动的轮船上，俯首观水，稍久之后，便觉得水在流动而船不动。有时观察者本身是静止的，却会觉得物体是在运动。例如，站在水流湍急的河边，如果过多地注视水的流动，便会觉得自己逆水而动但河水不动。

（二）根据知觉结果是否与知觉对象一致，知觉可分为正确知觉和错误知觉

凡是与客观事物相符合的知觉，称为正确知觉。反之，凡是与客观事物不相符合的知觉，称为错误知觉，简称错觉。错觉的种类很多，常见的错觉包括大小错觉、形状错位和方向错觉，这几种错觉有时统称为几何图形错觉。

1. 大小错觉

大小错觉是指人们对于几何图形大小或线段长短的知觉，由于某种原因而出现错误。比如，我国古书《列子·汤问》中记载的两小儿辩日的故事，其中所讲的远如"车盖"，近似"盘盂"，就是大小错觉。常见的大小错觉有：① 垂直-水平错觉，如图5-7的（a），实际等长的两条线，看起来垂直的那条较长；② 缪勒-莱耶错觉，如图5-7的（b），实际等长的两条线，由于箭头的方向不同，致使下面的那条线看起来较长；③ 庞佐错觉，也叫铁轨错觉，如图5-7的（c），在一个角中有两条等长的直线，上面那条直线看上去比下面那条直线长。

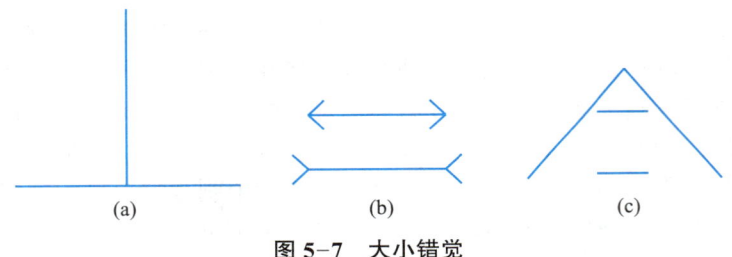

图 5-7　大小错觉

2. 形状错觉和方向错觉

形状错觉是指图形因邻近线条的影响而发生形状变化的视错觉。包括波根多夫错觉和冯特错觉等。① 波根多夫错觉，如图5-8的（a），被两条平行线切断的同一条直线，看上去不在一条直线上。② 冯特错觉，如图5-8的（b），两条平行线由于一些附加线段的影响看上去不再平行，看起来中间狭窄而两端宽松。

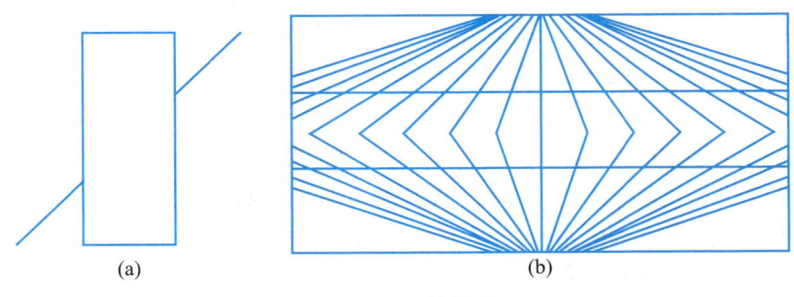

图 5-8　形状错觉

方向错觉是指因背景的倾斜，使人对图形的位置方向知觉也改变了的错觉。比

如当我们听报告时，声音是从侧面放置的音箱里传来的，我们却总认为是从主席台的报告人那里传来的。

除了上面所提到的几种错觉之外，还有形重错觉和时间错觉。形重错觉，例如一斤铁与一斤棉花的质量是相等的，但如果用手而不用秤加以比较，就会觉得一斤铁比一斤棉花要重。时间错觉，例如，在观看精彩的晚会时，我们会觉得时间过得很快，而同样一段时间，如果我们是在候车室里无聊地坐着等人，就会觉得时间过得很慢。

错觉产生的原因有很多，迄今为止仍未有令人满意的解释。心理学试图从以下两方面去寻求解答。一是从生理机制和功能方面作生理学的解释，认为人的感官和大脑的神经机能参与了错觉产生的过程。例如，图5-7的（a）中两条线的长短错觉是因为眼球沿线段从一端向另一端移动时，眼球垂直移动比横向移动更费力，所以同样长度的垂直线条就比水平线条显得更长。二是从心理学方面解释，认为人的错觉纯属心理活动的结果，是人当前的知觉与过去经验之间产生矛盾而做出思维推理的过程。其实在各种错觉产生的过程中，生理原因和心理原因都不可能孤立地起作用，而是相互影响、相互制约，共同起作用的。

拓展阅读

幻觉——一种精神病性的知觉障碍

客观刺激是知觉产生的源泉。我们能对客观事物产生知觉，是因为这一事物在客观世界中存在着，并且直接作用于我们的多种感官，借助过去的经验，大脑对当前感官输入的多种信息进行加工处理，于是就产生了对该事物的知觉。也就是说，在正常情况下，人的主客观是统一的。

然而，在精神疾病患者的诸多表现中，却存在着一种无对象性的知觉，即幻觉。幻觉的产生不需要客观的刺激，患者感知到的形象不是由客观刺激引起的。幻觉是一种十分常见并且非常重要的精神病性症状。

根据感官的不同，幻觉可以分为幻听、幻视、幻嗅、幻味、幻触和内脏性幻觉。临床上最为常见的是幻听和幻视，其他种类的幻觉较少出现。幻听包括言语性幻听和非言语性幻听，其中又以言语性幻听最为常见。比如，患者常常听到有人命令自己做事，有人对自己评头论足，或者耳边常常有人在激烈争论等。幻视包括原始性幻视，如见到闪光、火光等。有时幻视也可同外界的形象一样。有幻嗅症状的患者，常常会有闻到异味感，比如尸臭、轮胎烧焦的气味等。有幻味症状的患者则常常在食物或水中尝到某种特殊的怪味。有幻触症状的患者常常感到皮肤上或黏膜上有虫爬、针刺、电灼等异常感觉。内脏性幻觉则是指患者感到躯体内部有性质明确、部位具体的一些异常知觉。

此外，根据幻觉体验的来源，幻觉可分为真性幻觉和假性幻觉两种。根据幻觉产生的特殊条件，幻觉可分为功能性幻觉、思维鸣响、心因性幻觉等。

四、知觉的组织

外界刺激丰富多样，人的大脑只能有选择地对重要信息进行加工。只有被选择、受到注意并进入短时记忆中的感觉信息，才能得到"识别"，成为知觉的信息，而大多数感觉信息都会自行消退，不具备心理上的意义。从信息加工的角度看，知觉是多层次的信息加工过程。它不像感觉那样由输入的刺激直接给予，而是由当前存在的刺激和知觉者的某些内部过程相互作用的结果。也就是说，知觉既依赖刺激的特性，也依赖感知主体的需要、动机、记忆系统中已储存的信息等因素。

（一）模式识别

认知心理学用模式识别来解释知觉。模式是指由若干元素或成分按一定关系形成的某种刺激结构，也可以说是刺激的空间组合和时间组合，是从刺激物的整体结构而言的。例如，几条线段组成一个图形或一个字母、几种笔画组成一个汉字、一幅头像，几个音素组成一个音节、几个音节组成一个单词、一段音乐旋律等。模式识别的过程，也就是知觉形成的过程，是对感觉信息的组织和解释的过程。

在刺激作用于感官后，对它的识别一般要经历分析、比较、决策三个阶段。分析即把信息从感觉存储中抽取出来，把它分解为各个组成部分。例如，将刺激"A"分解为三个组成部分。比较，即将提取出来的信息与头脑中储存的记忆编码相匹配，是"A"或"△"等。决策，即最后确认最佳的匹配，确定识别系统的输出，即认识了刺激"A"，知道其读音，知道它是英文字母表的第一个字母，一个好的分数等级等。

根据现代神经生理学的研究，在神经系统的不同水平上存在着各种特征检查器，它们分别对客体的各种特征（如直线、斜线、角、边、暗、亮等）做出反应，即能把客体分解为若干较小的特征。在进行特征检查的同时，神经系统又在不同的水平上实现着对刺激特征的综合。因此，当感受器接受输入信息后，神经系统先对它的特征进行分析，找到输入信息具有哪些特征，然后把它们与储存在头脑中的各种特征进行比较，如果获得最佳的匹配，这个刺激就被识别了。

（二）模式识别中的加工

1. 自下而上的加工和自上而下的加工

我们把大脑直接接受由感官输入的信息，经过编码产生的各种内部表征叫作自下而上的加工（bottom-up processing），亦称数据驱动的加工（data-driven processing）。我们把大脑根据已有的知识结构，组织和调节外部输入的信息叫作自上而下的加工（top-down processing），亦称概念驱动的加工（concept-driven processing）。人的模式识别是这两种加工相互作用的结果。

2. 系列加工和平行加工

根据现代神经生理学的研究证明，知觉的形成既有系列加工也有平行加工。所谓系列加工（serial processing）是指感觉信息在脑中是一级一级加工的。例如，听神经的冲动首先激活延脑中的神经元（耳蜗核），然后依次在中脑（下丘脑）、丘脑

（内侧膝状体）加工，最后在大脑皮质加工。每一级的加工都有重点，会突出感觉信息的某一特征。所谓平行加工（parallel processing）是指同一种感觉信息进入多个皮质代表区进行不同性质的加工。例如，已经发现视觉信息进入6个皮质代表区进行分析，躯体感觉信息进入7个皮质代表区进行分析。因此，知觉的形成，除了一种感觉通道具有平行线路向皮质不同区域发送信息进行不同的加工外，不同感觉通道信息也是相互联系、相互作用的。

（三）知觉组织的原则

从20世纪初以来，心理学家总结出了一些知觉对图形的组织原则。

1. 接近律

在其他条件相同时，空间上彼此接近的部分，容易组成图形。在图5-9中，我们倾向于将十条竖线知觉为五组平行线。

图5-9 接近律

2. 相似律

在视野中，相似的成分容易组成图形。在图5-10中，我们看到的是三列▲和两列●，而不是三排形状不同的图形。

3. 对称性

在视野中，对称的部分容易组成图形，如图5-11所示。

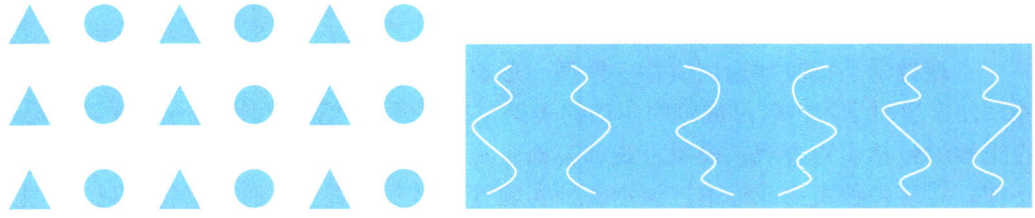

图5-10 相似律　　　　　　图5-11 对称性

4. 连续性

在图5-12中，具有良好连续的点形成了海螺图案。

5. 闭合律

在视野中，封闭的线段容易组成图形，如图5-13所示。

图5-12 良好连续性

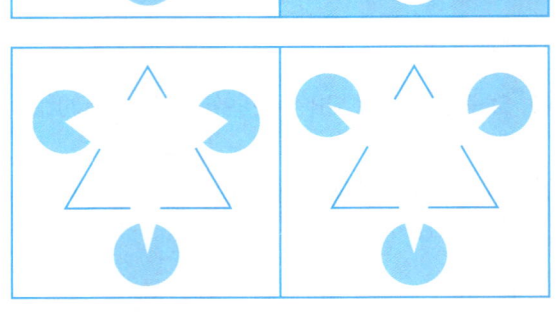

图 5-13　闭合律

第三节　感知觉规律的应用

感知觉作为人类认知过程的最初阶段,不仅在信息输入中起着十分重要的门户作用,其相关特性和相关规律也在日常生活中得到广泛运用。无论是感觉适应、感觉对比、感觉相互作用、感觉后效,还是知觉的选择性、整体性、理解性和恒常性,都可以被广泛地运用在日常生活的方方面面,从而对我们的生活产生重要的影响。

一、感知觉规律在教学中的应用

(一) 感知觉规律在直观教学中的应用

直观教学是指教师运用实物、模型、形象化的语言等手段,丰富学生的感性经验,使学生对学习内容形成鲜明生动的表象,从而更好地掌握知识的一种教学形式。直观教学包括实物直观、模象直观和言语直观三种形式。实物直观是对实际事物的感知。观察各种实物或标本、演示各种实验等都是实物直观。通过实物直观,学生可以获得有关实际事物的感性知识,从而为事物的深入思考提供基础。模象直观是对实物的各种模拟形象的感知。各种图片、图表、模型、幻灯片和视频等都是模象直观的素材。模象直观可以根据教学要求,通过放大、缩小、对比、着色、变动为静、变静为动等方式,突出实物的本质特性,揭示如植物生长过程、原子结构等学生难以直接感知的内容。言语直观是通过生动形象的语言描述唤起学生表象的直观形式。言语直观的优点是不受时间、空间和设备的限制,从而使感性材料的来源更丰富多样。言语直观的效果取决于教师言语的质量。如果教师在讲解的过程中富有激情,语言具有形象性和画面感,就容易唤起学生的想象,使学生更好地理解教材。为使直观教学起到应有的作用,教师要注意运用好感知觉规律。

1. 感觉规律在直观教学中的应用

感知对刺激强度的依存性规律在直观教学的应用。各种刺激物必须达到一定的阈限值才能为个体所感知，并且在一定的刺激范围内，刺激强度越强，感受性越高。因此，在制作教具时，教师不仅要考虑各种感官本身的刺激阈限，让学生能够感知，而且要着力突出教具的关键部分，给学生留下鲜明的印象。如果教学内容是要让学生比较两种事物的差别，教师在制作教具的时候则要考虑到刺激间的差别阈限，让教具的不同部分或者不同的教具之间的差别达到刺激间的差别阈限，从而使学生能够将不同的事物区别开来。

感受性变化规律在直观教学中的应用。在制作和使用教具时，教师可以运用感觉的对比规律，来提高学生对教具的感受性。首先，教师要确定教具的哪些特性、哪些部分是要求学生观察和识别的；然后，通过一定的手法，使这些特性、部分与其他特性、其他部分在刺激强度上形成强烈的对比，来让学生准确地感知、迅速地识别。比如，在制作地图时，铁路可以用黑色，公路用红色，河流用蓝色或绿色，通过色调的对比，使其相互区别。同样是铁路，干线可以用粗线，支线用细线，在刺激强度上产生对比，差别明显，便于学生感知和区分。教师也可利用感觉之间相互作用的规律，来提高学生对事物的感受性。比如，教师在出示某些图片教具的时候，可以配上柔和的音乐，利用听觉来提高视觉的感受性等。

2. 知觉规律在直观教学中的应用

知觉选择性规律在直观教学中的应用。知觉的选择性规律就是注意的选择性规律。教师要使教具或教具的主要部分能够成为学生的知觉对象，就要有意识地运用注意的选择性规律。具体方法有：① 增大知觉对象与背景间的差异。比如，在言语直观中，对重点文句、字词，加重读音、延长停顿，从而使学生对这部分内容形成深刻印象。② 增加刺激的新异性。教师在制作或使用教具时，让需要学生感知的对象以别具一格的形式出现，这样会引起学生的无意注意，从而使其成为学生的知觉对象。③ 让知觉的对象与背景处于相对运动状态。比如，需要学生感知教具的哪部分，就把那部分做成动画，而其他部分则处于静止状态。④ 在出示教具之前充分调动学生的兴趣、调动学生的需要、明确活动的目的等。言语指导在知觉对象转化过程中具有重要作用，因此，在知觉的对象与背景转换过程中，教师要善于使用言语，引导学生巧妙地实现知觉对象与背景间的转换。

知觉整体性规律在直观教学中的应用。教师在制作和使用教具的时候，要充分地运用图形的组织性原则，从而使学生能够将要感知的对象知觉为统一的整体。比如，在使用言语直观的时候，连着描绘两个事件，使两个事件在时间上具有邻近性，从而使学生能够在两个事件间建立联系。教师可运用连续性、对称性等原则制作一些模象直观的教具等。

知觉理解性规律在直观教学中的应用。学生总是用过去经验来理解知觉的对象。过去经验、言语指导等对知觉的理解性具有重要的影响。因此，教师在进行直观教学时，要充分调动学生已有的知识经验，精心组织教学语言，使学生能够在教师语言的指导之下，结合自己的知识经验，增强对教学内容的理解。

知觉恒常性规律在直观教学中的应用。知觉恒常性规律在直观教学中的应用，主要体现在变式的使用上。为了突出概念的本质属性，教师常常改变概念的非本质属性，以使学生能够将概念的本质属性与非本质属性有效地区别开来。教师在进行直观教学的时候，要充分利用知觉的恒常性，使要让学生掌握的概念在非本质属性上多做改变，而其本质保持不变，从而引导学生深刻地理解概念。

（二）感知觉规律在板书设计中的应用

在进行板书设计时，教师可以应用以下规律：① 主板书与副板书的配合。主板书需要呈现和保留教学内容的核心知识，副板书则呈现配合教学进行的图示或者例题等内容。因此，副板书可以多利用图示等形式，促进学生对于知识的理解。主板书则需要考虑知识点之间的逻辑关系。② 知识的呈现具有结构性和逻辑性。为了让学生更好地掌握知识点，教师需要在板书设计时，考虑到教学内容的组织安排，特别是多个知识点之间的组织。板书设计时，教师就应安排好各个知识点的书写位置，相互之间的连线，以及各种强调符号的运用。③ 重点的突出与标注。为了更好地强调知识的重点，或者区分相似的概念，教师可以利用感觉对比的规律等，采用不同颜色来书写或者标注知识点，强调知识点之间的重要区别。

（三）感知觉规律在多媒体教学中的应用

多媒体教学能够提供更为丰富的教学资料，因此教师在进行多媒体教学时，应该考虑到多种感觉通道的协调。例如，当教师在讲一篇优秀的诗歌时，教师可以利用多媒体呈现诗歌描绘的场景，同时配以诗歌朗诵。这样视觉与听觉的协调呈现有助于学生理解诗歌的意境。

（四）感知觉规律在观察力培养中的应用

观察是指有目的、有计划、比较持久并且有思维和语言参与的知觉过程。观察力是一种有目的、主动地去考察事物并善于正确发现事物的各种典型特征的能力。

观察这种知觉形式和在长期系统的观察过程中逐渐形成与发展起来的观察能力，对于人类的政治活动、科学研究、文艺创作、军事指挥、技术革新、教育教学等具有非常重要的作用。高度发展的观察力可使科学家从平凡的现象中悟出前人未曾发现的科学理论，可使军事家从风云突变的战局中把握克敌制胜的契机，也可使艺术家从瞬息万变的事物中抓住典型特征构思出动人的艺术形象，还可使政治家从纷繁复杂的政治环境中找到社会发展的真正规律，等等。

在教育教学中，教师要充分利用感知规律来培养学生的观察力。在这一过程中，教师还要注意从以下几个方面来引导学生观察，培养学生的观察能力。

1. 观察前要有明确的观察目的和任务

良好的观察，应该有明确的目的与任务，要知道应该去观察些什么。在观察前，教师应向学生提出一些启发性的问题，让学生带着问题去观察、思考，只有这样，才能引导学生把注意力集中在预定的观察目的上。否则，盲目地观察，东张西望，就会抓不住要领，很难有所收获。例如，组织学生进行社会调查，必须明确是为了写作而去体验生活，还是为了学习理论寻找事实依据；组织学生观察某种植物或动物，就要清楚地告知应该注意观察什么，否则学生可能事倍功半。

2. 观察前要有必要的知识准备

任何良好的观察，都离不开观察者已有的认知水平。观察前，有关知识的准备越充分，观察的效果就越好；相反，观察前毫无知识准备，观察时就会"视而不见"，不知道问题所在，观察的效果就一定不好。教师在指导学生进行观察时，先要教给学生观察对象的一些相关知识。比如，组织学生观察大熊猫，在观察之前就要让学生对大熊猫有所了解，这样观察的时候，学生才会有更多的收获。

3. 教会学生科学的观察程序和方法

学生在观察时往往把注意力集中在新奇的、有趣的事物上，而忽视事物的重要方面，这样也就背离了观察的目的。根据这个特点，教师应告诉学生科学的观察程序和方法。在进行观察之前，要根据实际情况，制订观察计划。计划要系统，条理要清楚，主次要分明，要规定观察的具体步骤、方法。这样，才能在观察时做到"心中有数"，而不是顾此失彼，遗漏重点。特别是在观察复杂的现象时，更应周密计划，否则会被对象的复杂性迷惑，导致无所适从，结果无法完成预定的任务。教师要引导学生学会根据不同的观察目的和任务，选择不同的观察顺序或方法。例如，根据不同的观察目的和任务，可以选择整体—部分—整体、部分—整体—部分、由上到下、由下到上、由远及近、由近及远等观察顺序，采用重点观察、全面观察、对比观察等方法。另外，教师要教会学生运用多种感官进行观察。参与观察的感官越多，获得的信息就越多，观察的效果就越好。此外，在观察中，教师要让学生做好观察记录，指导他们抓住观察的重点，引导他们认真、细致、深入地观察。

4. 指导学生整理和总结观察结果

观察告一段落后，要做好观察总结。总结时，学生可以检查观察的目的和任务是否完成。总结可以是书面的或口头的。教师要提倡学生相互交流观察的心得，找出自己的不足之处，也要鼓励学生就观察中发现的问题进行讨论与评价。通过总结，学生不仅可以提高观察能力，而且可以提高言语表达能力。观察能力是在人们的后天实践中逐步发展提高的。教师在教学中要多利用感知觉规律引导学生的观察兴趣，要多对学生的观察进行指导，提高学生的观察能力。

二、感知觉规律在生活中的应用

（一）感觉规律在生活中的应用

1. 对刺激强度的依存性规律在生活中的应用

在广告宣传中常常使用一些强烈的刺激来引起人们的注意，加深人们的印象。例如，使用一些鲜艳的颜色、强烈的声响等。人们常常通过测量人的感受性与感觉阈限来进行某些职业的人才选拔。例如，对驾驶员的选拔。驾驶员需要对各种信号十分敏感，特别是对红绿灯要十分敏感，而色盲的人失去了对某些颜色的感受能力，因此不适合驾驶工作。对音乐人才的选拔，需要测量对声音的感知能力。如果一个人不能区分两个不同的音，显然不适合成为专门的音乐人才。

2. 感受性变化规律在生活中的应用

人们可以利用感觉适应的规律来提高各种感觉能力。例如，利用明适应来避免异常情况下光线对眼睛的伤害，利用听觉的适应现象来缓解听力疲劳。人们常常利用感觉的对比规律，来加深对事物的印象。例如，对产品疗效的宣传，会用该产品使用前后的状况来进行对比。又如，视觉对比在广告设计、服装设计、纺织设计、印染工艺和编制工艺中具有重要作用。

人们常常利用一些联觉现象来改变对事物的感知。比如，许多宾馆、饭店、娱乐场所会利用颜色－温度联觉，来改变客人对室内温度的知觉：夏天，在室内的墙壁上涂上蓝色或浅绿色等冷色，给人以凉爽的感觉；冬天，给室内装饰以红色或金黄色等暖色，给人以温暖的感觉。此外，也常利用感觉代偿规律，使特殊人群对事物形成感知。比如，盲人视觉缺失后，触觉特别敏锐，人们就用盲文印刷书刊让他们接受教育。

3. 感觉后效在生活中的应用

感觉后效在生活中最为典型的应用就是动画片的制作。动画制作师会先绘制一幅幅静止的图片，在放映的时候，在前一张图片的后像消失之前，紧接着出示第二张图片，人们就看到了连续的动作，图画也就"动"起来了。

（二）知觉规律在生活中的应用

知觉规律在生活中的应用包括：军队常常采用不同的颜色作伪装，海军军装是蓝色的，与海洋的颜色相近，陆军军装是绿色的，与草木的颜色接近，这些伪装减弱了军人与环境的差别，在作战时，使敌人难以将他们从环境中区别出来。公园利用知觉的整体性布置梅花桩增强人们运动的兴趣，景区利用深度知觉创设了各种惊险的玻璃栈道或吊桥来吸引游客，影院利用深度知觉中的双眼视差制作了妙趣横生的 3D 电影。

三、错觉的应用

错觉是一种与客观事物不相符合的知觉，对人认识客观事物和从事实践活动有一定消极作用，但是在我们了解了一些错觉产生的规律后也可以加以利用。

（一）错觉在教学中的应用

错觉在教学中的应用可以体现在体育课的教学之中。比如，体育教师常常在高的单杠立柱、跳高架等器械上画上横条纹，让人产生较低的错觉，从而减轻学生的畏惧心理；在女性投掷用的金属器械涂上粉色、橙色等温暖、柔和、轻快的颜色，从而减轻了金属器材带来的压抑、郁闷和恐慌感等。

（二）错觉在生活中的应用

错觉在生活中的一个主要应用是建筑设计与室内装修。比如，在进行室内设计时，如果房间比较小，室内设计师就常常在较小房间的墙壁上装上一面大镜子，镜子里可以反映出全屋的景象，这样房间就有一种变大了的感觉。又如：如果房间较短，设计师就会在墙壁靠下的位置装饰一组横线，使房间看上去"长"了不少；如果房间太低，他们会用竖直线条装饰墙壁，使房间变"高"。除此之外，科技馆也经常利用错觉创设各种有趣的场景来增加参观者的互动体验。

反思与探究

1. 为什么说感觉是一切高级心理活动的开端？
2. 感觉阈限与感受性的关系是怎样的？
3. 感觉适应在生活中有什么重要的意义？
4. 谈谈你在生活中的错觉经验有哪些？
5. 如何认识感觉与知觉的联系与区别？
6. 掌握知觉的基本规律在日常生活中有什么意义？
7. 掌握感知觉的心理学知识对教师的教育教学工作有什么帮助？

推荐阅读

1. 格里格. 心理学与生活：第20版［M］. 王垒，等译. 北京：人民邮电出版社，2024.

该书包含丰富的教育思想和独特的教学方法，通过大量的专业术语和丰富的案例资料，把心理学的理论与知识同人们的日常生活与工作联系起来，有助于读者了解心理学、了解自己、了解人性，既是心理学专业学生的基础教材，也是心理学爱好者的入门读物。该书第4章集中介绍了感觉与知觉的研究成果及其同日常生活的关系，兼具学术性和趣味性。

2. 张明. 打开认识世界的窗口：知觉与错觉［M］. 北京：科学出版社，2004.

该书以通俗的语言和日常生活中的生动事例，介绍了知觉的形成及特征，空间知觉和错觉，几何图形错觉、运动错觉、颜色错觉以及各种感知现象。读者在科学地认识外界事物的同时，也能领略人类感知的丰富和奇妙。

3. 杨霞，叶蓉. 儿童感觉统合训练实用手册［M］. 上海：第二军医大学出版社，2007.

该书对感觉统合的含义、测量方法，感觉统合失调的成因与表现，感觉统合训练的原则与方法等进行了系统全面的介绍，内容通俗易懂，操作方法具体、有针对性，兼具理论性和实践性。

第六章 意识和注意

知识导图

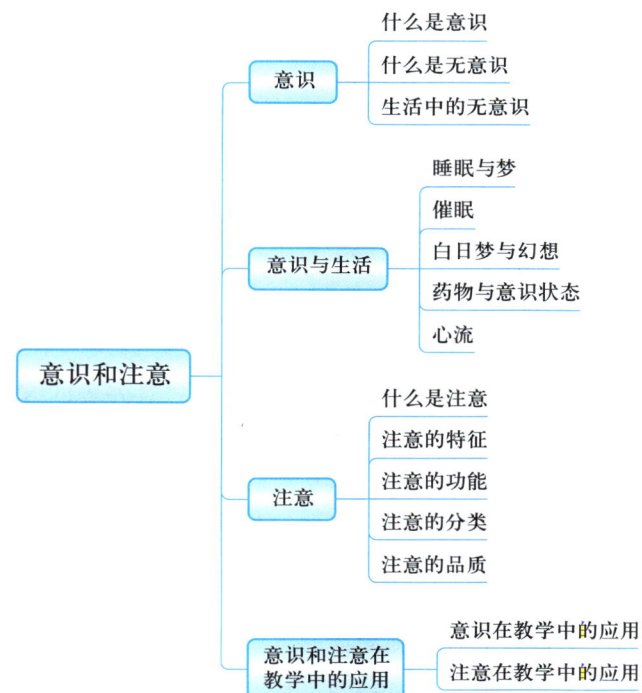

 案例导入

白 日 梦

辛格（Singer，1976）曾对240位18—50岁的被试进行调查，要求他们回答"你是否经常做白日梦？"，结果有96%的人做了肯定回答。他还设计了一项研究实验：以大学生为被试，在他们每个人的口袋中装一个小型发声器——发出的声音只有在十分清醒时才能听到，用手按电钮后才能停止发声，发声的时间不固定，频率为两个小时内发声三次。结果发现，虽然被试在白天有十几个小时处于非睡眠的清醒状态，但推断他们有1/3以上的时间是在做白日梦，因为他们对口袋中发声器的声音有1/3以上没有察觉到。如此看来，上课时不少学生陷入"听而不闻"的白日梦状态中，也不算什么怪事了。

意识，一个我们都知晓而又难以解释之谜。本章将从意识、无意识、注意以及意识和注意在教学中的应用展开讨论，引导大家进入心理学中最神秘的领域。

第一节 意 识

意识是什么？这是人类世界最核心的三大原初科学问题之一。关于这一问题，古往今来，有不少智者、哲人开展了无数的思考和讨论。今天，心理学、动物学、脑科学、人工智能等多个学科领域的专家利用多种手段开展了很多卓有成效的研究，但意识之谜依然难以得到彻底的解答。随着时代的发展和科学的进步，我们今天对意识有了越来越深入的认识。

一、什么是意识

意识（consciousness）就是知道，是我们对自身、对外界的客观刺激以及对自我与客观刺激之间关系的觉知。它既是个体心理活动的过程，也是心理活动的条件，还是心理活动的属性。

就其心理内容而言，意识包括自我意识、对客观刺激物的意识、对个体与客观现实之间关系的意识。自我意识是个体对自我的生理心理特点的觉知，如：我是一个什么样的人？我是大学生还是中学生？我是一个外向的人还是一个内向的人？我的社会角色是什么？等等。对客观刺激物的意识是人类意识的重要内容，是人类认识和改造现实世界的基本前提，如：我们生存的地理环境是什么样的？是高原还是平原？我们生存的经济社会条件如何？是发达的还是欠发达的？等等。对个体与客观现实之间关系的意识是个体主观感受的重要内容，它决定着个体的生活态度和生活质量，如：我的生活幸福吗？我与同学、老师、邻里、家人的关系如何？等等。

就其心理状态而言，意识可分为清醒状态、觉醒状态和注意状态。清醒状态就

是清醒的意识状态。在此状态下，个体具有完全的觉知，能产生清晰的认知，如清醒地意识到我们正在做什么事情。

就其外在表现而言，意识就是人对自己行为动作的可支配性。如一个教师上课前和上课过程中对自己的教学行为的知觉和调控——知道今天要上什么课，上课内容有多少，我的学生在学习中的难点是什么，我如何帮助学生突破难点而达成学习目标，等等。

在哲学水平上，意识是一种相对于物质而言的精神实体，是物质的反映，相对于物质存在而言，是第二性的存在。

意识是一个复杂的概念，我们可以从不同的角度加以理解：

第一，意识是一种使个体清醒、觉醒和集中注意的心理状态或心理环境，以确保个体心理活动的可能性和适应性，增强个体生存和发展的机遇。意识可以分为不同的水平，从无意识到意识再到注意，形成一个意识连续体，这一连续体上的不同水平或状态决定着个体心理和行为的水平与状态。

第二，意识是一种能力，它能使人以自己的已有经验为基础，对客观刺激进行有目的的选择反应。意识对个体身心系统具有强大的管理、调控和统整的能力。意识能从三个方面影响个体的行为：第一，意识决定着个体如何觉察、注意和选择刺激物；第二，意识决定着个体对客观刺激的反应模式——是以连续的事件（时间模式）来反应刺激还是以客观存在的空间（空间模式）来反应；第三，意识以经验为基础对当前刺激进行价值判断和行为反应。正是意识的这些能力使个体在具体的现实环境中对当前种种刺激进行选择、统整并做出恰当、准确的反应，引导个体朝向预期目标。

个体意识具有差异性。而且，随着个体所处环境的改变、受教育水平的提升以及个体经验的变化，个体意识也会发生相应的改变。

二、什么是无意识

无意识（unconscious）是一个比意识更复杂、更难以理解的概念。学术界关于无意识的理解存在几种不同的观点。无机反映论者认为无意识是无生命物质的反映形式，如石头坠落，磁石对铁的吸引等都属于无意识。动物心理论者认为无意识是动物心理的基本特征，是动物区别于人的心理的根本标志。生理活动论者认为，无意识是人的大脑所没有意识到的复杂的生理过程或几乎丧失意识的病态。本能冲动论者认为，无意识是人的本能的冲动，是人的欲望、动机、意图的源泉，是人的心理活动的基本动力，因此无意识在整个心理活动中居于核心地位，无意识的本能冲动暗中支配着意识，而意识又会压抑无意识的本能冲动。自动结构论者则认为，无意识是自动化动作的不可意识性，各种习惯、技能技巧等机械式的动作均属于无意识活动的范畴。以上这些观点争论不休，难以统一，但有一个共同点，就是都认可无意识的存在，并强调无意识在心理系统中的作用。

本书认为，所谓无意识就是"未被意识到"的意识，是人未被意识到的各种心理活动的总和。

对无意识的理解应该把握两点：一是无意识是人对客观现实的一种不知不觉的

认知。无意识同意识一样，是对客观现实的反映，是人对客观现实的认知过程。只是我们必须清醒地认识到，无意识与意识在认知功能上是有区别的。意识对客观现实的反映是自觉的、随意的、明确的，无意识的反映则可能是不自觉的、不随意的、模糊的。例如：上课时我们认真听讲、记笔记，努力思考和记住老师所讲的内容，这属于意识范畴；与此同时，我们会对老师讲课的声音、语气、语言节奏等进行特殊的反映，而这些反映本身并不是有意识、有目的的，而是一种不自觉的或下意识进行的。二是无意识是人对客观现实的一种不知不觉的内心体验。鲁宾斯坦（S. L. Rubinstein，1889—1960）肯定了无意识体验的存在，在他看来，无意识体验并不是指人未意识到某种体验，而是指未能将某种体验同客观现实联系起来并知晓引起体验的原因以及某种体验所指向的具体对象。

无意识是人所意识到的心理活动的总和，是人脑所固有的反映形式，它与意识相互补充，构成人的完整的心理活动。按弗洛伊德的观点，如果把人的心理比作一座冰山，那么人的意识是露出水面的部分，它只占人的心理的一小部分，大部分的心理活动或过程是无意识的，是潜藏在水面以下的部分。

三、生活中的无意识

（一）无意识行为

人的部分行为，特别是那些自动化了的行为，很少或不受意识的支配和控制。例如：上课记笔记时一般不思考常用字如何落笔；在熟悉的环境中上下楼梯时一般不用数阶梯，如履平地；骑自行车时甚至可以边骑车边思考问题，而不注意如何保持平衡；等等。在日常生活中，人们许多下意识的习惯性动作也是无意识的，例如有人说话喜欢吐舌头，有人着急时喜欢挠头皮，有人习惯在与人交流时双手抱在胸前，有人走路念念有词等，他们自己可能没有意识到这些动作，如果把这些动作录下来，再播给他们看，他们常常会对自己的行为感到惊讶和不理解。

（二）对刺激的无意识

在日常生活和工作中，人们有时没有觉察到对他们的行为产生影响的心理事件，但这些心理事件真实地对他们的行为产生了或大或小的影响。心理学家麦凯（Mckay，1973）在一项研究中用耳机向被试的双耳呈现不同的材料，要求被试只听一只耳（追随耳）中的内容，尽量不听另一只耳（非追随耳）中的内容。被试听到的材料里包含了一些歧义词，而且在所处的语境中不能确定其具体含义。当这些含义模糊的歧义词出现在追随耳时，给非追随耳呈现能帮助其理解歧义词的单词，然后要求被试解释所听到的歧义词的含义。尽管被试根本不记得呈现在非追随耳的单词是什么，却能明显地将歧义词解释为与该单词有联系的词义。

（三）盲视

所谓盲视是指看不见物体，但能够对投射到盲区的刺激进行准确判断和辨认的现象。韦斯克兰茨曾研究过一个病例：一个大脑皮质17区受损的病人，其视野的绝大部分变成了一个大的黑点。尽管他无法觉察到也不能报告出呈现于这个大黑点内的刺激，却可以对呈现于这个黑点内的不同刺激进行区分，这说明这位病人虽然不能"看见"刺激，却可以对刺激进行一定程度的信息加工。盲视现象是关于意识的直接证据，它可以被看作一种无意识侦察。

第二节　意识与生活

生命的绝大多数时间都是处于不同的意识状态中的，这种意识状态是一种清醒的、警觉的和有组织的正常状态。正是这种意识状态才使我们对周围环境的知觉、记忆、思考和体验是真实的、熟悉的和有意义的。同时，我们清楚地知道，人的意识也存在着其他状态，如白日梦、睡眠、梦样状态、醉酒状态、催眠状态和在药物作用下的精神恍惚或亢奋等。

一、睡眠与梦

人的一生大约有三分之一的时间在睡眠中度过，而梦是睡眠过程中最重要、最奇特的一种心理活动。睡眠和梦是一对相生相伴的意识状态。

（一）睡眠

所谓睡眠就是与觉醒状态交替出现的生理心理状态，是人的一种生理性自我保护机制。个体从觉醒状态进入睡眠状态，再由睡眠状态进入觉醒状态，以此形成周期性的昼夜节律，调节个体心理和行为。

人的睡眠是在一个周期性过程中完成的。每个睡眠周期可分为四个阶段：① 睡眠的第一阶段，也称浅度睡眠阶段。此时有昏昏欲睡的感觉，个体逐渐失去意识，开始进入睡眠，脑电波频率减慢、振幅变小，心率减慢，呼吸有些不规律，肌肉放松并可能伴有反射肌收缩。容易被外界刺激唤醒。这一阶段大约持续 10 min。② 在睡眠的第二阶段，体温进一步下降，EEG 开始显现纺锤波。纺锤波的出现是睡眠与觉醒的真正分界线。此时，个体难以被唤醒。持续时间一般是 20 min。③ 在睡眠的第三阶段，脑电波频率继续降低，波幅较大，出现 Δ 波。这是个体深度睡眠状态和意识进一步丧失的标志，难以被唤醒。时间大约持续 40 min。第二、第三阶段称为深度睡眠阶段。④ 大约 1 h 后，个体完全进入深度睡眠状态，脑电波几乎都是 Δ 波。如果个体在此时被外界刺激惊醒，会感到大脑一片混乱，可能记不起惊醒的刺激。

经过一段时间的深度睡眠以后，个体会经第三阶段和第二阶段返回到第一阶段。10～15 min 后，睡眠会突然进入快速眼动睡眠（rapid-eye-movement sleep，REM）阶段。这时个体的脑电波和清醒时相似，并且通常伴随栩栩如生的梦境。

在一夜的睡眠过程中，人们通常会经过 4～5 次深度睡眠与浅度睡眠的转换，睡眠周期会随时间和年龄的改变而改变。

睡眠对身心健康有重要作用，如快速眼动睡眠可能对个体健康很重要，它被认为是做梦的时期。如果剥夺睡眠，就会对个体产生有害影响。

拓展阅读

睡眠与健康

一、失眠对健康的影响

失眠对人的身体和心理会产生很多负性的影响。

1. 影响血糖能量代谢

美国芝加哥大学报告，让 11 名健康男子（18—27 岁）在前 3 天每天睡 8 h，中间 6 天每天睡 4 h，最后 7 天每天睡 2 h。结果发现，睡眠不足时，餐后血糖恢复正常水平的时间延长 40%（与 8 h 睡眠的餐后血糖耐量比较），而且测得分泌胰岛素的速度减慢 30%，类似早期糖尿病现象。

2. 影响免疫调节机能

让 23 名健康男子（22—61 岁）在前 2 天正常睡眠，后 3 天在上午 3:00—7:00"强制性中止睡眠"——强光刺激使其保持清醒。这时，有 18 人的 T 细胞活动度显著下降（28%）。让 23 名被试获得充足睡眠以后再检查其体内 T 细胞的活动度，均恢复正常。这说明失眠会影响人体的免疫调节机能。

3. 促发心理疾患

睡眠与精神状态有极其密切的关系，睡眠缺失可引起思维、情绪和行为失常，会导致精神压力综合征、疲劳综合征、抑郁症等疾病。

二、对付失眠的办法

易失眠个体应避免饮用咖啡，不抽烟。还要记住，不要饮酒！酒会损害睡眠质量。

不把忧虑带上床。可以提前把自己所担心或关心的事情都写下来，计划好明天该怎么做，然后就把它们置于脑后。先睡觉，有事明天再说。

放松。学会有效的身体或心理放松方法。

睡眠时间控制。即使一整夜睡不着，早上也不要晚起，白天睡眠时间不要超过 1 h，不要傍晚睡觉，不要提前入睡，努力使自己到正常的休息时间再上床。这样，就不易破坏睡眠节律。

刺激控制。让卧室只与睡眠产生联系，要形成以下习惯：不困不上床；每天早晨按时醒；上床后只睡觉，不做其他事情；如果 10 min 还睡不着，就起来；睡不着不要干着急，可以找点事情做，困了再去睡。

睡不着时睁大眼睛。睡不着时不要有思想压力，千万不要使劲闭着眼睛去睡。相反，可以在黑暗中尽可能长时间地睁着眼。这样，睡眠可能不期而至，自然地入睡，并可能减少焦虑。

（二）梦

梦是睡眠的一种最奇特、最有趣、最生动的现象。对梦的思考自古有之，但迄今为止，关于梦的解释还存在着很大的分歧。自20世纪50年代美国心理学家克莱特曼（N. Kleitman）和阿赛林斯基（E. Aserinsky）发现了快速眼动睡眠并以快速眼动睡眠来研究梦开始，关于梦的研究就进入了一个"黄金时代"。

梦是个体睡眠中最常见的活动，每个人在睡眠中都做过梦。梦会持续一段时间，通常第一个梦大约持续 10 min，最后一个梦大约持续 30 min，长的可达 50 min（Coon，2004）。但并不是所有的人都能记住他们做过的梦，也并不是所有的人都能理解自己所做的梦。

大多数的梦反映的是日常生活事件。梦中最常出现的场所是熟悉的房间，梦中的人物常常包括做梦者和另外两三个人，这些人都带有重要的情绪色彩，如朋友、敌人、老板或父母等，梦中的活动主要是体育活动，如奔跑、跳跃、骑车或乘车等。在梦境中，焦虑、恐怖、气愤和悲哀等不愉快的情绪多于愉快情绪。

梦有意义吗？大多数心理学家认为梦能反映我们觉醒时的思维、幻想和情绪。其中，弗洛伊德对梦的解释最具代表性。他认为梦是以伪装的形式表达潜意识的欲望和冲突的。梦有显梦和隐梦两种形式：显梦是做梦者所描述的梦境，它具有表面性，对显梦的理解和分析比较容易；隐梦是梦境深处不为做梦者所知晓的内容，它是梦的真实内容，是做梦者潜意识的欲望和冲突的表达。因此，一个寂寞的人可能会梦见浪漫的爱情，一个饥饿的孩子可能会梦见食物，等等。虽然有的心理学家认为梦毫无意义，但大多数心理学家仍然相信梦是有深刻意义的。

二、催眠

催眠是一种意识改变状态，这种状态是通过人为诱导而引起的一种貌似睡眠的状态。在催眠状态中，被催眠者对各种暗示的敏感性增强，易引起知觉、记忆、语言、动机和自我控制等方面的能力改变，顺从地接受催眠师的暗示去做一些动作和事情，并相信催眠师的描述是真实的。

催眠的神奇现象使催眠本身具有了神秘的色彩。人们相信催眠师具有超凡的能力。其实，催眠中的关键人物并不是催眠师，而是易受暗示的被催眠者。受暗示性反映了一个人可以在多大程度上对催眠暗示做出反应。一般，个体受暗示性越强，被催眠的可能性越大，进入催眠状态的深度就越深。受暗示性存在个体间差异，人群中有 10%～20% 的人容易被催眠，大约 10% 的人不能被催眠。虽然催眠是在催眠师的诱导下完成的，被催眠者会放弃自己的意志控制力而顺从催眠师，但只有在被催眠者配合的条件下才能被催眠，也就是说所有催眠实质上是被催眠者的自我催眠或自我暗示的结果，催眠师只不过是一个"向导"。而且，被催眠者在催眠状态下的行为也是有道德底线的，大多数人不会接受他们认为不道德的或恶意的催眠暗示。

目前，催眠已被广泛应用于心理治疗、医学、刑事侦查和运动训练等方面。在心理治疗方面，催眠曾用于治疗酗酒、自杀倾向、吸烟、梦游症、暴食等，但除非患者有强烈的治疗动机，否则不会收到较好的效果。

三、白日梦与幻想

白日梦（daydream）是意识的一种状态，它不同于睡眠，而是在非睡眠状态下产生的高度自我卷入的幻想活动。白日梦常见于儿童与青少年，这可能与自我意识的发展有关。研究表明，每个人都有过白日梦的经历。在很大程度上，白日梦是基于个体的记忆或想象的内容而自发产生的，过去记忆中的信息或经历对白日梦的内容具有重要影响。

白日梦的内容大体上可分为三种类型（黄希庭，2007）：① 痛苦型，这是由工作失败、受人屈辱以及个人无法补救的缺陷等所引起的幻想。② 焦虑型，这是对自己的工作、事业、婚姻等缺少把握和信心而产生的无力感、不定感及恐惧感。③ 愉快型，这是对现实感到满足、对未来方向明确而产生的充满希望的幻想。

四、药物与意识状态

【知识窗】能改变意识状态的精神药物

药物与意识状态具有密切的关系。精神药物（psychoactive drug）是指对人的神经系统发生作用，通过暂时改变人对现实的意识觉知而影响人的心理和行为的药物。当个体不断使用这些药物时，往往会使它们的作用逐渐衰退，这时，躯体就产生了"耐受性"。长期使用这些药物会产生药物依赖性。药物依赖性有两种形式：一种是生理依赖性，即药物成瘾后一旦停止服用，成瘾者就会有各种生理异常反应，如恶心、呕吐、出汗、失眠、打哈欠、流眼泪等；另一种是心理依赖性，即成瘾者觉得服药非常快乐，产生对药物的渴望，停药就会产生坐立不安和无法忍受的感觉。能改变人的意识状态的精神药物大致可以分为三类：兴奋剂、抑制剂和致幻剂。

五、心流

心流（flow）是人们专注进行某些行为时的意识状态。这一概念由积极心理学奠基者——契克森米哈赖（M. Csikszentmihalyi）提出。他认为心流是一种如流水般自然、舒心的感觉。在心流状态下，人们会忘记时间、忘记周围的关切、忘我并幸福地工作与学习。成语观棋烂柯，可以说就是一种心流状态——聚精会神地看一局棋，等结束时已经过了百年。

进入心流状态后有几个特征：清晰明确的目标，即时反馈，任务难度与自身能力相匹配，知行合一，注意力高度集中，高度自主权，忘我状态，主观的时间感变快和参与感较高。这些特征体现的正是人们在幸福、快乐地做着自己热爱并投入其中的事情。

心流是一种特殊的意识状态。在学习与工作中，我们也应有意地进入这种状态。想一想，自己在什么时候最有成就感？什么时候曾忘我地学习、工作？

第三节 注 意

注意，是人和动物在觉醒时的一种意识状态，有别于睡眠、昏迷和意识涣散。感知觉、记忆、思维、想象和语言等认知过程，往往离不开注意。我们只有保持清醒的注意状态，外部信息才能顺利进入认知过程，也才能确保我们正确地认识外部世界。同样，要正确地认识自我，也同样需要保持自我意识的良好注意状态。因此，注意是确保认知、情绪、意志等心理过程能够顺利进行的非常重要的心理状态。

一、什么是注意

注意（attention）是心理活动或意识对一定对象的指向和集中，它是一种特殊的心理活动。就其发生来说，注意是有机体的一种定向反射。所谓定向反射是指一种由环境刺激所引起的感官朝向活动，是有机体对环境中新异刺激的选择性反应。随着刺激物出现频率的增加，刺激物的新异性逐渐消失，定向反射也逐渐消失。

注意是与意识紧密关联又有区别的概念。一方面，注意与意识是相互关联的，当人们处于注意状态时，意识的内容比较清晰。人从睡眠到觉醒再到注意，其意识状态分别处于不同的水平上。睡眠是一种无意识状态，这时人很难意识到外部刺激，当人从睡眠中觉醒后，人对自己的行为和活动会产生清晰的意识，并能根据环境和当前活动要求主动地调节自己的行为。然而，即使在觉醒的状态下，人也不可能意识到所有的外部刺激、内部事件和自己的行为，而只能意识到其中的一部分。意识和注意所指向的事件会处于意识活动的中心，能产生比较清晰的认知，而处于意识边缘的事件则不能获得清晰的认知。另一方面，注意与意识是有区别的。注意是一种心理活动的特性，而意识是心理活动过程本身。如果将注意比作选择电视频道的话，意识就是显示在电视屏幕上的视觉图像。如果将注意比作聚光灯的话，意识就是灯光所照到的区域内的对象。注意就是心理活动的过滤器，它控制着进入意识的事件的性质和数量。

在注意的发生过程中，脑干网状结构对注意的唤醒和保持具有重要的意义。如果脑干网状结构受损，不但信息传递受阻，而且大脑皮质的兴奋度、紧张度下降，意识觉醒水平降低，注意功能失调。同时，大脑的边缘系统作为大脑皮质紧张度调节机构，对注意选择具有重要作用，边缘系统受损，将会引起整个选择行为的破坏。大脑皮质是注意的最高级中枢，它的基本功能是对皮质下组织起着主动的调节、控制作用。具体地说，注意是因某个刺激引起的大脑皮质优势兴奋中心的负诱导。当刺激作用于大脑时，大脑皮质相应部位便产生优势兴奋中心，这一兴奋中心会引起其周围区域的皮质部位的抑制，这就是负诱导。正是由于负诱导过程，人能集中注意于某对象而不能分心于其他事物，从而确保意识的准确性。

二、注意的特征

指向性和集中性是注意的两个重要特征。

注意的指向性是指人在认知过程中会选择某些对象而忽视另一些对象的特征。如我们在课堂上认真听讲时，我们的听觉系统就指向了教师的声音而忽略了操场上的声音。注意的指向性主要解决的是心理和意识的方向问题，指向不同，人们选择的认知对象不同，所接收的信息也不同。

注意的集中性是指全神贯注，表现为心理活动的紧张度和强度。

指向性和集中性是紧密相关的。没有指向性就不可能有集中性，没有集中性，指向性就会失去应有的意义。日常生活中常见的"视而不见""听而不闻""小和尚念经，有口无心"等，都说明了这一点。

三、注意的功能

注意不是一种独立的心理过程，它没有自己的反映对象，它是心理过程的一种伴随状态，但注意是心理活动得以顺利实现的基本条件和前提。注意的功能体现在以下几个方面：

（一）注意的选择功能

注意的基本功能和首要功能是对刺激物进行选择。周围环境给我们提供了大量的刺激，这些刺激有的意义重大，有的可能毫无意义，有的甚至还会干扰我们的正常活动。我们要正常生活、工作和学习，就必须对这些刺激进行选择性反应，以确保活动的顺利进行。这也是注意存在的意义和价值。

注意的选择

请仔细盯着图6-1中的黑色色块，你发现了什么？是否看到了单词（LIFT）？这就是注意的选择功能，当你把黑色色块当作目标时，色块之间的区域就是背景，而当你把黑色色块当作背景时，色块之间的区域就成了注意的目标了。

图6-1 对象与背景

（二）注意的保持功能

注意的保持功能是指在认知活动中，注意指向并集中于一定认知对象后会保持一定时间，以维持心理活动的持续进行。这时，认知对象处于意识中心，映象清晰，人们容易对它进行深入的加工和处理。人对外界输入信息的精确加工及整合作用都是发生在注意状态下的。在前注意状态下，人们只能对事物的个别特征进行初步加工；在注意状态下，人们才能对个别特征进行精细加工并将其整合为一个完整的物体（Treisman，1980，1986）。

（三）注意的调节和监督功能

在学习活动中，能否集中注意和能否根据需要转移注意，对学习效果有很大影响。在注意集中的情况下，错误减少，准确性和速度提高。注意的分配和转移能够保证活动顺利进行，并适应变化的环境。

四、注意的分类

根据注意过程中有无预定目的和是否需要付出意志努力，注意可以分为无意注意、有意注意和有意后注意。

（一）无意注意

无意注意是一种注意前没有预定目的，注意过程中也不需要付出意志努力的注意。如上课时，教师正在精彩地讲解，同学们也在聚精会神地听着教师的讲授，突然，教室的门被一脚踢开，所有师生的注意可能都不由自主地转向门的方向，这就是无意注意。

无意注意主要是由刺激本身所引起的，因此无意注意也被认为是一种消极被动的注意。刺激物本身的特点决定了它能否引起无意注意。一般来说，刺激物的强度和新颖性是引起无意注意的重要因素。此外，主体的需要、兴趣、当下的情绪等也是引起无意注意的重要因素。

（二）有意注意

有意注意是注意前有明确的目的，注意过程中需要付出意志努力的注意。有意注意是工作、学习和生活中最常见的也是最重要的注意。有意注意服从于当前的活动目的和要求，因此是一种积极主动的注意，是注意的高级形式。由于它受人的意识的支配和控制，因此被认为是人类特有的注意。

有意注意的产生主要受制于个体的活动目的和个人的意志。在注意之前，个体的认知目的越明确，注意过程中的任务越明确，注意效率就越高。当然，有意注意也容易产生疲劳。

（三）有意后注意

有意后注意是注意前有预定目的，注意过程中不需要付出意志努力的注意。它是在有意注意基础上，经过学习和训练而获得的。有意后注意集中了无意注意和有意注意的优点，克服了两者的不足，是注意的更高级形态。

五、注意的品质

评价一个人的注意水平，一般来说，我们会从四个方面进行：注意的广度、注意的稳定、注意的分配、注意的转移。

（一）注意的广度

注意的广度也称注意的范围，是指一个人在同一时间可以注意到的对象的数量。我们平时说的"一目十行""眼观六路、耳听八方"就是注意广度最直接的表现。速视器的实验结果表明，人的注意是有限的，一般情况下，人的视觉注意广度为5～9个组块。

（二）注意的稳定

注意的稳定也称注意的持久，是指对同一对象所能注意的持续时间长短。但是人们很难长时间保持注意一直集中，注意会呈现周期性的加强或减弱，这种现象称为注意的起伏。

拓展阅读

注意的起伏

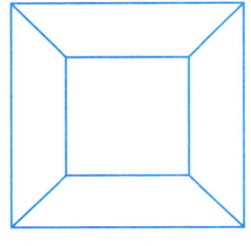

图 6-2 起伏的图形

请用眼睛盯着图 6-2 中的小正方形，判断这个小的正方形是在大的正方形的上面还是下面。你会发现，小正方形一会儿在大正方形的上面，一会儿在大正方形的下面。这就是注意的起伏。要使注意持久地集中在一个对象上是很困难的。注意的起伏与感觉器官的适应有关。神经生理学家把注意的起伏和有机体一系列的机能变化联系起来，认为注意的起伏是动脉血压、呼吸的节律性，一定类型神经元的节律性的作用结果。

由此我们可以知道，注意会受到生理机制的调节，故而人不可能做到将注意一直保持在一个目标物上。

与注意的稳定相对应的状态叫注意的分散，又称分心。注意的分散是指注意离开目前关注的对象，转而关注其他无关的对象。如上课时不注意听讲，心猿意马等都属于注意的分散。

（三）注意的分配

注意的分配是指同一时间注意关注两种或两种以上对象的品质。例如常说的一心二用、载歌载舞等行为就是典型的注意的分配。《刘子新论·专学》中记载了通过左手画方、右手画圆的方法来测量注意的分配。

但是，注意的分配是有一定条件的。首先，几种注意任务中最多只能有一种是不熟练的，其他都必须是能自动加工的。例如：计算机录入熟练操作者可以边打字边和他人聊天；而对于新手来说，必须全神贯注、盯着键盘才能完成打字任务。其次，几种注意任务间需要形成一定的联系，有联系的任务才更容易分配注意资源，如载歌载舞就是将唱歌与跳舞形成了联系。

（四）注意的转移

注意的转移是指主动地将注意从一个对象转移到另一个对象上。从字面上看，转移与分散有些类似，但二者的实质完全不同：转移是主动的，分散是被动的；转移是积极的，分散是消极的。

快速、高效的转移注意，对工作、学习都十分重要。例如，有些同学可以做到开开心心地玩游戏，聚精会神地学习，放松、娱乐两不耽误。

第四节　意识和注意在教学中的应用

清醒的意识状态是人的活动正常进行的前提条件。一定水平的注意是保证心理活动顺利进行的基本条件。没有清醒的意识和一定水平的注意，人的心理和行为的目的性、可控性就难以保证。因此，掌握意识和注意的规律性，有助于人类行为的预期和控制。

一、意识在教学中的应用

（一）内隐学习及其教学

1. 什么是内隐学习

内隐学习（implicit learning）是无须意志努力和意识参与的学习方式。20世纪90年代以来，杨治良、郭秀艳等率先在国内开展了内隐学习的研究，并取得了一定的成果，对内隐学习做了有益补充。

2. 内隐学习的特征

相对于外显学习，内隐学习具有以下特征：① 自动性，是指内隐学习会自动地产生，无须有意识地去发现任务操作中的外显规则。② 抽象性，是指内隐学习所获得的知识不依赖刺激的表面物理形式而形成对事物的本质属性的认知。内隐学习的迁移现象很好地证明了其抽象性特征的存在。③ 理解性，是指内隐学习的知识在部分程度上可以被意识到。④ 抗干扰性，是指内隐学习具有不易受机能障碍、机能失调的影响，不易受年龄和智力水平的影响，具有个体差异和群体差异小以及跨物种普遍存在的特征。这是内隐学习区别于外显学习的一大特征。⑤ 高选择力、高潜力、高效性。杨治良等人（1993）采用一种测量内隐学习和外显学习的新方法，要求被试学会把相片按其组合特征分类。这些特征包括作为显著特征的人物姿势的正侧面和非显著特征的人物容貌，这种方法较之常见的对字词的不同加工水平的处理，更好地解决了深加工、浅加工的处理问题，更妥善地实现了实验意图。他们在研究结果的基础上，提出了内隐学习的"三高特征"——高选择力、高潜力、高效性。高选择力体现在内隐组被试表现出程度更大且更显著的底层规则的迁移，内隐知识不依赖当前刺激的表面特征，具有较高的迁移易化能力。高潜力的发现源于内隐学习虽然仅使用显著特征分类，却达到了外显学习运用显著特征和非显著特征的学习效果，说明内隐学习具有很大的潜力，许多具有高选择力的资源尚待开发。最后研究者运用信息论的方法证明了内隐知识传递具有高效性，内隐知识储存的密度更大。

3. 内隐学习的教学应用价值

在我们的学习中，大量的信息是通过边缘感知的信号进入大脑的，并在无意识的水平上相互作用。因此，教学如何以一种对学生有意识和有价值的方式，帮助学生对所学材料进行整理、加工，以产生真正意义上的学习，应该是教育者要回答的问题。

在情境多变、紧张应激、事物结构高度复杂、关键信息不明确、个体生理条件差（如精神失常、大脑病变、神经受损）的学习情境中，内隐学习优于外显学习。但在常规的学习情境下，外显学习仍占主导地位。可见内隐学习和外显学习可能存在既相互独立又相互作用、相互转化、互相不能替代的关系。因此，在教学过程中，教师应当重视学习对象和学习材料的特点，引导学生采用适当的学习方式。郭秀艳和杨治良的研究（2002）也表明，在学习复杂任务时应先具备内隐知识基础，然后再试图建立外显的任务模型。在内隐学习占优势的条件下，教师可以采用更为宽松自然的方法，为内隐学习创造更多的条件。总之，教师在教学中不仅要关注外显的行为和表面现象，还要注意培养学生潜在的学习积极性和内隐学习潜能。

（二）元认知及其教学

1. 什么是元认知

元认知（metacognetion）就是认知主体对自身认知活动的认知。元认知是弗拉维尔于20世纪70年代提出的，它包括两方面的内容：一方面，元认知是一种相对静止的知识体系，它反映主体对认知活动及其影响因素的认知；另一方面，元认知可以是一种动态的活动过程，是主体对当前活动的调节过程。元认知并不是一种知识体系，而是一种活动过程。这一活动过程通过两种基本方式对认知活动进行调节——监测和控制（汪玲等，2000）。所谓监测是主体获得认知活动过程的进展、效果等各种信息的过程，而控制是对认知活动过程做出计划、实施、调整的过程。

认知能力和元认知能力是两个有着本质区别的概念。认知能力是人主动地指向具体认知对象的智力功能，如信息收集与整理能力、信息加工能力等。而元认知能力则是主体对自身认知能力进行运用、调节、控制、评价的能力。例如：阅读能力是一种认知能力，它决定一个人能否阅读，阅读的效果、效率如何；而元认知能力就是决定用什么样的阅读技巧，阅读什么，在什么时间及什么地点阅读等，以保证顺利完成阅读的任务。因此，元认知是以认知过程、认知结果、认知状态为对象的认知，其存在的目的和价值在于对认知活动进行调控，以确保认知效率。

2. 元认知的结构

根据弗拉维尔的观点，元认知由三个成分组成：元认知知识、元认知体验和元认知监控。

元认知知识是主体关于认知活动的一般性知识，包括对影响认知活动的因素、各因素之间的相互作用及作用结果等的认识。元认知知识是元认知的基本要素，它存在于主体的长时记忆中，具有稳定性的特点。元认知知识往往以意识化和非意识化的方式对认知活动产生影响，它主要包括对认知主体的知识、对认知任务的知识和对认知策略的知识三部分。对认知主体的知识是认知主体关于自己和他人的所有知识，包括认知相似性和认知差异性的知识。如我们要了解自己擅长什么，不擅长什么，与别人相比，自己的优势是什么，劣势是什么，等等。对认知任务的知识是关于认知活动的目的、标准、要求等方面的知识。如对认知材料的性质、结构、特点、数量等的知识，对认知目的是什么、有哪些标准、要求是什么等的知识。对认知策略的知识是指主体对为完成认知任务所需要的认知方法的知识。如为完成认知任务，我具备哪些方法，不同认知方法的优劣是什么，运用各种认知方法的现实条件是否符合要求等。

元认知体验是主体在认知活动过程中，因认知对象或认知活动是否符合自己的需要而产生的态度体验。元认知体验贯穿整个认知过程：它可以是意识化的，也可以是非意识化的；可以是在认知活动开始之前的，也可以是在认知活动过程中的；可以是对"知"的体验，也可以是对"不知"的体验。不同的元认知体验因认知主体在认知活动中所处的位置和认知活动的不同进程而不同。但有一点是肯定的，那就是元认知体验是直接影响认知活动的进程和效率的重要因素。积极的元认知体验可以极大地激发认知主体的认知激情，调动主体的认知潜能，从而提高认知加工的速度和有效性（陈英和，2013）。

元认知监控是主体在认知活动过程中，以自己的认知活动为意识对象，通过积极的监视、调节、控制等策略，确保认知活动按既定的目标进行的认知活动。这是元认知意识化的集中体现，也是人的主观能动性的具体体现。

元认知知识、元认知体验和元认知监控三者相互联系、相互依存、相互支撑，以确保主体认知活动的顺利进行。其中，元认知知识是元认知的基础，它影响着元认知体验、元认知监控；元认知体验作为元认知的动力系统，为元认知监控提供动力支持；元认知监控作为元认知的实践环节，既有检验、修正、发展元认知知识的功能，也有双向调节元认知体验的功能；三者共处于一个统一体中。

3. 元认知的教学应用价值

当代认知心理学认为，元认知是客观存在的影响人的认知活动效率的重要而高级的认知机能，是智力或思维结构中最高级、最核心的决定性成分（郭成，1998），是智力开发、学习潜能开发、学习能力提升的突破口和关键。元认知能力是所有人类智力活动中必不可少的具有广泛迁移性的组成成分。元认知能力的高低对人的复杂认知活动有着决定性的影响，并在很大程度上决定了人的智力水平的高低。元认知能力强的学生，其问题解决能力也较强；较好的元认知能力能弥补一般能力的不足，从而提高其问题解决的效率。对学习成绩优秀的学生和学习成绩不良学生的研究发现，学生的认知能力和认知特性的差异集中表现为其元认知能力的差异。元认知能力越高，智力发展水平越高，学习能力越强，学习成绩也越好，对学习策略的意识与体验越明确。元认知能使学习者意识和体验到各种学习变量与学习方法的关系，能够激活和调控学习方法的使用。关于智力低下儿童与智力正常儿童的差异研究表明：他们的智力差异主要在于智力低下儿童缺乏元认知知识，不能对自己的认知活动进行有效的监控。加德纳（H. Gardner）的多元智力理论中的自知-自省智力、斯滕伯格（R. J. Sternberg）的三元智力理论中的元成分等都显示了元认知是智力结构或智力活动中的最重要的核心成分。

加强元认知能力的培养，提高学生的认知监控能力，不仅可以快速地提升学生的学习成绩，还能有效地开发学生智力。那么，如何进行元认知能力的培养呢？

根据国内外元认知和元学习能力研究成果，元认知能力的培养要抓住以下几个方面：第一，帮助学生加强对自身认知特点的认识。使学生充分了解自己在认知风格、学习能力和学习状态上存在的优势和不足，引导学生学会利用自己的优势和克服自己的不足。第二，加强学习目的教育。使学生明确学习目的，清楚学习任务，学会利用任务导向调控自己的学习行为。第三，强化学习策略意识。引导学生重视学习策略，重视学习策略的选择与运用。教师要引导学生根据自己的认知风格、学习能力、思维特点等，合理选择适当的学习策略，提高学习效率。第四，强化学生的自我监控意识，提高自我监控的自觉性与精确性。如强化学生对学习活动进行计划、控制、评估、反馈，并进行知识改组、重建、表述的意识，以及对学习活动的主动控制能力。

二、注意在教学中的应用

（一）运用无意注意的规律组织教学

无意注意的引起和保持受制于客观刺激物的特点，具有一定被动性和消极性。同时，人的需要、兴趣，已有知识经验，生理、心理状态等对无意注意的引起和保持具有重要影响。相同的刺激可能会引起一些人的注意，但不一定会引起另一些人的注意。这说明无意注意具有一定的主体性和主动性。而且，无意注意是一种低耗性注意，如果运用恰当可以增强教学的趣味性，降低学生厌学情绪，达到"减负增效"的效果。因此，在课堂教学活动中，除了要充分研究和控制好客观刺激物之外，还要研究学生自身的特点，因材施教，将教学活动建立在学生的直接兴趣基础上，避免无意注意的消极性，真正让学生"乐学"。

1. 精心设计教学情境，创设有利于增强学生学习积极性的课堂环境

课堂教学中运用无意注意的规律组织教学的根本目的，就是尽可能减少与课堂教学无关的刺激干扰学生的正常学习活动。因此，教师首先要注意课堂内外环境对教学的干扰，做到物理环境不能影响教学活动。例如光线、气味等要尽可能净化，做到明亮、清新。其次，要防止课堂内外的各种污染因素，如教室布置不能过于华丽、繁杂，教师个人的衣着打扮不要过于新异、前卫，过于吸引注意力等都不利于教学。

2. 科学运用直观教学，增强教学的吸引力

教学活动本身的吸引力是维持学生无意注意的重要因素。因此，教师要充分运用直观教学手段，增强教学的直观性，增强教学本身的吸引力，培养学生学习的积极性。具体而言，教师要讲究以下几种直观：一是教师的言语直观，要求教师在教学中讲究语言技巧，科学控制教学语言的语音、语调、语速，紧密结合课程内容，根据学生学习的进程需要，抑扬顿挫，快慢有致。二是要充分发挥板书的作用，重点突出，清晰醒目，运用有度，达到提纲挈领的作用。三是要注意科学运用直观教具辅助教学，增强教学的直观性和形象性，促进学生理解。

3. 注重教学内容的合理组织，激发学生的求知欲望

学生已有的知识经验对无意注意的引起和保持具有重要作用。学生更愿意关注与自己的已有知识经验有联系但自己又并不是完全了解的事物。这就需要教师充分了解学生的已有知识水平，在备课时寻找教学内容与学生知识结构的结合点，选择

具体的案例，设计好新知与旧知进行联系的点和方式。教师要以已知激发未知，以新知引导旧知，激发学生的求知欲，引起学生的兴趣，维持学生的注意。

4. 注意教学方法和教学形式的多样化

教有法，但教无定法。在教学中，教师应该全面把握各种教学方法的特点、价值，运用多种教学方法优化组合，科学合理地选择教学手段，激发学生学习的热情，调动学生学习的积极性，引导学生广泛参与教学活动。在教学活动中，教师还要注意创设新情境，让学生获得成功，产生成就感、自豪感、价值感，从而在深度上和广度上保持学生的无意注意。

（二）运用有意注意的规律组织教学

在教学活动中运用有意注意的规律组织教学，需要解决两个关键问题：一是学生学习的目的性问题，二是学生在活动中的抗挫折能力问题。教师可以从以下三个方面入手：

1. 加强学习目的教育，明确学习的目的和任务

学习活动是一种目的性非常强的活动，需要有意注意的有力调节和控制。加强学习目的教育，可以帮助学生明确学习目标，端正学习态度，是维持学生有意注意的前提。同时，在具体学习活动中，学生对学习任务的理解越具体、越明确，越有助于学生自觉控制学习行为，积极配合教师的教学，主动完成学习任务。

2. 培养间接兴趣

间接兴趣是一种指向活动结果和活动目的的兴趣。间接兴趣的确立，有助于学生在学习活动中锁定学习目的，超越具体活动过程和活动方式，克服困难的干扰，持之以恒，完成学习任务。人类社会发展的历史、科学技术进步的历史有力地证明了，只要拥有明确的目的，坚持不懈，就能走向成功。

3. 科学组织教学活动

教师科学合理地组织教学活动，有助于维持学生的有意注意。主要包括以下几个方面：

一是，灵活地将智力活动和实际操作结合起来，有利于引起和保持有意注意。课堂教学活动是一种有序的智力活动，教师以教材为主线，引导学生思考、传递教学内容、培养学生的智力和能力。整个过程具有形而上的特点，活动效果取决于学生的参与程度。研究表明，在智力活动中，如果将智力加工对象变成当前实际操作的对象，会大大延长活动时间，提高活动效率。最佳的状态是智力活动的对象就是实际操作的对象。

二是，建立任务导向体系，引导学生根据当前任务的需要，不断地自我提醒、自我激励，尤其是在注意的关键环节，通过自我提升，自我要求，保持有意注意，提高注意效果。如经常自我提问："我要干什么？""我正在干什么？""我必须注意什么？"具体措施包括：第一，确立适当的学习目标。所谓适当，要求目标必须符合学生发展的需要和发展水平。第二，建立目标分类系统，将整合的上位目标进行分类，形成学习目标系统。第三，创造条件，引导学生逐步实现目标。第四，建立目标导向意识，经常以目标督察自己的行为。

三是，精心设计课堂提问，充分发挥问题的导向作用，强化学生的有意注意。课堂提问的方式及提问的质量，直接影响着学生的注意力。不良的课堂问题不仅不能起到维持有意注意的作用，反而会干扰课堂教学。因此，教师一定要精心设计课堂问题，并在课堂教学中机智地进行提问。

4. 加强意志力培养，提高学生的抗干扰能力

干扰是有意注意的天敌。没有干扰，有意注意容易集中，工作效率也能保证。干扰的出现，给有意注意的集中和保持带来困难，严重时会导致注意涣散。有意注意的保持，除在教学中创造有利于注意的环境条件外，还可以培养学生的意志力。

同时，要转变一种观念——越安静的环境越有利于有意注意的集中和保持。有时，安静的环境虽然可以避免外界无关刺激的干扰作用，但过于寂静也会使得一些微弱刺激显得引人注意，反而提高了个体的敏感性。俄国生理学家谢切诺夫曾说过，绝对"死气沉沉的"寂静不能提高反而会降低智力工作的效果。

【知识窗】
注意缺陷多动障碍

反思与探究

1. 人类意识的本质、特点及其功能是什么？
2. 人类意识的表现形态有哪些？
3. 人类无意识的基本形态有哪些？
4. 什么是内隐学习？
5. 什么是元认知？
6. 如何应用无意注意的规律？
7. 如何应用有意注意的规律？

推荐阅读

1. 布莱克莫尔，特罗西安科. 人的意识：第3版 [M]. 张昶，译. 北京：中国轻工业出版社，2021.

该书从神经科学、心理学、哲学、文学等多学科，对意识这一古老概念进行系统而全面的论述，有助于读者全面了解有关意识的内容。

2. 契克森米哈赖. 心流：自我进化心理学 [M]. 朱蓉蓉，译. 北京：世界图书出版有限公司北京分公司，2022.

该书是作者关于心流的又一力作，作者在书中发展了"心流"的概念，从进化论的视角讨论了思维是如何工作的以及心流如何为我们的发展提供方向。

3. 麦克纳马拉. 睡眠与梦的神经科学 [M]. 黄俊锋，张大山，译. 史可卉，校. 杭州：浙江教育出版社，2023.

该书深入探讨了睡眠与梦的科学知识，阐明了因睡眠和梦而产生的心理问题，主题涉及睡眠医学、睡眠与记忆、梦的内容分析、睡眠阶段与大脑的相关关系等，介绍了睡眠等方面的新进展。

第七章　记忆和学习

知识导图

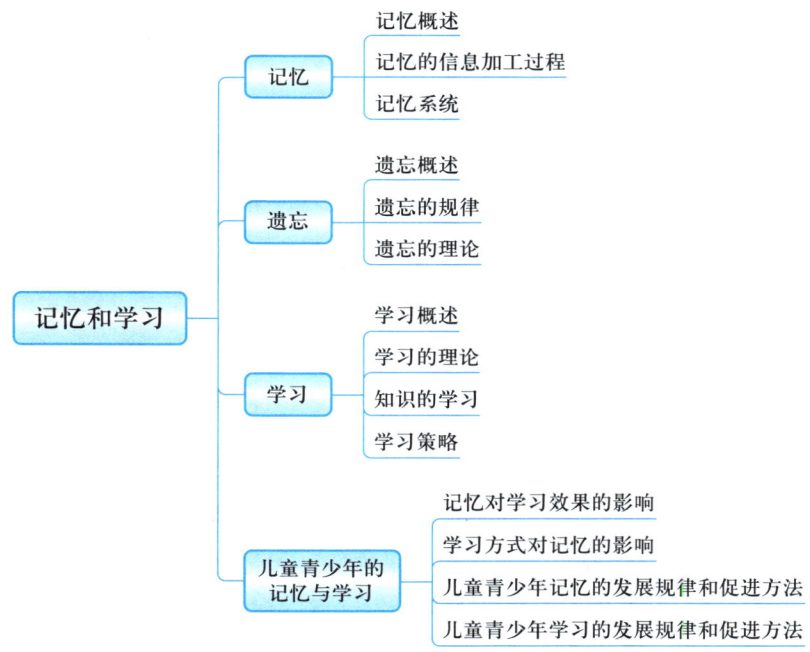

> **案例导入**
>
> **巴特莱特的实验**
>
> 巴特莱特（F. C. Bartlett）在实验中以埃及的一种古老图形为原型（如图 7-1 所示）给第一个被试呈现一张图，要求他根据自己的回忆画出来，然后将第一个被试画的图交给第二个被试，并让第二个被试根据自己的回忆再画下来，这样依次进行下去，直到第 18 个被试。这时，被试凭借自己的记忆所画的图与原图相比发生了很大的变化。
>
>
>
> 图 7-1　记忆过程中图形的变化
>
> 这一实验说明：每个人都会以自己的观点和态度来记忆材料；由于记忆内容的变化，人们凭记忆传递信息往往是不确切的，这也是信息在传播中必然发生变形的原因。

巴特莱特的实验揭示了记忆的部分规律。记忆是与我们的生活、学习密切相关的心理现象，通过本章的学习，你会了解什么是记忆、记忆的过程和记忆系统，了解记忆的规律和提高记忆效率的方法。如果你能遵循记忆的规律，科学使用记忆的方法，你会发现学习的成绩、生活的质量将得到极大提高。

第一节　记　忆

我们几乎随时都在进行着不同程度的信息加工，哪怕在睡眠中也是如此。近年来，关于睡眠的众多研究都证实，哪怕处在睡眠状态，我们的大脑也在辛勤地继续处理着白天尚未处理完的信息。从外部获得的信息被储存在记忆之中，确保我们能够获得足够的外部世界的图景。记忆,几乎就是我们拥有知识的代名词。只有保持良好的记忆,我们才能不断地获得关于外部世界的认识,也才能不断丰富知识。因此,没有良好的记忆就没有知识积累,也就没有成就伟业的根基。

一、记忆概述

(一)什么是记忆

记忆(memory)是人脑对过去经历过的事物的反映。过去感知过的事物,思考过的问题,体验过的情感,学习过的动作,都会以特定的方式在头脑中留下痕迹,并在一定条件下以经验的形式重现出来,这就是记忆。

一般认为,记忆由识记、保持、再认或回忆三个环节构成。识记是记忆的第一个环节,它的任务是通过感知、思维、体验和操作等活动获得知识和经验。保持是记忆的第二个环节,它的任务是加工、储存、巩固已获得的知识和经验。再认或回忆是记忆的第三个环节,它的任务是提取头脑中储存的知识和经验,用以解决当前的问题。这三个环节彼此联系,密不可分。

(二)记忆的分类

根据不同的标准,记忆可以分为不同的类型。

1. 形象记忆、动作记忆、情绪记忆和语言逻辑记忆

以记忆的内容为标准,可以把记忆分为形象记忆、动作记忆、情绪记忆和语言逻辑记忆。

以感知过的事物的形象为内容的记忆叫形象记忆,也称表象记忆。如我们看过的画面,听过的声音,嗅过的气味,尝过的滋味,触摸过的事物等都会在头脑中留下印象,这些都是形象记忆。在形象记忆中,一般人以视觉记忆和听觉记忆为主;因特殊职业需要,某些人的嗅觉记忆、味觉记忆和触觉记忆也很发达。

以做过的动作或运动为内容的记忆叫动作记忆,也称运动记忆,是形成技能的基础。动作记忆最初的识记过程较慢,但记住后容易保持和恢复,不易遗忘。

以体验过的情绪或情感为内容的记忆叫情绪记忆,也称情感记忆。情绪记忆具有保持时间长,甚至经久不忘的特点。情绪记忆往往具有两重性——或成为人们活动的动力,或成为人们活动的阻力。从事艺术工作的人的情绪记忆能力比一般人要强。

以语词、概念、公式、定理、原理等为内容的记忆叫语言逻辑记忆,又称逻辑记忆。语言逻辑记忆保持的不是事物的具体形象,而是反映客观事物的本质和规律的定义、公式、定理等。它具有高度的概括性、深刻的理解性、严密的逻辑性的特点,是人类所特有的,是保存经验最简便、最经济的形式。

2. 内隐记忆和外显记忆

根据提取记忆信息时有无意识参与,可以把记忆分为内隐记忆和外显记忆。

内隐记忆(implicit memory)是指在不需要意识参与或有意回忆的情况下,个体的经验自动对当前任务产生影响而表现出来的记忆(杨治良,1994)。内隐记忆的特点是,人们并没有意识到它的存在,也没有有意识地去提取,它却在完成具体操作

任务中发挥着作用。

外显记忆（explicit memory）是指个体需要有意识地或主动地收集某些经验用以完成当前任务时所表现出来的记忆（杨治良，1994）。外显记忆的特点是，强调信息提取过程的有意性。表 7-1 是内隐记忆与外显记忆的主要区别。

表 7-1　内隐记忆与外显记忆的主要区别

比较维度	记忆种类			
	内隐记忆		外显记忆	
			不随意记忆	随意记忆
识记（输入）	无意识	有意识	无意识	有意识
提取	无意识		有意识	

3. 陈述性记忆和程序性记忆

陈述性记忆（declarative memory）是涉及事实和事件的记忆。比如我们记得自己的学生证号码，记得自己所喜欢的电影，记得第二次世界大战结束的时间。

程序性记忆（procedural memory）是关于做事的方法的记忆，它被用于获得、保持和使用知觉的、认知的、运动的技能。比如打字"你"，在使用搜狗输入法的状态下，只要一敲 n 键，手指就飞向 i 键，说明我们已经将"你"的执行充分地转化为一定的程序。我们也可能记住了做实验的方法、写论文的方法、设计服装的方法……这些就是程序性记忆。从个体发展来看，婴儿首先发展起来的是程序性记忆，然后才是陈述性记忆。

4. 工作记忆和参考记忆

20 世纪 80 年代，认知心理学者提出了工作记忆（working memory）和参考记忆（reference memory）的概念。工作记忆是一个容量有限的系统，它用于暂时储存信息和操作加工信息，以便完成复杂的任务，例如理解、学习和推理。工作记忆需要对时间上分离的、在脑内不同部位储存的不同类型的信息加以整合，因此又称操作记忆（operant memory）。以骑自行车为例，执行这一任务需要加工多种不同信息：有的是感觉性的，如前方的道路状况，有无行人、汽车；有的是认知或运动性的，如是否要右转到某一地点去，是否要轻踩刹车以便安全下坡；等等。此时，多个感觉、运动皮质区能够在同一段时间内加工储存这些信息，使人选择其中能引起注意的事物。人们也能够再现原来已储存而当前有需要的信息（如行走路线），从而随时利用它们。新进入脑内的工作记忆的信息，一般是暂时需要的，使用后即失去意义，不一定储存在长时记忆中。参考记忆是对整个训练过程中一直不变的一般线索或规则的记忆。

二、记忆的信息加工过程

从信息加工论的观点看，记忆即信息的输入、编码、储存和提取过程。与记忆的三个环节相对应：识记即信息的输入和初步编码过程，保持即信息的编码和储存过程，再认或回忆即信息的提取过程。

（一）识记——信息的输入和初步编码过程

识记是通过反复感知从而识别和记住客观事物的过程。识记是整个记忆过程的开端，是保持的前提。要提高记忆效果，就要有良好的识记。识记可分为不同的类型。

1. 根据事先有无目的，识记可分为无意识记和有意识记

无意识记是指没有预定目的，在识记过程中也不需要意志努力、自然而然发生的记忆。如校园文化对学生潜移默化的影响，教师组织学生以游戏的方式进行学习。学生感知学习对象时并没有识记的意图，但这些对象以后能重新出现在脑海里，对这些对象的识记就是无意识记。

无意识记的内容是构成个体经验的重要组成部分，对心理活动有明显的影响。在日常生活中，人们所处的环境、接触的人、完成的工作，都会使人受到影响，引起心理和行为上的变化。如教师高尚的师德，严谨的治学风格，高超的教学艺术，会在无形中影响学生的心理和行为。

无意识记的特点是其带有极大的选择性。一般而言，进入无意识记的内容有两个特点：一是作用于人们感觉器官的刺激具有重大意义或引人注意，如人们对新异的事物会过目不忘——看过的电影《流浪地球》等；二是符合人的需要、兴趣以及能产生深刻情绪体验的内容，如参加高考的情景，到大学报到的情景等。无意识记对人们知识经验的获得有重要作用，同时对学生而言没有强制性。教师可以让学生通过无意识记愉快地学习。但是，无意识记不能保证学生获得系统的科学文化知识。因此，在教学过程中，大量的识记内容还应通过有意识记来获得。

有意识记是指事先有预定目的，采取了相应方法和步骤，并经过一定意志努力而进行的识记。有意识记是在识记目的支配下进行的。识记的目的性决定了识记过程是对识记内容的一个积极的主动编码过程。这种编码包括"识记什么""如何识记"："识记什么"是指确定识记的方向和内容；"如何识记"是指采取什么方法才能更好地记住所要识记的内容。学生在听课过程中的识记就是由这两部分组成的。每节课都有一定的教学目的、教学任务。教师应该先做交代，使学生产生识记意图，以一种积极的心态识记新知识。为了更好地记住教师所讲的内容，学生也应专心致志地听讲，采用记笔记、写提要、展开联想等方法，主动积极地把学习活动指向学习目标。

在相同条件下，有意识记的效果明显优于无意识记，见表7-2。

表7-2 有意识记和无意识记的效果对比

识记性质	间隔时间与效果	
	当时回忆记住的单词数/个	2天后回忆记住的单词数/个
有意识记	14	9
无意识记	10	6

2. 根据识记的材料有无意义联系和学习者能否理解，识记可分为机械识记和意义识记

机械识记是指在材料本身无内在联系或不理解其意义的情况下，按照材料的外部联系，以简单的多次重复的方式进行的识记。比如对无意义音节、地名、人名、历史年代的识记。这种识记具有被动性，但对学生而言是必要的，因为它能防止对记忆材料的歪曲。有一部分学习内容的确需要精确记忆，如历史年代、河流长度等。有一部分内容，限于学生的知识经验，学生不可能真正理解其意义，但这些知识对以后的学习很重要，也应该进行机械识记，如幼儿学习古诗，一、二年级学生背诵乘法口诀。

意义识记是在理解的基础上，依据材料的内在联系或与已有知识之间的联系所进行的识记。在意义识记中，理解是关键。理解是对材料的加工，它根据已有知识经验，通过分析、比较、综合来反映材料的内涵以及材料各部分之间的内在关系。如果材料本身没有什么内在联系，而是被人为地赋予某种意义使其与已有知识经验联系起来，那么这种识记也属于意义识记。例如，记忆"$\pi=3.14159\cdots$"，可以把枯燥的数字谐音为"山巅一寺一壶酒……"。

实验证明，意义识记的效果优于机械识记。德国心理学家艾宾浩斯（H. Ebbinghaus，1850—1904）对两种识记的效果做了比较研究，结果见表 7-3。

表 7-3 机械识记与意义识记的效果的比较（Ebbinghaus，1885）

识记内容	平均复习所需次数
12 个无意义音节	16.5
36 个无意义音节	55
480 个音节的六节诗	8

意义识记和机械识记是相互依存和相互补充的。良好的识记应该是与机械识记相结合的高度发展的意义识记。教师在教学中应善于指导学生把两种识记科学地结合起来运用，使之更好地发挥各自的长处，提高记忆效果。

（二）保持——信息的编码和储存过程

保持是指已经识记过的信息在头脑中储存和巩固的过程。保持是记忆的重要标志，也是再认和回忆的重要条件。

保持是一个动态的过程。识记的内容被储存后，并非一成不变地保持原样，已有认知结构会对这些内容进行加工、编码、再储存，使识记内容随着时间的推移，不断地发生变化。保持内容的变化有质变和量变两种方式。

保持内容的质变主要是指由于主体的已有知识经验以及对材料的认识、加工能力的影响而发生改变。对不同的人而言，改变形式是不一样的。一般有以下两种：① 识记内容比原来内容更简略、更概括，一些不太重要的细节趋于消失，而主要内容及显著特征会被保持。比如有的学生在复述课文《背影》时，只有简单的故事梗

概，三言两语就把故事复述完了。② 使原内容中的某些特点更加突出、夸张，变得更生动、离奇，更具特色。如学生在复述《狼牙山五壮士》时，有的学生在描述红军战士的形象时绘声绘色，还给故事加了一个结尾。

保持内容的量变显示出两种倾向：一种是记忆的回涨现象，即记忆的恢复现象，另一种是保持的内容减少。记忆回涨是指识记某种材料一段时间后测得的保持量大于识记后即时测得的保持量。这种现象一般发生在儿童身上和进行不完全的学习（即没有达到透彻的理解、牢固的学习）时。记忆的恢复内容大部分处于学习材料的中间部分，其原因可能是识记时的累积抑制，即识记复杂材料的过程中产生了抑制的积累作用，影响立即回忆的成绩，经过充分休息后，抑制得到解除，因此回忆成绩有所提高；也可能是材料的相互干扰，即识记后的即时测验由于受到前后材料的相互干扰，各部分之间不能建立有机的联系，很难形成对材料的整体认识，过一段时间后，干扰的消失以及材料间联系的增多使得整体性加强，识记的材料变成了一个有机的整体。

保持的内容减少主要表现为遗忘，相关的知识将在本章第二节介绍。

（三）再认和回忆——信息的提取过程

再认和回忆是从记忆库中提取信息的过程，是记忆过程的最后一个关键环节。一个人的记忆的好坏是通过再认和回忆的水平高低表现出来的。

1. 再认

再认（recognising）是指过去经历过的事物重新出现时，能够被识别和确认的心理过程。

（1）影响再认的因素

在再认过程中，不同的人对不同材料的再认速度是不一样的，这和影响再认的因素有关。这些因素包括：① 已有经验的巩固程度。如果已有经验被很清晰、准确地保持，那么当其再次出现时，一般能迅速、准确地予以再认。② 原有事物与当前呈现事物的相似程度。相似程度高，则利于再认，否则容易发生误认，即错误再认。③ 个性特征。个性特征不同，人的心理活动速度和行为反应速度也不同。独立性强的人和依附性强的人的再认会有明显的差异。

无论简单还是复杂，再认都是依靠线索来进行的。尤其是在遇到困难时，更应有意识地寻找线索。线索是指事物的组成部分和特征以及它们与环境、条件之间的联系。找到这些线索，就可以依靠或扩大线索，达到再认的目的。

（2）再认障碍

再认障碍主要有似曾相识症和旧事如新症。

似曾相识症是指个体在接触新的环境、事物或人的时候，好像过去曾经见过或经历过，因而在自己的记忆中有一种早就体验过的熟悉感觉。这里的误认，是把当前事物的印象和以往的不同而又类似的事物混淆在一起了，所以会对一些新的、生疏的事物有熟悉感，有已知的、似曾经历的体验。

旧事如新症是指个体对于本来熟悉的事物感到陌生。个体对过去曾经体验过而且相当熟悉的环境、事物或人，当再次接触时，有一种似乎从来也不曾见过的新奇而陌生的感觉。如在癫痫梦样状态下，个体对周围日常熟悉的人都形同陌路，家门、街道、同事全变得生疏了。

2. 回忆

回忆（recall）是指经历过的事物不在眼前时，能够在头脑中重新呈现并加以确认的过程。如在回答教师的提问时，学生把头脑中所保持的与该问题有关的知识提取出来，这种提取过程就是回忆。

（1）回忆的分类

根据回忆有无目的性，回忆可分为无意回忆和有意回忆。无意回忆是指没有预定目的与任务，也不需要意志努力的回忆，如触景生情。有意回忆是指在明确目的的作用下对过去经验的回忆，如对考试内容的回忆。

根据有无中介因素参与回忆过程，回忆可分为直接回忆和间接回忆。直接回忆是由当前事物直接引起的对经历过的事物的回忆。间接回忆是借助中介因素而进行的回忆。

回忆的特殊形式是追忆。它是通过积极的思维活动和较大的意志努力而进行的回忆。追忆的效果受多种因素的制约：第一，是否有正确的中介联想，如能利用事物的多方面联系去寻找线索，则易追忆成功；第二，是否有平静的情绪状态，在情绪放松、冷静状态下，追忆效果较好。

在教学中，再认和回忆都是检查学生知识掌握情况的常用手段。试卷中的选择题、匹配题、判断题主要通过再认来完成；填空题、问答题、名词解释题则主要通过回忆来完成。再认比回忆的心理活动复杂程度稍低一些，教师在要求学生识记材料时，不要停留在仅能再认的水平，而应努力达到能够回忆的程度。

（2）回忆障碍

回忆障碍主要有错构症和虚构症。

错构症是指病人将过去可能在生活中经历过，但在其所指的那段时间里并没有发生过的事件，错误地当作真事来诉说，并坚持是真实的。比如一位病人初次与医师见面，便说与医师见过面、谈过话，而实际上与该病人在某地见面的是另外一个人。

虚构症是指病人在回忆中把过去从未发生过且可能是纯属幻想的事件当作亲身经历，并坚信确有其事。例如一个人从未去过某地，但坚持说自己在一周前去过，住了两天，还买了东西，遇见了一位老朋友。

 拓展阅读

与记忆有关的大脑结构

从事记忆研究的部分学者认为，记忆与脑的特定部位有关，不同类型的记忆在脑的不同部位产生。听觉记忆在听觉中枢产生，视觉记忆在视觉中枢产生，语言记忆在言语中枢产生。潘菲尔德等人在医治癫痫病人中发现，额叶受到严重损伤的病人丧失了有组织的逻辑思维能力、计划能力，也不能形成牢固的动机和有意回忆。

科恩（H. Cohen）在对抑郁症患者的不同脑区进行电击时发现：电击左脑后，

损害了言语记忆，但不损害形象记忆；电击右脑后，损害了形象记忆，但不损害言语记忆。由此推断，言语记忆可能储存在大脑左半球，形象记忆可能储存在大脑右半球。苏联神经心理学家鲁利亚（A. R. Luria，1902—1977）发现皮质下组织与记忆有关。如果海马、乳头体和边缘系统受伤，病人的短时记忆会出现明显障碍。

米尔纳（B. Milner）的实验证实了，海马在从短时记忆向长时记忆转化中起重要作用。

三、记忆系统

无论是记忆的分类还是记忆的信息加工过程，都提示我们：记忆是一种相当复杂的认知过程。为了便于研究，心理学家从不同的角度对记忆这一复杂的系统进行了分析。其中一种常用的分析方式是依据记忆的时间长短来进行的：既包含转瞬即逝的瞬时记忆，也包含仅能维持很短时间的短时记忆，还包含能够长时间储存甚至终生难忘的长时记忆。

（一）感觉记忆

1. 什么是感觉记忆

感觉记忆（sensory memory）也叫感觉登记或瞬时记忆，是指外界刺激以极短的时间一次呈现后，一定数量的信息在感觉通道内迅速被登记并保留一瞬间的记忆。不同的感觉通道中信息保留的时间不一样，一般认为视觉刺激保留的时间为 0.5～1 s，而听觉刺激保留的时间可以维持 3～4 s。例如，人们将电影、电视中相继出现的静止画面看成运动的图像，就是感觉记忆在起作用。

感觉记忆是记忆系统的开始阶段，是信息处理的第一站。感觉记忆为信息的进一步加工提供了材料和时间，这个过程对知觉活动本身和其他高级认知活动都有重要意义（杨治良，1994）。

2. 感觉记忆的种类

人的各种感觉通道都存在对相应刺激的感觉记忆，研究较多的是视觉、听觉的感觉记忆，分别叫作图像记忆和声像记忆。图像记忆是最常见的一种感觉记忆：当作用于视觉器官的图像刺激迅速移去后，图像随即在视觉通道内被登记，并保持一瞬间的记忆（孟昭兰，1994）。声像记忆是指听觉系统对刺激信息的瞬间保持（孟昭兰，1994）。

3. 感觉记忆的特点

形象鲜明。感觉记忆中的信息未经任何处理，以感觉痕迹的形式被储存，完全按客观刺激的物理特性编码，并按感知的先后顺序被登记，所以形象鲜明。

时间极短。图像记忆储存的时间为 0.25～1 s，声像记忆储存的时间超过 1 s，但不长于 4 s。信息消失的速度极快，若不加以注意，很快就会消失；如受到注意，就转入短时记忆。

容量较大。一般来说，凡是进入感觉通道的信息都能被登记，记忆容量的大小由感受器的解剖生理特点所决定。以图像记忆为例，记忆容量为 9～20 bit。

信息原始。感觉记忆中的信息是未被注意的，未经加工的信息。

（二）短时记忆

1. 什么是短时记忆

短时记忆（short-term memory，STM）是指信息一次呈现后，保持时间在 1 min 之内的记忆。短时记忆和感觉记忆不同，感觉记忆中的信息是不被意识的、未被加工的，而短时记忆是操作性的、正在工作的、活动着的记忆。例如，当我们从手机上查到一个电话号码，立即能告诉朋友，但过后很快就忘记了这个号码，这就是短时记忆。

2. 短时记忆的特点

信息保持的时间很短。短时记忆保持的时间为 5～20 s，最长不超过 1 min。如果得不到复述，转眼就会遗忘。这些信息要想长期保持，必须进行加工处理，转入长时记忆。

记忆容量有限。短时记忆的容量是有限的，一般为 7±2 个组块（chunk）。组块的概念是米勒（G. A. Miller）提出的，指将若干小单位联合成大单位的信息加工，也指这样组成的单位。他认为短时记忆容量不以信息论中所采用的比特为单位，而以组块为单位。一个组块可以是一个数字、一个字母，也可以是一个单词、词组，还可以是一个短语。有了组块，就可以把时空上接近的单个项目组成一个较大的块，也可以利用已有知识经验把彼此无关的单个项目组成有意义的块，这样能大大提高短时记忆的容量。在生活中，我们发现一些老年人总是记不住新东西，其中一个重要原因就是老年人的短时记忆容量比年轻人的小。

短时记忆的信息可被意识到。感觉记忆通道内的信息是被自动地登记下来的，内容不易为人们所意识。短时记忆是服从当前任务需要，主体正在操作、使用的记忆，是正处在当前的意识中、唯一能被直接意识到的记忆。

可操作性强。短时记忆就其心理功能而言是具有操作性的。一方面，它通过注意来加工感觉记忆中保持的信息从而为当前的任务服务，同时把其中的必要信息经复述储存在长时记忆中；另一方面，它又根据当前任务的需要，从长时记忆中提取所需要的信息完成某种操作。在教学中，教师应特别注重短时记忆对于学生学习的重要作用。如果多次复述学习内容，每次复述的内容在短时记忆容量范围之内则可以提高记忆效率。

3. 短时记忆的编码

传统的观点认为，储存在短时记忆中的信息主要是听觉编码。康拉德（R. Conrad）在记忆广度实验中观察到回忆错误与正确反应之间有语音上的联系，他推测短时记忆中的信息主要为听觉编码。有实验（莫雷，1986）表明，汉字的短时记忆以形状编码为主。对于图画、面部和肢体动作以及视觉观察事件所属范畴的短时记忆，倾向于用视觉编码和语义编码。因此，短时记忆的编码方式似乎是随记忆材料而相应变化的。

4. 短时记忆的提取

短时记忆的提取以斯滕伯格的研究最具代表性。其研究结果是，短时记忆的信息提取是顺序系列检索而非平行同步检索。后来的研究修正了他的观点——短时记忆的信息提取既有平行同步检索，又有系列全扫描、系列自中断扫描。比如，如果记忆的是比较长的有意义的词、句子、文章，由于扫描时间较长，那么从短时记忆中提取信息是以系列自中断扫描的方式进行的，即一旦在记忆中找到和探查项目相同的项目，检索就立即停止（小谷津，1973）。

（三）长时记忆

1. 什么是长时记忆

长时记忆（long-term memory，LTM）是指在大脑中储存超过 1 min 甚至保持终生的记忆。长时记忆中的信息主要来自对短时记忆中的信息的复述，也有一些印象深刻的信息是在感知过程中一次性输入而长久保存的。长时记忆是个体经验的积累和心理发展的前提。个体对社会的适应，主要依靠从长时记忆中随时可提取的知识和经验。

2. 长时记忆的特点

记忆容量无限。长时记忆的容量似乎没有限度，它可以储存一个人关于世界的一切知识，为个体的所有活动提供必要的知识基础。长时记忆的容量究竟有多大，有人认为是 5 万～10 万个组块，也有人认为是 10^{15} bit，总之，它有巨大的容量。

信息保持时间很长。长时记忆中的信息保持时间在 1 分钟以上，甚至数年乃至终生，是一种长久的储存，有人称为永久记忆。

3. 长时记忆的编码

一般认为，长时记忆是以语义的方式来编码的，简称义码。例如，给被试呈现钢笔、纸张、书桌、计算机、毛笔、野猪、狗、大象、文具、老虎、书橱等单词。他们在回忆时，往往不按单词呈现的先后顺序，而是按它们的意义加以归类，如动物类（野猪、狗、大象、老虎）。

20 世纪以后，有人提出长时记忆除语义编码外，还存在表象编码，即双重编码（Paivio，1975）。双重编码说认为，在长时记忆中，对言语信息的储存用的是语义编码，而对非言语信息的储存用的是表象编码。二者彼此独立又互相联系。比如，识记一件具体的事物"手表"，我们既可以用一块有特定形状的手表的心理图像去代表它，又可以用更抽象、更概括的意义来描述它——"手表是一种计时工具"。前者是表象编码，后者是语义编码。

4. 长时记忆的提取

从信息加工观点来看，提取就是信息的输出过程。长时记忆的提取表现为两种形式——再认或回忆。再认或回忆有两种方式：一种是直接搜寻，即不依赖任何提示线索和中介性的联想，直接把有关信息从记忆库中抽取出来。例如，当你的朋友在大街上出现时，你能立刻把他认出来，这是直接再认。若问你去年夏天同谁结伴旅行了，你会说出一些人的名字，这是直接回忆。另一种是间接搜寻，即再认或回忆需要一些提示线索和中介性的联想才能实现。例如，若问在 2017 年 7 月 1 日，你做了什么，你可能很难立刻回忆起来，往往需要借助日记、备忘录或其他中介物，这种回忆称为间接回忆。间接回忆依靠联想进行。

 拓展阅读

脑成像与记忆研究

心理学家通过先进的脑成像技术对记忆进行了大量研究。比如，图尔文和他的同事（Nyberg et al., 1996; Tulving et al., 1994）用PET已经区分出在情景信息的编码和提取过程中，大脑两半球的活动有显著不同。他们的实验与标准化的记忆实验一样，只是他们用PET监测了被试在编码和提取时的脑血流。研究发现，在情景信息的编码阶段，左前额叶表现出不对称的高度脑活动；而在情景信息的提取阶段，右前额叶表现出高度脑活动。

使用fMRI所做的研究为了解记忆操作在大脑中的分布方式提供了细节。在辨别新记忆形成时激活的特异性脑区的两个研究（Brewer et al., 1998; Wagneret al., 1998）中，被试要看一些场景或单词，并且做出简单的判断（例如，这个词是具体的还是抽象的）。在被试做这些任务的时候，对他们进行fMRI扫描以发现脑活动区域。结果发现，前额叶皮质和旁海马皮质的激活越强烈，被试对所呈现的场景或单词的再认就越好。这些研究揭示了新记忆产生的生物学基础。

第二节 遗 忘

只要保持清醒，我们就能随时随地地加工来自外部世界的信息。因此，哪怕我们并没有主动"读书"，我们也总是在"学习"。有意思的是，一些事物，一经学习就能够长时间地保持，甚至终生难忘；而另一些事物，尽管我们也曾想努力记住，但总会遗忘。

什么是遗忘？我们为什么会遗忘？遗忘是否有规律可循？有什么好的方法来防止遗忘吗？当我们不想记住某事的时候，我们能否主动地遗忘？这些都是心理学家非常关心的问题。

一、遗忘概述

（一）什么是遗忘

遗忘（forgetting）是指识记过的材料不能再认或回忆，或错误地再认或回忆。遗忘在不同年龄阶段都有可能发生。比如，我们对3岁以前的经历大多回忆不起来，这被称为幼年健忘。其原因之一是3岁前的记忆主要以非语言编码储存，而成人对记忆的提取或回忆是以言语编码进行的，所以对那些早期的非言语编码储存的信息难以提取。

（二）遗忘的分类

根据遗忘的时间，遗忘可分为假性遗忘与真性遗忘。对识记过的材料暂时不能再认或回忆，但在适当的条件下还可以恢复，称为假性遗忘或暂时遗忘。不经过重

新学习，记忆过的材料便不能恢复，称为真性遗忘或永久性遗忘。

根据遗忘的内容，遗忘可分为部分遗忘与整体遗忘。部分遗忘是指对识记材料的部分内容的遗忘。如对课文部分段落的遗忘。整体遗忘是指将识记材料全部遗忘了。

二、遗忘的规律

遗忘是一种复杂的心理现象，但其发生发展有一定规律。最早对遗忘现象进行研究的是艾宾浩斯。他使用无意义音节作为实验材料以避免学习和记忆受已有经验的影响，要求被试把识记材料学习到恰能背诵的程度，经过一定时间间隔后再重新学习。以重新学习时节省的诵读时间或次数作为记忆的指标，测量遗忘的进程，并根据实验数据绘制出曲线图。该曲线被称为艾宾浩斯遗忘曲线（如图 7-2 所示）。从图中可以看出，遗忘的进程是不均衡的，在识记的最初阶段遗忘速度很快，以后逐步减缓。这就是人们常说的遗忘的规律。

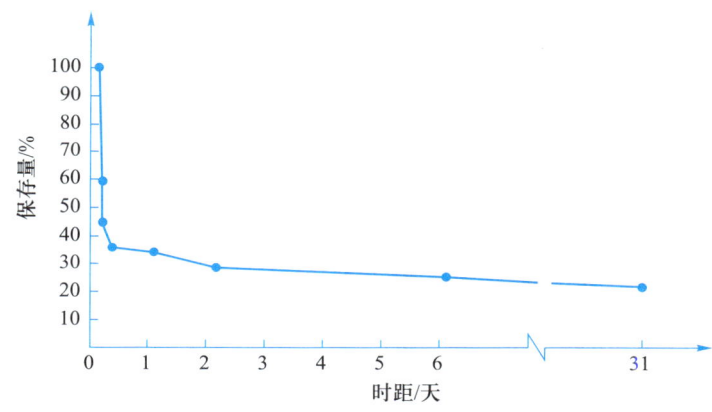

图 7-2　艾宾浩斯遗忘曲线（Ebbinghaus，1885）

遗忘的进程除受时间影响外，还受到其他因素的影响：

受到识记材料性质的影响。美国心理学家吉尔福特（J. P. Guilford）曾以诗歌、散文和无意义音节为识记材料进行了比较研究，发现不同性质的材料有各自不同的遗忘曲线，但都遵循先快后慢的规律。

受到识记材料数量的影响。在学习程度相等的情况下，识记材料数量与遗忘的速度成正比。

受到学习程度的影响。刚能背诵的材料比在已经能背诵后再识记数次的材料更容易遗忘。

受到识记材料系列位置的影响。处在识记材料中间的内容被遗忘得最多。

受到识记者态度的影响。对识记者没有重要意义，没有引起识记者的兴趣，不满足识记者需要的内容最先被遗忘。

三、遗忘的理论

遗忘的原因既有生理方面的，如因疾病、疲劳等造成的遗忘，也有心理方面的。

关于心理方面的原因，主要有四种理论。

1. 痕迹衰退理论

痕迹衰退理论认为，遗忘是由于记忆痕迹得不到强化而逐渐衰弱以致最后消失的结果。从巴甫洛夫（I. P. Pavlov，1849—1936）的经典条件反射理论来看，记忆痕迹是指在感知、思维、情绪和动作等活动时大脑皮质有关部位所形成的暂时神经联系。暂时神经联系的形成，使经验得以识记和保持；暂时神经联系的恢复，使已有经验以再认、回忆等形式表现出来。记忆痕迹的衰退即遗忘。虽然目前还难以用实验来证明记忆衰退理论，但也难驳倒这一理论。因为事物都有发生、发展和衰亡的过程，记忆痕迹也不例外。

2. 干扰理论

干扰理论认为，遗忘是因为我们在学习和回忆之间受到了其他刺激的干扰。一旦排除了这些干扰，记忆就能够恢复。为干扰理论提供最有力证据的就是前摄抑制和倒摄抑制。前摄抑制是指先学习的材料对识记和回忆后学习的材料的干扰；倒摄抑制是指后学习的材料对保持和回忆先学习的材料的干扰。这两种抑制产生的原因主要有三个方面：一是材料的相似性，即先后学习的两种材料在意义上、组成上或排列的顺序上有某些相似或相同的成分时，会产生较大的抑制效果。二是先后两种学习的巩固程度。先后两种学习材料的巩固程度是影响抑制的重要因素。如果其他条件相当，后学习材料所产生的倒摄抑制作用，将随着前材料学习的巩固程度的提高而减弱。三是先后两种学习的时间安排。实验证明，先后两种学习之间的时间间隔越大，倒摄抑制的作用则越小。

3. 提取失败理论

在生活、学习中，有时候我们明明知道某件事，但就是不能回忆起来，事后却能回忆起来，这种现象称为舌尖现象（tip of the tongue）或话到嘴边现象。例如，熟人相见却叫不出名字，话到嘴边说不出来，提笔忘字……这些情况说明，遗忘只是暂时的，就像把物品放错了地方怎么也找不到一样。从信息加工的观点来看，遗忘是一时难以提取出所需信息，一旦有了正确的搜寻线索，就能顺利提取出所需信息。这就是遗忘的提取失败理论。

4. 动机性遗忘理论

精神分析学派认为，遗忘是由于情绪或动机的压抑作用引起的。如果过去经历中有一些使自我感到痛苦、焦虑、恐惧的经验，那么自我为了免受痛苦会发展出一种防御机制——压抑。如果压抑被解除，记忆就能恢复。动机性遗忘理论可以有效地解释与情绪有关的内容的暂时性遗忘。

总之，遗忘的原因是多方面的。以上理论从不同角度解释了遗忘的部分原因，综合以上理论能更好地解释遗忘这种心理现象。

【知识窗】记忆研究怎样帮助我们准备考试？

第三节 学 习

年幼时，我们学习走路、说话、与人交往；上学后，我们广泛学习各种文化知识、各类社会规范；成年后，我们学习处理工作、照顾家庭；哪怕到老年，我们依然在努力学习适应飞速发展的世界。"活到老，学到老"充分体现了人类终身学习的发展观，尤其在这个信息飞速发展的时代，学习是贯穿我们一生的、不会停止的活动。

一、学习概述

（一）什么是学习

学习（learning）是指个体由经验所引起的思维或行为的比较持久的变化及其过程，即获得知识和掌握技能的过程。它最初更多指练习、记忆，随着经济的发展，人们逐渐从生产劳动中解放出来，脑力劳动不断增多，体力劳动不断减少，学习不再是简单的模仿与过去经验的获得，学习成为我们每个人必备的一项重要任务和能力，同时学习与每一项心理活动密切相关。

【知识窗】
对学习的普通认识

（二）学习的分类

学习是一个极其复杂的过程，要想对其有一个更加深入的了解，对其进行分类梳理是一个必不可少的过程。

1. 根据学习过程的复杂程度分类

根据学习过程的复杂程度，从简单到复杂，学习可以分成系列学习、辨别学习、概念学习、原理学习和问题解决学习。系列学习指将一系列刺激反应按一定的顺序联合起来。例如，打羽毛球就是将握好球拍、看到球、挥拍、击球等一系列刺激反应联合起来。辨别学习是指有机体学会对特定的刺激做出特定的反应或对表面相似而实质不同的刺激做出识别反应。例如区分苹果和香蕉。概念学习就是学习把具有共同属性的事物集合在一起并冠以一个名称，把不具有此类属性的事物排除出去，如学习正方形的概念等。原理学习是指了解概念之间的关系，学习概念间的联合，如对自然科学中的各种定律、定理的学习等。问题解决学习指在各种条件下，应用规则或规则的组合解决问题，如运用多个规则判定两个三角形全等等。

2. 根据学习的结果分类

根据学习的结果，学习可以分成动作技能学习、态度学习、言语信息学习、认知策略学习和智慧技能学习（Gagné，1985）。动作技能学习是一种依赖重复练习的学习，如学习骑自行车、游泳等。态度学习是指个体获得对人、对己和对环境较持久的肯定或否定的内部反应倾向的过程，如喜欢某种花，倾向于和某类人交朋友。言语信息学习是我们日常生活中最普遍的学习方式，如课堂上的学习、书本内容的学习、文字的学习。认知策略学习是指获得用于调节、控制学习者内部注意、学习记忆与思维活动的技能的过程，包括如何进行记忆某个内容、应该怎么学习某个知识点等。智慧技能学习是指习得按一定规则顺利完成某种智慧任务的能力的过程，又称智力技能学习、心智技能学习。包括运用三段论推理对问题做出结论，从事实概括出原理或原则等。

3. 根据学习材料与学习者已有知识结构的关系分类

根据学习材料与学习者已有知识结构的关系，学习可以分成意义学习和机械学习（Ausubel et al.，1968）。意义学习指通过符号、文字使学习者在头脑中获得相应的认知内容或建立某种内在的、必然的关系，而不是任意的、人为的关系。例如，学习了 10 以内加减法以后，再学习 20 以内加减法时，大脑中会自动建立联系。在机械学习中，学习者没有理解学习符号的真实含义，只是在学习内容与已有知识结构之间建立一种非本质的、人为的联系，不管其意义前后逻辑。机械学习包括我们熟悉的死记硬背，同时，一些记忆技巧，如编顺口溜等也属于机械学习。

4. 根据学习的方式分类

根据学习的方式，学习可以分成接受学习和发现学习（Ausubel et al.，1988）。接受学习是教师将学习的内容以定论的形式传授给学生，学生和教师是"接受"和"传授"的关系。在这种关系中，学生是被动的，不需要主动发现和探索。发现学习是指教师不直接把学习内容教给学生，而是让学生自己去发现这些内容。学生的主要工作不再是简单接受，而是需要他们去探索和发现。

5. 根据学习的内容分类

根据学习的内容，学习可以分成认知学习和动作技能学习。认知学习是指以认知加工过程为对象的学习，是以文字、语言为主要媒介的学习，具体包括语言学习、问题解决、思维训练，等等。动作技能学习是指以动作方式为对象的学习，例如走路、操作电脑、驾驶汽车等。

【知识窗】
根据学习的层次分类

二、学习的理论

心理学家通过对动物学习和人类学习的系统探究，提出了一系列不同的理论来具体论述学习。这些理论总体可以分为行为主义学习理论和认知学习理论。随着研究的不断深入，在这两种理论的基础上又出现了建构主义学习理论与人本主义学习理论。

（一）行为主义学习理论

行为主义学习理论提出，学习就是在刺激与反应之间建立联结的过程。该理论的代表人物主要有巴甫洛夫、桑代克与斯金纳等。

1. 经典条件反射

巴甫洛夫与助手在对狗的消化腺的研究中发现：给狗食物，狗吃到食物后会分泌很多唾液；此后，狗只要看到食物，就开始分泌唾液；再后来，狗只要听到喂食者的脚步声，唾液的分泌量就开始增加。巴甫洛夫对这种现象进行了系统研究，提出了条件反射（conditional reflex）的概念，随着研究的深入，后人称为经典条件反射。

巴甫洛夫的研究发现，形成条件反射的前提是拥有无条件反射。无条件反射（unconditioned reflex）是人和动物原本就拥有的自然生理反应，不需要学习。例如，在巴甫洛夫的实验中，狗吃到食物就会分泌唾液。在这个反射中，食物是无条件刺激，分泌唾液是无条件反应。随后在无条件反射的基础上，加入一种无关的中性刺激，多次重复后就会形成条件反射。中性刺激（neutral stimulus）是指与无条件反射无关的刺激，比如实验中的脚步声——本身与狗分泌唾液是没有必然联系的。在原先的吃到食物后分泌唾液的无条件反射中加入脚步声这一中性刺激，多次重复听到脚步声从而给食物这个过程，狗就会建立一个新的条件反射，即一听到脚步声就会分泌唾液。这时中性刺激由于与无条件刺激（食物）结合而变成了条件刺激（conditioned stimulus），由此引起的唾液分泌就是条件反射。巴甫洛夫使用的实验装置如图7-3所示。把狗固定在特定架子上，给它做个手术使其部分唾液腺暴露出来，收集狗的唾液。在之后的实验中，巴甫洛夫等人尝试用铃声作为中性刺激，实验设计如图7-4所示。与之前的实验过程相同，只是将中性刺激脚步声换成了铃声。重复多次后发现，狗一听到铃声就会分泌唾液。

图7-3 巴甫洛夫的实验装置

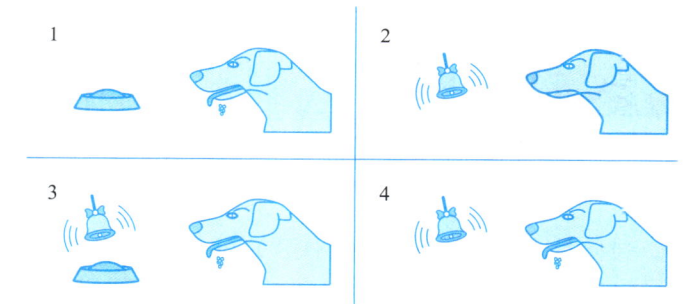

图7-4 巴甫洛夫的实验设计

> 拓展阅读

经典条件反射的规律

巴甫洛夫提出，这些经典条件反射有一些共同的规律。

1. 消退

消退是指条件反射形成以后，如果得不到强化，条件反应会逐渐削弱，直至消失。

2. 泛化与分化

泛化（generalization）是指在条件反射形成之初，一些与条件刺激相似的刺激也会引起相应的条件反射。新刺激越接近原来的条件刺激,就越容易发生泛化。与泛化作用互补的是分化(discrimination),是指对事物的差异性反应。

3. 二级条件作用

在已经形成的条件反射的基础上,如果将条件刺激当作无条件刺激,让它与一个新的中性刺激伴随出现,就能建立一种新的条件反射,称为二级条件作用(secondary conditioning)。

2. 操作性条件反射

在经典条件反射中,有机体的行为是由刺激引发的不自主反应。但在日常生活中,人们为了更好地适应环境会做出很多主动行为。基于此,美国著名心理学家桑代克进行了迷笼实验(见图7-5),并提出了效果律(law of effect):如果某一行为会带来愉悦的结果,那么该行为会得到重复;如果某一行为会带来不愉悦的结果,那么该行为不会得到重复。后来,斯金纳根据桑代克的研究提出了操作性条件反射。

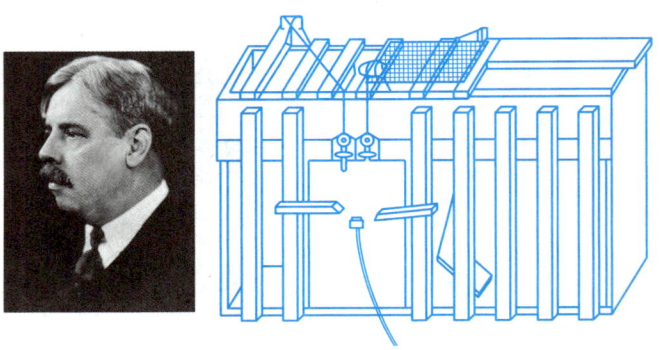

图7-5 桑代克与迷笼

桑代克认为,强化是影响行为巩固或再次出现的关键。桑代克将强化分为正强化与负强化:正强化是指通过提供一个积极刺激使相关行为得到巩固或者再次发生;负强化是指撤销一个消极刺激使相关行为得到巩固或者再次发生。负强化与我们常说的惩罚不同,两者的目的不同——惩罚会使相关行为减少直至消失,而负强化是为了使相关行为保持或增加。

斯金纳认为,在行为实验中,强化是最容易控制的、最有效的变量。在精确控制的实验情境中,实验者可以精确地决定使用什么类型的强化,怎样给予强化和何时给予强化。强化的类型多种多样,包括连续强化和间隔强化。间隔强化又可分为固定比例强化和变化比例强化、固定时间强化和变化时间强化等,如图7-6所示。连续强化是指每一次正确的行为之后都予以强化;间隔强化是指不是每一次都给予强化,根据不同的间隔强化类型在某一次正确的行为之后予以强化——固定比例强化就是固定次数的正确行为后给予强化,如出现3次正确行为后给予强化。不同的强化方式可以帮助我们更好地塑造儿童的正确行为。强化在目前的行为矫正方面应用广泛。

总结相关研究,斯金纳提出了两个新的概念,分别是应答性反应和操作性反应。

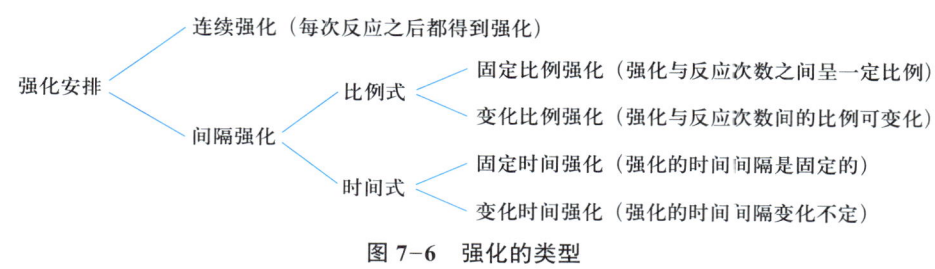

图 7-6 强化的类型

应答性反应是由环境中本来就有的刺激引发的；而操作性反应是个体自发的，行为产生后如果予以强化就可使行为持续或再次出现。

（二）认知学习理论

行为主义学习理论过分强调简单的刺激-反应联结，把人简单地等同于动物。然而，人与动物的学习是不同的。如果是人的学习，我们除了需要思考简单的刺激-反应联结，还需要去了解其背后的目的与动机。例如，人会熬夜工作、减肥等行为均不能用行为主义学习理论进行解释。故认知心理学家提出了其对于学习的不同理论。其中，皮亚杰提出的儿童认知发展理论是迄今为止影响甚远的认知学习理论。

1. 皮亚杰的发展观

皮亚杰的理论主要围绕四个概念展开——图式、同化、顺应、平衡。图式是指一套可重复的行为、思维模式，是一种认知结构。例如，婴儿刚出生就会的，能够帮助其生存的吮吸、抓握等。同化是指个体将外界的知识纳入已有的或正在形成的图式的过程。例如，我们先前已经学习了匀速直线运动的定义，之后再学习匀变速直线运动的定义时可借助先前学习的匀速直线运动的定义。顺应是指先前的图式已经不能解决当前出现的问题或者无法适应当前的环境时，已有图式发生改变的过程。例如，之前已经学习过的加法规则，在学习乘法的时候发现此规则并不能解决乘法的问题，这个时候就可以建构新的图式即乘法规则。皮亚杰认为，个体发展的过程就是不断在环境中适应的过程。个体适应了当前环境意味着个体与环境之前达到了平衡；当外界环境发生变化后，这种平衡就被打破了，这时就需要个体适应新的环境达成新的平衡，所以这种平衡是一种动态平衡。同时，这种适应不是被动的而是个体积极主动地建构新图式的过程。

2. 发展阶段论

皮亚杰根据其实证研究结果将儿童的认知发展分为：感知运动阶段、前运算阶段、具体运算阶段与形式运算阶段。皮亚杰认为，每一个儿童的发展都必须经历这四个阶段，每个阶段之间是连续的，不能跳过，且每个阶段都有其特征。

（1）感知运动阶段（0—2岁）

感知运动阶段儿童主要通过感觉与动作来产生认知。这是儿童最初对世界产生认识的方式。该阶段儿童的显著特点是逐渐获得客体永久性。

（2）前运算阶段（2—7岁）

前运算阶段儿童的语言能力、表象思维能力得以飞速发展。主要有如下特点：① 自我中心化，这是前运算阶段儿童最显著的特点。在皮亚杰的三座山实验中，前运算阶段的儿童并不能回答洋娃娃看到了什么。②泛灵化；③集体独白；④不可逆性；⑤不守恒；⑥思维集中化。

（3）具体运算阶段（7—11岁）

具体运算阶段儿童的思维能力与认知水平都有了极大的发展。他们的思维出现去自我中心化，开始建立守恒的概念；他们不再认为一切都有生命；他们的思维开始不再集中化，也具有了可逆性。但该阶段儿童的抽象思维能力还没有发展完善。

（4）形式运算阶段（11岁以后）

形式运算是指可以通过文字在头脑中重新构建事物和过程用以解决问题。形式运算阶段儿童的抽象思维能力飞速发展，同时推理能力也有了很大的提升，能够解决我们熟悉的有关三段论的推理问题。

（三）建构主义学习理论

建构主义是认知学派中的比较新的一种学习理论，强调学习者的主动性，认为学习是学习者基于已有知识经验生成意义、建构理解的过程，而这一过程常常是在社会文化互动中完成的。建构主义认为，学习的知识、环境中的刺激，其本身是没有意义的，意义都是学习者主动建构出来的，所以每个学习者由于先前所拥有的经验不同，对同一个刺激、同一个知识建构出的意义也会不同。

建构主义虽发展出了不同的观点，如激进的建构主义、信息加工的建构主义等，但这些观点都提出，教师要成为学生建构意义的帮助者，这就要求教师在教学过程中应从以下几个方面发挥指导作用：激发学生的学习兴趣，帮助学生形成学习动机；通过创设符合教学内容要求的情境和提示新旧知识之间联系的线索，帮助学生建构当前所学知识的意义。

（四）人本主义学习理论

人本主义学习理论更加重视人的主体作用，将人看成一个整体，而不是几个部分。以人为本的学习理论更加偏向于研究人类特有的高级心理活动，例如尊重、感恩、期待等。人本主义学习理论主要有两个代表人物——马斯洛和罗杰斯。

1. 马斯洛的学习理论

马斯洛的需要层次理论将人的需要分成五种：生理需要、安全需要、归属与爱的需要、尊重的需要和自我实现的需要。马斯洛认为，人都有自我实现的需要，从而形成了其对学习的内部动力与内部压力。同时，马斯洛还提出了外在学习与内在学习。外在学习是指个体的学习只是依赖简单的刺激－反应与强化的学习，这种学习是机械的、一味灌输的学习。马斯洛认为，我们应该反对这种学习模式，建立一种内在学习。内在学习就是由学生的内部动机驱动，学生自主选择、自我强化，真正能促进其自身发展的学习。这种学习是人本主义所倡导的学习，也是以学生为主体，能够真正帮助其自身发展的学习。

2. 罗杰斯的学习理论

罗杰斯将心理咨询中的"来访者中心"引入教育教学中，提出了教育应以"学生为中心"的教育理念，认为教育应更注重方法过程而不是结果。罗杰斯的学习理论包括知情统一的教学目标观、有意义的自由学习观、以学生为中心的教学观。

知情统一的教学目标观强调认知与情感都是教学的关键。传统的教学常常忽略学生自身的情感因素，但人本主义强调认知与情感是不可分割的两个部分。罗杰斯提出了要培养"躯体、心智、情感、精神、心力融会一体"的人，既能用知识处理问题也能用感情处理问题，这就类似于我们说的双商（智商、情商）都高的人。

有意义的自由学习观强调个体所学习的内容与其本身是有很大关系的，对其自身的发展来说是有意义的。学习应该与个体的兴趣、自身的发展、性格、态度等紧密结合起来。罗杰斯认为，有意义学习主要具有四个要素：学习具有个人参与的性质（投入了情感和认知），学习是自发的，全面发展，学习是由学生自我评价的。

以学生为中心的教学观认为学生是学习的主体，教师的任务不是教学生学习知识，也不是教学生如何学习，而是为学生提供各种学习资源，创设学习氛围，让学生自己决定如何学习。总的来说，教师只是学生学习的协作者或是促进者。

三、知识的学习

（一）知识的分类与表征

1. 知识的分类

知识有广义与狭义之分。广义的知识泛指人们所获得的经验。狭义的知识仅指个体获得的各种主观表征。据此研究者提出了多种类型的知识：按知识学习过程的心理性质或特点分类，可分为陈述性知识和程序性知识；按学生学习的书本知识的性质分类，可分为联结性知识与运算性知识等。

（1）陈述性知识与程序性知识

现代认知心理学家安德森从知识的心理性质的角度出发，将知识分为陈述性知识和程序性知识。陈述性知识是关于事实"是什么"的知识，例如，你知道"苹果是水果"，它的基本形式是命题，许多命题相互联系形成的命题集合称为命题网络。程序性知识是回答"怎么办"的知识，它的基本形式类似计算机"如果……那么……"的条件操作，个体掌握了这种程序性知识后，一旦认知了条件，就能产生相应的操作。

（2）联结性知识与运算性知识

联结性知识：人类在形成这类知识时只是经过联结活动而不是经过复杂的认知操作活动。这类知识并没有蕴含认知操作或运算，它主要具有信息意义。

运算性知识：人类在形成这类知识时经过了复杂的认知操作活动。它凝聚了人类复杂的认知操作活动或智力活动，既有信息意义又有智能意义。

2. 知识的表征

表征是指信息在大脑中储存和组织的形式。认知心理学家认为，知识的种类不同，知识的表征也不同。知识的表征主要包括以下几种。

（1）概念

概念代表事物的基本属性和基本特征，是一种简单的表征。特征本身是由更基本的成分组成的，如知觉特征、功能特征、关系特征等。由于不同概念在大脑中是互相联系的，又具有一定层次关系，因此它们就构成了一种语义层次网络组织。在层次网络中，概念的特征会进行分级表征：在每一级概念的水平上，只储存此级概念所独有的特征，而同一级的各概念所具有的共同特征则储存在上一级概念的水平上。这样的分级表征体现了认知经济性原则。

（2）命题

命题是意义或观念的最小单元，用于表述一个事实或描述一种状态，通常由一种关系和一个以上论题组成，关系限制论题。个体是用命题将观念储存在大脑中的，命题用句子来表达，一个句子可以包含一个或多个命题。

（3）命题网络

若干个命题彼此联系组成命题网络。命题网络是由较为复杂的句子或由多个句子表述一定的意义构成的段落。简单的命题之间通过共同的成分彼此相连形成较为复杂的命题网络，用来表达较为复杂的知识信息。人们在大脑中是以某种命题或命题网络的形式来表征知识的，这些命题是按层次结构被储存的。一般来说，较抽象、概括的知识处于上部，而较为具体的内容处于下部。

除上述几种表征形式外，研究者还提出了其他一些表征类型，如表象、图式和系列组织等。表象是对事物的物理特征做出连续保留的一种知识形式，是人们储存情境信息与形象信息的一种重要方式，而这是命题很难做到的。图式在于表征人类对某个主题的知识所具有的综合性质。前述的命题和表象均只涉及单个观念，图式则往往组合了概念、命题和表象。系列组织是指人们记忆的内容按一个特殊的、连续的、系列的顺序在大脑中进行表征。

（二）知识的理解

理解知识时，学习者总是需要与已有知识经验相结合，同时大脑主动建构对输入信息的解释，主动地选择一些信息，忽略一些信息，并从中得出推论。在知识理解的过程中，学习者的已有认知结构、长时记忆中的知识经验同从环境中接收的信息相互作用，学习者主动地选择信息和建构信息的意义。知识理解的过程如下：

长时记忆中储存的知识经验会影响知觉和注意倾向，学习者把这些知识经验提取到短时记忆中。知识经验使学习者不仅能注意外界的信息，而且能对此信息进行选择性注意。

经过选择后的信息，与长时记忆中存在的有关信息建立某种联系，可以帮助学习者主动地理解新信息的意义。

为了检验所形成的理解，学习者可能要将其与感觉经验对比，或者与长时记忆中的知识经验对比。如果意义建构成功，就实现了意义的理解；否则信息就回到感觉经验。

知识理解完成后，学习者会对形成的理解进行检验。如果新知识与已有知识相差不大，就进入长时记忆，被同化到已有认知结构中；相反，就可能导致长时记忆中已有认知结构的重组。知识的理解过程是新信息与长时记忆中的内容之间双向的相互作用过程。

拓展阅读

利用普雷马克原理强化学习习惯

根据行为主义学习理论，普雷马克（D. Premack）提出了普雷马克原理。普雷马克原理（Premack principle）是指用高频的活动（喜欢的行为）去强化低频的活动（不喜欢的行为）。例如，在音乐课上，学生想练习一首流行歌曲，对枯燥、单调的音节练习缺乏热情。当教师领着大家练过几遍之后，有的学生不耐烦了，抗议说："行了，别再练了！"这时，教师说："如果大家能一次性准确地练好这一小节，我们就练习一首流行歌曲。"同学们齐呼："好，我们练！"这位聪明的教师就是在运用普雷马克原理。

在家庭教育中，父母可以应用该原理帮助孩子去做他们不乐意做的事情。在家庭教育中，该原则的使用如下：

首先完成：①数学作业；②洗碗；③整理房间；④睡午觉；⑤吃蔬菜；⑥弹钢琴 20 min。

然后可以：①看电视；②出去打球；③玩游戏；④去游泳；⑤吃甜点；⑥找朋友玩。

四、学习策略

在当今这个信息化的时代，每个人都成为"内卷"的一环。要想从中脱颖而出，学习能力是非常重要的因素，而掌握正确的学习策略往往能够帮助我们事半功倍。

（一）什么是学习策略

基于对学习策略（learning strategy）研究的理论与方法差异，不同的学者给出了不同的概念界定。总结来看，对学习策略的概念可以归结为以下几种：①学习策略是一种具体的学习方法，是学习者用于获得、保持与提取知识和作业的各种操作与程序。例如及时复习、记笔记等都可以称为学习策略。②学习策略是学习的调节和控制方式，是选择、整合、应用学习技巧的一套操作过程，是学习者对学习进度的实时监控，并通过监控结果调节、控制学习的方法。③学习策略是内隐的学习规则系统，是学习者针对自身条件而使用的规则系统。学习者把学习策略视作学习的规章、能力或技能。④学习策略是学习计划，是学习者为了实现学习目标而特别制订的学习计划。

本书认为，学习策略就是学习者为了达到学习的目标，制订计划、采取有效方法、遵循某种规则，并且在这个过程中实时监控与调整的过程。

（二）学习策略的分类

为了更加深入地了解学习策略，研究者对学习策略进行了分类。在这里，我们介绍一种最常见的分类：根据学习策略涵盖的成分，可将其分为认知策略、元认知

策略和资源管理策略。

认知策略是指个体为了达到某个特定的认知目标，基于感觉、知觉、记忆、思维、想象等认知过程使用的学习策略。例如，我们可以采用一定的观察策略来帮助我们更好地知觉事物，采用一定的记忆策略来帮助我们更好地记住重要的信息，采用一定的思维策略来帮助我们更流畅、更深刻、更有逻辑性地思考。

元认知策略则是对认知的认知，是对我们所采用的认知策略的计划、监控和调节的过程。在学习的过程中，我们可以采用一些认知策略促进学习，同时，我们也在实时地对学习过程进行计划、监控和调节。例如，我们如果发现所采用的记忆策略不能实现快速、稳固的识记时，我们就可以转而采用另一种记忆策略去实现更高效的记忆。因此，元认知策略实际上是对整个认知过程包括认知策略的监测、预警和调整，是处于更高层次的学习策略。

资源管理策略是指对已有资源的分配和管理。个体的已有资源包括时间、学习空间、学习资料、家长、同学、老师、网络资源等。对已有资源的有效合理分配的策略是学习策略中非常重要的一部分。我们若能很好地利用已有资源，则可以更好地提升学习效率，这就是古人所说的君子"善假于物"，即善于利用各种资源来帮助自己成长。

第四节　儿童青少年的记忆与学习

记忆是一种智力活动，表现为一种经过或过程，是一种动态的呈现。记忆能力，是指个体识记、保持、再认或回忆客观事物所反映的内容与经验的能力。

记忆与记忆能力在个体进行学习活动中具有重要意义。首先，记忆是一种积极、能动的活动。例如，学生在阅读、做题、操作实验中都会进行编码。其次，学生对外界信息的接收是有选择的。最后，记忆依赖人们已有的知识结构。例如，我们要记住一个新的英语单词，那么将其与已经记住的单词组成词或组或句子会更容易记住。一个人的记忆能力如何，关键是看其对信息的提取能力如何，而信息的提取与编码的程度、信息储存的组织结构等有着密切的关系。

一、记忆对学习效果的影响

记忆能够显著影响学习效果。

第一，记忆容量会影响学习效果。感觉记忆、短时记忆和长时记忆各有不同的容量。在进行学习任务时，并非学习任务越多，效果就越好，而是要遵循记忆容量的规律，将分散的学习任务联结成一个个任务组块，提高学习效率。

第二，有意识记和无意识记会影响学习效果。有意识记和无意识记是可以相互转化的。学生在学习、掌握系统的科学文化知识时，主要依靠有意识记，即在教师的指导下，强化记忆内容的连贯性和目的性。研究发现，人们在有明确的目的或任务、凭借意志努力记忆某种材料时，学习效果更加明显。也就是说，在学习过程中，有意识记的效果比无意识记的效果更好。明确识记的目的、任务能够激发学生的识记动机，产生学习的责任感，增强识记的自觉性、主动性。但这并不是说无意识记对学习没有作用。在学习中，除了增强学习的目的性之外，还可以通过一些无意识记提升学习效果，达到无意识记与有意识记的转化。

第三，意义识记和机械识记会影响学习效果。意义识记的效果显著好于机械识记，这是由于意义识记就是学生通过掌握事物的内部联系或事物的本质特征，从而把新的记忆内容和自己的已有知识联系在一起，形成更大的组块的过程，记忆效果自然会更好。机械识记只是对记忆材料的机械重复，其保持时间较短，学习效果较差。但是在一些情况下，机械识记也是必需的，如要求年龄较小的儿童背诵古诗、乘法口诀等，还有对年代、人名、地名的识记也离不开机械识记。

二、学习方式对记忆的影响

记忆会对个体的学习效果产生影响，相反，个体在学习过程中所使用的不同学习方式也会对其记忆产生一定影响。

第一，精细复述能够提升记忆效果。复述分为机械复述和精细复述：机械复述是指将短时记忆中的信息不断进行简单重复；精细复述是指将短时记忆中的信息进行分析，使之与已有经验建立联系。研究表明，精细复述是短时记忆储存的重要条件，精细复述后的记忆成绩显著高于机械复述的效果，这是因为前者是对学习材料进行深度加工的过程，它使学习者利用已经知道的知识来记忆新的材料。

第二，即时反馈会促进记忆效果。即时反馈一般是指学习者在回答问题之后马上进行反馈。研究表明，包含正确答案的即时反馈能够促进学习，因为即时反馈能使学习者知道答案对错，进而对错误的答案进行纠正，并保持正确的答案。因此在进行学习活动时，教师应及时告知学生记忆的结果，使其了解哪些内容还需要再次加强记忆，这样才能发现记忆重点，从而提升记忆的效果。

第三，测试效应有利于记忆的长期保持。测试效应又叫提取练习效应，指对所学材料进行一次或多次信息提取，可使被试在之后的回忆测验中表现得更好。提取是理解学习和促进学习的关键过程，提取练习能产生有意义的学习。研究表明，测试效应是由提取时所付出的努力导致的。相比传统的学习策略如重复学习、过度学习，测试对记忆的保持有更大促进作用。因此，在进行学习活动时，学生可以对所学内容进行多次测试或提取练习，在有反馈的基础上增加提取次数，这样可以有效增长记忆的保持时间。

第四，整合性学习有利于词汇的记忆。整合性学习是指学习者在元认知的作用下认知并积极统整学习材料，实现高效且深入地理解与掌握知识的过程。整合性学习的学习材料呈现顺序为：整体—部分—整体。研究表明，整合性学习的记忆效果好于非整合性学习，产生这一结果的原因有以下两点：① 整合性学习更加强调要发挥学习者的主体作用；② 整合性学习的关键之处在于对知识内容的整体建构。因此，在进行学习活动时，学生应更多地运用整合性学习，发挥主观能动性，积极整合学习材料，促进记忆的保持。

第五，系列位置能够影响记忆效果。系列位置效应是指记忆材料所处的位置对记忆效果产生的影响，包括首因效应和近因效应。首因效应指系列开头的材料比系列中间的材料的记忆效果更好；近因效应指系列末尾的材料比系列中间的材料的记忆效果更好。由此可知，学习者对中间部分的材料的记忆效果最差，或对中间部分的材料的遗忘更多。所以，在学习活动过程中，学生要特别注意对中间部分的学习，或把重要的学习内容安排在学习活动的开头或结尾进行。

第六，适当的过度学习有利于记忆的保持。过度学习是指在刚好能背诵的基础上继续进行附加学习。以初次学习时对学习内容100%的回忆率为标准，低于这个标准的学习为"低度学习"，超过这个标准的学习叫"过度学习"。研究表明，低度学习和100%的学习都易发生遗忘，而过度学习有利于记忆的保持。但过度学习的量应该适当，一般以150%为宜。

除了上述方法外，组织及时有效地复习，合理分配复习时间，灵活运用记忆术，避免前摄抑制和倒摄抑制的影响，利用外部记忆手段如记笔记、编提纲、编口诀等科学的学习方式也能够有效促进记忆的效果。

三、儿童青少年记忆的发展规律和促进方法

儿童青少年通过记忆，把知识储存在自己的头脑里，将学过的知识、技能有机地联系起来。因此，掌握儿童青少年记忆的发展规律和促进方法对于教师开展教育教学具有重要作用。

（一）儿童记忆的发展规律

儿童记忆发展变化主要表现在以下方面。

1. 从记忆的目的性来说，有意记忆和有意复现逐渐占主导地位

相比于小学儿童，学前儿童记忆的目的性比较差。学前儿童的记忆是初步发展的记忆。进入学校以后，小学儿童在以学习为主导活动的条件下，把学习看成任务，使自己主动记忆学习内容。因此，在小学儿童的记忆方面，有意记忆和有意复现逐渐占主导地位。在整个小学时期及中学时期，有意记忆占重要地位，无意识记也在发展。

2. 从记忆的方法来说，意义识记逐渐占主导地位

学前儿童对于自己已有经验范围内的事物，能够进行意义识记。知识经验还不丰富、缺乏抽象思维，他们对于很多事物较多采用机械识记。小学儿童则会分析事物之间内在的、合乎逻辑的联系，会对识记材料进行思维加工或逻辑加工。加工材料对于小学儿童来说是有困难的，但在合理、适当的教学策略的影响下，他们可以掌握意义识记的方法。

3. 从记忆的内容来说，抽象记忆在迅速地发展着

学前儿童的具体形象记忆好于抽象记忆，他们更擅长记忆具体的事实、形象，而不擅长记忆关于事实的公式、法则、规律，等等。小学儿童在学习过程中不仅需要记住具体的事实或形象，而且要记住概念、公式、原理，因此，小学儿童的抽象记忆就迅速地发展起来。

（二）青少年记忆的发展规律

青少年期生理、心理各方面的成熟使得青少年的记忆力大大提高。青少年的记忆是以儿童记忆的发展为基础的。

1. 有意识记占有重要位置

有意识记在青少年的记忆发展中占有重要位置。青少年时期已经懂得当前学习的目的和意义，已经树立了明确的目标或长远的理想，这些都会提高青少年记忆的效果。

2. 意义识记是青年记忆的主要特征

意义识记在青少年期得到了很大发展。青少年会在理解材料的基础上进行识记。当然，青少年也可以进行机械识记，如记背公式、法则等。

（三）儿童青少年记忆的促进方法

在学习过程中，若能运用良好的记忆方法，就可以增强记忆的效果。研究者提倡在思考和理解的基础上进行有意识记，而不是死记硬背的机械识记。运用科学的记忆方法可以提高学习效率。

1. 促进感觉记忆的策略

外部信息先引起人的注意，经由感官通道，作为感觉记忆的对象。在众多刺激的外界环境中，对刺激的熟悉度，刺激的新奇性和重要性会影响注意。所以在学习时，学生应注意：① 减少分心刺激。外界环境中的刺激繁杂丰富，注意较难集中。因此要排除或减少外在干扰刺激。② 使目的单一化。学生需要心无旁骛地专注于正在进行中的任务。面对多种任务，可以按计划分配好时间依次完成。

2. 促进短时记忆的策略

短时记忆是记忆过程中的重要环节。要使短期记忆发挥出最佳效用，就应注意：① 声码为先。学习语文材料时，字形、字音、字义三者在编码程序上以声码最重要。遇到生字，应先正确读音，再记忆字形和字义。② 组块识记。一般人的记忆组块为7±2个单元。在学习过程中，学生可以将识记材料分组块进行识记。③ 运用工作记忆。工作记忆是对信息进行暂时加工和储存的容量有限的记忆系统，即在短暂的时间内，对所知觉到的信息进行思考、理解和加工以便进一步处理。在学习过程中对经过自己思考、理解的材料记忆更深刻。④ 及时复习。及时复习可以将短时记忆储存至长时记忆中。学习时需要复习，避免遗忘。

3. 促进长期记忆的策略

长时记忆的信息是有组织的状态，运用知识时需要长时记忆参与。促进长时记忆的策略有：① 多重编码策略。在学习时应按材料的性质采用多重编码，多重编码可以增加检索时的线索。② 关键字法。运用联想的方式记忆。学生可以主动构建联系以便于记忆。③ 情境助忆法。利用以前学习时的情境帮助记忆。如正式参加高考前先举行模拟考试，在一定程度上有助于加强以后在高考考场中的记忆。

四、儿童青少年学习的发展规律和促进方法

（一）儿童青少年思维的发展规律

学习是有目的、有系统的社会性活动。对于儿童来说，学习是非常重要的。以学习为主导活动，是从儿童进入学校以后开始的。

由于学前儿童身心的发展，学前儿童的学习是以有目的、有系统的教学形式来进行的，成人开始向儿童提出基本的学习任务，并且逐渐教会他们完成任务，从而掌握知识和技能，形成个性品质。

学前期（3—6、7岁）主要是具体形象思维的发展；学龄初期或小学期（6、7—11、12岁）主要是形象抽象思维的发展，是从具体形象思维向抽象逻辑思维过渡的阶段；少年期或初中阶段（11、12—14、15岁）主要是以经验型为主的抽象逻辑思维的发展；青年初期或高中阶段（14、15—17、18岁）主要是以理论型为主的抽象逻辑思维的发展。由于个体心理发展阶段不同，学习内容和学习方法也应不同，教师必须从学生的心理发展阶段出发建构教学内容，选择教学方法。

（二）青少年学习的发展规律

青少年在中学的学习主要是由学校决定学习的内容、学习的时间安排及学习的方式。在学校的教育和督促下，学生在课堂上习得相关的知识和技能。相比小学，青少年的学习过程逐渐深化，知识积累更加丰富和深层。

1. 学习的自主性

青少年的学习不仅依赖教师的计划安排，更重要的是需要充分发挥主观能动性和自主性。自主性是指学生在学习过程中主观能动作用的发挥，体现在学习的全程中，并且反映在学习活动的各个方面，如学习时间的自主安排、学习内容的掌握和自主复习、学习方法的自主选择等。与小学学习相比，中学学习的课程门类明显增加，学习取决于学生自己对学习时间的计划和安排。学生应该充分计划、合理安排学习时间，协调课堂学习和课后复习等学习环节。

2. 学习的探索性

探索性是指表现在学习过程中的创新意识。青少年在系统学习知识、不断掌握技能的过程中，学习能力，主要是思维能力有了较大的发展和提高。相比小学生，更深层次的知识的获得会引导中学生的创造性和探索性，生理和心理的发展也为他们的创造和探索提供了条件。青少年希望自己能重组已有知识去分析和解决问题，愿意以自己的思考和表达能力对事物进行理解，愿意对未知领域进行尝试性探索。探索性表现在所学的课程内容上。青少年的学习不但要掌握知识，还要理解和应用知识。这不仅反映了青少年的学习创造性，也是为了适应社会对他们的要求。

（三）儿童青少年学习的促进方法

在知识的汪洋大海中，在各种信息浪潮的冲击下，学习能力已成为人类的一项必须具备的能力。良好的方法能使学生更好地施展才能，所以教师需要引导学生应用科学的学习方法。

1. 选择最佳学习方法

学习方法没有固定不变的模式。每个人应根据自己的实际情况，选择适合自己的最佳学习方法。① 因人而异。学生可以选择适合自己的学习环境、学习条件、性格、气质、学习习惯和思维方式等的学习方法，还可以根据自己的学习目标和学习任务选择学习方法。例如，性格内向的学生和性格外向的学生的学习方法有所不同；

外向的人好学好问，在小组学习中易更有收获；而内向的人善于沉思，学习有计划性，可进行独立学习。②创造性地运用他人的成功经验。他人好的学习方法不能生搬硬套，需要结合自己的实际情况，创造性地运用，找到适合自己的最佳学习方法，在不断摸索和改进学习方法的过程中提高学习能力。

2. 学习前的准备

学生需要在一种精神饱满的状态中进行学习，才能取得更好的学习成效。如果有烦恼，闷闷不乐，需要及时将负性情绪发泄出来，然后再投入学习。要避免匆匆忙忙地学习，学生可以安排合理、充裕的时间，选择合适的学习环境，促使自己专心学习。学习时，要尽可能减少学习环境中分心的事物，关注能够激发自己学习兴趣的内容，使自己全神贯注、一心一意地学习。

反思与探究

1. 以某中学一个班的学生为调查对象，调查学生的记忆策略，写一份调查报告（包括调查对象、调查方法、结果和分析）。
2. 记忆的类型有哪些？
3. 记忆系统的组成部分有哪些？其特点是什么？
4. 遗忘的规律是什么？在学习中可以采取哪些有效方法防止遗忘的发生？
5. 学习的理论对学习会有哪些帮助？
6. 儿童记忆的发展有哪些规律？
7. 青少年记忆的发展有哪些特点？

推荐阅读

1. 刘希平，唐卫海，钟汝波. 记忆与元记忆心理学［M］. 北京：北京师范大学出版社，2021.

记忆与元记忆是基础心理学领域十分重要的内容，是人类心智本能的研究关键所在。该书是系统探讨记忆与元记忆研究的著作，是作者近30年来对记忆与元记忆研究成果的集大成，全书对该领域的经典理论、基本观点与知识体系、国内外的相关研究视点进行了系统地归纳与总结，并对记忆和元记忆领域的新近研究进行总结提炼和展望，为读者提供了记忆和元记忆领域新的研究视点和研究方向。

2. 奥姆罗德. 学习心理学：第8版［M］. 陈陈，杨兰，张心玮，译. 北京：中国人民大学出版社，2023.

该书是美国畅销多年的经典教材，共有16章，从学习心理学的基本理论、行为主义观点、社会认知理论、认知观点、情境视角，以及复杂的学习和认知、动机等方面做了总体阐述。完整的框架、突出应用的取向、迷人的文字风格构成了该书的独特魅力。由于作者在写作方面深入浅出的风格和技巧，即使是没有心理学基础的读者也能理解书中的理论观点，因此该书的阅读对象不限于心理学专业本科生或研究生，任何对教育心理学感兴趣的读者都可以从中获益。

第八章 思 维

知识导图

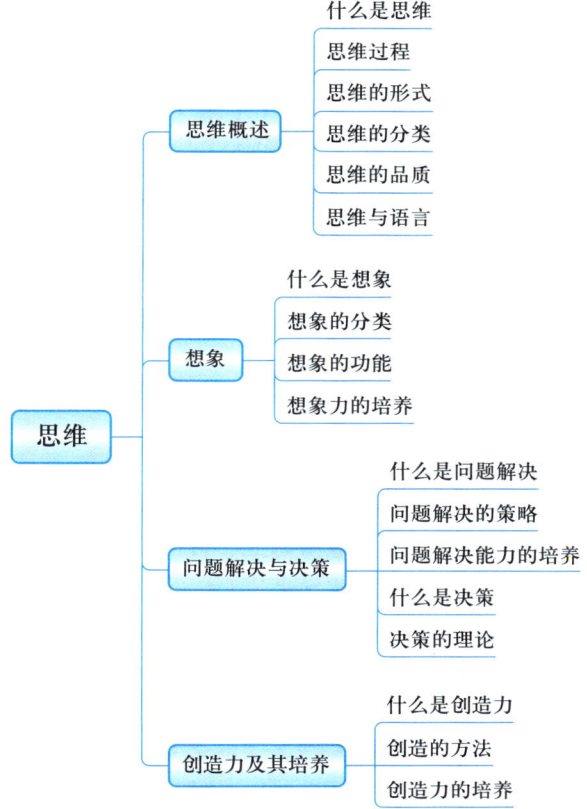

> **案例导入**
>
> **基于思维的问题解决**
>
> 有3个文明人和3个野人同在河的左岸,他们都要到对岸去。河里只有一条渡船,他们都会划船,但每次渡船最多只能乘2人。如果在任何一边河岸上,野人的数量超过文明人的数量,野人就要吃掉文明人。那么,怎样才能用船将3个文明人和3个野人从左岸渡到右岸而不会发生文明人被吃的事件呢?

纽厄尔和西蒙认为,问题解决就是在问题空间进行搜索,以找到一条从问题的初始状态到达目标状态的通路。在这个过程中,想象和创造发挥着重要的作用,因为它们产生的认知结果是感知觉和记忆过程本身所无法产生的新形象、新思想和新事物,人们通过想象和创造做出决策最终解决问题。近年来,关于想象和创造性的研究为人们认识思维这个黑箱找到了更多途径。

第一节 思维概述

人类的思维在很大程度上已成为"人之所以为人"的核心标准,尽管已有研究表明,一些动物,例如黑猩猩,也有类似于人类思维的心理活动,但那充其量只是人类思维的萌芽。尽管人工智能,例如阿尔法狗(AlphaGo,第一个击败人类职业围棋选手、战胜围棋世界冠军的人工智能机器人)甚至具有逻辑思维能力,但那仅仅是人类思维的纯逻辑形式,且它本身也是人类思维的产物,距离人类那富于创造的思维能力还有非常大的距离。毫不夸张地说,整个人类世界的一切美好事物,都是人类思维的产物。那么,为什么人类思维如此强大、如此神奇,又如此令人着迷呢?

一、什么是思维

思维(thinking)是人对客观事物概括的、间接的认识,是认识的高级形式,是借助语言、表象或动作实现的。表象(image)是指人们在大脑中出现的关于事物的形象。从信息加工的角度来讲,表象是物体或事件的一种知识表征,这种表征具有鲜明的形象性。人的思维不仅要借助概念来进行,也要借助表象来进行。思维能揭示事物的本质特征和内部联系,并主要表现在概念形成和问题解决的过程中。思维与感觉、知觉、记忆不同:感知觉是直接接收外界的刺激输入,并对输入的信息进行初级加工;记忆是对输入的刺激进行编码、储存和提取的过程;思维则是对输入的刺激进行更深层的加工,揭示的是事物之间的关系,形成概念,并利用概念进行判断、推理,解决人们面临的各种问题。但思维的产生是建立在感觉、知觉和记忆的基础上的,它离不开感觉、知觉和记忆所提供的信息。人只能在大量感性信息的基础上，在记忆的作用下，才能进行推理，做出种种假设，并检验这些假设，进而揭示感觉、知觉和记忆所不能揭示的事物的内在联系和规律。

【知识窗】
我国学者
关于思维的
相关研究

二、思维过程

思维过程（thinking process）是人脑对外界输入的信息进行分析与综合、比较、抽象与概括等的过程。

1. 分析与综合

分析（analysis）是指个体在大脑中把事物的整体分解为各个部分或各种属性的思维活动。例如：把一篇文章分解为段落、句子和词；把一棵果树分解为根、茎、叶、花、果实；等等。人对事物的分析往往是从事物的特征和属性开始的。

综合（synthesis）是个体在大脑中把事物的各个部分、各个特征、各种属性结合起来，了解它们之间的联系，形成一个整体的思维活动。例如，把文章的各个段落综合起来，就能把握全文的中心思想。综合是思维的重要特征，只有把事物的部分、特征、属性等综合起来，才能把握事物的联系和关系，抓住事物的本质。

分析与综合是过程相反而又紧密联系的同一思维的不可分割的两个方面。分析是把部分作为整体的部分，从它们的相互关系上来进行分析。只有这样，分析才有意义，才有方向。综合是通过对各个部分、各个特征、各种属性的分析来实现的，所以分析是综合的基础。任何一种思维活动既需要分析，又需要综合。

2. 比较

比较（comparison）是人把各种事物和现象加以对比，确定它们的相同点、不同点及其关系的思维活动。比较是以分析为前提的，只有在思想上把不同对象的各个部分或特征、属性区别开来，才能进行比较。同时，比较还要确定不同对象之间的关系，所以它又是一个综合过程。

比较既是重要的思维过程，又是重要的思维方法，它在人们的日常生活、学习和工作中都有重要作用。有比较才能鉴别，人通过比较才能辨别事物的真假，人心的善恶，也才能找到要探索的科学问题，做出恰当的研究结论。

3. 抽象与概括

抽象（abstraction）是人在思想上抽出各种事物与现象的共同特征和属性，舍弃其个别特征和属性的过程。例如，毛笔、钢笔、铅笔、圆珠笔都能用来写字，因此，"能书写"就是它们的共同特征，这种认识是通过抽象得到的。日常生活中，人们使用的高度、质量、面积、年龄，以及忠诚、勇敢、勤劳等概念，也都是抽象的结果。

在抽象的基础上，人可以得到对事物的概括（generalization）认识。这是与抽象相对应的思维过程，即在思想上根据抽象出来的事物共同的、本质的特征或属性，把同类事物联结起来的过程。例如，从人的种族、肤色、身高、性别和国籍等许多特征中，抽出"有语言""能思维""能劳动"等人所具有的本质特征，然后再把具有这些本质特征的高等动物归为人类，这就是概括过程。概括有初级概括与高级概括之分。初级概括是在感觉、知觉、表象水平上的概括，这种概括水平相对较低。高级概括是根据事物的内在联系和本质特征进行的概括，例如，一切定理、定义、概念等都是高级概括的产物。

三、思维的形式

1. 概念

概念（concept）是大脑对客观事物的本质特征的反映，是思维的最基本单位。事物的本质特征是决定事物的性质并使一事物区别于其他事物的特征，事物的非本质特征则是该事物不具有决定意义的特征。例如，"鸟"这个概念的本质特征是有羽毛、两条腿、无齿有喙的动物，这些特征使鸟类与其他动物区别开来，而毛色、大小、是否会飞、生活地区等则是非本质特征。人们掌握了概念，其认识就能超越感知觉范围，透过事物的表面现象认识本质。

每一个概念都包括内涵与外延两个方面。内涵指概念的质，即概念所反映的事物的本质特征。外延指概念的量，即概念的范围。概念具有不同的等级或层次，例如，"黑人""人""动物""生物"是处在自下而上的不同的层次上的四个概念。

概念和词是密不可分的。概念是用词来表达、巩固和记载的，概念的形成是借助词和句子来实现的。词的意义不断充实的过程也是概念不断扩大和深化的过程。但是，概念与词不是一一对应的。词可分为实词与虚词，实词能表达概念，而虚词一般不表达概念。同一概念可以由不同的词来表示，同一词也可以表达不同的概念。如"医生"与"大夫"两个不同的词表达了同一概念，而doctor则有"医生"和"博士"两个意义。

【知识窗】
概念的功能与分类

2. 判断

判断（judgement）是大脑借助语言对客观事物的特性或客观事物之间的联系进行分析与综合，进而对事物做出肯定或否定的认识。形成新概念需要有判断这种思维形式，以概念为基础进行推理也需要以判断为前提。判断的种类有肯定与否定、直接与间接等。例如，"人是有理智的"就是肯定判断，而"人不是按本能行事的动物"则是否定判断。

3. 推理

推理（reasoning）是指从具体事物归纳出一般规律，或者根据一般原理推出新结论的思维活动。前者叫归纳推理，后者叫演绎推理。例如，当被问到"铁受热会膨胀吗？"，人们会根据"一切金属受热会膨胀"的原理，推出"铁是金属，铁受热会膨胀"的结论，回答这种问题的过程就是推理。归纳推理在本质上就是概念的形成，而演绎推理在本质上属于问题解决的范围。推理需要提取长时记忆中的知识，并且将其与当前的一些信息在工作记忆中进行综合。

心理学对推理的研究主要关注推理的心理过程。三段论推理是心理学研究中常见的演绎推理形式，由两个前提和一个结论组成。例如，设想一个场景：你去一个餐厅吃饭，但你想用支付宝支付餐费。你提前打电话询问餐厅是否可以用支付宝支付，餐厅服务员说餐厅接受常用的线上支付形式，你就知道这家餐厅可以用支付宝支付餐费。这个推理的心理过程可以用三段论推理来表示：

前提1：这家餐厅接受常用的线上支付形式。

前提2：支付宝支付是常用的线上支付形式。

结论：这家餐厅可以用支付宝支付。

在真实场景中进行推理时，得出的结论不仅会受到命题本身逻辑的影响，还会受到已有知识的影响。例如，思考下面这个三段论推理中的结论是否正确：

前提1：运行带发动机的机器需要用油。

前提2：运行汽车需要用油。

结论：汽车带发动机。

如果只看逻辑，那么结论是错误的。因为前提1无法排除"有些机器没有发动机但运行时也要用油"这一可能性，所以无法通过这两个前提推出该结论。但因为这个结论在现实生活中是成立的，所以在判断时很容易认为结论是正确的，即已有知识影响了演绎推理，这种现象就称为信念偏见效应：如果结论与已有知识一致，那么个体倾向于接受该结论；如果结论与已有知识相悖，那么个体倾向于拒绝该结论。

此外，心理学还关注推理的脑活动机制。研究发现，演绎推理和归纳推理的大脑活动机制存在差异。个体在完成演绎推理任务时，大脑右半球更活跃，而在完成归纳推理任务时，大脑左半球更活跃。因为大脑左半球主要负责个体的言语功能，所以研究结果也表明，演绎推理和言语活动是相对独立的，而归纳推理需要基于言语活动。

在思维活动的过程中，需要将一些概念有机联结起来构成判断，也需要将一些判断有机联结起来构成推理。

四、思维的分类

按照不同标准，思维可以分成不同的类型。

（一）直觉动作思维、具体形象思维和抽象逻辑思维

人在依靠对事物的直接感知和实际动作来解决问题时，就产生了直觉动作思维（intuitive-action thinking）。例如，电脑出了毛病，不能正常运行，工程师必须通过检查电脑的相应部件，才能确定是软件出错了还是硬件坏了，进而才能排除故障。这种通过实际操作解决直观而具体问题的思维活动，就是直观动作思维。3岁前的幼儿只能在动作中思考，其思维基本上属于直觉动作思维。例如，幼儿将玩具拆开，又重新组装起来，动作停止，思维也就停止了。成人有时也要运用表象和动作进行思维，但思维水平要比幼儿的高。

人依靠对事物具体信息的表征来解决问题时，就产生了具体形象思维（concret visual thinking）。例如，画家在创作一幅画之前，事先会在大脑中构思，设想出可能的形象，这种思维就是形象思维，它在问题解决中具有重要意义。艺术家、作家、导演、设计师等会更多地运用形象思维。

人在通过假设演绎推理和命题推理来解决问题时，就产生了抽象逻辑思维（abstract-logic thinking）。例如，学生学习各种科学知识，科学工作者进行某种判断、推理等都要运用抽象逻辑思维。抽象逻辑是人类思维的典型形式。

（二）经验思维与理论思维

人凭借日常生活经验进行的思维活动就是经验思维（empirical thinking）。例如，学前儿童根据自己的经验，认为"鸟是会飞的动物"，这就属于经验思维。由于知识经验的不足，经验思维易产生片面性，甚至得出曲解或错误的结论。

人根据科学的概念、理论和规律，判断某一事物，解决某个问题的思维方式就是理论思维（theoretical thinking）。例如，人们说"心理是客观现实在人脑中的主观映象"，就是理论思维的结果。这种思维活动往往能抓住事物的本质，使问题得到正确地解决。

（三）直觉思维与逻辑思维

直觉思维（intuitive thinking）是指人在面临新问题、新事物和新现象时，能根据对事物现象及其变化的直接接触而做出判断的思维方式，是一种直接的领悟性思维活动。例如，警察在嘈杂的人群中，能迅速辨别出罪犯；科学家对某些偶然出现的现象，提出猜想或假说；等等。直觉思维会从整体上考察思维对象，调动人的全部知识经验，通过丰富的想象做出敏锐而迅速的假设、猜想或判断，省去了一步一步分析推理的中间环节，采取"跳跃"的方式，具有简约性。直觉思维是一瞬间的思维火花，是长期积累形成的升华，是思维者的灵感和顿悟，但它能准确地触及事物的"本质"。教师在教学活动中应该提倡并鼓励学生运用这种思维。

人们遵循严密的逻辑规律，对概念进行逐步分析、层层推演，最后得出合乎逻辑的结论的思维方式就是逻辑思维（logical thinking）。例如，三段论推理，解数学题等，都属于这类思维。

拓展阅读

抓住直觉思维的闪光点

直觉思维作为一种思维方式，它不依靠明确的分析活动，不按事先规定好的步骤进行，而是从整体出发，用猜想、跳跃、压缩思维过程的方式，直接而迅速地做出判断。我们在创造发明等活动中可以凭抓住直觉思维的闪光点，直接了解事物的本质和规律。

例如，一名学生在栽培辣椒苗时，用细铁丝捆住弯曲的辣椒茎秆，意外地发现这棵被细铁丝缚住的辣椒的结果率高于未缚茎秆的辣椒植株，他凭直觉感到这一现象绝非偶然，一定有它的科学性。他抓住这一直觉，在教师的帮助下，有意识地进行了实验，以两排辣椒植株作为实验对象，一排辣椒均用细铁丝缚住茎秆，另一排则不缚。实验结果证实了他的直觉是正确的。原来，用细铁丝缚住植株茎秆，有效地控制了营养的向下运输，使果实生长所需的营养得到进一步保证，从而提高产果率，增加了产量。

（四）聚合思维与发散思维

聚合思维（convergent thinking）又称会聚思维、收敛思维，是指人根据已知信息，利用熟悉的规则解决问题的思维活动，也就是从给定的信息中，产生逻辑的结论。它是一种有方向、有范围、有条理的思维方式。例如，已知"四边形""两组对边平行""有一个内角为直角"，于是做出这个四边形为矩形的判断，就是聚合思维。

发散思维（divergent thinking）是指人沿着不同的方向思考，重新组织当前的信息和记忆系统中储存的信息，产生出大量、独特的新思想的思维活动。例如，回答"如何保护城市的生态环境？"问题时，人们可以从不同的方面思考，诸如增加植被面积、减少环境污染、教育市民爱护环境等。这种思维方式在解决问题时可产生多个答案，但究竟哪个答案更好，则需要经过检验。

（五）再造思维与创造思维

根据他人的言语叙述、文字描述或图形示意等，在大脑中形成相应新形象的思维方式就是再造思维（reproductive thinking）。例如，学生运用学会的公式解决同一类型的数学问题。这种思维的创造性水平低，对已有知识不需要进行明显的改组，也没有创造出新的思维成果，因而也称为常规思维。

创造思维（creative thinking）是人们重新组织已有知识经验，提出新的方案或程序，创造出新的思维成果的思维方式。例如，开发新的大型工具软件，提出新的科学理论等都需要创造思维。创造思维是人类思维的高级形式。许多心理学家认为，创造思维是多种思维的综合表现：既是发散思维与聚合思维的结合，也是直觉思维与逻辑思维的结合；既包括理论思维，又离不开经验思维。

五、思维的品质

（一）深刻性

深刻性是指思维活动的抽象程度和逻辑水平，涉及思维活动的广度、深度和难度。思维的深刻性集中表现为在智力活动中深入思考问题，善于概括归类，逻辑抽象性强，善于抓住事物的本质和规律，开展系统的理解活动，善于预见事物的发展进程。

（二）灵活性

灵活性是指思维活动的灵活程度。灵活性强的人，善于从不同角度、方向、方面，能用多种方法来解决问题；能从分析到综合，从综合到分析，全面而灵活地进行"综合的分析"；概括−迁移能力强，运用规律的自觉性高。

（三）独创性

独创性即思维活动的创造性，是指在实践中能创造性地解决问题。独创性源于主体对知识经验或思维材料高度概括后集中而系统地迁移，进行新颖的组合分析，找出新异的层次和结合点。

（四）敏捷性

敏捷性是指思维活动的速度，它反映了智力的敏锐程度。具有思维敏捷性的个体，能在处理问题和解决问题的过程中，迅速反应，积极思考，周密考虑，正确判断和迅速做出决策。

（五）批判性

批判性是思维活动中独立发现和批判的程度，是思维的一个很重要的品质。正是有了批判性，人类才能对思维本身加以自我认识，人类不仅能够认识客体，而且能够认识主体，并且能在改造客观世界的过程中改造主观世界。

六、思维与语言

（一）什么是语言

语言（language）是以语音为载体、以词为基本单位、以语法为构建规则的符号系统。它是一种社会历史现象，是音义统一的人类交际工具。人类社会在漫长的发展中，为生活所需，对烦琐复杂的事物创建了各种各样的符号系统，这些系统代表着事物的特定性质与关系，是在人们的经验中约定俗成并共同遵守的，起着信号的作用，以简洁的形式传递信息。使用语言来表述自己的思想与情感或者与他人进行交流的过程就是言语（speech）。语言与言语既紧密联系，又相互区别。

（二）思维与语言的关系

语言是人类和社会形成与发展的重要标志，更是思维的工具。人必须借助语言来思维，语言是思维的材料。无论具体思维还是抽象思维，个体在掌握了语言之后，都是靠概念进行的，词是概念的承担者，抽象概念完全存在于词之中。具体思维中虽有较多的形象成分，但在思维活动中仍然以概念为支柱。人的思维表现为提出问题、解决问题、陈述思考与解决问题的过程等三个阶段，思维活动中的分析与综合、比较、抽象与概括，都离不开语言这个工具。因此，语言是思维的"物质外壳"，没有掌握语言的个体，就失去了凭借，就不能进行思维。语言贫乏或有言语缺陷的人，思维都会受到极大影响。

第二节 想 象

想象力比知识更重要，因为知识是有限的，而想象力是无限的，推动着进步，并且是知识进化的源泉。想象力的重要性几乎是不言而喻的。当我们利用语言去展开深邃的逻辑思维的时候，我们也利用表象去展开丰富多彩的想象，因此，和我们惯用语言来作为载体的思维一样，以表象为载体的想象也是人类思维的一种重要形式。法国哲学家狄德罗曾说：没有想象，人既不能成为诗人，也不能成为哲学家、有思想的人、有理性的生物，甚至不能算是一个人。那么，与思维相比，想象有什么特点呢？

一、什么是想象

想象（imagination）是人对大脑中已有表象进行加工改造形成新形象的过程。这是一种高级的认识活动。例如，人在听音乐、看小说时，大脑中会产生各种情景和人物形象。这些根据别人的介绍或自己已有经验在大脑中形成的新形象就是想象的结果。

形象性和新颖性是想象的基本特点。想象是在感知基础上改造旧表象创造新形象的心理过程，它主要处理图像信息，而不是词或者符号。想象不仅可以创造人们未曾知觉过的事物形象，还可以创造现实中不存在的或不可能的形象，如三头六臂、牛头马面、妖魔鬼怪等。尽管这类形象离奇古怪，有时甚至荒诞无稽，但它们仍来自现实，在现实生活中都能找到原型（prototype），因此，想象同其他心理活动一样，都有现实依据。

想象与思维有着密切联系，同属高级认知过程，都产生于问题情境，由个体的需要所推动，并能预见未来。人在面对问题情境、需要尚未得到满足时，常常会在大脑中出现问题得到解决和需要得到满足的情景，这种情景是对现实的一种超前反映，也是对未来的一种预见。想象的预见是以具体形象的形式出现的，而思维的超前反映是以概念的形式出现的。这就是说，人在面对问题情境时，大脑中可能存在两种超前系统——一种是形象系统，另一种是概念系统，这两种系统是密切配合、协同活动的。由于问题情境具有不同程度的确定性，因此形象系统和概念系统所起的作用是不一样的。一般认为：若问题的原始材料是已知的，解决问题的方向是基本明确的，那么解决问题的进程将主要服从于思维规律；如果问题情境具有很大的不确定性，由情境提供的信息不充分，那么解决问题的进程将主要依赖想象，它可以"跳过"某些思维阶段构成事物的形象，在此基础上寻求解决问题的途径。例如，早在飞机发明之前，人就想象着能像鸟儿一样在天空自由飞翔。

二、想象的分类

按照想象活动是否具有目的性，想象可以分为无意想象和有意想象。

（一）无意想象与有意想象

无意想象是一种没有预定目的、不自觉地产生的想象，是当人的意识减弱时，在某种刺激的作用下，不由自主地想象某种事物的过程。例如，人看见天上的浮云想象出各种动物的形象，人在睡眠时做的梦，精神疾病患者产生的幻觉，由药物导致的幻觉，等等，都是无意想象。

有意想象是按一定目的、自觉进行的想象。例如，科学家提出的各种理论模型，文学艺术家在大脑中构思的人物形象，都是有意想象的结果。

（二）再造想象、创造想象与幻想

根据想象内容的新颖程度和形成方式的不同，想象可分为再造想象、创造想象和幻想。

再造想象是根据言语的描述或图样的示意，在大脑中形成相应的新形象的过程。

例如，没有领略过北方冬日的人，根据毛泽东的《沁园春·雪》，形成了北国风光的情景：寒冰封山、大雪纷飞、登高望远，群山好似一条条银蛇在翩翩起舞，丘陵好似白象在徐徐奔跑，使人有一种身临其境的感受。依据他人的描述进行的再造想象有一定程度的创造性，但水平较低。

再造想象的形成需要有充分的记忆表象作基础，表象越丰富，再造想象的内容也就越丰富。同时，再造想象离不开词语的组织作用，它实际上是在词语指导下进行的形象思维过程。基于此，为培养和发展再造想象能力，首先要增加大脑中记忆表象的数量，充分储备有关表象；其次要掌握语言和各种标记的意义，从语言描述和符号标记中激发想象。

创造想象是人在创造活动中，根据一定的目的、任务，在大脑中独立地创造出新形象的过程。创造想象具有首创性、独立性和新颖性等特点，它们源于生活，但又高于生活。例如，工程师发明的新机器，虽然综合了许多机器的特点，但它又具有前所未有的新性能、新造型。创造想象比再造想象更复杂、更困难，它需要对已有感性材料进行深入的分析、综合、加工、改造，在大脑中进行创造性的构思。

幻想是指向未来并与个人愿望相联系的想象。例如，各种神话、童话中的形象都属于幻想。幻想不会立即体现在人的实际活动中，而带有向往的性质，其形象是人希望寄托的东西。当人依据事物发展的客观规律来想象未来时，就叫理想。理想指向于未来，与人的愿望相联系，这与幻想相同，但幻想不一定以客观规律作依据，因而不一定具有实现的可能性。理想体现了事物的发展规律，因而具有实现的可能性。空想是一种不以客观规律为依据，甚至违背事物发展的客观进程，因而没有实现可能的想象。

三、想象的功能

想象能预见活动的结果，指导人们活动进行的方向。同时，想象的新颖性、形象性也是人们创造活动中不可缺少的因素。科学家的发明、工程师的设计、作家的人物塑造、艺术家的艺术造型、工人的技术创新、学生的学习，所有这些活动都离不开想象。

在实际生活中，许多事物是人不可能直接感知的，如宇宙中的星球，原始人类生活的场景，古典小说中人物的形象，这些空间遥远或时间久远的事物人是无法直接感知的，但通过想象可以补充这种知识经验的不足。例如，《三国演义》中关羽的形象是很难被直接感知的，但当人们读到描写关羽的章节时，通过已有的"丹凤眼""卧蚕眉""面如重枣""青龙偃月刀"等表象的作用，就能在大脑中构建他的形象。

当人在某些需要不能得到实际满足时，可以利用想象的方式得到虚幻的满足或实现。例如，幼儿想当一名汽车司机，但由于他们的能力所限而不能实现，于是就在游戏中把排列起来的小板凳想象成小汽车，手握"方向盘"驾驶小汽车。人在精神失常时，有时也能从想象中得到寄托和满足。

想象对机体的生理活动过程有调节功能，能改变人体外周部分的活动过程。研究者对生物反馈的研究也证明想象对人的机体有调控作用。例如，有人对一位具有鲜明想象与表象的人进行研究，结果发现，只要这个人说他想象出什么事物，就可以观察到他的机体发生的奇异变化。他说"看见右手放在炉边，左手在握冰"，这时就可以观察到他的右手温度升高 2℃，左手温度降低 1.5℃；当他说"看见自己跟在电车后奔跑"时，就可看到他的心跳加快了；当他说"看见自己安静地躺在床上"时，心跳就减慢了。

四、想象力的培养

想象是从旧形象中分析出必要的元素，按照新的构思重新组合创造出新形象的过程。想象力的培养有以下途径：

激发创造动机。社会生活不断地对个体提出创造新事物、解决新问题的需求，这种需求反映在人的大脑中时就成为创造新事物的需要和动机。创造动机是创造想象的动力，因此，不断激发学生的创造动机是培养想象力的前提。

增加表象储备。创造想象的形式都是以丰富的表象储备为基础的，没有相应的表象储备，再造想象和创造想象都很难顺利进行，即所谓"巧妇难为无米之炊"。因此，要不断扩大学生的知识范围，丰富大脑中的表象素材。

积极思维。创造想象受思维调节，思维活动由一定的问题引发，并指向问题的解决。例如，学生在写作前要考虑文章的主题、人物、事件等要素，如果不假思索、信马由缰，就很难创造出鲜活的令人信服的形象来。

正确理解词与实物标志的意义。再造想象由言语描述或图样示意所引发，如果言语不能引发表象，想象活动将难以进行。想象活动是由第一信号系统和第二信号系统协同作用的结果，要培养想象力，就必须让学生正确理解和掌握词与实物标志的意义。

第三节　问题解决与决策

无论是生活在青山绿水的乡村，还是生活在高楼林立的城镇，我们每天都会遇到大大小小的问题。有些问题很容易解决，比如，生活垃圾如何清理；有些问题则比较复杂，比如本章开始的"文明人与野人如何渡河"；还有些问题可能异常复杂，比如，宇宙起源问题、人类的大脑如何工作等，都是目前科学界难以解答的问题。那么，面对不同的问题，我们该如何去解决呢？

一、什么是问题解决

问题解决（problem solving）是由一定情境引起，按照一定的目标，运用各种认知活动、技能等，经过一系列的心理操作，使问题得以解决的过程。例如，证明几何题就是一个典型的问题解决过程。几何题中的已知和求证构成了问题解决的情境，而要证明结果，就必须应用已知的条件进行一系列的认知操作。操作成功，问题就得以解决。

20 世纪 70 年代，纽厄尔和西蒙（Newell & Simon，1972）通过对问题解决的计算机模拟，提出了通用问题解决者模型（general problem solver model），对问题解决的过程进行了详细阐述。纽厄尔和西蒙用问题空间（problem space）的概念说明问

【知识窗】
问题的种类

题解决的过程。问题空间是指问题解决者对所要解决的问题的一切可能的认识状态，包括对问题的初始状态和目标状态的认识，对如何由初始状态转化为目标状态的认识等。他们认为，问题解决就是对问题空间进行搜索，以找到一条从问题的初始状态到达目标状态的通路。

西蒙与计算机模拟

西蒙（见图 8-1），美国心理学家，1943 年获芝加哥大学哲学博士学位，曾任美国卡内基－梅隆大学心理学和计算机科学教授，1983—1987 年任美国美中学术交流委员会主席，多次来中国访问。曾为中国科学院心理研究所名誉研究员，北京大学、天津大学、西南师范大学（现为西南大学）和中国科学院管理学院的名誉教授。

西蒙在经济学的贡献尤为突出，并于 1978 年获诺贝尔经济学奖。他把心理学与计算机科学结合起来，开创了人工智能研究，并致力于人类思维的计算机模拟。在 20 世纪 50 年代，他和纽厄尔等首先设计了计算机模拟下象棋的程序，这一工作在当时被认为是开创性的。在 70 年代，他对河内塔问题进行了计算机模拟。通过对问题解决的计算机

图 8-1　西蒙

模拟，西蒙等人提出了通用问题解决者模型，这一模型对问题解决的过程、策略等做出了详细的阐述。西蒙等人把出声思考用于问题解决的研究，并提出了问题行为图的概念。问题行为图能使人们直接地看到在问题解决过程中所进行的各种操作的序列。西蒙认为，认知系统是一种模块化的结构，它由许多模块组成，每个模块负责解决不同类型的问题。不同功能的模块相互结合，采用和解决简单问题一样的解题策略，就能解决复杂的问题。

（一）问题解决及其脑机制

大脑皮质的额叶对思维活动具有重要的作用。额叶与大脑皮质的其他部位及皮质下组织具有紧密的联系。由大脑皮质其他部位加工过的信息，都要传递到额叶进行更复杂的加工、综合，进而调节和控制人们的行为与心理过程，同时还要将行为的结果与最初的目的进行对照，以保证活动的完成。当额叶受到损伤时，思维活动的上述功能会受到损坏，产生思维的障碍。额叶受损的病人只能根据直接感知到的事物的某些特点做出简单的推论，不能发现事物之间的联系。例如，要求额叶受损的病人概括一幅画的主题，他们很难完成这一任务，他们不能仔细地观察、分析画面的内容，提出假设，而是抓住画面的某一部分甚至某一细节进行猜测，他们的描述常常与整个画面的内容不相符，也不能将自己的描述与任务要求进行对照，不能

校正自己的错误。

大脑半球左侧颞叶和顶－枕叶与思维也有密切的关系。当左侧颞叶受损伤时，言语听觉记忆出现阻碍，这种病人完成口头作业的质量很差，完成书面作业的质量好些。顶－枕叶受损，表现为综合信息的能力受到破坏，空间综合能力受到的破坏最明显。

当人们由安静状态转入数学运算活动时，大脑的α波立即受到阻断，而出现了β快波。在人们进行心算时，大脑皮质的前额叶区与运动前区的血液流量显著增多。这说明人的思维活动与大脑皮质有密切的联系。

（二）问题解决的模式

1. 试误说和顿悟说的问题解决模式

对于问题解决的模式，传统的观点主要有桑代克的试误说（trial-and-error theory）与克勒（W. Köhler，1887—1967）的顿悟说（insight theory）。试误说认为，问题解决是由刺激情境与适当反应之间形成的联结构成的，这种联结是通过尝试错误逐渐形成的。问题解决者首先通过一系列盲目的操作，不断地尝试错误，发现一种问题解决的方法，即形成刺激情境与反应的联结，然后再不断巩固这种联结，直到能立即解决问题。顿悟说认为，问题解决者遇到问题时会重组问题情境的当前结构，以弥补问题的缺口，达成新的完形，从而联想起一种可行的解决方案。这一过程的突出特点是顿悟，即对问题情境的突然领悟。

试误说看到了问题解决过程中一系列建立刺激与反应联结的尝试错误的阶段，重视问题解决的过程和系列操作。但是，它认为问题解决的尝试错误过程是盲目的，忽略了认知因素在问题解决中的重要作用。顿悟说注意到了重组情境的认知成分，启发了后来学者所强调的对问题的理解和表征，但是它把这种认知成分看成先验的，并且片面强调顿悟，取消了对问题解决过程的研究。如果剔除试误说中的盲目性和顿悟说中的先验性，那么根据对立统一的辩证观，试误和顿悟是问题解决的既对立又联系的两个方面。人面对一个新问题时，总要用已有经验（非先验地）转换问题，重组问题的当前结构，以期联想起一种可行的解决方案。如果实在不成功，人就会有计划，有目的地（非盲目地）尝试一种又一种解决方案。有时，表面上的一个顿悟，实际上是经过了好多次的试误之后才出现的。试误和顿悟的这种对立统一在后来的一些模式中有了反映。

2. 信息加工论的问题解决模式

信息加工论者把问题解决看作信息加工系统（大脑或计算机）对信息的加工，把最初的信息转换成最终状态的信息。随着计算机技术的迅猛发展，许多心理学工作者试图用计算机模拟人类问题解决过程，根据计算机的运行机制来推测人类解决问题的过程机制。纽厄尔和西蒙（Newell & Simon，1972）认为问题一般包括3个方面：① 初始状态，即开始时不完全的信息或令人不满意的状况；② 目标状态，即希望获得的信息或实现的状态；③ 操作（也称算子），即为了从初始状态迈向目标状态可能采取的步骤。这3个方面合起来构成的问题空间是对问题的一个表征。例如，猫走迷津时，走出迷津就是问题空间，从开始的位置（初始状态）到出口（目标状态），可做一些转弯动作（允许的操作）。

问题解决就是从初始状态趋向目标状态的一系列转换操作，其关键环节是对问题情境建构起一个心理表征或心理模型，也就是问题空间。个体对问题的内在的问题空间涉及多种知识，如结构化知识、程序性知识、反思性知识、系统表象、隐喻和策略性知识等。对于同一个问题，由于形成的问题空间不同，解决问题的操作就有所不同。例如，同样是胃病，西医形成的问题空间可能是：初始状态是肠胃里有害细菌检查呈阳性，目标状态是有害细菌检查呈阴性，操作是吃抗生素类药物杀死有害细菌。中医形成的问题空间可能是：初始状态是肝脾不和，目标状态是肝脾调和，操作是喝中药。西医和中医采用的概念框架系统不同，形成的问题空间就不同，解决问题的方法也就不同。

3. 现代认知论的问题解决模式

关于问题解决的具体过程，杜威（J. Dewey，1859—1952）提出了 5 个阶段：① 开始意识到问题的存在；② 识别出问题；③ 收集材料并对之分类整理，提出假设；④ 验证假设；⑤ 形成结论。后来还有许多人提出了这样或那样的阶段论，但都大同小异，基本继承了杜威的阶段论思想。在皮亚杰的工作以及其他认知和信息加工策略模型被引入之前，杜威的阶段论一直被看作一种经典的问题解决的方法。

自从皮亚杰的认知理论面世和现代认知心理学产生以后，研究者热衷于从认知的角度来解释问题解决的过程。其中最有影响的是基克等人（Derry & Murphy，1986；Gick，1986）提出的问题解决模式。根据这一模式，问题解决有理解与表征问题、寻求解答、尝试解答、评价 4 个阶段。问题解决者第一步从记忆中激活已有信息，形成问题表征或问题空间，如果能够激活已有图式，就直接进入第三阶段直接执行现有图式，如果没有现成图式可以利用，就进入第二阶段寻求解答或制订解答计划，如将问题划分成不同的中间状态、列出子计划等，然后再进入第三阶段执行解答计划。第四阶段是对解答进行评价：如果成功则问题解决活动结束，如果失败则可能退回到最初的问题，或重新定义问题或寻求问题解决的方法。这种问题解决不是线性的，问题解决者可能跳来跳去，跨步或联合一些步骤。

二、问题解决的策略

【知识窗】
影响问题
解决的
因素

问题解决策略（strategy of problem-solving）是影响问题解决效率的一个很重要的心理因素。好的策略，有利于问题的解决。例如，解决"1+2+3+4+5+…+100＝？"时，可以按顺序进行加法运算，但效率较低且易出现错误。若采用"凑101"的方法，则能迅速准确地解决这个问题。

在问题解决过程中，有以下几种通用策略：

1. 算法

算法（algorithm）是在问题空间中搜索所有可能的解决方法直至选择一种有效的方法为止。简言之，就是把解决问题的方法一一尝试，直至最终找到答案。

一个密码箱有 3 个转钮，每一转钮有 0～9 共 10 个数字，现要运用算法找出密码打开箱子，就要逐个尝试 3 个数字的随机组合方式，直到找到密码为止。

采用这种策略的优点是它能够保证问题的解决，但需要大量地尝试，因此耗时费力。当问题复杂、问题空间很大时，很难依靠这种策略来解决问题。另外，有些问题可能没有现成算法或尚未发现其算法，解决这类问题时，算法是无效的。

2. 启发法

启发法（heuristics）是指根据一定的经验，在问题空间内进行较少的搜索以解决问题的一种方法。启发法不能保证问题解决的正确性，但用这种方法解决问题时比较省时省力。

常用的启发法有：

① 手段－目的分析（means-end analysis）。这是将需要达到的问题目标状态分成若干子目标，通过实现一系列的子目标最终达到总目标。以河内塔（tower of Hanoi）问题为例（如图8-2所示）。

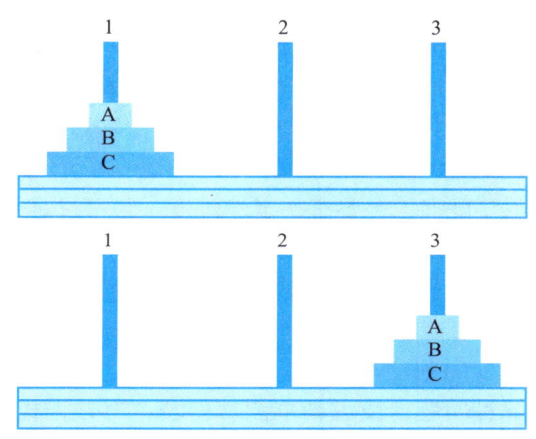

图8-2　河内塔问题（Anderson，1985）

在一块板上有3根柱子，在柱1上有自上而下大小渐增的3个圆盘A、B、C。要求被试将3个圆盘移到柱3上，且仍保持原来放置的位置。要求每次只能移动一个圆盘，大盘不能放在小盘上，在移动时可利用柱2。解决这一问题，当前最重要的差异是C盘不在柱3上。要消除这一差异，选择的操作是把C盘移到柱3上。但根据条件，当C盘上没有其他圆盘时C盘才可移动，现在C上有A盘和B盘，因此建立的其中一个子目标是先移动B盘。由于移动B盘的条件不成熟，因此一个子目标是先移动A盘。移动A盘的条件成熟：先把A盘移到柱3。之后，B盘可移到柱2，再将A盘移到柱2的B盘上面，此时即可将C盘移到柱3上。这时当前状态与目标状态的差别是B盘不在柱3上，要消除这一差别，需建立一个子目标——先将A盘移到柱1。完成这一操作后，将B盘移到柱3上，把A盘移到柱3上。至此达到了问题所要求的目标状态。

在日常生活中，手段－目的分析是人们比较常用的一种问题解题策略，它对解决复杂的问题有重要的应用价值。

② 逆向推理（backward inference）。这是从问题的目标状态开始搜索直至找到通往初始状态的路径或方法。例如，某人要去城市的某个地方，可以在地图上先找到目的地，然后查找一条从目的地退回到出发点的路线。

③爬山法（mountain climbing method）。这是类似于手段-目的分析的一种问题解题策略。它采用一定的方法逐步缩小初始状态和目标状态的距离，以达到问题解决。就好像登山者，需要从山脚下一步一步登上山峰一样。

爬山法与手段-目的分析的不同在于后者包括这样一种情况，即有时为了达到目的，不得不暂时扩大目标状态与初始状态的差异，以有利于最终达到目标。

三、问题解决能力的培养

在实际教学中，学生问题解决能力完全可以结合各门学科来进行训练和提高。在教学中，教师可以把重点放在特定学科的问题解决的逻辑推理和策略上，放在有效解决问题的一般原理和原则上。教师要注意为学生创造适当的气氛，以利于解决问题。

1. 鼓励质疑

相对来说，由教师提出问题，学生比较被动。教师要尽量从自己提出问题过渡到学生质疑，从而激发学生主动质疑的内在动机；要鼓励学生在课堂上主动提问，减少不必要的限制，形成自由探究的课堂气氛。

2. 设置难度适当的问题

教师给学生的问题要可解，但要有一定的难度。题目过难，不易为学生所理解，就不能期待学生去解答；反之，题目过易，也起不到应有的作用。在培养问题解决能力时，教师要注意将班级教学与个别辅导相结合。例如，有的教师在课堂练习中为不同学生提供数量不等的难题。

3. 帮助学生正确表征问题

学生用所学知识解释问题，或者画草图、列表、写方程式等，这对回忆相关信息都有很好的作用。

4. 帮助学生养成分析问题的习惯

教师要帮助学生习得系统考虑问题的方法，培养系统分析的习惯。教师要注意避免两种倾向：一是不能因让学生自己找出答案，就采取放羊态度，让学生进行盲目的尝试错误练习；二是不能过分热心，越俎代庖，如先把结论告诉学生。教师要使学生主动投入解题过程，鼓励学生提出多种解法，而不只是教学生如何解答。在学生实在有困难时，教师要给学生提供适当的线索，或者补充必要的知识。

5. 辅导学生从记忆中提取信息

问题解决需要对已有知识、原则进行重新组合，教师要帮助学生从记忆中迅速提取与问题解决有关的信息，并能很快找出可供利用的信息，明确问题情境与欲达到的目的，迅速做出判断。这里要注意，教师只是帮助学生回忆、提取信息，而不是代替他们，要鼓励学生进行类比。但是，教师也要预防学生总是从过去的方式方法中找答案，避免心理定势的消极影响。教师要鼓励学生从不同的角度去看问题。有时学生习惯于按一种逻辑进行思考，教师可以让他们运用水平思考法（lateral thinking），突破原来的事实和原则的限制。

6. 训练学生陈述假设及其步骤

教师要培养学生由跟从别人的言语指导转变到自行思考，然后要求他们自己用言语陈述思考步骤。比如对于四则运算中的先乘除后加减，教师可以先给出一点指示、提醒，后面就可由学生自己陈述思考步骤，这样学生可进行自我强化。研究表明，试图将问题解决的计划以及选择这个计划的理由说出来或写下来，可帮助个体成功地解决问题（Cooper & Sweller，1987）。加涅（Gagné，1962）等人发现，教导九年级或十年级的学生说出他们解决问题时所采取的每一个步骤的原因时，更有利于他们解决问题。

此外，教师可以给学生充分的时间解答问题。实践证明，在时间紧迫的情况下让学生做难题，学生通常完成不了，只好草率了事。教师也要鼓励学生验证答案，防止以偏概全，可做类比练习，加以巩固。

四、什么是决策

人总是生活在一个充满不确定性的世界。判断是人对事物形成看法、得出结论、做出评价的过程。人常常在没有提示的情况下自发地做出判断。

决策（decision making）是在备选项之间做出选择的过程。决策直接影响行动的效果。例如，国家的宏观决策直接影响国民经济的发展及其走向，企业领导者的决策直接影响企业的效益。因此，研究如何决策，决策受到哪些因素的影响，如何克服决策中的偏差等都具有重要的现实意义。

决策可分为确定性决策和风险决策。确定性决策就是在确定的条件下，对备选方案做出选择的过程。例如，是买运动鞋，还是买皮鞋？已知两种鞋的平均价格、款式、颜色、舒适度等，我们只需要根据自己的喜好做出选择就可以。这种决策就是在比较确定的条件下做出的决策。

风险决策是在不确定的条件下做出选择的过程。在风险决策中，决策者不仅不清楚各种备选方案的成功概率，可能也不清楚存在哪些备选的方案。例如，在产品开发中，开发什么样的产品能赢利，就属于风险决策。相对于确定性决策，风险决策更难，心理学更多是针对风险决策进行研究的。

决策与判断是两个密切相关的过程。人一般总是先做出判断，然后决策，因为决策更紧密地与行为动作联系在一起。判断与决策总是同问题解决密切相关，问题解决包括一定的判断与决策。例如，确定某种解法是否可行，某种思路是否可以优先考虑，等等。决策可以看作问题解决的一种特殊形式——从某些供选择的内容（如方案）中选择最好的一个。但是，问题解决侧重产生想法，决策侧重从多种想法中做出选择。

 拓展阅读

卡 尼 曼

卡尼曼（D. Kahneman，1934—2024，见图8-3），美国普林斯顿大学心理学教授，2002年诺贝尔经济学奖获得者，在心理和实验经济学研究方面做出了开创性工作。卡尼曼通过心理学研究断言，在可以计算的大多数情况下，人们对所损失的东西的价值估计高出实际价值的两倍。当所得到的比预期多时，人们会很高兴；而当失去的比预期多时，就易愤怒痛苦。关键在于这两种伴随的情绪是不对称的，人们在失去某物时愤怒痛苦的程度远远超过得到某物时高兴的程度。

卡尼曼由于成功地把心理学分析法与经济学研究结合在了一起，而为创立一个新的经济学研究领域奠定了基础。其主要研究成果是，发现了人类的决策不确定性，即发现人类的决定常常与根据标准的经济理论做出的预测大相径庭。

五、决策的理论

（一）决策的理性观

图 8-3 卡尼曼

决策过程中人的理性观是决策理论与研究的基础。对此，不同的理论有不同的观点。

1. 古典决策理论

古典决策理论认为，决策者具有完全的理性能力，决策者总是追求个人利益的最大化。具体表现在：第一，知道要解决的问题和达到的目标。第二，能得到所有相关信息。第三，对解决问题的方案"无所不知"。第四，深知各方案实施后的结果，并能对这些结果进行评价。第五，能够追求最优方案。

古典决策理论是建立在"经济人假设"的基础上的，没有考虑认知等因素在决策过程中的作用，而且上面提到的几个表现在日常决策中也很难实现。例如，在决策过程中，决策者很难得到所有相关信息，各个方案的后果也是很难预知的。

2. 行为决策理论

20世纪60年代以后，认知心理学得到了很大发展。西蒙从心理学的角度研究决策问题，提出了行为决策理论。西蒙认为，决策是对行动目标与手段的探索、判断、评价，直至最后选择的过程。例如，针对如何提高经济增长的速度，没有一个现成的答案，行动目标与手段都是探索和选择的过程。

行为决策理论认为，决策者的理性是有限的理性，因为人的认知能力是有限的，加之决策情境的复杂性，决策者不可能找到所有备选方案，不可能准确预测所有方案的结果等。所以决策者是介于完全理性和非理性之间的有限理性的个体。例如，在购买股票时，我们不可能准确预知某只股票在未来的涨跌。

由于决策者无法找到所有解决问题的方案，因此最优的决策是不太可能实现的。西蒙等人提出，决策的标准是满意性原则。所谓"满意性"是指决策时，个体并不考虑所有可能的选项及其可能的结果，而仅仅考虑几个选项，一旦感到满意，就会立即停止探索。这就好像购买汽车，我们不可能对所有汽车逐一进行选择，一般是设定一定的购买标准，在一定的范围内选择。一旦发现符合自己标准的满意的汽车，我们就会做出决策。

西蒙等人认为，决策受时间、精力等其他资源有限性的制约，因此要考虑决策的时效性问题。决策者也必须考虑决策的后果。不考虑后果的决策，有可能造成严重的后果。

西蒙等人认为，人们解决问题的有效方法是靠以往的经验，而不是采用严格建立在数理逻辑推理基础上的考虑了各种条件的算法来进行决策。

（二）决策过程的研究理论

卡尼曼和特沃斯基（A. Tversky）继续了西蒙的研究，提出了有关决策的前景理论（prospect theory）。研究发现，人在不确定的条件下进行决策往往是非理性的，而且做出决策的偏差是有规律的，人更多根据几种启发法进行判断和决策。下面简要介绍期望效用理论和前景理论。

1. 期望效用理论

20世纪50年代，冯·诺依曼（J. von Neumann）和摩根斯坦（O. Morgenstern）在公理化假设，即效用关系的完备性、传递性与替换性、决策者偏好的一致性等的基础上，运用逻辑和数学工具，建立了不确定条件下对理性人选择进行分析的框架——期望效用理论（expected utility theory）。

期望效用理论采用严格的数学方法来说明决策者对效用的偏好问题，而且该理论假设决策者追求效用的最大化。但是后来的许多研究发现，人们的实际决策并非完全遵循期望效用理论的观点。例如，下面的两种方案：方案一，你有80%的概率赚8 000元；方案二，你肯定会赚6 000元。你是选择方案一，还是方案二？根据期望效用理论，人们应该选择方案一，因为方案一的主观效用较高，但研究发现，多数人会选择方案二。

再看下面的两种方案：方案一，你有80%的概率赔8 000元；方案二，你肯定会赔6 000元。你是选择方案一，还是方案二？根据期望效用理论，人们应该选择方案二，因为方案二损失较小，但实际上多数人会选择方案一。

很显然，人们实际进行的选择不能用期望效用理论来解释。

2. 前景理论

由于期望效用理论不能很好地解释人们的决策行为，卡尼曼等人提出了决策的前景理论。前景理论的内容非常丰富，其基本观点之一是：大多数人在面临获得的时候是风险规避的，而在面临损失的时候是风险偏好的。这一观点很好地解释了前面例子中的决策行为。为什么人在面临损失时会出现风险偏好？前景理论提出了损失厌恶的概念，即人们对损失比对获得更敏感。例如，丢失100元的痛苦感要高于获得100元的快乐感。

卡尼曼等人赞同西蒙对启发式研究的结论，认为人在决策时采用的启发法主要有代表性启发法、易得性启发法、锚定和调整启发法。

（1）代表性启发法

代表性启发法（representative heuristics）是指人们估计事件发生的概率时，受到与其所属总体的基本特性相似性程度的影响。通俗来讲，样本与总体的原型越相似，就越容易将样本归入总体。

（2）可得性启发法

可得性启发法（availability heuristics）是指人们倾向于根据事件或者现象在记忆

中获得的难易程度来评估其概率大小,即根据事件或现象在记忆中是否容易提取来做出判断和决策。根据可得性启发法,我们可能做出精确的判断,但也可能产生判断和决策的偏差。

(3)锚定启发法

锚定启发法(anchoring heuristics)是指人们根据给定的信息做出最初的估计后,会根据当前的问题对最初的估计做出调整,但是调整的幅度不大。这里,最初的估计值相当于锚定,以后的调整是在锚定基础上的微调。根据锚定启发法,最初的估计是非常重要的。

以上三种启发法对决策是有帮助的,它们使人们利用已有知识经验快速做出决策,但是这些启发法也可能导致决策的偏差。

 拓展阅读

消息公布方式的选择

好消息和坏消息的不同公布方式对人的心理会产生不同的影响:

若有几个好消息要公布,则应该把它们分开公布。比如,假定今天你获得了1 000元的奖学金,而且你在参加百货商店的抽奖活动时抽中了1 000元,那么你应该把这两个好消息分两天告诉家人,这样的话他们会开心两次。根据前景理论,分别经历两次获得的高兴程度之和要大于同时经历两次获得所带来的总的高兴程度。

若有几个坏消息要公布,则应该把它们一起公布。比如,你今天丢了1 000元,还把价值1 000元的手机弄坏了,那么你可以把这两个坏消息一起告诉家人。因为根据前景理论,两个损失加在一起所带来的痛苦要小于分别经历这两次损失所带来的痛苦之和。

若有一个大的好消息和一个小的坏消息,应把这两个消息一起告诉别人。这样,坏消息带来的痛苦会被好消息带来的快乐冲淡,负面效应就少得多。

若有一个大的坏消息和一个小的好消息,应分别公布。这样,好消息带来的快乐不至于被坏消息带来的痛苦淹没。

第四节 创造力及其培养

创造力是最重要的人力资源,没有创造力,就没有进步。的确,无论是人类社会的点滴进步还是翻天覆地的重大变革,都是人类创造性思维的结果。例如,以瓦特改良蒸汽机为标志,英国率先开始了工业革命,人类从农业社会向工业社会转型。

今天,在"大众创业、万众创新"的时代,具有创造力对适应社会、顺应潮流而言更加关键。那么,如何才能培养创造力呢?

一、什么是创造力

创造力(creativity)是指人应用新颖的方式解决问题,并能产生新的、有社会

价值的产品的能力。例如，作家创作一部新的作品，工程师设计一台新机器，科学家发明一项新技术等都属于创造性活动。创造力总是体现在问题解决中，因此属于问题解决的一个研究领域，它对个体和社会有重要的意义：对个体来讲，创造力与人们的工作成就和生活质量有关；对社会来说，创造力将导致科技创新，推动社会生产力的不断发展。心理学家一直试图对创造力做出合理的解释。

（一）创造力与创造思维

创造性思维是创造力的具体表现，是一种高级认知活动。通过创造性思维，人们可以在现有科学成果的基础上，揭示客观事物或现象的本质特征及其规律性，形成新的认知结构，并使认知超出现有水平，达到探索未知、创造新知的境界。

（二）创造力的心理成分

由美国心理学家、科学创造力研究的倡导者吉尔福德于20世纪60年代提出的创造力结构理论强调，创造力是与智力相关的一种能力，是由个体的基本能力构成。个体的创造力突出地表现为以流畅性、灵活性和独创性等为重要特征的发散思维。20世纪70年代，托兰斯（E. P. Torrance）延续了发散思维是创造力核心的基本思想，提出创造力是由发散思维、创造技能、创造动机三者结合的创造力结构模式。托兰斯认为，发散思维是与智力、人格密切相关的基本能力，创造技能是在创造活动中逐渐发展起来的方法与技能，如创造性解题能力、创造的具体技巧及专业技巧等，而创造动机则是使创造能力从潜在状态转化为现实状态的动力。依据该理论，托兰斯编制了创造思维测验——托兰斯创造性思维测验（Torrance Tests of Creative Thinking，TTCT）。该测验由言语创造思维测验、图画创造思维测验以及声音和词创造思维测验构成，主要考察个体在创造性活动中的流畅性、灵活性、独创性、精确性等，适用于从幼年到成年的各年龄阶段的个体，已成为应用最广泛的创造力测验。

（三）与创造力相关的人格因素

创造力不仅受智力因素的影响，而且受一系列人格因素的影响。例如，人的坚持性、自信心、意志力等对创造力都有重要作用。此外，责任感、勤奋、热情、善于想象、兴趣广泛、独立性等也是创造力的重要心理成分。研究表明，富有创造力的个体具有下列特征：强烈的好奇心，对事物运动的机理有深究的动机；有旺盛的求知欲；知识面广，善于观察；工作中讲求条理性、准确性与严谨性；有丰富的想象力、敏锐的直觉，喜好抽象思维，对智力活动与游戏有广泛的兴趣；富有幽默感，有卓越的文艺天赋；意志品质出众，能排除外界干扰，长时间专注于某个感兴趣的问题；有高度的自觉性和独立性，不与人雷同。

二、创造的方法

黏合，即把客观事物中从未结合过的属性、特征、部分在大脑中结合在一起形成新的形象。通过黏合，人创造了许多童话、神话中的形象，如美人鱼、猪八戒、飞马等。这种创造都是将客观事物的某些特征分析出来，然后按照人的要求，将这些特点重新配置，黏合起来，构成了人所渴求的形象，以满足人的某种需要。黏合的形象在内容上，受到一定的社会文化、民族风俗习惯的影响。在科学技术的创造发明中也有运用黏合的，如水陆两用的坦克，就是坦克与船的某些特征的结合。

夸张（又称强调），即通过改变客观事物的正常特点，或者突出某些特点略去另一些特点进而在大脑中形成新的形象。例如，人们创造的千手佛、九头鸟、巨人国、小人国等，都是采取夸张进行的创造。

典型化，即根据一类事物的共同特征创造新形象的过程，是文学、艺术创造的重要方式。装饰图案中的花瓣、树叶等形象就是来自各种植物的共同特征。小说中人物形象的创造，是作家综合某些人物的特点之后创造出来的。例如，鲁迅在谈创作经验时曾指出：人物模特儿没有专门用过一个人，往往嘴在浙江，脸在北京，衣服在山西，是一个拼凑起来的角色。

联想，即由一个事物想到另一事物的心理活动，借助它可以创造新的形象。想象联想不同于记忆联想，前者的活动方向服从于创作时占优势的情绪、思想和意图。例如，一位诗人在某种情绪状态下，看到"修理钟表"几个字，便会联想到"修理时间"，进而想出这样的语句："请替我修理一下年代吧，它已不能按时间度过。"这是一种异乎寻常的联想，它打破了日常联想的习惯，因而引发了新的形象，成为创造。

三、创造力的培养

激发创造动机。从事任何活动都需要内在的动力，因此，激发个人的强烈的创造动机是培养创造力的首要任务。作为教师，最重要的不是教学生具体的方法与知识，而是激发学生的学习热情。学生只要想学，从内心深处感到学习有趣，学习有用，就会焕发出无穷的动力，就会想方设法地把学习搞好。所以，高明的教师是善于调动学生积极性的教师。

培养创造人格。教师要激发并培养学生的好奇心，鼓励他们对事物运动的机理进行深入探究；要激发并培养学生旺盛的求知欲；要鼓励学生拓宽自己的知识面，培养他们善于观察的能力；要求学生在学习中讲求条理性、准确性与严谨性；要培养学生的想象力、直觉、抽象思维能力及对智力活动与游戏的广泛兴趣；要培养学生的幽默感及文艺天赋；要锻炼学生的意志，培养他们排除外界干扰、长时间专注某个感兴趣的问题；要培养学生的自觉性和独立性，以及敢为人先的品质。

创设有利于个体创造力发展的环境。在鼓励独立性、创造精神，主张男女平等的开放性社会中，儿童的创造力水平普遍较高，而来自专制文化环境的儿童往往表现为退却、服从，缺乏创造精神。因此，开放的文化环境有利于创造力的培养。研究表明，如果家长鼓励孩子大胆表达，主张亲子的地位平等，允许孩子自由表现，鼓励他们动手实践，那么孩子的创造力普遍较高。反之，如果父母不民主，对孩子控制很严格，孩子则表现出呆滞、刻板、创造力低下的状态。学校是培养个体创造性的主要场所，相互理解、严谨、求实、团结、进取的校风或班风会产生巨大的心理感染力，使学生产生积极的情感体验，激发学生强烈的学习动机和创造欲望。

实施教育创新，开展创新教育。实践证明，个性越突出、越鲜明，创造力水平就越高。因此，要注重评价目的的激励性、评价内容的全面性和系统性、评价标准的统一性和个别性。教师不仅要注重对学生学习结果的评价，还要注重对学习过程的评价；要注重哲学、艺术及潜在课程对创造力的影响；要重视健康人格的培养，塑造学生坚忍不拔的品格，培养广泛的兴趣爱好，强烈的成功欲望，丰富的情感，坚强的意志，良好的心理承受力以及合作精神，抛弃自私、偏狭、嫉妒、个人主义等不良个性品质。除此之外，还要注重培养学生的非逻辑思维能力，这种能力往往是创造力的重要组成部分。

要培养创造力，除了上述比较普遍的做法之外，还有很多相对具体的方法，例如头脑风暴法等。

头脑风暴法（brainstorming）是一种培养创造力的具体方法，它的目的是以集思广益的方式在一定的时间内大量产生各种主意。产量越多，则得到有用主意的机会越多。使用这个方法时，必须遵循四个原则：不能批评他人的主意；欢迎"百花齐放"，自由发言，主意越怪越好；求量为先，以量生质，主意越多，得到好主意的可能性也越大；寻求综合与改进，讨论者除贡献自己的主意外，还可将他人的主意变得更好，或将几个人的主意综合起来产生另一个主意。

转换知识表征的方式。知识的表征方式会影响问题解决，进而影响创造力的培养。例如，在九点连线图问题（如图 8-4 所示）中，要求被试将图中的 9 个点用不多于 4 条的直线一笔连在一起。被试常常不能成功地解决这一问题，原因在于 9 个点在知觉上组成了方形，个体总是试图在这个方形的轮廓中连线。这样，知识的表征方式就阻碍了问题解决。如果在实验前告诉被试，连线时可以突破方形的限制，被试的成绩就会得到很大的提高。又如，已知一个圆的半径是 1.7 cm，求圆的外切正方形的面积（如图 8-5 所示）。图 8-5（a）与（b）比较，由于图（a）中较难看出圆的半径是正方形的一部分，因此，解决图（a）表征方式下的问题难于解决图（b）表征方式下的问题。

图 8-4 九点连线图

打破心理定势。心理定势（mental set）是指心理上的定向趋势，是由一定的心理活动所形成的准备状态或行为倾向。它对创造力的培养既有积极影响，也有消极影响。在环境保持不变的条件下，心理定势强化了个体感知的敏锐度和问题解决的速度与质量，使个体能熟练甚至自动化地从事活动，从而节省时间和精力。但在情境发生变化的条件下，心理定势也会使问题解决变得更加困难。过度依赖心理定势易导致个体思维僵化，个体很难发展新颖的、有创造力的解决问题的方法。打破心理定势的过程通常伴随着思维顿悟的过程。心理定势在人类的进化中扮演着重要的角色，了解并克服心理定势的消极影响具有重要的实践指导意义。

克服功能固着。功能固着（functional fixedness）是人把某种功能只赋予某种物体的心理倾向。例如，盒子是装东西的，笔是写字的，绳子是捆东西的，等等。在解决问题的过程中，个体能否改变事物固有的功能以适应新的问题情境的需要，常常成为解决问题的关键。在功能固着的影响下，个体不易摆脱事物用途的固有观念，

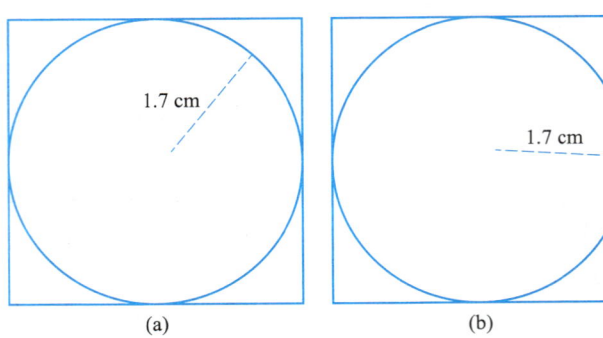

图 8-5 不同的表征方式会影响问题解决

因而会直接影响个体解决问题的灵活性。克服功能固着需要个体灵活机智地使用已有工具或材料，使之服务于解决当前问题，即功能变通，它与功能固着的作用相反。要具备这种变通能力，个体一方面需要积累丰富的知识，熟悉物体的不同功能，另一方面思维要具有灵活性。

反思与探究

1. 什么是思维？思维包括哪几个过程？
2. 思维有哪些形式？
3. 简述思维的分类。
4. 思维与语言有什么关系？
5. 简述想象的含义与分类。
6. 问题解决过程中可采用哪些策略？怎么培养问题解决能力？
7. 决策的理论有哪些？
8. 什么是创造力？如何培养创造力？

推荐阅读

1. 王竹立，李美红. 看图学创新［M］. 北京：高等教育出版社，2022.

该书包括思维训练课程的热身游戏、创意自我介绍、创新思维的定义和特征、心智模式与思维定势、激发创造力第一板斧转变思考方向、第二板斧软性思维、第三板斧强制联想、思维导图与创新思维、发明创造技法等内容。全部采用案例、游戏、故事、成语、诗歌、图画、学生作品等进行阐述和介绍。所有思维训练方法均来自作者课堂教学的亲身实践，具有原创性和自主知识产权。

2. 普劳斯. 决策与判断［M］. 施俊琦，王星，译. 彭凯平，审校. 北京：人民邮电出版社，2020.

该书是社会心理学经典著作，也是一本充满趣味和科学实证证据的社会心理学普及读本。全书汲取了许多来自医学、法律、商务和行为经济学等学科的研究成果与实际案例，全面介绍了决策与判断的心理过程，尤其探讨了影响决策与判断的社会因素。书中剖析了一系列关于人类决策与判断的心理学实验结果，有些结果与人们的常识经验相反，可以帮助学习者了解各种认知偏差和非理性决策出现的原因，并从科学心理学的角度给出了避免认知风险和决策偏差的实用建议。

第九章 智　力

知识导图

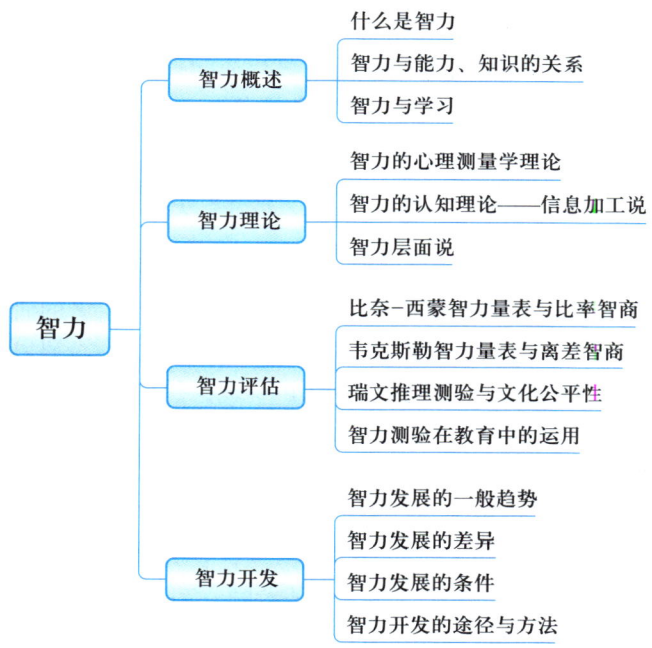

> **案例导入**
>
> **曹冲称象的心理解释**
>
> 曹冲称象的故事千古流传。当大象被拉到曹冲眼前时：
> - 他的观察力告诉他，大象不能用一般的秤来称，而石头可以。
> - 他的记忆力告诉他，船可以承载大象和石头。
> - 他凭理解力知道，可以用石头的质量计算出大象的质量。
>
> 于是他果断地做出决定：把大象拉上船，在船与水的交界处画上标志，拉走大象，再把石头一块块地放到船上，直到水淹没船的位置到画的标志线上。这样，这一船石头的质量就等于一头大象的质量了。

这个案例说明，智力实际上就是人们认识对象，并运用知识解决实际问题的能力。它往往以观察力、注意力、记忆力、思维力、想象力和创造性等形式表现出来。

心理学家做了一个形象的比喻：观察力好像智力的眼睛，记忆力好像智力的"储存器"，思维力像中枢，想象力如同翅膀，创造性如同将智力转换为物质能量的"转换器"。从这个比喻中我们可以看出，智力是由多种要素构成的。

本章旨在帮助大家掌握智力的概念，了解智力的理论，掌握智力的评估和测量方法，最终把相关知识用于学生的智力开发和培养。

第一节 智力概述

在生活中，我们有时会听到评价他人"好聪明"或者"不灵光"。其实，这类评价都是在谈论一个人的智力水平。毫无疑问，智力是心理学最古老的研究领域，也是引发研究者关注最多的话题之一，还是提出理论最多的领域之一。智力作为一个人在认知过程上的个别差异，体现了一个人认知能力的强弱，是个人发展的核心因素之一。

一、什么是智力

智力（intelligence），也称智能。心理学界目前对此还没有形成统一的认识，不同的学者对智力的理解并不完全相同。一般认为，智力是使个人有目的地行动、合理思考、有效地应对环境的一种综合能力（黄希庭，2003）。

大多数学者认为，智力是一种综合的整体结构，而不是一种单一的能力。智力实际上就是人们认识对象，并运用知识解决实际问题的能力。它往往以观察力、注意力、记忆力、思维力、想象力和创造性等形式表现出来。

二、智力与能力、知识的关系

智力与能力、知识是相互区别又密切联系的概念。

（一）智力与能力的关系

智力与能力有一定的区别，也有密切的联系。

能力（ability）是指直接影响活动效率、顺利完成某种活动的必要条件的心理特征的总和。能力总是和完成某种活动联系在一起，离开了具体活动，能力就无法形成和表现。因此，能力主要是人们适应环境和改造环境的实践能力，它表现在多个方面，如肢体或动作方面的运动能力、人际关系方面的交际能力、处理事务方面的才能等。智力属于一种心理活动，是人们在大脑里进行的正确的认识力和迅速的判断力，特别是对思维力、想象力等的综合运用。智力是人的一种综合认知能力，表现在人的认知学习方面，包括学习能力、适应能力、抽象推理能力等。这种能力，是个体在遗传的基础上，受到外界环境影响而形成的，它在吸收、储存和运用知识经验以适应外界环境中得以表现。早期的智力观通常认为，智力主要由观察力、记忆力、想象力、思维力等构成，感知觉敏锐、记忆力强、思维灵活、分析推理和创造性等是良好智力品质的基本要求。近几十年来，研究者发现，个体对自己认知过程的计划、监控和调节的能力，即元认知（metacognition）能力也应是智力的主要组成部分。

能力可分为一般能力和特殊能力两种。一般能力是指个体从事一切活动所必须具备的一些基本能力的综合。一般能力是指观察力、记忆力、思维力、想象力和注意力等，通常也叫智力。特殊能力是完成某种专业活动所必需的能力，如数学能力、色彩鉴别能力等。

（二）智力与知识的关系

智力与知识也有一定的区别和联系。

知识（knowledge）是人们对客观事物及其规律性的认识。知识的内容是广泛的，它包括政治、经济、历史、文学、美术、音乐等人文社会科学知识，数学、物理、化学、生物学等自然科学知识。

从区别上看：第一，智力不是指个体已经掌握了的知识，而是指个体获取知识并恰当运用知识的一种综合能力。从这个意义上说，智力是无法用知识多少来衡量的，不能以掌握知识的多少作为衡量智力高低的标准。第二，智力的形成比知识的掌握要慢得多。第三，智力是先天遗传素质和后天教育训练结合的产物，而知识则是通过后天的学习而获得的。第四，智力发展有一定限制，到一定时期会停止。有的人认为 16 岁是发展巅峰，有的人则认为 30 岁是发展巅峰。知识的掌握是无限制的，知识则可在智力停止发展后不断获得。第五，智力不能传授，而知识是可以传授的。

知识和智力是不能等同的。但是，有些人认为掌握的知识就是智力，知识越多就越聪明，能力就越强。于是，个别父母和教师看重知识的灌输与积累，为了"开发智力"，逼迫孩子学习超出其能力范围的知识，为孩子准备大量的学习材料，给孩子增添很多学习负担。这不但损伤了孩子智力与认知的正常发展，还会降低孩子对知识学习的兴趣，甚至导致厌学心理。

从二者的联系看，没有一定的智力就难以掌握知识。具体来说，没有注意力、观察力，个体就无法认识事物，掌握知识；没有记忆力，知识就无法巩固、保存；没有思维力，个体就无法对事物有深刻的认识、掌握事物的发展规律；没有想象力，就无法创新。所以说，智力不发展，人就无法更多、更快、更深地理解和掌握知识。

知识和智力是不能等同的，将知识学习等同于智力开发，在实践中易带来危害。当然，智力发展离不开基础知识的掌握和基本技能的训练。

三、智力与学习

一般认为智力是影响学习的一个重要因素。很多研究表明，传统教学条件下，智力水平是预测学生学业成就的一个重要指标。学生智商（IQ）越高，他们未来的教育成就也可能越高。

智力的测量和学生学业成就的测量有中等程度的相关关系。不过，学生在学段的学业成就和智商的相关系数也略有不同。在小学阶段，其相关系数为 0.6～0.7；在中学阶段，其相关系数为 0.5～0.6；在大学阶段，其相关系数为 0.4～0.5。也就是说，学业成就和智力的相关系数随年级的增高而呈降低趋势。

智商并不能完全预测学业成就和受教育程度。智商高者不一定都可获得高学历，智商稍低者也可获得高学历。不能单用智商去预测一个人的未来成就。

智力对学习的影响，主要体现在影响学习的速度、质量、巩固程度和迁移上。研究表明，学生的智商高低不仅影响其学习的速度，也影响学习的质量。智商较高的学生往往学习速度快，质量高，学习轻松，容易找到解决问题的策略，容易掌握及时检查、纠正和验证答案的方法，能较多运用逻辑思维和较为有效的学习方法，而且能较为长久地进行学习。而智商较低学生在学习中的表现则恰好相反。

现代心理学认为，影响学习的因素除了智力因素外，非智力因素也是非常重要的。

第二节 智 力 理 论

智力具有复杂的结构。心理学家从各种不同的角度对人的智力提出假设，进行了广泛研究并形成了不同的理论。

一、智力的心理测量学理论

心理测量建立在智力差异，即智力有高低之分的基础之上。为了对智力进行量化，人们提出用测量的方法来实现。因此，研究智力的一种传统方法是心理测量法。它是指通过编制适宜的测验，对智力加以测量，然后依据测验分数的统计分析做出推论。

（一）智力的二因素理论

斯皮尔曼（C. E. Spearman）采用因素分析的方法，于 1904 年提出了智力二因素理论，认为智力由贯穿所有智力活动中的一般因素（general factors，G 因素）和体现在某一特殊能力之中的特殊因素（special factors，S 因素）组成。

依照斯皮尔曼的观点，G 因素所反映的个体一般智力主要源自先天遗传，表现在一般生活活动、发现问题以及学习掌握的过程中。S 因素所代表的智力只与少数生活活动有关，是个体在某方面的表现异于他人的能力。工业与社会心理学领域的大量研究表明，G 因素与学业成就、工作表现、个人收入水平密切相关。G 因素水平相对较高的个体，其大脑中的一些区域拥有更多的脑组织。

智力二因素理论是早期的智力理论。它摆脱了遗传决定论对智力落后儿童的贬低，某些特殊儿童可以在特定领域中拥有特殊能力，这为智力落后儿童的教育工作提供了理论支持。

（二）智力群因素理论

瑟斯顿（L. L. Thurstone）凭借多因素分析的方法，突破当时占据主流地位的智力二因素理论，提出了智力群因素理论。虽然两种理论都是基于因素分析的方法提出的，但智力二因素理论强调先有共同的一般智力，然后有许多特殊智力，而瑟斯顿从 56 种不同的测验中概括出智力需要包括的 7 种基本能力——语词理解、语词流畅、数字运算、空间关系、联想记忆、知觉速度、一般推理。他认为这 7 种基本能力之间的关系是平等的，任何智力活动都是依靠多种基本能力来共同作用的。

（三）吉尔福德的智力结构模型

吉尔福德于 1959 年提出，智力活动有 3 个维度：操作（认知、记忆、发散思维、聚合思维、评价）、内容（图形、符号、语义、行为）、产品（单位、分类、关系、系统、转换、蕴含）。整个模型包括 120 种组合（5 种操作 ×4 种内容 ×6 种产品）。1971 年，他修正了理论，将内容中原属图形的材料分为视觉与听觉两种，所以整个模型包括 150 种组合（如图 9-1 所示）。1988 年，他将操作维度中的记忆分为短时记忆和长时记忆，智力结构的组成因素便增加到 180 种。

吉尔福德的智力结构模型同时考虑了智力活动的操作、内容和产品，对推动智力测验工作起了重要的作用。1971 年吉尔福德宣布，经过测验已经证明了三维智力模型中的近百种能力。这一成就对智力测验的理论与实践，无疑是巨大的鼓舞。

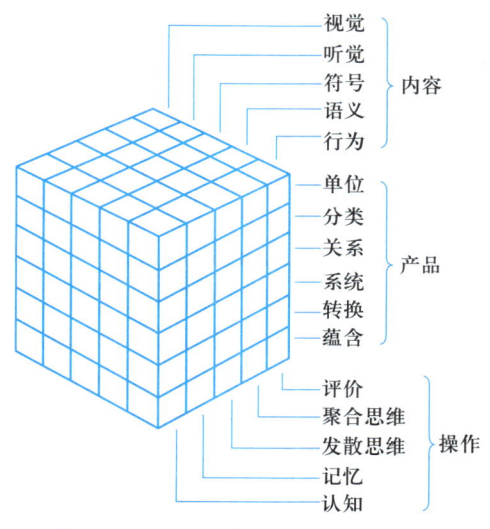

图 9-1　1971 年的三维智力结构模型

（四）卡特尔的智力结构理论

20 世纪中期以后，卡特尔（R. B. Cattell，1905—1998）认为，智力包括流体智力和晶体智力两种。流体智力（fluid intelligence）指一般的学习和行为能力，包括速度、能量、快速适应新环境等测验度量，如逻辑推理测验、记忆广度测验、解决抽象问题测验和信息加工速度测验等，主要受遗传因素的影响。晶体智力（crystalled intelligence）指已获得的知识和技能，由词汇、社会推理以及问题解决等测验度量。因为晶体智力测量的是知识经验，是人们学会的东西，它的主要作用是处理熟悉的、已加工过的问题，因此，晶体智力一部分是由教育和经验决定的，一部分是早期流体智力发展的结果。

到了20世纪80年代，进一步的研究发现，随着年龄的增长，流体智力和晶体智力经历了不同的发展历程。和其他生物学方面的能力一样，流体智力随生理生长曲线的变化而变化，在20岁左右达到顶峰，在30岁左右随神经系统的老化而平缓地减退；而晶体智力的发展一直持续到老年才逐渐衰退。由于流体智力影响晶体智力，因此，我们可以假设，不管人的能力有多少种，也不论要处理的任务性质如何，在一切测验分数或成绩的背后，存在一种类似于G因素的一般心理能力。正因如此，在大多数智力测验中，均包括偏重于测量晶体智力和偏重于测量流体智力的两类题目。

二、智力的认知理论——信息加工说

20世纪60年代以后，随着认知心理学的兴起，智力理论有了新的发展。人们更重视对智力内在过程进行分析，出现了一股以新的智力观超越或取代传统智商概念的思潮，引起人们的极大兴趣和关注。这类研究大多集中在对一般的认知加工过程（如选择反应时和词汇信息检索速度等）的研究上，在智力测量的有效性方面仍然存在问题。但随着一些更为成熟的智力认知理论的形成，我们可以更深入地揭示智力的内部加工过程，并以此作为评价智力差异的新的维度和标准。

1. 智力PASS模型

信息加工取向不是试图以因素去解释智力，而是想确定构成智力活动基础的记忆、注意、表征、思维、想象等心理过程。达斯（J. P. Das）、纳格利尔里（J. A. Naglieri）和柯尔比（J. R. Kirby）于1990年提出了智力PASS模型（planing—attention—simultaneous—successive processing model），并在此基础上编制了认知评估系统（cognitive assessment system，CAS）。PASS是指"计划、注意、同时性加工、继时性加工"。PASS模型包含三层认知系统和四种认知过程。其中注意系统又称注意-唤醒系统，它是整个系统的基础；同时性加工和继时性加工系统称为信息加工系统，处于中间层次；计划系统处于最高层次。三层系统协调合作，保证了一切智力活动的运行。PASS模型认为，注意、信息加工和计划之间是相互作用并且相互影响的，计划系统需要一个充分的唤醒状态，以使注意能够集中，进而促使计划的产生。信息加工和计划系统也密不可分，因为在现实生活中，任务往往能以不同的方式进行编码，个体如何加工这些信息也是计划的功能，所以同时性加工和继时性加工也要受到计划的影响。

2. 智力的生物生态学模型

塞西（S. J. Ceci）在对传统智力心理测量学理论进行批判的基础上于1996年提出了信息加工取向的智力的生物生态学模型，这是对智力理论的全新诠释。这一模型主要有四个基本假设：

第一，智力是一个多资源的系统，它控制着个体的信息加工能力，即个体存在多种、部分由遗传决定的认知潜能。根据生物生态学模型，每个人天生的能力都来自生物资源库系统，这些资源库系统在统计学上是彼此独立的。每种系统能控制人的不同方面的信息加工能力，如对比–觉察技能、记忆能力和视觉旋转能力。

第二，生物潜能与环境力量具有相互作用。塞西认为，认知过程既受制于个体的生物基础，又受制于个体的知识性质。塞西将智力比作天生能力、环境以及内部动机等的函数，认知复杂性的程度越高，智力水平就越高。生物生态学模型把环境作为其理论的中心，指出环境影响了能力的获得、类型以及能力的表达，对于智力的发展是关键性的。

第三，适宜的"最近过程"是智力发展的引擎。个体的环境资源具有相互联系的两种类型，其中一种叫最近过程（proximal processes），包括发展中的儿童与周围环境中其他的人、物体、活动和符号之间持久且互补的相互作用。这些积极的相互作用可使儿童逐渐形成更复杂的智力行为方式。此外，适宜的最近过程因个体的发展状态而有所不同。比方，对婴儿来说，最近过程可能是其与照料者之间的活动；对小学生来说，最近过程则可能是其与教师或同学之间的活动。塞西认为，最近过程是推动智力发展的引擎，是将基因型转换为表现型的机制。

第四，应把"动机"整合到智力发展中。生物生态学模型的一个重要特点在于把动机作为关键成分整合进了模型中。动机驱使个体去利用他们的天生能力和独特的环境优势。当人们在特定领域被动机驱使时，人们倾向于精心操作和这些领域有关的信息的心理表征。

生物生态学模型的研究焦点是探索生理和环境之间复杂的相互作用，它既重视生物潜能，又强调生物因素的后天实现，强调基因的表现型是基因与环境相互作用的结果。在解释为什么人类的智力操作水平经常在某些情境中较高而在另一些情境中较低时，生物生态学模型强调智力的广泛性、适应性和复杂性。通过这种强调，它超越了狭窄的、静态的智力概念。尤其是这一模型有助于解释心理能力是如何跨时间、跨情境发展和变化的。生物生态学模型并非完美无缺，其中的多资源说还是局限于传统的认知领域，而不像加德纳一样，将智力扩展到更多元的领域。现代智力研究表明，个体智力的发展并不仅仅涉及认知领域。

三、智力层面说

智力层面说的实质是把因素分析和信息加工两种取向结合起来，既讲成分，又讲信息加工的过程。在这方面最有影响的理论是加德纳的多元智力理论，斯滕伯格的三元智力理论，珀金斯（D. Perkins）的真智力理论。

1. 多元智力理论

多元智力理论是由美国心理学家加德纳提出的。1983年，加德纳在著作《智能的结构》（*Frames of Mind*）中提出了一种全新的有关人类智力结构的理论——多元智力理论（theory of multiple intelligences，MI）。该理论认为，智力是解决问题或创造产品的能力，这些能力对于特定的文化和社会环境是很有价值的。就其基本结构来说，智力是多元的，每个人身上至少存在8种智力：逻辑-数理智力、言语-语言智力、音乐-节奏智力、身体-动觉智力、视觉-空间智力、交往-交流智力、自知-自省智力、自然观察智力，见表9-1。加德纳后来又增加了自然主义智力和存在主义智力。

表 9-1 加德纳的 8 种智力

智力	中心成分	对应智力表现的人群
逻辑-数理智力	逻辑、抽象、运算、推理和批判性思维的能力	科学家、数学家
言语-语言智力	听、说、读、写的能力	诗人、新闻记者
音乐-节奏智力	对节奏、音调、音色和旋律的较高敏感性，对不同音乐表达形式的欣赏，通过作曲、演奏和歌唱等方式表达思想和情感的能力	作曲家、小提琴家
身体-动觉智力	控制身体运动和有技巧地运用物体的能力，也包括时间感和对物理行动的目标感	舞蹈家、运动员
视觉-空间智力	准确知觉视觉-空间世界的能力，对人的最初知觉进行操作转换的能力	航海家、雕刻家、建筑师
交往-交流智力	与人相处和交往的能力	心理治疗师、推销员
自知-自省智力	认识、洞察和反省自身的能力	哲学家、小说家、律师
自然观察智力	全面了解并有效利用动物、植物和其他自然环境的能力	生物学家、环保主义者

加德纳的多元智力理论对教育实践产生了重大影响。传统的智力理论强调逻辑-数理智力和言语-语言智力，而加德纳认为智力是多元的。加德纳还指出，每个人在不同领域的智力发展水平是不同步的，现实生活中人们可根据自己智力的结构将各种智力有机地结合在一起。学校教育应该帮助学生开发多种智力，帮助其发现适合其智力特点的职业和业余爱好。

2. 三元智力理论

斯滕伯格认为，一个完备的智力理论必须对智力的三个方面予以说明，即智力的内部构成成分，这些智力成分与经验的关系，智力成分的外部作用。因此，他提出了三元智力理论，认为智力包括三个部分：成分智力，揭示智力活动的内在心理结构；经验智力，阐述智力与个人经验的关系；情境智力，阐明智力与环境的关系（Gerrig & Zimbardo，2003）。

（1）成分智力

成分智力是指个体在问题情境中运用知识分析资料，通过思维、判断推理以达到问题解决的能力，是三元智力理论的核心内容，它阐述了智力活动的内部结构和心理机制。所谓成分，是一种最基本的信息加工单元。斯滕伯格认为，成分智力包括3种成分——元成分、操作成分和知识习得成分。元成分是智力活动的高级管理成分，它的功能是对其他成分的运行进行计划、评价和监控。操作成分的功能是执行元成分的指令，进行各种具体的认知加工操作，对信息进行编码、储存、提取、应用等一系列操作，同时向元成分提供反馈信息。具体任务不同，主体所动用的操作成分的种类也有所不同。知识习得成分的功能是学习如何解决新问题，学会如何选择解决问题的策略等（Sternberg，1986）。

（2）情境智力

情境智力从本质上揭示了智力的社会文化内涵。归根到底，智力是一种对主体生存环境的适应、选择和改造的行为。因此，情境智力规定了某一种特定的社会文化背景下的智力范围，这是任何智力测验的编制能有效进行的必要前提。任何测验，当它从现实情境中的问题演变为实验室中或测验中的问题时，它已经在一定程度上丧失了某种实际情境性。这是一切从事测验工作的人员必须有的清醒认识，也是斯滕伯格主张对智商测验应以其他评价手段予以补充的根本原因所在。

（3）经验智力

经验智力从主体经验角度提出了有关测验公平性的问题。要保证测验结果的有效和公正，就应使所有受测者对测题保持在基本相同的经验水平上，亦即要使测题对主体来说，处于相对新异或加工自动化的过程之中，否则不能保证所测的是真正的智力活动。经验智力反映了斯滕伯格对智力的基本看法：处理新异性的能力和加工自动化的能力是智力的基本的特质。

3. 真智力理论

珀金斯提出的真智力理论认为，智力有三个基本方面：神经的、经验的和反省的。神经智力是人们神经系统的功能，大部分由遗传决定的，不可传授。经验智力是从经验中学来的，它是知识的扩展和组织，类似于晶体智力。反省智力是指记忆和问题解决的策略，类似于元认知或认知监控的成分。

珀金斯认为智力是可以通过思维教学和学科教学的融合进行传授的。他倡导的"思维渗透法"重视将思维教学与学科渗透完美结合，这对开发学生的创造性思维，提高问题解决能力可以起到积极的促进作用。

【知识窗】
成功智力理论

第三节 智力评估

智力评估也称智力测量（intelligence measure）。它是一种通过一定的测量工具和手段来衡量人的智力水平高低的科学方法，它的结果是量化人的智力。

一、比奈-西蒙智力量表与比率智商

世界上第一个实用的智力测验，是20世纪初法国政府为对低能儿童进行特殊教育而聘请心理学家比奈（A. Binet，1857—1911）和医生西蒙（T. Simon）编制的。比奈-西蒙智力量表含30道题目，于1905年首次发表。该量表发表后，很快被译为多种文字，不少心理学家还对其进行了修订，当中以美国斯坦福大学的推孟（L. M. Terman）先后四次修订而成的斯坦福-比奈智力量表最为有名。在我国，第一次修订斯坦福-比奈智力量表的是陆志韦（1894—1970）。1936年，陆志韦和吴天敏进行了第二次修订。1982年，吴天敏作了第三次修订。

吴天敏第三次修订的斯坦福-比奈智力量表适用对象的年龄范围是3—18岁

（最适用的对象为 4—14 岁的儿童）。测验共分 17 个年龄组。自 3—14 岁，每一年龄组都有 6 道题目，1 道备用题。普通成人组和优秀成人Ⅰ组、Ⅱ组各有 6 道题目，优秀成人Ⅲ组只有 3 道题目，全量表共有 112 道题目。

比奈－西蒙智力量表由一系列难度不同的题目组成，依据完成这个难度系列中题目的多少，可以计算出与之相对应的年龄，称为心理年龄。为表示一个儿童的智力水平，德国心理学家施特恩（L. W. Stern）提出了智力商数（intelligence quotient，IQ）的概念，简称智商，推孟把智商的应用范围推广至全世界。

智商是心理年龄与生理年龄的比率乘以 100 后的值。由于智商是用心理年龄除以生理年龄而求得的，因此可称为比率智商（ratio IQ）。计算公式为：

$$智商（IQ）= 智力年龄（MA）\div 实际年龄（CA）\times 100。$$

可根据某儿童正确答对的题数算出他的智力年龄。由于预先知道了他的生理年龄，这样就可根据以上公式算出他的智商。例如，一个 8 岁男孩，若他的智力年龄是 7 岁，那么他的智商是 87；若他的智力年龄是 8 岁，那么智商是 100；若他的智力年龄是 9 岁，他的智商则是 112。

二、韦克斯勒智力量表与离差智商

比率智商的缺点是，当人们的智力稳定时仍采用这种方法将会产生智商逐年下降的趋势。这与智力实际发展水平不相符合。美国心理学家韦克斯勒（D. Wechsler）放弃了智力年龄概念，改用离差智商（deviation IQ）来衡量人们的智力水平。

离差智商实质上是将个体的成绩和同年龄组被试的平均成绩比较而得出的相对分数。韦克斯勒指出，可以假定，人们的智商分布呈平均数为 100 和标准差为 15 的正态分布形式，离差智商的计算公式为：

$$智商（IQ）= 100 + 15Z = 100 + 15（X - M）/S。$$

X 为某人实得分数，M 为某人所在年龄组的平均分数，S 为该年龄组分数的标准差；Z 是标准分数，其值等于某人实得分数减去某人所在年龄组的平均分数后除以该年龄组的标准差。

韦克斯勒从 1934 年开始致力于智力测验编制研究，编制了分别适用于成人、儿童和幼儿的智力量表：韦氏成人智力量表（WAIS）、韦氏儿童智力量表（WISC）、韦氏幼儿智力量表（WPPSI）。这些量表在美国幼儿园、中小学校中被广泛使用，它们在确定学习困难儿童时能提供智力方面的有效信息。

韦克斯勒的三套智力量表已修订多次。目前世界上使用最广泛的成人智力量表是 1981 年修订后的韦氏成人智力量表（WAIS-R），它包括言语量表和操作量表两部分，言语测验与操作测验是交替进行的。

智力测验的种类很多。除前面介绍的以外，还有团体智力测验，如适用于中小学生的洛奇－桑代克智力测验（Lorge-Thorndike Intelligence Test）和美国陆军普通分类测验（US Army General Classification Test，AGCT）等。

三、瑞文推理测验与文化公平性

瑞文推理测验是一种非文字智力测验，包括瑞文标准推理测验（SPM）、瑞文彩图推理测验（CPM）和瑞文高级推理测验（APM），由英国心理学家瑞文（J. C. Raven）于1938年创制的，在世界各国沿用至今。它是一种非文字的智力测验，用以测验一个人的观察力及清晰思维的能力。瑞文测验由五个单元的渐进矩阵构图组成，每个单元在智慧活动的要求上各不相同。总的来说，矩阵的结构越来越复杂，从一个层次到多个层次逐步演变，要求的思维操作也是从直接观察到间接抽象推理的渐进变化。

由于瑞文推理测验具有一般文字智力测验所没有的特殊功能，可以在言语交流不便的情况下使用，甚至聋哑人、丧失某种语言机能的病人、具有心理障碍的人也可以使用，因此，它适用于各种跨文化的比较研究。该测验一般没有时间限制，但在必要时也可限制时间。在个别测验时，如果记录测试所用时间，并分析其错误的特性，还可以有助于了解被试的气质、性格和情绪等方面的特点。一般人完成瑞文标准推理测验大约需要半小时，最好在 45 min 之内完成。5—75 岁的个体皆可借此量表粗分智力等级。对分数做解释时应注意，由于瑞文推理测验强调推理能力，并非完全的智力，目前仅用于智力方面的筛选，因此不能绝对化。

此外，任何测验其理论和内容都存在着显著的文化偏向。即使瑞文推理测验具有较好的预测效度，被公认为比较理想的文化公平测验，在应用中也发现存在文化偏向问题。因为该测验是运用各种抽象图形编制的，而某些文化中个体接触抽象几何图形的机会少，所以在测验成绩上可能低于受教育程度较高或者经常接触抽象图形文化中的个体。这反映了瑞文推理测验仍然含有一定的文化因素（被试的受教育程度和文化环境）。

智力测验经常受到这样的批评，被测者在测验上的反应受知识经验的影响，因此对文化背景、受教育程度不同的团体是不公平的。加德纳认为，对学生进行评价时，应在学生个体所处的社会文化环境和具体的现实生活环境中对其真实的实践活动与创造活动进行评价，即进行情境性评价。他认为，为某一文化背景下的对象所设计的评价材料，不能直接应用于另外一种文化环境之中。实际上，根本没有纯粹文化公平和无文化的题材，每一种评价方法都反映了其文化的来源。因此，加德纳认为，在儿童活动室里观察一名儿童几个小时以衡量他各种智力状况，比让他做一份标准化测验要公平得多、科学得多。

四、智力测验在教育中的运用

比奈与西蒙编制智力测验的主要目的是将其作为一种"客观的"标准，用来鉴别公立学校中可接受教育的儿童、需要特殊班级的儿童、智力上严重落后不能进行常规学业而需要进入特殊学校的儿童。比奈-西蒙智力量表不仅区分了这三大组别儿童所需要的教育途径（常规班级、特殊教育班级、特殊学校），而且证明在每一组别之内，这个量表同样具有区分力。

目前，智力测验被广泛用于教育、医学等领域，为发现人才、选拔人才和因材施教等提供了一定的指导。智力测验作为了解学生的部分智力以及预测学业成就的工具还是非常有效的，但不能把智力测验的分数看成对学生智力的结论性意见。教师应该科学对待智力测验的结果。在教育中运用智力测验时，应做到以下几点：

【知识窗】
常用智力测验

第一，应从正规渠道接受智力测验。智力测验的实施是一项专业性很强的工作，测验的操作必须规范，尤其是对测验结果的解释必须十分慎重。

第二，智商只具有参考价值，现行的智力测验所评估的智力并不能代表智力的全部，充其量只是与学业成就有关的能力罢了。因此，假若传统智力测验显示学生的智商并没有高人一等，不必沮丧，因为还有创造、艺术、人际交往等方面的潜能可能尚未被发掘。

第三，智商与学业成就的相关有限。现行的智力测验所得的结果并不能完全预测未来事业的成就或生活的圆满，因为决定一个人成功与否的还有自尊、自信，尤其是努力程度等非智力因素。

第四，智商不是一成不变的，尤其对儿童青少年智力测验结果的解释要有发展性。

第四节　智　力　开　发

正如个体身材有高有矮一样，个体智力也有高有低。由于智力会影响个人发展，甚至直接影响个人的生活适应，因此，无论是父母，还是师长，甚至我们每个人自己，都关心智力发展。智力除基因会影响外还受诸多环境因素的影响。所以，想方设法地改善影响智力发展的环境因素，更好地开发智力就成了家庭、社会和学校普遍关注的事情。

一、智力发展的一般趋势

在人的一生中，智力水平随个体年龄的增长而变化。一般来说，智力的发展可以划分成三个阶段，即增长阶段、稳定阶段和衰退阶段。从出生到15岁，智力的发展与年龄的增长几乎等速，之后以负加速方式增长，增长逐渐减慢。一般在18—25岁，智力的发展达到高峰。在成年期，智力表现为一个较长时间的稳定保持期，可持续到60岁左右。成年期是职业发展时期，在25—40岁，人们可以完成富有创造性的活动。进入老年阶段（60岁以后），智力的发展表现出迅速下降现象，进入衰退期。对流体智力和晶态智力的发展研究表明，流体智力在中年以后开始下降，而晶态智力则在人的一生中都有稳定上升的趋向（Spear et al.，1988）。

智力不仅作为整体而发展，智力中的各成分也在分别发展，且发展速度不完全同步，发展轨迹各不相同，达到顶峰的年龄以及增长与衰退的过程各不相同。瑟斯顿（Thurstone，1938）考察了不同智力因素的发展情况，结果发现，不同智力因素的发展速度各不相同。例如，12岁时知觉速度已发展到成人水平的80%，而推理能力、词的理解力和词语运用能力则要到14岁、18岁和20岁以后才分别达到同一水平。

吴振云（1985）采用修订的韦克斯勒成人智力量表，对140名（男性84人，女性56人）年龄在20—90岁（每10岁一个组，每组20人）的成人智力发展特点进行了研究。结果发现：

言语量表的得分上，各项分测验从20岁起均表现为成绩升高（30岁组高于20

岁组），然后恢复（40岁和50岁组仍然高于20岁组，60岁组与20岁组接近），直到60岁后才开始下降，80岁组下降明显。更进一步分析表明，领悟、词汇和知识下降缓慢，80岁才有明显减退。数字广度、相似性和算术在60岁已有下降，70岁有明显减退。30岁组各项成绩均为最高（除领悟一项40岁组最高外），80岁组均为最低。20岁组成绩较差，不但各项成绩都低于30岁组，算术一项与40岁、50岁组相近，相似性低于40岁、50岁组，词汇低于60岁组，知识、领悟两项成绩甚至低于70岁组。

操作量表的得分上，各项测验从20岁起均表现为成绩先升高（30岁组高于20岁组），然后很快下降。60岁组下降明显，与20岁组比较，差异显著。进一步分析表明，除数字符号外，其他各项在50岁前都较为稳定，50岁后逐渐下降。数字符号成绩在40岁后已有明显下降。同样，30岁组各项成绩最高，80岁组均为最低。此外，除40岁组的填图成绩高于20岁组以及50岁组的图片排列、图形拼凑和木块图的成绩高于40岁组外，其他各项成绩均随年龄增长而明显下降。

全量表的总分上，60岁以前较为稳定，60岁以后下降较快，与20岁组相比差异显著。具体智力成绩的比较如图9-2所示。

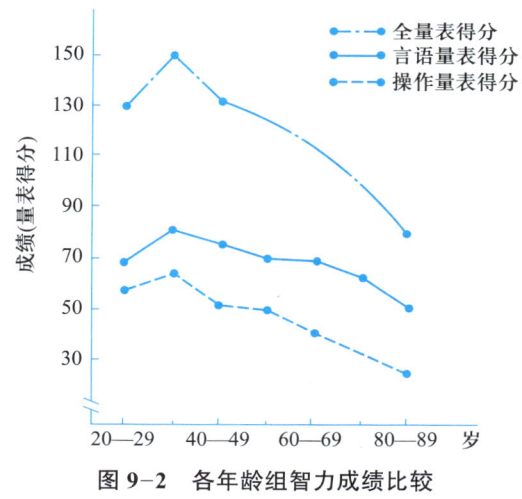

图9-2 各年龄组智力成绩比较

各年龄组智力的个体差异表现为50岁以前较小，50岁以后较大。20岁组～50岁组的变异系数分别是13.97、8.03、14.01和13.07，而60岁组～80岁组的变异系数分别是16.89、18.59和34.24。

二、智力发展的差异

人类的智力是有差异的。智力的发展不仅具有个体差异，还具有群体差异。

（一）智力发展的个体差异

由于先天素质和后天条件的不同，以及个体的实践活动、主观努力程度的不同等，个体的智力发展出现了差异。

1. 水平差异

人的智力发展水平存在着个体差异。总体而言，人类的智力呈正态分布，两头小、中间大，即在一个代表性广泛的人群中，大部分人智力中等，智力超常或者智力落后的人属于少数。一般来说，智力发展水平被分为超常（IQ＞130）、正常（70≤IQ≤130）和低常（IQ＜70）三类。图9-3是人类智力的正态分布。

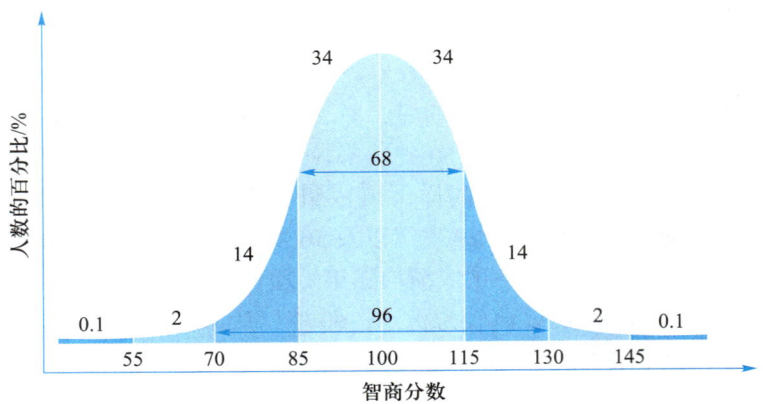

图9-3 人类智力的正态分布

2. 表现早晚差异

人的智力发展过程有不同形态：一是稳定发展，这是大多数人的发展模式。有一些人表现出早熟，在很小的时候就崭露头角，如白居易、王勃、高斯、歌德、维纳等。有的人虽然早期发展较好，但在成年后智力平平。也有些人前期发展很慢，但大器晚成，后来居上，得到了高水平的发展，如李时珍、齐白石、摩尔根、达尔文等。一般说来，智力表现突出的年龄阶段在中年。

3. 类型差异

每个人的智力结构也不同。智力是各种因素构成的综合体。同一种智力在不同的人身上会有不同的表现，构成了不同的智力类型。智力的类型差异，除了表现在完成同一种活动时，不同人可能采取不同的途径外，还表现在完成同一种活动时，不同的人是由不同的智力因素的综合来保证的。因此，"天下没有两个智力完全相同的人"。即使在同一环境中成长的同卵双生子，智力也不可能完全相同。

由于智力不是单一的心理品质，它可以分解成许多基本成分，因此用单一的智商分数，是不足以表明智力的特点的。例如，有的人记忆力好，有的人观察力强；有的人擅长逻辑推理，但缺乏音乐才能；有的人很擅长音乐，却不擅长数字计算。人们之间的智力差异水平多种多样，不仅是数量上的差异。

4. 智力因素发展的差异

各种智力因素的发展也存在明显差异，它们在发展的速度、高峰期范围、衰退时间方面都不相同。迈尔斯（W. R. Miles）等人研究发现：知觉能力发展最早，在10岁就达到高峰，高峰期持续到17岁，从23岁开始衰退；记忆力发展次之，14岁左右达到高峰期，持续到29岁，从40岁开始衰退；再次是动作和反应速度，18岁达到高峰期，持续到 29 岁，从 40 岁开始衰退；最后是思维能力，在 14 岁左右达到高峰期的为 72%，有的 18 岁达到高峰期，持续到 49 岁，60 岁以后开始衰退。

智力何时出现衰退，不仅取决于智力因素的不同，还取决于个体的状况。一般来说，智力低的人发展速度慢且衰退较早，智力高的人发展速度快，衰退较晚。通常身体健康、勤于参加体力和脑力劳动的人，智力衰退较慢。体弱特别是神经系统和脑部有疾病的人，智力会迅速衰退。

（二）智力发展的性别差异

许多研究表明：在一般智力因素上，男女没有差异；在特殊智力因素上，男女存在差异，各自在不同的方面表现出优势。韦克斯勒（Wechsler，1958）对 8—11 岁儿童进行智力测验时发现：男女有明显的差异，在不同智力方面显示出各自的优势。劳森（Lawson，1987）研究发现，在操作量表上，男生的得分高于女生的得分，而在言语量表上女生的得分高于男生的得分。总体而言：在数学能力、空间能力上，男生占优势；在言语能力上，女生占优势。

1. 数学能力的性别差异

数学能力的性别差异主要表现在计算和问题解决上。海德（Hyde，1990）对 40 年来的 100 个相关研究的元分析发现：计算能力上，女生仅在中小学阶段占优势。在利用数学符号解决问题能力上，中学阶段，女生的能力略好；高中、大学阶段，男生表现出优势。对于数学操作来说，男生在标准化测验上的表现普遍比女生的好，而女生在学校所获得的学习评定等级比男生的高。一些研究者发现，男生在竞争性数学活动中的表现比女生的好，而女生在合作性数学活动中的表现比男生的好。

2. 言语能力的性别差异

言语能力主要表现在听、说、读、写等方面。霍维（Hoover，1987）通过对 3—8 年级学生的研究发现：女生的言语能力普遍比男生的好。女生在词的流畅性上有明显优势，而在言语推理方面，男生的优势明显。但迄今为止，言语能力的性别差异研究并没有得出完全一致的结论。张厚粲（1927—2022）通过对我国 6.5—16.5 岁儿童认知能力的性别差异研究发现：中国儿童具有类似的性别差异类型与发展倾向，中国儿童的数学能力不存在明显的性别差异。海德（Heide，2014）认为，认知变量上的性别差异的确存在，但大多数认知变量差异程度较小，并随着被试年龄、测量情境的改变而改变。

3. 空间能力的性别差异

空间能力最能体现性别差异。林和皮特森（Linn & Peterson，1985）认为，空间能力由三个因素构成——空间知觉能力、心理旋转能力和空间想象能力。研究表明，在空间知觉能力和心理旋转能力方面，男生明显优于女生；而在空间想象能力方面，性别差异不显著。

（三）超常儿童与低常儿童

1. 超常儿童

超常儿童（super-normal child）是指在任何一方面的能力明显超过同龄人的各类

儿童。对能力超常儿童的发现和培养，已得到世界各国的关注。研究表明，超常儿童的表现是多种多样的。有的较早地显示出数学才能，有的很小就能大量识字阅读，有的优于外语，有的擅长绘画，有的会作诗对歌……

超常儿童的共同心理特点表现为：有浓厚的认识兴趣和旺盛的求知欲；注意集中，记忆力强；感知敏锐，观察仔细；思维敏捷，理解力强，有独创性；自信、好胜、有坚持性（叶奕乾，祝蓓里，1996）。他们有更广泛的知识基础和更多的能力来有效地描述和分类问题，更灵活地运用策略来解决问题，更复杂的元认知和自我控制能力（Shore & Kanevsky, 1993）。由于他们心理发展的水平较高，他们的学业成就也往往大大超过同龄儿童。

超常儿童的智力和特殊能力表现优异，除了他们可能具有较好的素质条件外，起决定性作用的还是后天条件和个人的主观努力。我国心理学工作者对超常儿童进行过调查，发现他们几乎都有一些共同的个性特点：好学爱问，富于自信，意志坚强，干一件事总能排除各种干扰，坚持完成。这是超常儿童的极为重要的主观因素。同时也发现，他们几乎都享有优越的早期教育的条件。他们都有良好的学习环境，家长和教师会有计划、有针对性地对他们进行精心培养，使他们的智力或特殊能力能够在早期就表现出超常的水平。适当的早期教育，是使这些儿童实际上成为超常儿童的关键条件。

超常儿童是拔尖创新人才的主要源泉和后备力量，大力发展超常儿童教育对于拔尖创新人才的培养非常关键。自1978年中国第一个高校少年班成立于中国科学技术大学，我国超常教育的实践已有40余年，培养了一大批优秀的毕业生，有中国科学院、中国工程院院士，也有感动中国的"时代楷模"（朱芬，孔燕，2020）。

拓展阅读

双超常教育

"双超常教育"旨在培养拔尖创新人才。"双超常教育"的核心观点是：人人都有超常潜能，人人都需要超常教育。前者充分肯定了每一位学生成为拔尖人才的潜在可能性，为超常教育大众化奠定了基础；后者表明超常潜能显现离不开超常教育，为大众教育超常化提供了支柱。没有超常潜能作基础，超常教育则是空中楼阁；如果没有超常教育作开发，超常潜能则是深埋的金矿。双超常教育包含了"智力与非智力、左脑与右脑、学业与心理、显能与潜能、加速与加深"等各维度的双兼顾（孟万金，官群，2010）。

超常教育领域也有许多亟待解决的问题。如发展超常儿童的创造性思维与创造性、培养超常儿童的社会意识、发展超常儿童的利他思想与同情心、培养超常儿童认识世界的多样性以及人际的理解与沟通等。研究者发现，一些超常儿童在学校易表现出不合群、不合格，并视学校为"地狱"。例如，教师让孩子们背诵课文，一些超常儿童在潜意识中认为，这类背诵句子的学习没有创造性，因此拒绝背诵，在心理上产生抵制情绪。

拓展阅读

珠心算与儿童智力开发

"一上一,一下五去四,一去九进一。一下一,一上四去五,一退一还九。"这些朗朗上口的珠算口诀表,随着计算器、电脑等越来越普及而逐渐淡出人们的生活,算盘作为传统计算工具在市面上少见踪影。但是,最近二三十年却兴起了珠心算热,珠心算受广大家长热捧,因为不少人士认为珠心算可以锻炼儿童的脑力、眼力、手法,有利于智力开发。

那么,事实是否如此呢?中国教育科学研究院受中国珠算心算协会委托进行了"珠心算教育具有开发儿童智力潜能作用实验研究"。课题组通过在小学和幼儿园设置实验班与控制班,对珠心算与儿童智力发展的关系进行了实验研究。实验结果表明,珠心算教育对促进幼儿园和小学实验班儿童智力发展具有非常显著的作用,对提高小学1~3年级学生的语文、数学、英语成绩具有显著作用。

蒋志峰(2012)也发现,在小学刚入学时的智力指标上显示出相同特点的同卵双生子,甲明显低于乙的原因主要是以爷爷和奶奶所实施的不同的早期教育所引发的,但甲入学三年的时间里智力显著提高,是由于该校珠心算教学内容和方法在促进甲智力水平的快速提高上起到了决定性作用。

尽管众多研究表明珠心算对开发智力有积极意义,但也有人对珠心算持否定态度,认为珠心算教育不利于儿童全面发展。这些人认为:目前电脑特别是计算器已很普及,学会珠心算没有用处;珠心算教育目前处于直觉观察、经验描述阶段,说它能开发儿童智力潜能,尚不能用对比实验测试研究的典型经验加以证实;对于提升儿童的认知能力,能否长期保持,有待观察,更不能用脑神经机制理论解释清楚(迟海滨等,2019)。

2. 低常儿童

低常儿童(subnormal child)是指智力发展水平明显低于同龄常态儿童,缺乏处理与其年龄相应的日常生活事务能力或缺乏学习能力的儿童。又称智力落后儿童、智力缺陷儿童。智商在70以下者为低常儿童。低常儿童并不是某一种心理过程的破坏,而是各种心理能力的低下,其明显的特征是智力低下和社会适应不良。

造成低常的原因很多。轻微智力低常者大多不是生理疾病所致,也未有过脑损伤的病史,他们大多健康良好,但其父母智力水平往往也较低,家庭中缺乏良好的学习环境,或者在成长过程中营养条件较差。这些可能是造成这一类型智力落后的原因。

比较严重的智力障碍大多数是疾病、中毒、内分泌失调和母体疾病所致。较典型的智力低常疾病如唐氏综合征、苯丙酮尿症等。唐氏综合征患者脑袋小而圆,面宽扁,眼睛狭斜,鼻梁塌扁,舌尖厚且突出在外,身材矮小,五指短小,大多智力

低下。苯丙酮尿症是由于氨基酸代谢失常引起的，其特征是头发和皮肤缺乏色素而呈白色，大多数患者属重度智力障碍者。如果早期发现，喂以低苯丙氨酸食物可防止其恶化。

学前低常儿童的教育与干预主要从家庭教育、融合教育以及干预治疗三方面采取措施。良好的家庭教育能够有效促进低常儿童的成长与发展。研究显示，儿童残疾的严重程度和复杂性与父母的亲职压力水平、精神疾病症状高度相关（Rolle，2017）。学前融合教育主张将低常儿童与一般儿童安排在一起共同接受教育，旨在保障特殊儿童的教育权利，这是低常儿童特殊教育发展的一大趋势。早期干预能够最大限度补偿低常儿童，帮助其在社会、情绪、认知等方面尽可能地全面发展（冯雅静，2014）。

三、智力发展的条件

智力的发展总是受到先天因素和后天因素的影响与制约。先天因素指遗传因素，后天因素指对遗传素质产生影响的环境、教育、社会实践、个人的主观努力等。

具体而言，智力发展的条件包括以下几个方面：

（一）遗传素质与生理成熟

遗传素质与生理成熟是智力发展的生物前提。没有这个自然前提，任何智力都无从产生。

智力是心理特质，它本身是不能遗传的，遗传只是给智力的发展提供了生物基础。遗传对智力的影响主要表现在生理素质上，如感官的特征、发声器官的特征、四肢和运动器官的特征、脑的形态与结构特征等。但生理素质本身并不等同于智力。具有相同生理素质的人，可以发展出不同的智力；具有良好素质的人如果没有得到适当的培养和训练，智力也不可能有好的发展。这说明，在智力发展的问题上，遗传决定论是错误的，但良好的遗传素质是智力发展的必要条件或重要条件。从这个意义上说，应该重视优生和营养，为孩子创造良好的先天条件，为其智力发展打下基础。

一些心理学家提出了遗传限的概念，用来解释遗传与环境两大因素在决定个体智力高低时所发生的作用。所谓遗传限（heredity range），是指个体发展受制于遗传的一段阈限，即从下限到上限之间的一段距离。就智商而言，按照遗传限的观点，遗传规定了个体可能表现的最低到最高的 IQ。这种说法类似于潜能：每个人的潜能大小是不一样的，其原因就在于每个人的遗传限不同。有心理学家估计，除极少数天才和低能之外，一般人的遗传限如果用 IQ 来表示则为 20～30。当然，个体的遗传限是无法观察到的，只能由测到的 IQ 去推测估计，而可供估算的参考资料就是个体生活的环境。总之，遗传素质为智力的发展提供了可能性，而环境和教育则把这种可能性变为智力发展的现实性。

（二）环境和教育

环境和教育，如产前环境、早期教育与早期生活环境、学校教育等对智力发展有重要影响。现代科学已证明，产前环境（即胎儿在母体内的环境）就已经对胎儿的生长发育和出生后的智力发展有着重要的影响。许多研究发现，孕妇年龄会影响儿童的智力发展。如唐氏综合征，母亲年龄越大，发病率越高。母亲服药、患病等也会影响胎儿发育。如母亲在怀孕期间服用致幻剂，能造成染色体受损，影响胎儿发育。孕妇营养不良也会影响胎儿发育。

从大脑的成熟来看，新生儿的脑重有 400 g 左右，3 岁时的脑重已达 1 080 g，四五岁时增加到 1 350 g，已基本接近成人脑重——1 400 g。由此可见，对儿童进行早期教育，对于开发智力、促进成才具有一定作用。

人生早期的环境条件对智力的发育也有极其显著的作用，丰富的环境刺激有助于儿童智力的发育。有目的、有计划、有组织的学校教育在智力的发展中更是起着主导性作用。苏联心理学家维果茨基（L. S. Vygotsky，1896—1934）提出了著名的最近发展区理论。最近发展区（zone of proximal development）是指个体独立解决问题的实际水平与其潜在发展水平之间的差距。研究表明，把握最近发展区，能加速学生智力的发展。

（三）社会实践活动

人的各种能力是在社会实践活动中形成与发展的，智力也不例外。不同的实践形式与内容，不同的实践广度与深度，形成不同的能力：长期从事管理工作的人，组织能力发展较好，善于沟通协调各种人际关系，灵活应对各种变化情境。印染工每天和颜料打交道，其色彩辨别能力得到了高度发展；卖油翁每天倒油，练就了熟能生巧的倒油能力。这些现象说明，坚持参加社会实践活动，相应的能力就能获得高度发展。

（四）个人的主观努力

个人的主观努力即人的自觉能动性是智力发展的主要途径。天资再聪明的人，如果没有发挥主观努力，其智力也很难得到发展，如王安石的《伤仲永》。相反，一个天资平凡的人，如果有了良好的教育环境和不断的主观努力，挖掘智力潜力，则有可能获得成功。

四、智力开发的途径与方法

智力的开发应该是全面的、适时的、适宜的。所谓全面，是就教育的内容来说的，应该对孩子进行德、智、体、美、劳等方面教育，促进孩子的全面发展。所谓适时，是指教育要注意把握时机，要根据孩子的心理年龄特征和发展水平不失时机地做好智力开发和品行培养。所谓适宜，就是在教学内容和方法上，必须考虑孩子心理发展水平和接受能力，不能对孩子进行成人式的教育。总之，在开发儿童智力的过程中，需要采用正确的途径和方法。

（一）早期教育中的智力开发

1. 发展幼儿的语言

语言是思维的物质外壳，它调节并支配着人的一切心理活动。没有语言的发展，就没有人的心理发展，更谈不上智力发展。1—6 岁是儿童口头语言发展的关键期，许多有作为的科学家、艺术大师、文学家等，都曾有过良好的语言训练。如法国的法学家威特、德国大诗人歌德，都是在五六岁前接受语言训练的，在此基础上启迪智慧，后来成为不平凡的人。

2. 为儿童提供丰富的刺激，给儿童活动和探索的自由

需要做到以下几点：① 正确组织和指导游戏活动，在游戏中发展幼儿的聪明才智；② 循循善诱，启发幼儿求知、探索的精神；③ 编述故事，用故事来扩大幼儿的知识领域；④ 开拓幼儿生活领域，培养广泛兴趣；⑤ 父母的良好示范作用能让孩子耳濡目染，继而模仿学习。

3. 利用多种艺术形式启迪孩子的智慧

音乐、美术、故事等都是具体形象的教育，它们生动、活泼、有趣。孩子喜爱它们，它们是发展儿童智力的有效方法。

4. 游戏是儿童智力开发的手段

游戏能使儿童的注意力、观察力、记忆力、想象力、思维能力得到充分的发展。

（二）教育教学中的智力开发

要发展智力，就必须正确处理智力与知识的关系。单纯灌输知识，机械地背，容易抑制学生智力的发展。如果不从掌握知识与技能出发，搞什么单纯的智力训练，也只能是一种训练的游戏，难于获得实效。智力是在掌握知识的过程中发展的，离开了掌握知识的过程，智力就是无源之水、无本之木。例如，"狼孩"因没有学习人类知识的机会，所以不具备人的智力，他们有狼一样的生活能力，却不具备人的思维能力。

在学习知识的过程中，智力能否顺利发展，还要看给儿童传授的知识是否全面，方法是否科学。如果仅仅引导儿童片面地学习某一方面的知识，而忽视其他方面的知识，也很难促进智力发展，甚至会妨碍智力发展。有的学生学会了加、减、乘、除甚至乘方、开方运算，但不一定表明其智力高度发展了。因为这些是在多次练习的基础上形成的熟练运算，中间缺少创造性和思维成分。如有一个6岁的儿童，他可以做多位数加减、乘除、乘方、开方运算，在符合速算法则的范围内，计算速度很快，超过具有大专程度的人。给他一张同年级学生期末考试卷，其答卷速度和同年级的优等生差不多。对他进行记忆广度、图形知识、智力游戏等测验，其成绩和同龄儿童基本一样。综合各项指标说明，该儿童只是在算术方面接受了大量速算法的训练，表现异常，在其他方面与同龄儿童差不多。

传授知识不得法，也会成为智力发展的障碍。例如，死记硬背、"满堂灌"、"填鸭式"等都会成为智力发展的障碍。当然，练习甚至背诵是很重要的，但必须有利于智力的发展。在背诵中要注意材料的逻辑加工、内在联系，更好地发展记忆力，在熟练掌握知识的基础上，发展思维能力。

总之，教育教学中学生智力的开发应该做到品德、健康、才能三位一体，在学科教学中采用正确、合理的教学方法，通过传授知识、组织丰富多彩的活动开发学生的智力，培养学生的元认知能力，提高学生的自我效能感。

（三）开发智力时应注意的问题

智力开发应遵循循序渐进、量力而行原则。智力开发应该注意几个方面：

1. 充分认识家庭教育的重要性

良好的家庭教育可以开发儿童智力，为儿童进入学校更系统地掌握知识奠定基础。

2. 破除天才论或遗传决定论

遗传素质对人的智力发展是有影响的，但不起决定作用。"天才"不是生而知之，而是学而知之，是靠后天教育影响形成的。

3. 不可拔苗助长

要从儿童的年龄特征出发，遵循智力发展规律，循序渐进，因势利导。不可超越孩子智力发展的可能性，不可拔苗助长。

4. 要有恒心

人才培养的周期长，很难一劳永逸。三天打鱼，两天晒网，是培养不出人才的，必须持之以恒。同时，也应该注意方法的多样性和灵活性。不管多么好的方法，流于形式绝不会收到好的效果。

5. 智力开发与非智力因素的培养相结合

智力发展中要注重非智力因素的培养，如兴趣激发、意志培养、性格塑造是智力发展的动力，在一定程度上能弥补智力不足，改善大脑的工作状态。

6. 勤用脑、会用脑

人脑是智力的物质基础。大脑皮质细胞有特异功能，一定数量的神经细胞往往构成好似"O"形的神经环路，许许多多神经环路会组成相当复杂的神经网络体系，大脑就通过这些网络体系实现它的功能。神经环路极少数是先天建立的，绝大多数是靠后天勤奋学习、实践活动来建立和巩固的。因此，早用脑、勤用脑能促使神经环路功能的建立和巩固。

勤用脑、会用脑应做好以下几点：① 有计划地训练和使用耳、眼、鼻、舌、身这"五件宝"，它们都是受脑控制和调节的。② 科学安排生活、学习和活动，保证足够的睡眠时间。3—6岁儿童每天最少睡10~11 h，以保证消除疲劳，恢复活力。大脑最易疲劳，脑疲劳了会思维迟钝，注意力不集中，记忆力下降，勤用脑不等于搞疲劳战。③ 除睡眠外，还应有"文化式的休息"，即丰富多彩的文娱活动。④ 交换脑力劳动的方式，例如计算、语言、音、体、美、娱乐、游戏交叉进行。⑤ 适应脑的活动节律。人的身心活动有周期变化，大脑机能一般在上午9:00达第一个高峰，下午4:00—6:00会出现第二个高峰。每个人都有特殊的规律，有人善于早上学习，有人善于晚上学习，而大多数人是混合型。我们可根据这些规律，安排好一日作息，以达到事半功倍的效果。

【知识窗】
情绪智力

反思与探究

1. 你是怎样理解智力的？它与能力、知识有何关系？

2. 心理学中主要的智力理论有哪些？各自的主要观点是什么？

3. 阐述本章介绍的智力测验的优缺点。

4. 智力发展的个体差异表现在哪些方面？

5. 社会实践活动和个人的主观努力如何影响智力？

6. 联系智力因素与非智力因素，谈谈如何促进学生的德、智、体、美、劳全面发展？

推荐阅读

1. 皮亚杰. 智力心理学［M］. 北京：商务印书馆，2015.

该书是以作者1942年在法兰西学院的一系列讲课为基础而写成的。皮亚杰认为，智力是整个适应过程的深化和完善，是认知结构的高级形式，本质上是一个运算系统，是构建平衡的状态。从现实到智力的不断同化中，是通过群组构建的同化框架来达到平衡。智力被构想为一种所有认知程序都倾向达成的平衡形式，这就引起了智力与知觉之间的关系问题，也引起了智力与习惯的关系问题，以及智力发展和智力社会化的问题。

2. 林崇德. 智力发展与数学学习［M］. 北京：中国轻工业出版社，2011.

该书是我国著名心理学家林崇德教授几十年来研究智力发展在中小学和幼儿园数学教学中运用成果的集中体现。书中深入浅出地介绍了作者的智力发展理论，然后通过大量的实例告诉数学教师，在教学中该如何运用智力发展理论来培养学生的思维能力、提高教学效果。此外，作者还探讨了数据统计处理、数理逻辑和模糊数学等数学方法在智力发展研究中的应用，并通过实例为数学能力研究做出了研究方法上的示范。

第十章 需要、动机和意志

知识导图

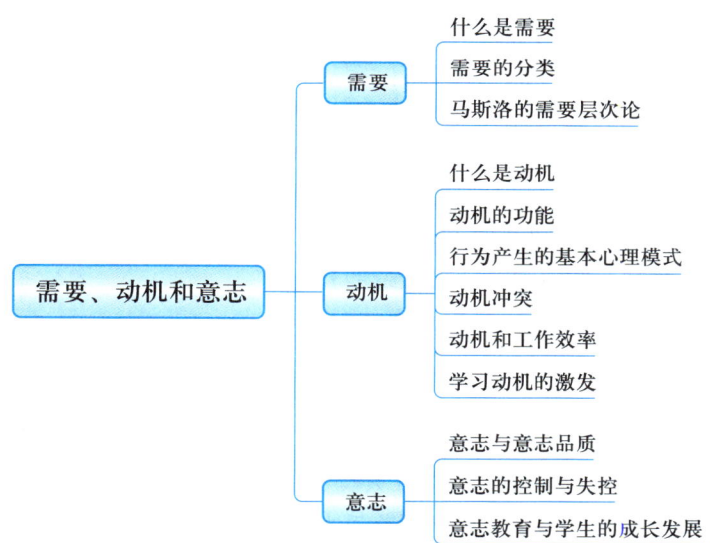

案例导入

尊重是一种需要

需要是激发人们行为的原动力。饥饿产生进食的需要,激发人们去寻求食物;孤独产生交往的需要,促使人们去找人交流。需要也是分层次的,从低级的生理需要到高级的心理需要。

需要和人的行为活动紧密相关,需要越强烈,由此引起的活动也就越有力。没有需要,人就不会有活动。有些需要有明显的周期性特点,例如人们对饮食和睡眠等的需要;而有些需要得到满足后会产生新的需要,新的需要又推动人们去从事新的活动。根据依恋理论,温暖和谐的家庭氛围对满足个体心理需要、形成安全型依恋至关重要。因此,当父母因专注于手机而不能达到青少年亲子互动的预期,使青少年的亲子亲合度较低时,个体的归属需要满足将受阻。个体未满足的心理需要将作为内部动力推动青少年转向网络寻求支持性资源,从而出现问题性网络使用行为(朱颖,姜兆萍,2022)。

需要对情绪和情感的影响很大。人对客观事物产生的情绪和情感,是以客观事物能否满足人的需要为中介的。凡是能够满足人的需要的事物,则产生肯定的情绪和情感,否则产生否定的情绪和情感。情绪和情感就是客观事物与人的需要之间关系的反映。需要推动意志的发展。个体为了满足需要,从事一定的活动,经常付出一定的意志努力去克服困难,在克服困难的过程中,又锻炼了意志。

有关人的行为与情绪和情感的内容在本书第十一章详细介绍。本章将从需要、动机和意志的角度对心理活动的动力系统展开探讨。

第一节 需 要

"民以食为天"是一句中国人耳熟能详的俗语,它简练而形象地道出了"食的需要是人的第一需要"这个简单的真理。人类的一切行为活动,无一不是在满足需要的基础上产生和发展起来的。可见,需要与人的行为有着密切的关系。

一、什么是需要

需要(need)是指个体对内外环境的客观需求在大脑中的反映,是人的行为的内部动力。人必须通过一定的行为来满足自身的需求。具体地说,需要是有机体感到某种缺乏而力求获得满足的心理倾向,它是有机体自身和外部生活条件的要求在大脑中的反映。它常以一种"缺乏感"来体验,以意向、愿望的形式表现出来,最终成为推动人进行活动的动机。需要总是指向某种东西、条件或活动的结果,具有周期性,并随着需要的满足而产生新的需要。人既是生物个体又是社会个体。例如,进食的时间到了或推迟了，人就会感到饥饿，从而产生进食的需要；社会的变化发展常常使人感到自己在某方面的不足，从而产生求知的需要。人类的一切活动，都是为了满足各种各样的需要。因此，需要也就成为个体积极活动的最基本的动力源泉。

个体通过需要和满足需要的活动，使自身和外部环境保持平衡，以维持其生存与发展。需要是对现实要求的反映。为了维持自身的生命和延续种系，生物都有补充养料、求得安全和繁衍后代的客观要求，这些来自机体内部的要求，反映在大脑中并为主体所感受，就成了觅食、防御和性的需要。这类生理的需要是人和动物所共有的。人是社会的成员，社会生活的诸多方面对社会成员提出了相应的要求，这些客观要求为人们所反映，就形成了人们对工作、劳动、学习、交际、娱乐等社会方面的需要。社会性需要是人所独有的。人的需要是无止境的。

二、需要的分类

人是自然属性和社会属性的统一体。从这一角度来看，需要可以分为自然性需要和社会性需要两种。按照需要对象的性质，需要可以分为物质需要和精神需要。

（一）自然性需要和社会性需要

1. 自然性需要

自然性需要又称机体需要、生物性需要或生理性需要，是指与保障个体的生命安全和种族延续相联系的需要，如对空气、水、食物等的需要。自然性需要具有以下特点：由人的生物本能所决定；必须从外界获得一定的物质才能满足；易露于外表而被察觉。

人与动物都有自然性需要。但是人类的自然性需要与动物的本能需要有着本质区别。马克思曾说过："饥饿总是饥饿，但是用刀叉吃熟肉来解除的饥饿不同于用手、指甲和牙齿啃生肉来解除的饥饿。"朱熹说："饮食者，天理也；要求美味，人欲也。"（《朱子语类·学七》）人的进食不仅受机体的饥饿状态所支配，而且要考虑各种社会行为规范，讲究礼、仪。至于宴会，已经成为人类的交际手段了。可见，人的生理需要已被深深地烙上社会的痕迹，而不是纯粹的本能驱动。一方面，人能按自己的意愿，通过创造性劳动来满足种种需要，而动物只能靠生存环境中现存的自然条件来满足需要；另一方面，人在满足需要的方式上，受到社会生活条件和文化意识形态的影响与制约，而动物为了满足需要会随心所欲。

2. 社会性需要

社会性需要又称心理性需要，是人在社会生活过程中通过逐步学习获得的高级需要，如对生产劳动、文化生活、相互交往、求知、爱与被爱、实现理想和追求美等的需要。例如，"爱美之心人皆有之"，这句俗语说明了爱美实际上是每个人的心理需要。爱美即人的审美需要，是追求美的原动力。社会性需要是在自然性需要的基础上，在社会实践和教育影响下发展起来的。它是社会存在和发展的必要条件，如劳动是人类赖以生存的基本条件。人类如果不劳动，就无法生存，人类社会就无法存在和发展。

社会性需要是人类特有的。它受社会生活条件制约，具有社会历史性。不同的历史时期、不同的阶级、不同的民族和不同的风俗习惯，人们的社会性需要也会有所不同。在中国古代，某些地区男子的衣着讲究长袍马褂，今天人们就很少会有这种需要。当人的社会性需要得不到满足时，虽然不会威胁到机体的生存，但会让人因此感到难受，产生不舒服的感觉和不愉快的情绪。

社会性需要具有如下特点：不是由人的生物本能所决定的，而是由社会的发展条件所决定的；常常蕴藏于一个人的内心世界，不轻易外露，别人难以直接察觉；社会性需要的满足多表现在精神方面；这种需要的限度有很大弹性，一般具有连续性。

（二）物质需要和精神需要

一般来说，物质需要大多属于自然性需要，而精神需要基本是社会性需要。但有时物质需要既是自然性需要，又是社会性需要。

1. 物质需要

物质需要是指人们在物质生活方面的需要，包括对衣、食、住、行等物质生活资料以及对生产工具、仪器设备等物质生产资料、科学实验器材的摄取欲望和要求。

2. 精神需要

精神需要是指人特有的对社会精神生活及其产品的需要，如认知需要、审美需要、交往需要、道德需要和创造需要等。人在劳动过程中所形成的交往需要是人类最早形成的精神需要。所谓交往需要是指一个人愿意与他人接近、合作、互惠，并发展友谊的需要。交往需要在人类历史发展过程中起着十分重要的作用，也是个体心理正常发展的条件。

以上分类只是相对的，在很大程度上它们相互依存。随着社会进步和生产力的发展，人们的物质需要和精神需要都将不断地得到满足。精神需要的满足必定要通过某种物质需要的满足来实现。如为了满足知识的需要，就要具备书籍等；相反，人的衣着等物质需要之中又包含对美的精神需要。富裕的物质生活条件并不能保证精神需要的满足；贫穷的物质生活条件也并非不能满足精神需要。

三、马斯洛的需要层次论

马斯洛的需要层次论（hierarchy theory of needs）认为，个体成长发展的内在力量是动机。而动机是由多种不同性质的需要所组成的，各种需要之间有先后顺序与高低层次之分；每一层次的需要与满足，将决定个体人格发展的境界或程度。该理论把需要分成生理需要、安全需要、爱与归属需要、尊重需要和自我实现需要五类，各层次需要的基本含义如下：

1. 生理需要

生理需要是指对空气、水、食物和睡眠等的需要，是人的最基本的生存要求。当这些需要没有得到满足的时候，人就会感到不适、苦闷、愤怒，甚至病痛。这些感觉刺激着人们尽可能寻找满足需要之法，从而减轻痛苦，建立自我平衡。一旦生理需要得到满足，痛苦之感消除，人就会产生其他的需要。

2. 安全需要

安全需要反映的是人处在动乱的世界中，对稳定、和谐的一种渴求，主要是一种心理上的需要。每个人都需要家的安全感，如果一个家庭被粗鲁暴戾弄得鸡犬不宁，家庭成员的安全感得不到满足，他们就不可能去追求更高层次的需要。在某些社会当中，许多人呼吁法律和秩序，就是因为他们感受不到足够的安全。

3. 归属与爱的需要

归属与爱的需要处于人类需要的更高层次。每个人都有归属于某一团体或组织的渴望，如家庭、朋友圈子、俱乐部、工作单位等。我们渴望他人的爱（非性爱），渴望被他人接受。就像表演艺术家感激观众们的热烈掌声，我们需要自己对他人来说是有用的。

4. 尊重需要

人有两种尊重需要：一种是自尊，即通过掌握某项技能、完成某项工作任务来实现自我价值的一种个人感觉；另一种是他尊，即来自他人对自己的认可和尊重。尊重需要看似与归属与爱的需要类似，但是，前者还与对名声、权力、地位等的渴望联系在一起。

5. 自我实现需要

自我实现需要是指促使人的潜能得以发挥的趋势，这种趋势就是希望自己成为所期望的人物，完成与自己的能力相称的一切事情。为此，音乐家必须演奏音乐，画家必须绘画，诗人必须写诗，扮演什么样的角色就应该做什么样的事，这样才会使他们感到最大的快乐。当个体拥有一切可以得到或运用的资源的时候，就能够最大程度地发挥自己的潜能，就能够探索知识、追求和平、改造精神世界、实现自我。

自我实现需要是追求实现自我理想的需要，表现为个人特有潜能的极度发挥，做一些自己认为有意义和有价值的事。自我实现者大都是中年人或年长的人，或者心理发展比较成熟的人。马斯洛认为，对于大多数人来说，自我实现需要的满足，仅仅是个人的奋斗目标。人类中只有少数人能达到真正的自我实现境界，成为自我实现者。

图 10-1 是马斯洛的需要层次。马斯洛认为各层次需要之间有以下关系：① 一般来说，这五种需要像阶梯一样，从低到高。低层需要获得满足后，就会向更高一层的需要发展。② 这五种需要不是都能得到满足的，越是靠近顶部的成长型需要，满足的百分比越少。③ 同一时期，个体可能同时存在多种需要，因为人的行为往往是受多种需要支配的。每一个时期总有一种需要占支配地位。

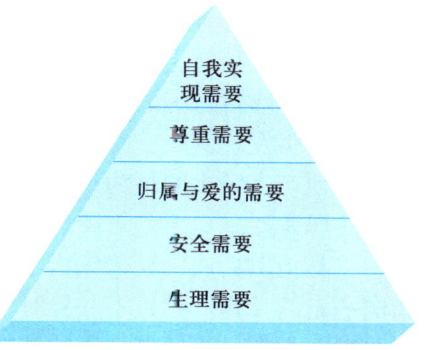

图 10-1　马斯洛的需要层次

马斯洛的需要层次论注重正常人的社会需要，反映了一定的客观现实，在各行各业中得到了广泛的应用。它对教育有很大的启示：第一，它向教育提供了内容框架，主张学校除了要向学生提供安全保障、教授知识、培养能力之外，还要让学生在教育中体验到归属感，感受到关爱，学会爱人、学会尊重自己和他人。第二，它营造了人性化的教育氛围，为新型师生关系提供了借鉴，因为每个学生都希望被同伴、教师接受和认可，希望得到同学和教师的关爱，他们渴望他人的尊重并以此来巩固自尊。亲密、友谊、师爱、自尊会使学生的心理健康发展，对其认知和个性的发展具有重要意义。

需要层次论也有其局限。首先，它只强调个人的需要，没有考虑到社会实践对人的需要的制约性以及人的需要的社会性。其次，过于强调个人的内在价值，其自我实现论并没有突破西方个人本位的意识形态的束缚。最后，马斯洛认为人的需要是先天的、与生俱来的，模糊了人的生理学需要与社会需要的差别，降低了后天生活环境和教育对人的需要的产生发展所起的作用。

第二节　动　机

动机与行为、行为结果的关系十分密切。一种行为可以由一种或几种动机引发，一种动机可以引发多种行为，相同的行为可以由不同的动机引发。例如，一个学生努力学习外语，可能是想考一所好大学，可能是为了得到父母、老师的表扬，也可能是为了推动中华文明重焕荣光。

一、什么是动机

动机（motivation）是在需要的刺激下直接推动人进行活动以达到一定目的的内部动力。动机的产生取决于两个条件：一是某种需要必须成为个体的强烈愿望，迫切地要求得到满足；二是客观上存在着满足这种需要的具体对象，使之有满足的可能性。例如，人有社交的需要，但若身在孤岛，缺乏交往的具体对象，这种需要就无法转化为动机，而只能以静态的形式潜存着，不会有任何实际的社交行为。只有生活在人类社会中，人才会产生交往的动机，进行社交活动。

二、动机的功能

作为个体行为的动力和原因，动机具有以下三个功能：

一是激发功能。动机能够激发个体发动行为。个体的各种行为都体现着其所需要的客观事物对行为的激发作用。当面临的刺激与当前的动机有关时，个体的行为更容易被引发。例如，感到寒冷的人，有取暖的需要，附近的柴火、引火物等更能够引起他产生烤火的行为；饥饿的人会对与食物有关的刺激特别敏感，更容易激起觅食的行为。

二是指引功能。动机像指南针一样指引着个体活动的方向。有动机的行为必定指向一定的目标。动机不一样时，活动的方向和目标也不同。例如，人在口渴时会找水喝；人如果想拥有健康的体魄，就会积极锻炼身体；一心想读大学的学生会排除一切干扰努力复习，而不是无所事事，消磨时间。

三是维持和调控功能。当活动产生以后，动机维持着该活动始终朝着既定的目标进行，并调节着活动的强度和持续时间。马卡连柯的研究发现，如果要求5—6岁儿童毫无目的地保持某种姿势站立一段时间，是很困难的。然而，如果让他扮演某个感兴趣的角色，那么，他会较长时间保持某种站立姿势，保持该姿势的时间差不多是前一种情况的三四倍（莫雷，2005）。

三、行为产生的基本心理模式

大多数情况下，人的行为是由内在条件和外在条件共同驱动的。行为产生的基本心理模式如图 10-2 所示。可见，许多行为的引发都是从需要开始的。需要引起了内驱力的增强，在外在诱因的驱使下，形成了推动人的行为的动机。动机作为人的

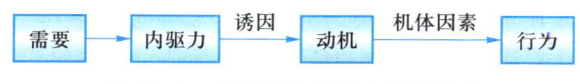

图 10-2 行为产生的基本心理模式

行为的推动力，总是指向特定的目标。并且，受机体因素的影响，人的行为可能受多种动机的支配，不同的动机也可能导致同样的行为。

需要是个体进行活动的基本动力。人的各种活动，从觅食求生、学习交往，到创造发明、回馈社会等，都是在需要的推动下进行的。需要在主观上常表现为意向和愿望。模糊意识到的、未分化的需要叫意向；明确意识到并想实现的需要叫愿望。只有当愿望激起并维持某种活动时，需要才可能转化为活动的动机。

例如，毕业班的学生会思考自己究竟找什么类型的工作，会有一个求职的意向。一个经贸英语专业的学生会倾向于选择和经济贸易以及英语相关的工作，但是具体干什么，还没有确定。只有当他综合各方信息，考虑各方面条件，确定到公司做一个报关员或外销员时，他的求职意向才会转变成具体的愿望。当他为了能够实现这个愿望，在简历制作、面试过程中有着积极的行动时，我们才说他有着成为报关员或外销员的强烈的求职动机。

和行为动机密切关联的一个概念是内驱力。尽管有些学者把"需要""内驱力""动机"作为同义词来使用，但是，多数学者对这三个术语是有区别地加以使用的。

需要是内驱力的基础。内驱力是由需要引发的，它与需要呈正相关关系。例如，相对于吃饱的人而言，饥饿的人具有较强的内驱力；而又饥又渴的人比只是饥饿的人具有更强的内驱力。但是，需要和内驱力又不是等同的。例如，一个模特今天开始控制饮食，那么她的身体对食物的需要程度会与日俱增，但是在控制饮食几天后，她可能觉得不像第一天那么"饿"了。可见，虽然她的身体对食物的需要还在增加，但是内驱力已经发生了变化，即没有先前那么强，并且有可能逐步减弱。

人的动机行为不仅会受到内部需要的"推动"，而且会受到外部刺激的"拉动"。能够引起机体动机行为的外部刺激叫作诱因。一些外部刺激的诱惑力很大，即使个体没有内部需要，它们也能引发行为。例如，对某些人而言，奶油蛋糕看上去非常诱人，即使不饿也很想吃。也有一些刺激的诱惑力很低，尽管个体有内在需要，但是难以引发行为。比如，一个非常挑食的孩子即使饿了，也不愿意去吃他不爱吃的食物。诱因有正负之分：当个体趋向于某个目标并得到满足时，这个引发有机体定向行为的因素即正诱因；当个体离开或回避某一目标，产生消极的行为时，这个诱因即负诱因。如果一个人对食物很讲究，那么，色香味俱全的食物就是正诱因，残羹冷炙则是负诱因，但是当这个人极度饥饿又没有东西可吃时，即使是残羹冷炙，

【知识窗】
动机的分类

在他眼里也是美味佳肴，这时残羹冷炙又成了正诱因。

四、动机冲突

不少大学生在择业时会"这山望着那山高"，面对不同的机会犹豫不决，显得优柔寡断。这种心理现象实际上是动机冲突的体现。日常生活中决定人行为的因素往往是多方面的。人在选择目标或决定方向时，常常要思虑再三，因此，行为过程中的动机冲突是不可避免的。当个体处于矛盾的状态，难以决定取舍、犹豫不决时，这种相互冲击的心理状态，称为动机冲突。典型的动机冲突有四种形式。

1. 双趋冲突

一个人以同样强度的两个动机追求并存的两个目标，但又不能同时达到，这种从两种趋向中仅择其一的矛盾心理，称为双趋冲突。"鱼与熊掌不可兼得"就是这种冲突的真实写照。当面临双趋冲突时，个体会在两个目标之间进行权衡，只要有所倾斜，就会加剧动机冲突。例如，是选择稳定但薪水少的工作，还是选择高薪但不稳定的工作？是读一个自己喜欢但冷门的专业，还是选择一个不感兴趣但有就业优势的专业？最终，无论选择哪一个目标，个体都可能后悔当初的决定。

孟子曰："鱼，我所欲也；熊掌，亦我所欲也。二者不可得兼，舍鱼而取熊掌者也。生，亦我所欲也；义，亦我所欲也。二者不可得兼，舍生而取义者也。"这提供了解决双趋冲突的一种途径。这种"鱼和熊掌不可兼得"的动机冲突，最好的解决方法是放弃一个目标，选择另一个目标，或者同时放弃两个目标而寻找其他的目标。

2. 双避冲突

当人们面临两个都不令人喜欢或具有威胁性的目标时，迫于情势，只得选择其一，这种矛盾的心理状态即双避冲突。"前有悬崖，后有追兵"正是这种处境的体现。双避冲突的演化过程和结果与双趋冲突一样，难免有"悔不当初"的感慨。例如，有的学生既想回避繁重的学习任务，又想回避功课不及格。在他们看来，这两者都是威胁，都想逃避，但必须选择其一。一对恋人在谈了一段时间的恋爱后，发现彼此并不适合，但是一个人独处又很寂寞，继续恋爱和孤独寂寞都不是他们想要的，但是他们必须做出选择。

一般而言，一个人越是靠近他不想要的东西，这个东西在他眼里就变得越不好，因此就越想避开它。这类冲突较难解决，做出选择也常常需要较多时间，故对人的心理健康有较大影响。双趋冲突的有效解决可以通过"两利相权从其重"的方法，也有赖于找到其他出路或出现其他因素。

3. 趋避冲突

一个人对同一目标同时产生两种动机：一种好而趋之，另一种恶而避之。像这种对同一目标的兼具好恶的矛盾心理状态，称为趋避冲突。比如，爱吃零食又怕发胖；想和心仪的人接近，又害怕遭到拒绝；想参加学校社团锻炼能力，又怕影响自己的学习成绩；等等。要解决这种心理冲突，需要权衡利弊，然后做出抉择。

4. 多重趋避冲突

如一个人面对两个或两个以上的目标，而每一个目标又分别具有趋避两方面的影响。像这种对几个目标兼具好恶的复杂、矛盾的心理状态，称为多重趋避冲突。

例如，一个高考成绩不理想的学生，想复读又怕难以承受心理压力，越考越差，想读专科学校但不甘心，害怕影响将来的就业。又如，一个大学生想考几个职业资格证书，但又害怕考试失败，花钱又费时；想参加校足球队为学校争光，但又害怕占用太多时间；想找份兼职，见见世面，赚点零花钱，但又怕上当受骗，耽误专业课程的学习；等等。

面临多重趋避冲突时，每种目标都具有吸引作用和排斥作用，因而我们不能简单地选择一种目标，回避另一种目标，必须进行多重选择。当目标的吸引力和排斥力差距较大时，此类冲突比较容易解决；当几种目标的吸引力和排斥力相当时，解决这种内心冲突就比较困难，往往需要花较长时间考虑得失、权衡利弊。

个体的意志行动常常伴随着冲突和矛盾心理，长时间面临动机冲突会对个体的身心健康造成严重影响。经常的冲突和矛盾心理会导致个体出现高焦虑，甚至形成抑郁症等身心疾病（Emmons & King，1988）。因此，有效地解决动机冲突，对个体的身心健康具有重要的现实意义。

【知识窗】
有趣的心理冲突实验

五、动机和工作效率

自 20 世纪以来，动机和工作效率之间的关系，一直是心理学家试图弄清楚的问题。到目前为止，我们能够得到的确定的答案是，它们之间不存在单一的关系。

在这方面做出开创性研究的是耶克斯（R. M. Yerkes）和多德森（J. D. Dodson）。他们通过电击来控制老鼠动机水平的变化，让老鼠完成各种不同难度的任务。实验结果表明，动机水平与效率水平之间成倒 U 形关系。这一结果说明工作效率与任务难度、动机的最佳水平之间有着密切联系。

如图 10-3 所示，从事简单作业时，较高的动机水平会获得较高的工作效率；对于中等难度的作业而言，中等程度的动机水平更易获得成功；从事困难或复杂作业时，较低的动机水平会获得较高的工作效率，更容易获得成功。为了提高工作效率，对难度不同的活动项目，动机水平要有所区别。

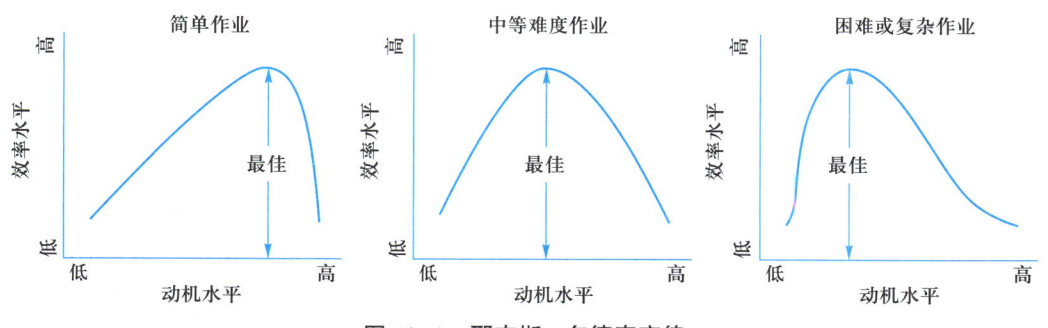

图 10-3 耶克斯-多德森定律

同理，适度的动机水平对学习具有最佳的效果。动机水平过低或过高都不能使大脑皮质达到最佳工作状态，也不能获得最佳学习效果。动机水平过低对学习活动的推动力不强，不能激发学生的积极主动性；反之，动机水平过高则会导致紧张和过度焦虑，注意与知觉范围缩小，思维受到一定的抑制等，从而给学习带来不利影响（张大均，2005）。

六、学习动机的激发

激发学生的学习动机，让学生真正好学、乐学应该成为教育的重要目标之一。

（一）影响学习动机的因素

影响学习动机的因素复杂多样，可分为客观因素和主观因素。

1. 客观因素

（1）家庭、社会和学校教育对学生学习动机的影响

学生的学习动机是社会和学校教育对学习的客观要求在学生头脑中的反映，学习动机的形成不能脱离社会和学校教育的影响。社会要求在许多情况下是通过家庭和学校教育提出来的，特别是对低年级的学生更是如此。家庭对学生学习动机的形成起着直接作用。初入学的儿童，其学习动机基本上是家长要求的反映，如说"将来像妈妈一样当老师"等。父母要求子女努力学习科学文化知识，将来成为对社会有用的人才，这些要求都在学生学习动机的形成过程中产生着较大的影响。

一个国家对科学文化的要求，以及它的社会风气、思想意识形态等都会对学生学习动机的形成产生重要的影响。随着学生年龄、知识的增长，社会的影响对学生学习动机的作用越来越突出。

一般情况下，学校对学生学习动机的形成和发展起主导作用。如果学校、家庭和社会有目的、有组织的教育是一致的，学生原来已初步形成的正确动机的萌芽可以得到巩固和深化，原来不正确的动机也能得到改正。但是，如果家庭、社会的要求和学校教育不一致，则会抵消或破坏教育的作用。特别是社会上的歪风、同伴群体中的坏习气，会阻碍学生正确学习动机的形成，因此，必须注意预防或采取消除影响的措施。

（2）学生的年龄对学习动机的影响

研究表明，学生在不同的年龄阶段，其主导性的学习动机是不断发展变化的。总的趋向是，随着年龄和知识经验的增长，世界观的逐步形成，与社会要求相应的动机越来越占支配地位，并逐渐成为学生学习的主导性动机，而与学习活动本身相联系的制约性动机也越来越强，越来越稳固。例如，学龄初期，学生的学习更多地受直接兴趣的影响。因此，教学内容的生动性和教学方法的直观性，教师和父母的具体要求与评价等，对促进学生的学习有较大的作用。一般来说，这个阶段主要是以直接的近景性学习动机为主导的学习动机。到了学龄中期，学生的学习动机有了进一步的发展。由于学习内容的丰富和日益深化，学生的兴趣也更为多样，它们对学习的推动作用更强。这个阶段，许多少年儿童加入了共青团，团员的责任感和集体荣誉感常常成为其学习的强大动力。进入学龄晚期，学生的主导性学习动机就更富有社会性了，其学习动机既包括满足求知欲、解决问题、喜欢阅读等内在动机，也包括升学、获奖、就业等外在动机（郭娇等，2022），学习兴趣和学习动机更服从于未来社会建设的要求，生活目标、职业志向和抱负成为学习的强大动力。这时，间接的学习动机和直接的学习动机都发展到更高一级的水平，它们更趋稳定、深刻

而持久。

2. 主观因素

（1）学习兴趣对学习动机的影响

学习兴趣的广度和深度，影响学习动机的稳固性和深刻性。有的人对各学科或各种学习活动具有广泛多样的兴趣，有的人只对某门学科或某种学习活动具有特殊兴趣。这两种兴趣的形成对学习有不同的作用，但是两者又是不可偏废的。广泛的学习兴趣可以使学生对各方面学习表现出积极性，使学习生活丰富而多彩，但是也容易使学习流于表面；而专门的兴趣可以使学生深入某方面的学习，但也难免使学习过于狭隘和片面。因此，教师应注意适时地培养学生这两方面的学习兴趣。

（2）意志品质对学习动机的影响

学生的意志品质（见本章第三节）对学习动机形成的难度和速度有很大影响。意志坚强的学生在遇到动机矛盾时，能以顽强、坚毅的意志战胜一切困难，以理智权衡孰轻孰重，用客观的标准决定取舍，直至最后取得胜利。意志薄弱的学生在遇到动机矛盾时易畏缩不前、信心不足或者干脆放弃学习目标。

学生的学习志向不同，对学习的要求和反应也不一样。例如，一个学生考试得"良"后非常高兴，另一个学生考试得"良"后则感到惭愧，这表明这两个学生的学习志向有差别。研究表明：儿童在学习过程中，成功的经验一般会导致学习志向水平提高，失败一般会导致学习志向水平降低；成功经验越丰富，以后的学习志向水平提高得越快；失败经验越多，以后的学习志向水平降低得越快。

（二）激发学习动机

研究发现，内在动机（主要指挑战困难动机和个人兴趣动机）对创新行为有正向预测作用，这说明，个体的挑战困难动机和个人兴趣动机越强，越有可能产生创新行为（王苑芮等，2022）。学习动机的激发是在学习过程中进行的，它主要依赖教师的教学内容、教学方法和教学组织。

1. 提出具体而明确的学习目标

教师必须清楚地、生动地、有力地提出课堂学习目标，以引起学生的求知欲；要讲明教材内容在生活中的具体意义以及它在知识体系中的地位，唤起学生对知识的重视，并调动学生学习的积极性。

2. 创设问题情境，启发学生积极思维

创设问题情境是激发学生学习动机的一种有效手段。教师可以给学生提出一定的课题，即创设问题的情境，使他们不能单纯利用已有知识和方法去解决，而要激起他们的积极性和求知的需要。"不愤不启，不悱不发"就是这种状态的概括。教师应积极创造这种"愤"和"悱"的情境。通常用两种方式：一是言语提示，即教师直接提出与教材有关的需要解决的问题，借以激发学生的学习动机，使其抱着解决问题的态度来进行学习；二是组织活动，即让学生通过参加一些活动而发现问题，如在讲物理或化学的某些定理之前，先做某种预备实验，从实验中提出问题，使学生感到有趣而又难以回答，从而产生进一步了解有关知识的欲望和需求。

3. 关注教学内容与方法的新颖性

教师在教学中应以丰富有趣并且逻辑性、系统性较强的内容和生动的教学方法来吸引学生，使学生通过学习得到精神上的满足，进一步激发学习的兴趣。新异事物可以引起学生的探究欲望，从而可能在此基础上产生更高水平的求知欲。

有经验的教师经常通过一些措施来激发学生的学习兴趣和求知欲。例如，语文和外语阅读课上分角色朗读，数学教学中口算与笔算交替使用，学生自编例题，外语课上看图叙述，适当采用多媒体教学手段，等等。

4. 利用学习结果的反馈作用

学习结果的反馈，就是将学习结果相关信息及时反馈给学生。学生及时了解自己的学习结果，看到自己所学知识在实际应用时的成效，可激发学生进一步努力学习的动机。研究表明，学生了解学习结果，学习积极性高，进步较快。学生因为知道结果，能看到自己的进步，所以学习的态度和手段都得到加强，激起进一步学好的愿望。同时通过反馈，学生能看到自己的缺点，激起上进心，树立克服缺点、继续前进的信心。因此，在对学生进行考试或考查之后，教师要及时批阅考卷和讲评，给学生的反馈不能用太长的时间，不然会减弱反馈的效果。

5. 适当开展竞赛，以激发学生的成就动机

竞赛是激发学生学习积极性的一种有效手段，也是激发学生奋发努力、力求上进的一种常见手段。研究表明，学校适当开展竞赛对提高学生学习积极性具有促进作用。实验研究中，对两组五年级学生进行为期10天的加法练习，每天练习10分钟。竞赛组学生的成绩每天都公布在墙上，进步者和优胜者都被贴上红星；无竞赛组只做练习。结果发现，竞赛组的成绩优于无竞赛组。竞赛组学生在竞赛过程中，获得成就和荣誉的动机更为强烈，学习兴趣和克服困难的毅力增强，学习积极性更强，取得更为显著的成绩。

但是，研究也表明，过度强调竞争的激励作用和过于频繁的竞赛，不仅会失去激励作用，反而会制造紧张气氛，易使学生产生怯场心理，加重学生的心理负担，有损学生身心健康。对于学习成绩不理想的学生，频繁竞赛，过多考试，易使其因失败而丧失信心和兴趣。因而教师组织竞赛时必须慎重、适量，注意方式，竞赛后要对不同类型的学生进行思想教育，纠正错误的学习动机，以强化正确的学习动机。

6. 正确评价、适当奖惩

教师从实践出发，正确评价、适当奖惩是对学生的学习态度、学业成绩的一种强化方式。它可以激发学生的上进心、自尊心、集体主义精神等。

一般来说，对学生的评价，表扬、鼓励应多于批评、指责，可以更好地激起学生积极的学习动机。虽然表扬与批评都能起到促进学习的作用，但表扬的作用更明显。然而，不正确的表扬或批评，则会使学生或是盲目骄傲，或是心灰意冷，丧失自信心。过分的夸奖还会使学生忽视自己的缺点，产生消极的结果，因而教师在责备学生时也必须注意采用巧妙的方式。教师对学生无论是表扬还是批评，都必须持实事求是、客观公正的态度。表扬与批评的运用是一种艺术，必须灵活运用，恰到好处，方能收到应有的效果。

第三节 意　　志

"下定决心，不怕牺牲，排除万难，去争取胜利。"1945年，毛泽东同志在中国共产党第七次全国代表大会的闭幕词中，向全党和全国人民提出了这一号召，从此成为中国共产党人勇于奋斗、敢于牺牲的真实写照。以毛泽东同志为主要代表的中国共产党人最核心的心理素质就是意志坚定地"排除万难"，最终获得了解放全中国的伟大胜利。因此，一个人如果拥有坚强的意志，那么，无论遇到什么艰难险阻，都能排除万难、化险为夷，最终取得成功；而一个人如果意志薄弱，稍有困难就退缩不前，则易丧失良机，遭遇失败。因此，意志过程作为三大心理过程之一，一直备受关注。但由于其自身的复杂性，相比认知过程和情绪过程，对于意志过程的研究至今都是相对缺乏的。

一、意志与意志品质

（一）什么是意志

人为了一定的目标，自觉组织自己的行为，克服重重困难，并力求实现该目标的心理过程就是意志（will）。人在反映客观世界的过程中，不仅接受来自内外部的刺激信息形成认识，在此基础上产生情绪和情感，还要通过行为反作用于客观世界，进而改造世界。意志作为意识的能动方面，是人的主观能动性的突出体现。

意志是通过行为表现出来的，受意志支配的行为即意志行动。意志行动总是指向一定的目标。意志行动的目的性特征是人与动物的本质区别。意志行动的基础是受意识调节和支配的随意运动。例如使用工具、书写、游泳等。心跳、眨眼等不受意志控制的不随意运动不属于意志行动。但是，不是所有的随意运动都是意志行动。比如，喝杯豆浆是有意识行动，但不一定有内心意志努力成分。除了以随意运动为基础以外，意志行动还总是与克服困难紧密相连。例如，春意盎然时，放弃踏春赏花而完成一份即将截止的稿件；夜深人静时，抵抗袭来的浓浓睡意，继续挑灯攻克难题；与病魔抗争时，不顾化疗的巨大痛苦，坚持完成治疗；等等。

（二）意志的心理结构与行动分析

意志的心理结构是很复杂的。由于研究的薄弱，对于意志的心理结构至今尚未形成一致的看法。尽管如此，意志的心理结构可以通过意志行动的过程来体现。心理学家比较关注的意志结构中的心理成分包括目标与抱负水平、选择与决策等。

1. 意志行动中的目标与抱负水平

目标是个体所期望达到的结果。在意志行动中，目标的选择和确定与动机是相伴随的。目标决定着意志行动的方向，因而在意志行动中起着重要的作用。意志行动的目标越明确具体，越具有社会意义，该目标引起的意志力就越强。相反，缺乏明确目标而盲目行动的人，往往会患得患失、斤斤计较，难以有所成就。

目标的选择和确定与抱负水平密切相关。所谓抱负水平是指个体在做某件事情之前对自己所能达到的成就目标的主观估计。抱负水平制约着个体的意志行动，因为成功的期望会增强工作对个体的吸引力，而对失败的预期会减弱工作对个体的吸引力。一般而言，抱负水平高的人对待工作自觉、有信心、有毅力，能努力地去克服困难；抱负水平低的人对工作缺乏自觉性，缺乏信心和毅力。

但是过低或过高的抱负水平都是不可取的。假如一个人的抱负水平很低，他很容易就能达到目标，但是这种成就并不能给他带来真正的满足，对其自信心的增强也没有大的影响。他很可能因为没有发挥潜能而产生空虚、苦闷、不满足感和挫败感。教师应帮助他提高抱负水平，锻炼其意志，充分发展其才能。反之，如果一个人抱负水平过高，超过了个体的能力水平，即使全力以赴也达不到期望的目标时就会产生挫败感。他在学习中如果长期备受挫败感折磨，就易引起严重的情绪冲突，有碍心理健康。对于这样的学生，教师应帮助他实事求是地分析、评估自己，把过高的抱负分解为一个个具体目标，由近及远，逐步实现。

2. 意志行动中的决策

目标的选择和确定以及行动方法和策略的选择，实质上是决策的过程。在决策之初，个体必须搜集各种情报，权衡多个目标实现的意义和价值以及各种方案，从而选出最可行、最有效的方案。在执行决策阶段，个体需要建立一套信息反馈系统，以便有效地修正行为，保证目标的顺利完成。

决策过程中的意志力表现在人对目标状态的追求、选择，做决定时的信心和勇气，执行和监督时的毅力等方面。

（三）意志品质

意志品质是人的意志行动的稳定的表现方式。它是考察人们意志坚强或薄弱、坚决果断或犹豫不决的指标，也是人的个性的重要组成要素。良好的意志品质对于我们做好任何工作都是必要的。意志品质主要有自觉性、果断性、自制性和坚韧性。

1. 自觉性

意志的自觉性是指人对自己意志行动的目标及其社会意义有明确而深刻的认识，并自愿地调节和支配自己的行动，使之符合行动目标的品质。具有自觉性品质的人，不盲从附和，也不断然拒绝合理的意见，因为他们深刻地理解自己意志行动的目标和意义，可以理智地辨别与评价他人的劝告和意见是否有利于目标实现。例如，一个想学好专业课的学生，不用父母和教师的督促，就可以自觉设定计划，并贯彻执行。一个立志要在部队好好干、积极要求进步的战士，就能自觉遵守纪律，不用班长督促，自觉参加训练，提升作战能力。

与自觉性相反的意志品质是受暗示性和独断专行性。受暗示性是指一个人容易盲目地、毫无批判地接受别人的暗示和影响。具有这种意志品质的人，其行动不是从自己的认识和信念出发，而是经常受别人言行的左右。他人的影响往往会扰乱其行动，使其轻易地放弃原则，改变自己的决定和行动，有时甚至还会莫名其妙地受别人的怂恿，去做本来不合自己观点和信念的事情。独断专行性是指一个人盲目地、毫无理由地拒绝别人的意见和劝告，一意孤行，不管自己的目标是否正确和可行，方法是否有效，计划是否合理，也不考虑具体环境，固执地坚持并执行自己的决定。因此，受暗示性和独断专行性是妨碍人们认识和实践的不良的意志品质。

2. 果断性

果断性是指人善于明辨是非，能够及时、坚定、合理地做出有根据的决定，并毫不迟疑地执行这个决定。果断性还明显地表现在人遇到一些复杂情境时，能从多种可能性中迅速地选择出具有某种可行性的行动，但这种高水平的果断性不是每个人都具备的。

具有果断性意志品质的人，能敏捷地思考行动的动机、目标、方法和步骤，清醒地估计可能出现的结果。他们在情况允许时，绝不匆忙做出决定，而是冷静地了解和分析情况，补充相关的信息资料，待时机成熟时才做出决定。在迫不得已的情况下，具有果断性意志品质的人，善于迅速地熟识情境，当机立断做出最合理的决定，并迅速执行。此外，果断性还包括如果出现新的情况，要求终止所采取的行动时，也能迅速地终止。

与果断性相反的意志品质是优柔寡断和草率武断。优柔寡断的人往往患得患失，当断不断。在做出决定时，总是犹豫不决；在执行决定时，常常对决定采取怀疑态度，表现出徘徊观望、踌躇不前。草率武断是果断性不足的表现。草率武断的人懒于思考，滥下结论，行动鲁莽，轻举妄动。优柔寡断和草率武断表面上看起来相反，但实质相同，都缺乏克服困难的精神，不敢正视困难或总是逃避困难，是意志薄弱的表现。因此，在实践和认识过程中，如果总是优柔寡断、议而不决，或者草率武断、轻举妄动，那么不仅会一事无成，还会造成严重的不良后果。

3. 自制性

自制性也叫自制力，是指人能自觉地控制自己的言行，调节不良的心理状态。具有自制性意志品质的人，既善于激励自己勇敢地去执行决定，又善于抑制那些不符合既定目标的愿望、动机、行为和情绪。自制性是坚强意志的重要标志。自制性强的人，不仅在做出决定时能冷静地分析、全面地思考，善于运用自己的思维，而且能排除一切干扰，忍受任何痛苦和不幸，即使自我牺牲，也要把决定贯彻到底。所谓"富贵不能淫，贫贱不能移，威武不能屈"，就是对具有自制性品质者的赞扬。

与自制性相反的意志品质是任性和怯懦。任性的人经常受激情和冲动的支配，对自己持放纵的态度，在行动上为所欲为，宽于律己，严于律人，并且知过不改。因此，过于任性的人，在认识过程中肯定会产生偏差，在实践过程中必定会失误。怯懦的人在行动时容易畏缩不前、张皇失措。

4. 坚韧性

坚韧性是指一个人能以坚韧不拔的毅力、顽强不屈的精神，不断地克服重重困难，把决定贯彻到底，直至达到目标的意志品质。"咬定青山不放松，立根原在破岩中。千磨万击还坚劲，任尔东西南北风。"（《竹石》）诗中的竹子扎根于岩石的缝隙之中，基础牢固，无论受到多大的折磨击打，它们仍然坚定强劲。郑燮的这首诗反映的就是一种坚韧不屈的意志品质。古之立大事者，不唯有超世之才，亦必有坚韧不拔之志。坚韧性是人们取得成功的重要保证，是科研工作者和创造发明者不可缺少的品质。具有坚韧性的人在失败时不泄气，而是更加坚定、果断，百折不回，始终以饱满的精神，坚持不懈地去实现既定的行动计划，并为此而探索新的途径和方法。

与坚韧性相反的意志品质是动摇和顽固。动摇的人会见异思迁，做事容易虎头蛇尾，偶遇小挫折便望而却步、停滞不前。顽固的人，往往不能根据形势的变化而灵活调整自己的思想行为。他们常常在明知自己的主张和观点是错误的情况下，固执己见，违背客观规律而一意孤行。

需要注意的是，对于意志品质，我们应当联系其具体内容，从社会的角度和道德的角度来加以评价。另外，上述各种意志品质都是相互联系的。如果缺少其中任何一种品质，就必然会在性格上带来某种缺陷。各种意志品质在人的身上不是孤立存在的，它们相互联系、相互渗透，并与人的性格和其他特点结合在一起，形成一个人的独特风格。性格的意志品质受一个人的信念和世界观制约，因此，我们不能抽象地谈论人的性格的意志品质。任何时代和任何社会，只有具有先进思想、高尚道德的人，才能自觉地形成积极的或优良的意志品质。优良的意志品质，是在克服困难的实际斗争中锻炼和培养起来的。

二、意志的控制与失控

（一）意志控制

个人左右事件的进程和结果，使之与期望的目标相一致的过程，就是意志控制。意志的控制作用向外表现为对环境的控制，即按照主体的期望和目标来改变自然环境与社会环境。例如，从"秦塞古长城"的崛起，都江堰水利枢纽的建成，到"蛟龙"入海、"嫦娥"探月、"神舟"飞天、"祝融"探火、"羲和"逐日、"天和"遨游星辰、"北斗"组网……都是我国人民与大自然抗争的智慧结晶，也是人民改造环境的光辉事例。意志的控制作用向内表现为对自身的控制，即按照主体的期望和目标来改变或塑造自身生理素质和心理素质。例如，通过科学的锻炼方法来增强身体素质，通过艰苦的活动和训练来锻炼优良的意志品质，内化社会的期望和准则，把自己培养成德智体美劳全面发展的社会主义建设者和接班人等。

（二）意志失控

当个体遇到无力应付的情况，觉得自己对事件失去了控制能力时，这就叫意志失控。自然环境、社会环境以及人世间的生、老、病、死等都有可能成为威胁性的因素，使个体失去对事件的控制能力。当控制力受到威胁时，个体会表现出生气、愤怒等负面情绪，并表现出反抗行为。出现意志失控后，人们的反应虽各不相同，但一般都有寻找信息、对困境反应加剧、产生抗争或消沉等行为反应（黄希庭，2007）。

如果个体在生活中丧失了对自己的控制能力，就会引起不快，并进一步危害其身体健康，而提高其控制能力则可以获得相反的效果。当人们被迫失去其控制力、选择权和决定权时，如果给他们一种较强的自我责任感，他们的生活质量会有所提高，生活态度也会更加积极。因此，对于老年人而言，衰老和机敏性降低并非因年老而不可避免地出现，应该建立一些相应的机制，通过让老年人重新获得决策权与胜任感来延缓、逆转并防止因年老而产生消极影响。

三、意志教育与学生的成长发展

（一）意志教育的意义

新一轮的课程改革有一个核心的教育理念就是教学的本质是交往、互动，学生作为鲜活的生命个体与教师进行平等的精神交流。因此，教学必定要注重学生的情感和意志。同时，随着主体性的凸显，学生的个人意志成为影响其成长发展的重要因素。

意志教育，也称意志培养，是指教师针对学生身心发展的特点，为培养学生良好意志品质而实施有目的、有计划地指导和训练。古今中外的教育家都非常重视意志教育。现代社会中加强学生意志教育更加具有举足轻重的作用，培养学生战胜困难的勇气和决心，树立顽强拼搏、开拓创新的精神是必然的趋势，是中国式现代化发展的必然要求。

（二）意志教育的路径

对学生的意志教育，要求教师在教学过程中注意从以下几个方面入手：

1. 加强科学世界观教育，树立崇高理想

世界观是人认识活动的定向工具和行为的最高调节器，只有树立科学世界观，才能使学生树立远大理想，对一切个人的、团体的思想和行为作实事求是的、正确的评价，明辨是非，培养学生的责任感，使其明确生活目标、追求崇高理想。

为此，教师应当注意教育学生把崇高理想同眼前的学习、工作、生活结合起来，用理想和目标来指导自己。理想越崇高，意志就表现得越坚定，自觉性就越高。但是，理想和目标一定要符合学生自己的特点，切实可行。有些学生常常抱怨理想是梦想，无法实现，就是由于理想和目标定得太高，难以实现。例如，有的学生给自己制订计划，每天早上 5:00 起床，学习到深夜。结果坚持了几天，自己身心疲惫，计划也没办法进行。还不如细化目标，有了效果后，再提高要求。学生如果只有长期目标而无短期目标，行动就会缺乏直接的动力，还有可能成为一个眼高手低者。因此，教师可以把重点放在指导学生制定切实可行的短期目标之上。这类目标越明确，学生就越能主动、积极地学习。另外，要提高学生行为的自觉性，教师可以根据不同基础、不同年级的实际情况，设法帮助学生克服受暗示性，防止独断专行性，不论学习、作业还是劳动和生活，多启发他们自觉制订计划并独立完成。教师不宜过多地督促和帮助。

2. 引导学生在实践活动中与困难作斗争，增强其克服困难的毅力和能力

坚强的意志是在克服困难的实践活动中发展起来的。在组织学生的活动时，教师向学生提出的活动任务要有一定的难度，同时又是他们力所能及的，这对于培养他们意志力的坚定性和自觉性有好处。例如，要求他们坚持独立完成各种作业，坚持参加科技小组的活动，坚持各种体育锻炼，坚持为集体做好事等。

3. 根据学生意志品质上的差异，采取不同的锻炼措施

例如，对于容易盲从、轻率行事的学生，教师应当多启发他们的自觉性，培养他们对社会、班集体的义务感和责任感；对于怯懦的学生，应多鼓励他们克服困

难，并对克服困难的方法和技术给予指导；对于依赖性强的学生，应多鼓励他们独立完成任务；对于自制力差的学生，要让他们学会调节和控制情绪的本领，逐步学会预估挫折和失败带来的后果，使他们有足够的忍受挫折和失败的思想准备，从而减弱情绪反应。同时，教师也要鼓励他们的勇敢行为，表扬他们克服冒险和蛮干的行为。

4. 充分发挥班集体和榜样的教育作用

学生对班集体的义务感和荣誉感有助于其自制、刚毅、勇敢等意志品质的形成。在具有良好班风的集体里，学生会严守纪律，坚决不做违反纪律的事，这本身就是最好的意志锻炼。因此，教师应当努力使自己的班级形成好的班风，充分发挥集体的作用，帮助学生养成良好的意志品质。

在意志教育过程中，榜样的作用始终是特别重要的，教师除了用科学家、教育家、劳动模范、革命先烈以及文艺作品中的优秀人物来树立榜样之外，还要善于从学生周围的生活中，从学生熟悉的任务中，特别是从他们的同龄人中选取典型，为他们树立坚强意志的榜样。在这样的榜样面前，因为心理距离小，所以学生易感到亲切，容易习得榜样行为。同时教师自身的榜样作用也很重要，教师如果只是要求学生有坚强的意志，而自己却优柔寡断，做事虎头蛇尾，就难以达到意志教育的效果。

5. 启发学生加强意志的自我锻炼，增强自制力

在培养学生的良好意志品质的过程中，周围人们的影响、集体的委派任务、榜样的教育等，都必须通过学生的自我锻炼才能真正起作用。研究表明，学生能够进行意志的自我锻炼。例如，他们在学习自制性、坚韧性方面的自我锻炼，通常会采取下列一些方法：第一，经常用名言、格言、榜样来对照自己，检查自己，督促自己；第二，经常同周围比自己强的一些人做比较，找出差距，奋力追赶，直到赶上或超过为止；第三，坚持制订学习计划，包括学期计划、月计划和周计划及每天的安排；第四，严格执行计划，无论遇到什么情况都逼着自己去完成；第五，坚持每天写日记，坚持自省，如果发现缺点就立即改正；等等。

6. 培养积极健康的情绪

积极健康的情绪能使人自信、自立、自强，做事也会坚决果断。青春期的学生，其心理大多不太成熟，正处于塑造期。因此，他们的情绪不太稳定，波动很大，时而高兴万分，时而愁眉苦脸。一些消极情绪往往会阻碍中学生的意志行动。当他们心情烦躁、郁闷时，做事就会显得优柔寡断。因此，教师应经常对学生进行心理卫生教育，使他们保持积极健康的情绪。

7. 加强挫折教育，正确看待成功和失败

教师可以创设某种受挫情境，结合学生的实际生活，指导他们采取适当的情绪控制行为，帮助他们运用正确手段克服困难、获取成功，提高他们的耐挫力。意志品质主要是在困难的行动中表现和培养的，教师可以结合教学、劳动实践等向学生讲明意志训练的意义，然后组织一系列的活动，有意识地对学生进行意志训练。

"故天将降大任于是人也，必先苦其心志，劳其筋骨，饿其体肤，空乏其身，行拂乱其所为，所以动心忍性，曾益其所不能。"（《孟子·告子下》）古今中外的历史

名人有许多都是在困境、逆境中锻炼出坚强的意志品质的。从某种意义上说，人为地创设适度的困难，让学生接受一定的挫折教育，可以培养他们的自制性和坚韧性，并且能够训练他们的自控力。

有些学生因为害怕失败而不敢下决心去做事，总是犹豫不决。教师应使学生正确看待失败，要让他们明白任何选择都伴随着得失。只有敢于失去，才能真正得到。这样，学生就不会因为怕失去什么而不敢选择，而且能够坚持到底。在人生的路途中，有笑容也有眼泪，有顺境也有逆境，有幸福也有痛苦。世界上没有只能赢不能输的人，能输才能赢。

反思与探究

1. 人的需要都是一样的吗？为什么？什么样的需要有利于个人和社会的发展？
2. 试阐述马斯洛的需要层次论。
3. 什么是行为？动机与人的行为的关系如何？
4. 试分析行为产生的基本心理模式。
5. 心理冲突有哪些类型？如何处理生活和学习中的各种动机冲突？
6. 动机和工作效率之间有什么关系？
7. 如何有效地激发学生的学习动机？
8. 试分析自己的意志品质特征。你打算如何针对自己意志品质的不足来培养良好的意志品质？

推荐阅读

1. 朱颖，姜兆萍. 父母低头行为和初中生问题性网络使用：亲子亲合和归属需要满足的链式中介［J］. 中国临床心理学杂志，2022，30（2）：434-438.

低头行为是指人们在人际交往中由于专注于手机而冷落他人的行为。在家庭情境中，父母低头行为会对亲子互动质量、孩子的问题行为等产生消极影响。该研究用问卷法调查了1 034名初中生，考察了父母低头行为对初中生问题性网络使用的影响及作用机制。结果发现，父亲低头行为主要通过父子亲合与归属需要满足间接影响初中生问题性网络使用，而母亲低头行为不仅通过母子亲合与归属需要满足对初中生问题性网络使用产生间接影响，还直接影响初中生问题性网络使用。研究结果说明父母低头行为对青少年问题性网络使用的影响存在差异，对更清晰地了解家庭教育中父母功能差异、更好地促进青少年身心健康发展等具有一定的理论和现实意义。

2. 辛于雯，付萌萌，王珊，等. 自主性动机对创造力的预测：认知抑制的调节作用［J］. 心理科学，2022，45（1）：16-23.

执行功能和动机是构成创造力个体差异的重要因素，该研究采用Stroop任务、自主性动机和创造力量表对372名大学生进行问卷调查及实验室研究，考察了认知抑制在自主性动机预测创造力中的调节作用。结果发现：自主性动机显著正向预测创造力的流畅性、灵活性、独创性；认知抑制调节自主性动机对创造力的流畅性与灵活性的预测作用，表现为对高认知抑制能力者，自主性动机显著正向预测创造力的流畅性和灵活性，对低认知抑制能力者，这一预测作用不显著。该研究运用多种方法测量所涉及的变量，保证了研究结论的可信性。

第十一章　情　绪

知识导图

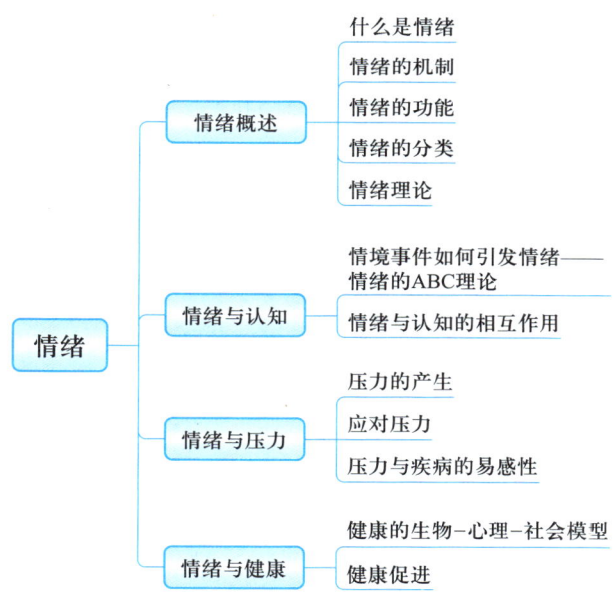

> **案例导入**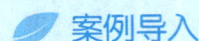
>
> 小林为什么不高兴?
>
> 小林经过高考实现了自己的大学梦,现在在某重点医科大学读卫生管理学专业。本来,以他的高考分数可以考上该校的临床医学专业,可当时他为了稳妥第一志愿没报临床医学专业,现在觉得很吃亏。到了大学以后,别的同学面对新生活都非常开心、充满好奇,可他全然没有这种感觉。刚开始他还能按时上课,参加一些社团活动,但一闲下来他就懊恼、难过,感叹命运对自己不公平;这种情绪持续影响着他,渐渐地,他上课无精打采,做事心不在焉,课下总是郁郁寡欢;再后来,他经常生病,不是感冒就是肠胃不舒服,也经常因此请假,成绩开始下降。面对即将来临的期末考试,他的压力很大。现在,他觉得心里有什么堵着,有时甚至觉得透不过气来,他感觉自己很难继续完成学业了。

可以看到,案例中的小林正遭遇着懊恼、难过、抑郁等情绪的困扰,这些情绪已经对他的学习、生活和身体造成了不良的影响。如果继续任由这种消极的情绪持续下去,小林的学习、生活和身体都会受到更为严重的影响。

情绪与人们的日常活动、学习和工作密切相关,它是人的生活是否满意、工作学习是否顺利的反应和信号,常常被作为人的心理状态的"晴雨表"。本章将主要介绍情绪的含义、机制、功能、分类、理论,情绪与认知、压力、健康的关系,情绪的调节方法等,以帮助大家学会正确地认识和管理情绪。

第一节 情绪概述

几乎每一天,只要我们使用社交媒体聊天,我们几乎都在使用各种各样的情绪短语或情绪符号来表达我们当时的心情或者想法。可以说,情绪既和我们的生活息息相关,也时时刻刻地影响着我们的认知活动,还不断地影响着我们的身体健康和心理健康。

一、什么是情绪

情绪(emotion)是有机体反映客观事物与主体需要之间关系的态度体验,或者说,情绪是对客观事物的态度体验,是人们对周围各种事物或现象的一种内心感受。人对每天出现在自己生活中的各种事物或现象的态度,会以带有各种特殊色彩的体验形式表达出来,如高兴、欢乐、愤怒、悲哀、忧愁、不安、苦恼、恐惧、羞耻、紧张、惊异等,这就是人们通常所说的情绪。

情绪与认知一样都是人脑的机能,是对客观现实的反映。它与认知的不同之处在于，情绪反映的不是客观事物本身，而是客观事物与人的需要之间的关系。情绪的产生以个体的需要为中介，符合个体需要的客观事物引起积极情绪，不符合个体需要的客观事物引起消极情绪。不同的个体，需要不同，对同一事物产生的情绪体验也不一样。与个体的需要没有任何关联的客观事物是不会引起情绪的。比如，汽车鸣笛声、说话声在一般情况下，不会引起我们的情绪体验，但当我们需要安静地思考以解除困扰时，这些声音就会使我们觉得烦躁。现实生活中的情绪与客观事物之间的关系要复杂得多。有时一种事物可能满足人的某种需要，而不能满足另一种需要，甚至和某种需要相冲突。因此，同一事物可能会引起很复杂的，甚至相互矛盾的情绪，如悲喜交加、爱恨交织。

二、情绪的机制

（一）情绪的生理机制

情绪是大脑皮质和皮质下中枢共同作用的结果，也是神经系统的多级水平的协同活动。其中，大脑皮质起着主导的作用，皮质下中枢占有重要的地位。

1. 情绪的脑中枢机制

大脑皮质是神经系统中最高级的中枢，是皮质下中枢及整个有机体的最高调节器。人类的大量情绪是在大脑皮质的控制和调节下产生的。对情绪的调节不是发生在大脑皮质的某一个区域，而是不同区域的协同活动。"情绪脑"的主要结构涉及杏仁核、前额叶皮质、外侧下丘脑、扣带回皮质、背部神经核团、腹侧黑质等部位。

（1）杏仁核

杏仁核位于海马前方和海马旁回沟深部、侧脑室下角的前方。它在负性情绪反应中起着重要的作用。大量行为实验、脑成像和分子水平研究表明，杏仁核在情绪加工中的作用主要表现在三个方面：一是在情绪信息加工中，杏仁核被显著激活，这种激活更多地与负性情绪或刺激的动机意义相关；二是杏仁核的激活与选择性注意有密切的关系，使注意更多地指向不确定的、具有情绪意义的刺激；三是杏仁核的激活与关于情绪信息的外显知识的获得与记忆巩固密切联系，特别是在恐惧性条件反射学习中得到了突出的体现，杏仁核的激活能够显著预测对情绪信息的记忆效果（Dalgeish，2004；Phelps，2004）。

（2）前额叶皮质

前额叶皮质在情绪性工作记忆执行功能中发挥着重要作用，它的某些部位的损伤会影响对未来情绪性事件的预测能力，致使个体不能适时地调整行为方式。

与杏仁核联系的前额叶皮质的功能，在高等动物和人类中已经超越了仅仅为维持生存而起作用的原始情绪的功能。脑部病变使前额叶皮质大面积受损时，会引起情感表达异常与行为改变，如自控力差、坐立不安、欣快、抑郁或情感淡漠。情绪引导作用的减退致使其思维决策失控并具有冲动性和危险性（Rahman et al.，2001）。由此可见，人类认知的意义加工赋予情绪更高级的社会适应性的意义，是由前额叶皮质以及其他脑区的高级部位的功能实现的。

（3）其他部位

外侧下丘脑是最早被认定与情绪有关的脑结构。切除或损伤外侧下丘脑，对动物丧失饥饿、性和情绪动机起关键作用。1954 年，奥尔兹（J. Olds）和米尔纳（P. Milner）用自我刺激法，证明下丘脑和边缘系统等部位存在一个"快乐中枢"。

扣带回皮质是位于大脑半球中央两侧从前到后的长形区域，它在注意和情绪之间起着桥梁作用。前扣带皮质是整合内脏信息、注意信息、情感信息，监视信息冲突的脑区，这些信息对于自我调节和适应都非常重要。

背部神经核团位于前脑皮质下的前部，具有诱导正性情感的作用，经常被神经科学家看作奖励和愉快系统的一般通道，也称正性奖励的情感通道。

腹侧黑质位于下丘脑前下侧。它的独特作用是引起正性情感反应。如果其神经元被毁坏，个体则失去快乐反应而引起厌恶反应。

【知识窗】
情绪脑的
单侧化

2. 情绪的外周神经机制

情绪的产生总伴随着一系列生理变化。这些变化主要源于人体内自主神经系统中的交感神经和副交感神经的拮抗作用。情绪的生理反应主要表现为呼吸系统、血液循环系统、消化系统、内外分泌系统以及脑电、皮肤电反应等的一系列变化。

一般来说，交感神经与紧张而不快乐的情绪有关，其兴奋时会引起血管收缩、血压升高、心跳加快、消化器官运动减弱、血糖分泌增加、肾上腺素分泌增加、汗腺分泌增加等变化。副交感神经与平静而快乐的情绪有关，其兴奋时会引起一系列与上述相反的生理变化——血管扩张、血压下降、心跳减慢、消化器官运动加强、血糖分泌下降、肾上腺素分泌减少、汗腺分泌减少等。以呼吸为例，呼吸频率在消极悲伤时为 9 次/min，在高兴时为 17 次/min，在愤怒时为 40 次/min，在恐惧时为 64 次/min。在情绪发生和变化时，皮肤电反应也会随之发生变化。

正是由于情绪具有生理特性，因此在研究情绪时，研究者常常会借助测量个体的生理变化来了解其情绪状态。不同的情绪状态会引发不同腺体的变化，从而影响激素的分泌量，这种变化也可以作为判定某种情绪状态的客观指标。情绪与内分泌系统的关系主要通过激素来调节。研究证明，抑郁症的原因之一可能是去甲肾上腺素在交感神经细胞轴末端被破坏，给病人服用一种叫作单胺氧化酶的抑制剂可以防止对去甲肾上腺素的破坏，在神经兴奋传导中使激素起到正常的传递作用，从而治疗抑郁症。

【知识窗】
什么是测
谎仪

（二）情绪的心理机制

为了更好地调节和管理情绪，使之能发挥积极功效，我们需要了解和研究影响情绪的心理机制。

1. 对客观刺激的预期

预期是一个人根据自己的经验、习惯对客观事物做出的一种事前的估量，人的绝大多数行为都伴有预期。对客观事物的预期影响着情绪的产生。

预期决定着情绪的强度。一般来说，客观事物超出个体预期越大，它所引起的情绪体验就越强烈；反之，则越微弱。因此，意料之中的事，无论是否满足需要，引发的情绪都会平静得多，而预料之外的挫折导致的挫败感要比预料之中的挫折引起的挫败感更为严重。

预期决定惊奇类情绪是否产生。惊奇类情绪的产生往往在个体明确客体与主体需要关系之前，因而不是由客体与主体需要之间的关系所决定的。当与主体需要的关系还不明确的客观事物出乎意料地出现时，只要超出预期达到一定程度，就会引起惊奇类情绪，并可由超出预期的不同程度区分出从新鲜感、新奇感，到惊异、惊讶、惊愕，直到震惊、惊呆、惊厥等一系列不同强度的惊奇类情绪。这类中性情绪（没有肯定或否定特征的明显表现）会随着客体与主体需要的关系的明确而转化为惊喜、惊恐等情绪。惊奇类情绪的产生往往是认知活动与兴趣的先导，弄清惊奇类情绪的产生机制，对教育活动更具有重要意义（卢家楣，2002）。

2. 对客观现实的认知评价

随着认知心理学的发展，现代情绪心理学越来越重视认知评价在情绪发生中的作用，因为情绪产生取决于人对情境的认知评价。比如，同样考了85分，不同的学生因认知评价不同会产生不同的情绪体验。个体的认知评价受到知识经验、思维方式、信念、价值观等的影响，这与马克思主义哲学中的辩证唯物主义世界观不谋而合，即世间的万事万物都有正反两方面，要用辩证、发展的眼光来看待问题，正确地认识其中的利与弊。遇到挫折，缺乏辩证观念的人只看到失败的一面，产生悲观情绪；而具有辩证观念的人，会从"失败是成功之母"的角度认识挫折，避免消极情绪，在面对困难和挫折时就会更加理性。

三、情绪的功能

情绪在日常生活和人际交往中最基本的功能主要表现在以下三个方面：

1. 动机功能

情绪具有激发行为、提高活动效率的动机功能。适度的情绪兴奋，可以使身心处于活动的最佳状态，进而使人有效地完成工作任务。情绪的动机功能也表现在情绪对生理内驱力的放大作用，使之成为驱使人们行为的强大动力。比如，人们在缺水的状态下，产生了补充水分的生理需要，这种生理内驱力可能没有足够的力量去激起个体的相应行为，但如果此时个体产生了恐慌和急迫感等情绪，就会放大和增强补充水分的内驱力，使之成为行为的强大动力。

2. 调节功能

情绪对个体的认知操作具有组织或妨碍的调节功能。快乐、轻松、喜悦等正性情绪有助于促进认知活动，而恐惧、愤怒、悲哀等负性情绪会抑制或干扰认知活动。孟昭兰（2005）以婴儿为被试进行的系列实验研究表明，被试在快乐、兴趣和无怒等正性情绪状态下进行智能操作的效率，明显高于被试在痛苦、惧怕和愤怒等负性情绪状态下进行智能操作活动的效率。

3. 信号功能

情绪在人际交往中具有传递信息、沟通思想的信号功能。这种功能是通过情绪的外部表现，即表情来实现的。比如，婴儿会通过微笑向抚养者传递他们很舒适，很愿意与人接近的信息；同样，成人也可以通过微笑来表示友好，通过皱眉、耸鼻表示厌恶。表情是思想的信号，也是言语交流的重要补充，甚至在某些场合，只能通过表情来传递信息。从信息交流的发生来看，表情交流比言语交流要早得多，情绪在人类生存和进化中的适应功能也正是通过信号功能来实现的。

四、情绪的分类

（一）基本情绪

从生物进化的角度，情绪可以分为基本情绪和复合情绪。其中，基本情绪也称原始情绪，是人们与生俱来的，为人类和动物所共有。按照个体情绪的分化过程，人类的基本情绪可划分为如表11-1所示的四种。

表 11-1 四种基本情绪

类型	定义	影响因素
快乐	个体达到期盼的目的或紧张解除时所产生的舒适感受和内心体验	快乐的程度与达到目的的容易程度及或然率有关，其激动水平取决于愿望满足的意外程度。当目的突然达到时，紧张一旦解除，就会感到极大的快乐
愤怒	个体遭受攻击、威胁、羞辱等强烈刺激而感到愿望受到压抑、行动受到挫折、尊严受到伤害时表现的极端内心感受	愤怒的程度与情境对个体的压制状况和干扰的程度、次数、性质有关
悲哀	个体失去某种盼望或追求的事物时产生的内心感受	悲哀的强度依赖自己所失去事物的价值，失去的事物越珍贵，价值越大，越感到悲哀
恐惧	个体企图摆脱、逃避某种危险或预期有害刺激时产生的强烈感受和内心体验	恐惧与个体缺乏应对可怕情境的能力有关

（二）情绪状态

日常生活中的情绪状态可分为心境、激情和应激。

1. 心境

心境是一种使人的所有情感体验都感染上某种色彩的，较持久而又微弱的情绪状态。如兴致勃勃时，干什么都有精神；郁郁寡欢时，干什么都提不起精神。心境的特点为：一是缓和而又微弱，如微波荡漾，它的发生有时不易被察觉出来；二是持续时间较长，少则几天，长则数年，甚至十几年；三是非定向性和弥散性，它像是笼罩在人心里的一层薄雾。心境有积极与消极之分。良好的心境有助于积极性的发挥，可以提高工作和学习效率；不良的心境会使人沉闷，妨碍工作和学习，影响身心健康。如面对突如其来的新型冠状病毒感染，对疾病的恐惧和焦虑导致人们陷入恐慌心境，严重影响了日常生活和学习。积极乐观、理性平和的心境则能帮助我们有效摆脱困境、渡过难关。

对大学生而言，影响心境的客观因素主要为学业或就业压力、经济困难、情感危机、家庭变故、校园欺凌、学习生活环境变化等。影响心境的主观因素主要为个人的理想、信念、世界观、人生观、价值观等。对大学生而言，理想信念、道德品质、知识智力、心理素质的培养缺一不可，既要坚定理想信念、加强品德修养，也要提升能力、增强综合素质。把读万卷书与行万里路结合起来，深刻认识世界发展大势，锤炼过硬本领，以更好的心境去适应现实世界的变化。一时的失败、困难和挫折会使人悲观失望，但对具有乐观的人生观和崇高理想信念的人来说，则会经受考验，满怀胜利的信心。

培养良好的心境是个性修养的一个重要组成部分。以德育心、以智慧心、以体强心、以美润心、以劳健心不仅是五育并举促进心理健康的方向，也是帮助个体克服困难、改善心境的方法与策略。重视心理健康和精神卫生都有利于良好心境的养成；加强生活自律、健康生活、科学运动，也有助于良好心境的养成。

2. 激情

激情是一种强烈的、爆发性的、为时短促的情绪状态，如暴跳如雷、欣喜若狂、悲痛欲绝等都属于这类体验。引起激情的原因很多，在生活中发生的重要事件，如信仰破灭、亲人亡故或闻悉特大喜讯，与自己的意向和愿望相对立的冲突，过度的抑制和兴奋等，都可能引起激情。

从生理上看，激情是由于外界的超强刺激降低了大脑皮质对皮质下中枢的控制作用，引起皮质下情绪中枢强烈兴奋的结果。皮质下中枢的兴奋反馈到皮质，引起某部位兴奋，抑制皮质其他部位，出现"意识狭窄"现象。激情并非完全摆脱意识的控制，只是意识的控制减弱了。

激情爆发之时，人们用理智和意志来控制能收到良好的效果。涵养和忍让可以避免激情的发生。当激情爆发时，控制某些粗鲁的动作，用言语自我暗示，并采取合理释放、升华、转移等方式能控制和缓和激情。当然，避免激情最可靠的办法是锻炼意志力和加强思想修养。一方面，通过以体强心，用体育运动调节情绪、疏解压力，如每天运动1 h，或熟练掌握1~2项运动技能，在体育锻炼中享受乐趣、增强体质、健全人格、锤炼意志。另一方面，通过以美润心，充分发挥美育丰富精神、温润心灵的作用。培养荣辱不惊、百折不挠的意志品质，促进个体的思想道德素质、科学文化素质和身心健康素质协调发展，进而减少激情的发生。

3. 应激

出乎意料的紧张而又危险的情境所引起的情绪状态称为应激。人在遇到危险而又紧张的情境，如突发地震、火灾、车祸等，身体和精神上负担太重，必须迅速采取重大决策时，都可能导致应激的产生。

应激既有积极的作用，也有消极的作用。一般程度的应激状态能使机体具有特殊防御、排险机能，使个体精力旺盛，思维清晰、精准，动作敏捷，帮助个体化险为夷、转危为安，及时摆脱困境，但强烈而又持续的应激，会产生全身兴奋，使注意、知觉范围缩小，行为和言语紊乱、不连贯。

应激状态的某些消极表现是可以调节的。人的个性特点，过去的经验，经受的锻炼和训练起着巨大作用。高度的思想觉悟、事业心、义务感、责任感和献身精神等，都是在紧张条件下防止行为紊乱的重要因素。在突如其来的新型冠状病毒感染面前，医务工作者冲锋在前、甘于奉献，把人民群众的生命安全和身体健康放在第一位，努力全方位、全周期地保障人民健康，成为战胜疫情的中坚力量，就是最好的例证。在"健康中国"背景下，促进全民心理健康已经成为一种普遍共识。以此为契机,加强心理健康服务体系建设和规范化管理,加大全民心理健康科普宣传力度,提升心理健康素养,可以减少因持续处于应激状态带来的抑郁症、焦虑症等常见精神障碍或心理行为问题,提高突发事件心理危机的干预能力和水平。

五、情绪理论

(一)情绪归因理论

沙赫特(S. Schachter)和辛格(J. E. Singer)提出的情绪归因理论认为,对于特定的情绪来说,有两个因素是必不可少的:一是个体必须体验到高度的生理唤醒,如心率加快、手心出汗、呼吸急促等;二是个体必须对生理状态的变化进行认知性的唤醒。

情绪归因理论认为,情绪是环境因素、生理因素和认知过程在大脑皮质中整合的结果;环境中的刺激因素,通过感受器向大脑皮质输入外界信息;生理因素通过内部器官、骨骼肌的活动,向大脑输入生理因素变化的信息;认知过程会对过去经验和当前情境进行评估。

在情绪归因理论中,经由刺激所激起的生理变化是构成情绪的次要因素,个人对自己身体变化感受的解释(即对自己情绪状态的认知性解释)是构成情绪的主要因素。

(二)情绪分化理论

情绪分化理论由伊扎德(C. E. Izaard)等人提出,认为情绪是一种基本的动机系统,每一种情绪都由其独特的动机构成并具有一定适应性功能。他从整个人格系统出发建立了情绪-动机体系。伊扎德认为人格具有六个子系统:体内平衡、内驱力、情绪、知觉、认知、行为。人格子系统组合成四种类型的动机结构:内驱力、情绪、情绪-认知相互作用、情绪-认知结构。在这个庞大的动机系统中,情绪是核心,无论是与内驱力相联系的情绪,还是与知觉、认知相联系的情绪,抑或是蕴含在人格结构中的情绪特质,都起重要的动机作用。各种情绪体验是驱策有机体采取行动的动机力量。大脑新皮质体积的增长和功能的分化同面部骨骼肌肉系统的分化与情绪的分化是平行的、同步的。多种情绪的分化是进化的产物,生命的进化和情绪的分化是一致的,这是因为情绪在生存和适应上起着核心的作用。而且,每一种具体情绪都是对特定事件做出反应的前提准备,引导有机体做出相应的反应。每一种具体情绪都有其发生渊源,都有特定的意识品性和适应功能。

情绪分化理论既说明了情绪产生的根源,又说明了情绪的功能,为情绪在心理现象中确立了相对独立的地位,尤其在对人类婴儿情绪发生和功能的阐释上,具有创新性和极大的说服力。但是,它对情绪与认知的联系缺乏具体的论证,这是其不足之处。

(三)评定-兴奋理论与认知-评价理论

1. 评定-兴奋理论

阿诺德(M. B. Arnold)在20世纪50年代提出了情绪的评定-兴奋理论,主要观点为:

（1）情绪发生之前对刺激做出解释或评定

一个人如果对某一刺激做出了肯定的评定，就会接近这一刺激；如果做出了否定的评定，就会躲避这一刺激。这种评定与人已有的知识经验和当前对情境的知觉有关。就像野外看到一只老虎会感到害怕，而在动物园里看到一只被关在笼子里的老虎却不会害怕一样。

（2）伴随对刺激的评定产生一定的生理模式

作为引起情绪的外界刺激会作用于感受器，产生神经冲动，通过内导神经上传至丘脑，在更换神经元后，再送到大脑皮质。在大脑皮质上刺激情境得到评定，形成一种特殊的态度（如恐惧及逃避、愤怒及攻击等）。这种态度通过外导神经将皮质的冲动传至丘脑的交感神经，将兴奋传送到血管和内脏，所产生的变化使个体获得感觉。总体而言，从外周来的反馈信息在大脑皮质中被评定，使纯粹的认识经验转化为被感受到的情绪。

阿诺德探讨了情绪的生理机制，强调大脑皮质对皮质下中枢的调控作用；强调评定在情绪中的作用，认为我们总是直接地、自动地并且几乎是不由自主地评定着遇到的任何事物。该理论对理解情绪做出了重要贡献，但在解释情绪产生过程的时候，很少考虑情绪在认识中的作用，情绪似乎是无目的、无作用的伴随认识活动产生的次要心理现象。

2. 认知－评价理论

拉扎勒斯（R. S. Lazarus）进一步把阿诺德的评价扩展为初评、次评和再评过程，提出了认知－评价理论。他认为，情绪是人与环境相互作用的产物，在情绪活动中，人不仅反映环境中的刺激对自己的意义，而且要调节自己对于刺激的反应。也就是说，情绪活动必须有认知活动的指导，只有这样，人们才可以了解环境中刺激的意义，才可能选择适当的、有价值的动作反应。按照拉扎勒斯的观点，情绪是个体对环境事件知觉到有害或有益的反应。因此，在情绪活动中，人们需要不断地评价刺激与自身的关系。

初评是指人确认刺激与自身是否有利害关系，以及这种关系的程度。只要人们处在清醒的状态下，初评随时随地都会发生，这是人生存适应的一个重要方面。

次评是指对压力事件与应对压力事件的资源的匹配程度的评价。它主要涉及人们能否控制刺激以及控制的程度，也就是一种控制判断。人们在对刺激做出行为反应时，必须根据主观条件和客观社会规范来考虑行为的后果，从而选择有效的措施和方法。比如，人们在受到侵犯、伤害时是采取攻击行为还是防御行为，取决于人们对刺激的控制判断。在这种评价过程中，经验起着重要的作用。

再评是指人对自己的情绪和行为反应的有效性与适宜性的评价，实际上是一种反馈性行为。如果再评结果表明行为是无效的或不适宜的，人们就会调整自己对刺激的次评，甚至初评，并相应地调整自己的情绪和行为反应。

评定－兴奋理论和认知－评价理论既承认情绪的生物因素，认为情绪具有进化适应的价值，也承认情绪受社会文化的制约、受个体经验和人格特征的制约，而这一切又随时发生在对任何事物的认知评价中。这两种理论把现象学、认知理论和情绪生理学结合起来考虑，应当说这是较为合理的，有助于推进情绪和认知关系的研究。

（四）积极情绪的拓展-建构理论

积极情绪是指正性情绪，是个体由于内外刺激、事件满足个体需要而产生的伴有愉悦感受的情绪。积极情绪常见的形式包括喜悦、感激、宁静、兴趣、希望、自豪、逗趣、激励、敬佩和爱等。20世纪90年代末，弗雷德里克森（B. Fredrickson）在综合前人研究的基础上提出了积极情绪的拓展-建构理论（broaden-and-build theory），该理论是目前积极情绪理论研究领域中影响最大的理论。弗雷德里克森认为，积极情绪和消极情绪均具有进化适应的价值，当个体体验到威胁情境时，消极情绪具有弱化个体知行的能力，使个体更加专注于即时的威胁情境，迅速做出反应，求得生存。相较于消极情绪而言，积极情绪具有完全相反的适应价值：当个体处于无威胁的情境时，积极情绪能拓展个体的注意、认知、行为的范围，驱使个体更有效地获取、分析信息，不断获取有利于目标实现的知识和经验，激发新的问题解决策略、采取创造性的行动，即积极情绪具有拓展功能和建构功能。

拓展功能是指积极情绪能够使个体利用既有的个人资源更有效地发挥作用。积极情绪能拓展个体瞬间的思维活动范围，使个体在特定的情境下产生更多思想、做出更多独创性的行为举动。不同类型的消极情绪则起相反的作用，会窄化个体思维活动。也就是说，积极情绪具有开启作用，个体的积极情绪越多，其思维就越开阔。

建构功能是指积极情绪能够帮助个体构建新的持久的资源，包括身体管理，心理和社会资源给个体带来间接的长远收益。也就是说，积极情绪能帮我们变得更好，从而更善于面对生活中的各种挑战。

第二节　情绪与认知

情绪与认知的关系一直是哲学家和心理学家所关注的问题，脑功能定位研究认为存在认知脑和情绪脑的分离，但随着行为和神经科学技术在脑功能及情绪研究中的运用，越来越多的研究者认识到，情绪与认知的加工过程不但彼此交互，而且它们的神经机制也存在功能的整合，共同构成了行为活动的基础。

一、情境事件如何引发情绪——情绪的 ABC 理论

人们通常会认为是某一事件或刺激直接导致人的情绪和行为结果，然而令人不解的是，为何同一件事件或刺激会引起不同人的不同情绪体验，甚至同一个人在不同时间经历同一类事件或刺激也会表现出不同的情绪？

美国心理学家埃利斯（A. Ellis）提出的情绪的 ABC 理论向我们揭示了刺激、情绪体验与个人认知间的关系。该理论指出，个体的情绪不是由诱发事件 A（activating event）引起的，是由个体对诱发事件的认知和评价而产生的信念 B（belief）引发的，诱发事件只是情绪或行为结果 C（consequence）的间接原因，直接原因是个体对诱发事件所持的信念（如图 11-1 所示）。

个体如果具有不合理的信念，其对情境的认知与人际互动将更容易遭遇困扰。不合理信念有三个特征：绝对化要求、过分概括化和糟糕至极。

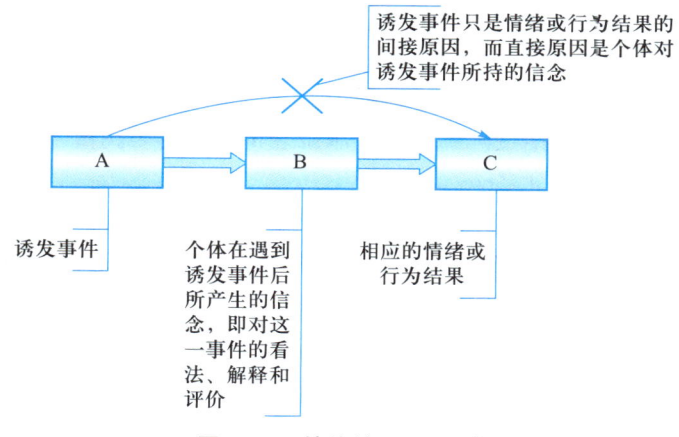

图 11-1　情绪的 ABC 理论

绝对化要求是指人们以自己的意愿为出发点，对某一事物怀有认为其必定会发生或不会发生的信念，它通常与"必须""应该"等词语在一起。例如："我必须获得成功。""别人必须对我好。""生活应该很容易。"绝对化要求极易让人陷入情绪困扰，因为客观事物的发生、发展都有其规律，常常不以人的意志为转移。

过分概括化是一种以偏概全的不合理思维方式的表现。埃利斯曾说，过分概括化是不合逻辑的，就像用一本书的封面来判定其内容质量一样。过分概括化的一个方面是个体对自身的不合理评价，如在面对失败时，认为自己一无是处、一文不值，是"废物"等。如果以自己做的某件事或某几件事的结果来评价整体的自我，评价自己作为人的价值，那么结果常常是自责自罪、自卑自弃。过分概括化的另一个方面是个体对他人的不合理评价，即他人稍有差错就认为没有能力、一无是处等，这会导致个体一味地责备他人，以致产生敌意和愤怒等情绪。

糟糕至极是指认为如果发生了某件不好的事，那么将非常可怕、非常糟糕，甚至是一场灾难。这将导致个体陷入极端不良的情绪体验如自责、自罪、焦虑、抑郁的恶性循环而难以自拔。埃利斯认为，当一个人持有"糟糕至极"的念头或想法，认为遇到了 100% 糟糕的事时，他就是把自己引向了极端的、负性的情绪状态。

二、情绪与认知的相互作用

情绪与认知的关系曾经引发了激烈的讨论，二者的关系经历了从对立到统一，从隶属、分离、整合到互倚的漫长过程。个体的认知过程、认知评价与认知方式影响着情绪体验发生的性质和强度；反过来，情绪对认知具有调节和组织作用。具体主要表现在三个方面。

（一）情绪表达与情绪识别

情绪表达是指情绪信息的传递与沟通方式。人类的情绪可以通过语言直接传递与交流，也可以通过外部行为方式予以传递与交流。表情是情绪的外部表现，它包括面部表情、姿态表情和声调表情。其中，面部表情是情绪表达的基本方式。姿态表情是指除面部之外的其他身体部位的表情动作，包括身体表情和手势表情两种。

与面部表情相比，姿态表情受不同社会文化的影响较大，跨文化一致性低。声调表情是指通过声调节奏的变化来表达情绪，不同的语调与不同的情绪相一致。人们说话声调的高低、节奏、音域、转折、速度，以及腔调和口误等的变化均能表达个人当下的情绪，成为辅助言语交际的工具。声调表情是人类表达情绪的重要手段之一，也是人类语言最基本的特征之一。

在社会生活和人际交往中，快速和准确地识别情绪，把握情绪表现背后的意义十分重要。人们主要是通过情绪的外在表现去识别情绪的，这种识别是一种比较复杂的认知过程，需要观察、分析、比较、判断、推理等的参与。随着年龄增长，个体不仅能够很好地觉知自己的情绪状态，而且能熟练地评价别人的情绪并做出合适的反应，准确地描述各种情绪产生的前因后果，获得更多情绪表现规则的知识（即何时、如何以及对谁恰当地表达特定情绪的社会规范）。对于儿童来讲，他们常常会通过自己的情绪体验，以及父母对情绪状态的讨论来学习和理解情绪的知识。父母与孩子有关情绪表达及其应对的讨论与交流是儿童学习并达到更高水平情绪理解的重要渠道。

（二）同情心与共情能力

同情心是指对某人感情的觉察与同情感，同时也指这种感情的表露。每个人都具有不同程度的同情心，即孟子所说的"恻隐之心，人皆有之"。同情心与共情（同理心）是既有联系又有区别的两个概念。二者都涉及对他人情感的觉察，是个体对对方产生的一种情绪性反应：同情心表达为对他人的怜悯，是一种他者视角；而共情（又称移情）是对他人状态的感同身受，体现了人际交往中，人与人情感上的相互作用。共情是自我与道德行为之间重要的中介变量，有助于个体产生助人行为。

（三）情绪偏差与期望偏差

情绪偏差是由于个体处于某种情绪当中而对其认知与行为产生的影响。我们可以通过一个小故事来了解什么是情绪偏差：

小雅是一名护士，在当地中心医院工作。有一天小雅上班刚到医院就发现钱包不见了，回想到自己在早上眼看着要迟到了，就很着急赶紧一路小跑去赶乘公交车，上车的时候有一个人撞了她一下……小雅明白了：那个人肯定是小偷，是他偷走了自己的钱包。想到这儿，小雅又气又急，工作起来心不在焉、心情烦躁，还和病人发生了口角。回到家后小雅发现，自己的钱包正好好地在桌上呢！原来自己早上出门时根本没带钱包。

从上面这个故事可以看到，小雅着急赶车时被一个人撞了一下，她的情绪可能是烦躁的，让她烦躁的不仅是因为上班要迟到的压力，还有那个撞到她的人，因此，她下意识地认定那个人就是偷走钱包的人。心理学研究表明，当人处于情绪高唤醒状态时，常常容易做出不同于平时的表现和决定。人逢喜事精神爽，心情好时看什么都顺眼，心情不好时感觉喝凉水都塞牙，就是这个道理。

期望偏差是指当个体对某一对象或事件具有积极的预期时，更容易产生积极的认知和接纳或接近的行为倾向。它是积极情绪效应的一种具体表现形式。

第三节　情绪与压力

许多人都知道，处于压力下的人在情绪上多半是不愉快的。对于什么是压力，生活中的压力源有哪些，压力与疾病有什么关系等问题，在一段时间内我们知之甚少，这一节我们将一起探讨这些问题。

一、压力的产生

压力（stress）最初是一个物理学概念，指某种外力作用于物体而产生的反应。20世纪三四十年代，美国生理学家坎农（W. B. Cannon）和加拿大学者塞里（H. Selye）将压力引入生理学领域。此后，在对压力的生理及情绪反应的研究中，压力逐渐进入了心理学和社会学研究领域。心理学领域中的压力也称应激。

（一）什么是压力

目前，心理学中对压力的解释大致有三种：

1. 刺激说

刺激说认为，压力即环境中客观存在的某种使人感到紧张的事件或刺激。刺激说强调引起压力的刺激物，认为压力是所有破坏稳定状态的环境刺激（变化），它把所有破坏个体适应平衡或稳定状态的变化或刺激，不论积极的，还是消极的，统统都归入压力范畴，如地震、车祸、失业、失恋、贫困、战争、亲人亡故、结婚、生子等。不同的事件诱发的压力感也不尽相同。

2. 反应说

反应说认为，压力即某种具有威胁性的刺激引起的有机体的反应。反应说主要从监测到的生理指标的变化来理解和界定压力，其代表人物有塞里、津巴多等。塞里将压力看作有机体对环境刺激的一种生物学反应，是由施加于有机体上的许多不同需求而引起的非特异性反应（即环境刺激或需求可能是多种多样的，但有机体的生物学反应是固定不变的）。津巴多则认为压力是有机体对力所不及或扰乱其平衡状态的刺激事件所表现出的特定或非特定的机体反应。

【知识窗】
生活事件与压力感量表

3. 个体-环境互动说

个体-环境互动说认为，压力是个体对环境要求与个体能力之间关系的反映，由个体对环境中威胁性刺激的性质的认知而引发。最具有代表性的是拉扎勒斯提出的应激的认知-评价理论（又称认知-现象学-相互作用理论）。该理论认为，压力的产生不取决于环境，而是取决于个体对潜在的压力源的理解，可以根据个体对环境的评价来定义压力（Lazarus，1984）。因为即使刺激具有威胁性，如果个体不能认知其威胁性，那么也不会产生压力；或者个体确知刺激情境具有威胁性，但如果他的能力和经验足以克服困难，那么刺激情境不会对他构成压力。

从上面对压力的研究来看，本书认为对于什么是压力，存在三点基本认识：① 压力是由一定的刺激情境引起的；② 压力的产生与个体对刺激的认知与评价密切相关；③ 压力产生后，个体会出现一系列生理、心理或行为上的反应。

（二）生活中的压力源

在现实生活中，每个人的压力来源有所不同。有的人因学业不佳而有压力，有的人因人际关系不好而有压力，有的人因亚健康而有压力，也有的人因择业不成而有压力……在日常生活中，青年可能遇到的压力源主要有两类。

1. 重大应激事件

重大应激事件是指个人日常生活秩序上发生的重大改变。比如，即将面临考研，亲人突然遭遇重大疾病，突发地震、火灾等自然灾害，等等。重大应激事件大多给人以紧张，甚至痛苦的负面情绪体验。它的出现使得个体在短时间内骤感应对资源不足，进而产生一系列强烈的应激反应。经常处于应激的高激活水平，尤其在高度应激而又压抑的情况下，身体会产生某些方面的不良变化，甚至引起多种疾病。比如，突如其来的亲人丧失在短时间内让个体陷入高应激状态，并进而引发了一系列社会和个人的问题。重大疫情之后，抑郁症、焦虑症等常见精神障碍和心理行为问题频发，也让我们看到重大应激事件的破坏性和危害性。如何让个体提高心理免疫力，稳定人们的情绪，提升其应对公共危机事件的心理素质，是"健康中国"的社会治理中不可忽视的问题。

2. 低强度持续的应激事件

低强度持续的应激事件是一种慢性压力（chronic stress），主要是指平日学习、工作和日常生活中的烦琐小事。这种压力源引起的压力强度很低或不明显，却经常出现且个体很难回避。比如，频繁的考试、所学专业与兴趣不符、睡眠不足、人际关系不良、肥胖、自己或家庭成员身体状况不佳，等等。这些琐碎的事件，虽然从性质上来看，均不足以危害于人，但日积月累却会给人造成巨大的压力，对人的身心造成不良影响。

（三）情绪与压力的相互影响

情绪与压力有时是相互促进的，尤其是不良情绪与压力感受。比如，让人感到威胁或不愉快的刺激（如工作负担、婚姻问题和经济困难等）会使人感到压力，并进而引发应激情绪反应（焦虑、忧郁、易怒等）。敌对和焦虑是最常见的应激情绪反应。人在这两种消极情绪的推动下，会强化已有的认知偏差，导致进一步的敌对和焦虑，如此不断循环放大，导致消极情绪体验越来越强烈，压力感越来越重。情绪与压力互为动因，会将个体拖入消极体验的恶性循环。压力还会影响个体的情绪表达和情绪调控。当个体处于较高水平的压力中时，易变得敏感，常常会因为一些小事大发雷霆。此时，理性应对压力就显得特别重要。

二、应对压力

压力既可能成为罹患心身疾病的诱因，也可能成为个体发展的动力。压力的结果，不仅与压力大小有关，还与个体在压力情境下所采取的应对方式密切相关。

（一）什么是应对

应对（coping）是个体为了应付压力而持续地做出的认知和行为的改变。应对是决定生活事件是否影响健康的决定性因素。有效的应对对处于应激状态中的个体的身心健康具有积极的保护作用。也就是说，应对在应激源和应激反应以及个体的身心健康之间起着重要的调节作用。

（二）压力应对方式

应对的直接目标是解决生活事件，减轻因事件而产生的情绪不平衡状态。当个体处于应激状态时，经常采用的应对方式主要有压抑、否认、文饰、置换等。

1. 压抑

压抑是个体将意识不能接受的欲念、情感、冲动和记忆放逐到潜意识中去，使之不能被意识觉知，以避免产生焦虑、恐惧、愧疚的过程。比如，青春期对异性有好感或产生与异性接触的冲动时的压抑。作为一种紧张状态下个体本能的动机性选择遗忘，压抑的目的在于选择性地将那些使个体体验到冲突或紧张的相关经验摒除在意识之外。然而，被压抑的经验并未真正消失，只是处于潜意识状态，它会积极地寻求宣泄的出口。

压抑与克制不同：克制是当一个人的需要无法满足时，有意识地去控制、想办法延缓其需要的满足。越成熟、有修养的人，越能使用克制来调节和管理自己的情绪；而压抑则是把自己已有的欲望、需求等都摒除于意识之外，让自己无法自由行动。过度压抑会导致神经症。

2. 否认

否认是指无意识地歪曲现实或重新解释让其痛苦的事实，以减少内心的焦虑和痛苦。如果焦虑或痛苦难以应付，个体就很少注意情境具有威胁性的方面，或改变情境的含义而将情境感受为不那么危险或重要，以逃避现实，减轻内心的焦虑。与压抑不同，否认是个体有选择地注意并重新对事件进行解释的过程。

3. 文饰

文饰也叫合理化，是指用一种自我能接受、超我能宽恕的理由来代替自己行为的真实动机或理由，用于为自己的失败或错误找辩护托词，而不承认自己的理性不能容忍的行为的真正动机、需要和欲望，以避免精神上的痛苦。文饰可分为酸葡萄心理（当希望达到的某种目的未能达到时，就否认该目的具有的价值和意义）和甜柠檬心理（因未达到预定的目的便抬高现状的价值和意义），它们都是以似是而非的理由来证明个体行为的正确性，从而保持内心安宁的心理效应。比如，一些经常考试不及格的学生不认为考试不及格是一种失败，甚至干脆说考试成绩对他们没有任何影响或意义，他们根本不在乎考试结果。

4. 置换

置换是指处于应激状态或心理受挫的个体因对方的地位或权势等不能还击而对与对方相似的人表现出侵犯行为。这是一种避免直接侵犯而采取的转移侵犯的方式，其目的在于满足自己的需求和冲动。比如，在学校被教师批评后向身边的其他人发火。青少年的情绪波动较大，在应激状态时容易采取置换的应对方式，因自己受挫和不快而迁怒于人。

拉扎勒斯认为，人类的应对应当是一种有意识的认知和行为的改变，是个体努力的结果，个体完全能够意识并且决定自己在压力中的应对方式。他强调个体在压力应对中的主体性和能动性，对于进行情绪的管理和调节具有重要的启发意义。

三、压力与疾病的易感性

尽管压力是生活的组成部分，但如果它持续时间过长、强度过大，就有可能成为致病因素，威胁到我们的健康。心理神经免疫学致力于研究心理过程和免疫过程是如何相互影响的，该领域的研究发现，压力会激活免疫系统，那些往返于大脑和免疫系统的化学信息传递者——递质——会引发一些机体或行为上的改变，包括疲劳、发热、社会行为退缩等。如果这些改变持续的时间过长，就会增加个体患上某些疾病的危险，如心脏病、抑郁症等（Miller & Blackwell，2006）。

塞里指出，应激是个体在出乎意料的紧张状况下的情绪状态，是人对外部环境的适应，也是有机体维持生命所必需的反应。然而，如果这种危急状态下的应激反应太过强烈或持续时间太长，将可能击溃一个人的生物化学保护机制，使免疫力降低，易受疾病侵袭。塞里的一般适应综合征模型非常清晰地解释了长期压力如何危害我们的健康：个体在面对威胁时会经历警觉、阻抗和衰竭三个反应阶段。在警觉阶段，身体的警报系统被激活，开始调动资源去抵抗应激源。如果应激源一直没有消除，那么有机体会进入阻抗阶段。此时免疫系统处于高度运转中，为了抵抗感染，白细胞数量会增加。令人惊讶的是，动物实验和个案研究均发现，有机体可能受应激状态的惊扰直至能量耗竭而亡。在衰竭阶段，许多运转过程可能会导致生理和心理状况的恶化。如血压的升高会在短时间内导致头痛，持续下去的话，可能会导致脑卒中和冠心病。长期或过重的压力可能会对大脑造成长期的改变，促使抑郁的发生。这些都意味着，免疫系统在面对压力时会被损害，个体会频繁地表现出抑郁和免疫抑制（免疫系统功能的损伤）的倾向，进而更加容易受到疾病的攻击（Cohen & Pressman，2006；Kiecolt-Glaser & Glaser，2001）。

一般来说，持续的应激状态可引起许多慢性疾患。比如，肌肉紧张可引起多种疼痛症。经久的忧愁、焦虑、烦恼等不愉快情绪的紧张程度很高，这会使肌肉紧张程度增加而导致诸如肩部或颈部肌肉发生所谓风湿病。又如，肌肉痉挛也会发生在血管内。颅内中型血管对情绪刺激有高度敏感性，这些部位的血管收缩会引起头痛，这就是偏头痛。毛细血管在皮肤表皮下常因收缩而有少量血清从血管薄壁中挤出，久而久之，血清积累在表皮组织中会引起皮肤呈现红肿或硬块，并有液体渗出，脱落鳞屑和结痂，这就是神经性皮炎。再如，经常性应激还会引起消化系统异常，胃酶分泌减少，胃酸在胃里停留过久而导致胃壁局部溃疡。同时由于胃壁平滑肌收缩，还能感到胃里似有硬块，并发生剧烈疼痛。因此，即使溃疡本身并不引起疼痛，但由于肌肉痉挛，胃溃疡病人中也常有伴随痛感者。长期处于应激状态还会使某些器官发生物理性变化。例如胸腺退化致使有机体免疫系统功能下降，这是导致细胞组织异常增生而发生癌变的原因之一。

人在各种紧张刺激的影响下，激素分泌会增加，进而引起人体的全身性反应。应激状态会降低有机体内自动免疫系统的工作效率，削弱该系统识别和排除有害因素的能力。根据疾病的发生与各种生活应激事件的相关研究，霍姆斯（T. H.

Holmes）和瑞（R. H. Rahe）把一年中在生活事件与压力感量表中得分为 150 或更高的值定为生活的转折点。如果个体在这一年的生活事件变化值在 150~199，那么次年有 37% 的可能患病；若分值在 200~299，则次年患病的可能性为 51%；若分值在 300 以上，则次年患病的可能性为 79%。这就是说，应激程度越大，个体患病的可能性也越大（张春兴，1994）。

心理上的压力还会通过加快细胞老化的速度来影响我们的生理健康。测量细胞老化的一种途径是测量它的染色体终端。一般情况下，在人体内，染色体端粒会随着寿命变短，但它们的长度和很多疾病都有关系，包括癌症、心血管疾病和一些神经退行性疾病。更短的染色体端粒甚至与早逝相关（Cawthon et al., 2003）。当然，并不是每个心理应激的人都会发生上述病症。问题是心理应激经常是在有机体某些薄弱环节上起诱导和助长作用，这就必然使得心理应激常常被视为一种重要的致病因素。

第四节　情绪与健康

情绪会对我们的健康产生影响吗？答案是肯定的。早在两千多年前，情绪和健康的关系就引起了医学研究者的重视。目前，现代医学中分化出一门专门研究情绪与健康的关系的分支学科——心身医学，研究情绪与健康的生理机制，以及机体的免疫系统功能之间相互作用的机理。这一学科研究揭示了健康不仅与生理或生物学因素相关，也与情绪密切相关。个体情绪上的每一个变化几乎都能同时引起生理上的变化，进而影响到健康状况。

一、健康的生物-心理-社会模型

世界卫生组织（World Health Organization，WHO）于 1948 年对健康做出如下界定：健康不仅是没有疾病和衰弱状态，而且是身体、精神、社会三方面的完满状态。这一定义从生理、心理和社会三个维度指明了健康的内涵。这三个维度就像一尊鼎的三足，任何一足出现缺失或有恙都可能使这尊鼎失去平衡。

生理健康最基本的含义是没有疾病，但生理健康更重要的意义还在于，在日常生活中有精力来完成学业、工作或其他任务。心理健康是指能够用开放的方式获得新的知识和经验，能体验自我价值感，接纳自己的一些消极情绪，并能对之进行控制和调节。社会健康是指在社会生活中有朋友，和他人有正常的相互交往，与周围环境有和谐关系。这三者中，生理健康是基础，是首先要达到的健康目标；心理健康和社会健康是健康的核心成分。三者始终处于相互影响、互为因果的作用之中，共同构成了人的健康状态（如图 11-2 所示）。

"健康中国"背景下，健康不仅指整体性的身心健康，还包括超越个体健康层面的组织健

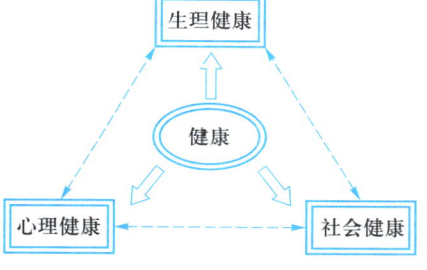

图 11-2　健康的生物-心理-社会模型

康和社会健康。"健康中国"建设不仅包括针对少数心理疾病患者的心理健康促进或针对所有人的心理健康素质提升，还包括针对所有社会成员生活行为方式、生产生活环境和医疗卫生服务等所有健康影响因素的改进。

（一）情绪与睡眠

睡眠具有重要的功能，它让生物体在不用寻找食物或配偶时恢复和保存能量，避开危险。睡眠能够改善心理功能，特别是记忆和问题解决；睡眠能够促进大脑中新细胞的形成，受伤的大脑细胞能够在睡眠时得到修补，而睡眠剥夺会抑制这一过程（Magnuson et al., 2022；Winerman, 2006）。充足的睡眠能够让我们精力旺盛，情绪稳定，高效地工作、愉悦地生活。长期睡眠不足会使工作效率降低，睡眠剥夺还会导致体重增加，情绪烦躁，难以集中注意力等。

睡眠会对身心健康特别是情绪调控产生重要影响。有研究者将剥夺了睡眠的被试与醉酒状态的被试进行了对比，结果发现，在剥夺了24 h的睡眠之后，就像通宵复习一样，昏昏欲睡的被试跟那些醉酒的被试在思考协调性、情绪控制测试上的表现一样（Fletcher et al., 2003）。反过来，情绪对睡眠也会产生重要影响。当个体处于某种高唤醒的情绪状态时，自主神经系统中的交感神经变得活跃，刺激肾上腺分泌肾上腺素和去甲肾上腺素，使人心率加快、血压升高，身体进入应激状态，睡意全无。随着生活节奏的不断加快，强烈或持续的情绪困扰成为现代人睡眠障碍的重要原因。

（二）情绪与疾病

对于人体疾病，人们曾经习惯于认为仅仅是细菌、病毒以及有害的化学物质造成的，而忽视了精神因素的作用。我国医学典籍《内经·素问》中曾详尽地对情绪与疾病诊断、治疗、预防的关系进行了论述："余知百病生于气也，怒则气上，喜则气缓，悲则气消，恐则气下……怒伤肝……喜伤心……思伤脾……忧伤肺……恐伤肾……"其实，多数躯体病症都有其心理上的病源。精神因素不仅能造成精神疾病，也能导致各种躯体疾病，特别是一些慢性疾病。个体如果长时间遭受不良情绪的困扰，最终这些不良情绪将有可能化成一场免疫风暴席卷而来，摧毁个体的健康。长期处于高度紧张的情绪状态中，对人体是十分有害的。因为持续的紧张，会使人的血脂增高，促使血栓形成，血压也会升高，同时，体内儿茶酚胺的分泌会增加，使得心率加快，心肌代谢所需的耗氧量增加，这些变化将会引起心律失常，最终导致心脏损伤，甚至心脏停搏。因此，将情绪紧张控制在适度的范围对我们的身心健康是十分重要和必要的。

生气、愤怒、绝望、悲观、焦虑、忧愁、惊惧以及其他情绪上的大幅度变化导致或加重疾病，在临床上屡见不鲜。临床发现，不少癌症病人都有长期不正常的精神状态，特别是有严重的精神创伤、精神过度紧张和情绪过度抑郁的历史。控制和调节情绪，防止和避免不良情绪的侵蚀与伤害是维护健康的重要途径。只有努力保持情绪健康，才能更好地维护身体健康。"笑一笑，十年少"就极其生动地描述了良好情绪与健康的关系。

（三）情绪与社会交往

社会交往是指在社会生活中，个体之间运用语言或非语言信息进行沟通、交流的过程。它可以增进信息互通、协调人际关系、排解内心孤独以及促进个体成熟，是健康心理得以维护和发展的必要途径。社会交往对个体的学业、事业成功也起着不容忽视的重要作用。

社会交往与情绪有着密切的关系。热情开朗、积极乐观、精力旺盛的个体更乐于交往；情感淡漠、情绪压抑或过分自卑、自负，则不利于个体融入社会交往活动或情境；过分的焦虑或紧张还会对社会交往产生消极的影响。社会交往与情绪的关系还表现在社交场合的情绪表达与管理上。当你和朋友一起休闲聊天时，你可以肆意地表达心中的快乐，但如果你的心情很差，你有可能会刻意地压抑自己的不良情绪。一方面，这有可能让他人无法正确感知到你的情绪；另一方面，长期压抑情绪还会对思维和记忆造成一定的损伤。因此，在社交情境中，用恰当的方式表达情绪比一味压抑情绪更好。

二、健康促进

一些人会为情绪的起伏波动、难以控制而苦恼，其中一些人不乏与不良情绪进行着斗争，但尚未奏效。管理和调节自己的情绪也因此被看作一件十分困难的事。在管理和调节情绪前，有必要先了解什么样的情绪是健康的。

（一）健康情绪必备的条件

健康的情绪要以正确的人生观为基石，它源于坚强旷达、积极向上的个性品质。要想拥有健康的情绪，就必须做到以下四点：

1. 树立正确的人生观

情绪总是建立在一定的人生观基础上的。正确的人生观就像精神支柱，能使人在遭受挫折、打击和失意时，依然保持坚强的意志和健康的情绪。在现实生活中，不顺心的事在所难免，失学、失恋、疾病，以及被排挤、被打压都有可能碰到。只有确立正确的人生观，才能不被困难压垮，才能百折不挠。乐观向上的人生观，能够帮助我们端正看问题的角度，缓解不良情绪带来的困扰，做到刚健有为、自强不息。

2. 培养开拓宽广的胸怀

心胸豁达、量宽容人，是拥有健康情绪的基本条件。"君子之所取者远，则必有所待；所就者大，则必有所忍。"（《贾谊论》）一个人只有把眼光放在远大的事业上，才会有宽阔的胸怀和豁达的度量，才能从小事中超脱出来，把注意力集中在自己为之奋斗的事业上，集中在对人生更有意义的方面。一个过分关注自我的人常常会有数不清的烦恼。培养开拓宽广的胸怀，一方面，要加强品德修养，在个人层面主动践行爱国、敬业、诚信、友善等社会主义核心价值观；另一方面，要增长见识，通过各种学习方式主动求知问学，丰富学识，最终成为有大爱大德大情怀的人。

3. 提高适应生活的能力

生活有甜也有苦，有欢笑也有眼泪，有友情也有背叛。如果不能适应这些变化，健康难免会受到损害。适应生活的能力，首先是指接受生活现实的能力。当不顺心、不如意的事情发生了，不管怎样生气、后悔和愤怒也不可能改变现实，明智的办法是承认它、接受它，然后再想办法应对它、解决它。其次，适应生活的能力指正确地评价自己的能力。如果不能正确地评价自己，就易引起生活上的不适应。对自己的能力估计过高或过低都会使我们遭遇困扰。真正能够适应生活的人，是悦纳和宽容自己、他人的人，是能接受和宽容"自己的主观努力不一定能改变客观现实"的人。也只有这样的人，才能适应生活，享有高效和愉悦的生活。具体来说，学校、家庭、社会，要培育学生热爱生活、珍视生命、自尊自信、理性平和、乐观向上、不懈奋斗、荣辱不惊、百折不挠的心理品质，如通过"以劳健心"，让学生动手实践、出力流汗，磨炼意志品质，养成劳动习惯，珍惜劳动成果和幸福生活。

4. 注意性格的锤炼

情绪波动与性格有着密切联系。有的人性格坚强，遇到失意和伤心之事能挺得住，有的人性格软弱，碰到失意和伤心之事容易为不良情绪所困扰；有的人性格豪爽，不会因一些小事而情绪波动，而有的人正好相反，斤斤计较，常常为小事动怒。许多不良的情绪都可以找到性格上的原因。保持健康的情绪状态，要努力克服性格缺陷。当不良情绪已经产生时，可以从自己的性格方面找原因。如果是脾气暴躁引起情绪多变，就必须克服暴躁的脾气；如果是心胸狭窄引起的情绪波动，就要努力克服多愁善感的缺点，培养开朗的性格和达观的胸怀。

（二）情绪调节策略

1. 回避与接近策略

回避与接近策略是情绪调节的一种常用策略，通过选择有利情境、回避不利情境来实现。通常在面对情绪事件时，个体会通过离开当下情境，回避情绪带来的困扰与冲击，或者选择接近其他目标或情境，以避免不良情绪的持续，缓解情绪困扰。尤其是在面对冲突、恐惧、尴尬、愤怒等强度较大的情绪体验时，运用这种策略非常有效。儿童在刚会爬行或行走时就会运用这种策略来调节自己的情绪。

2. 注意转换策略

注意转换策略是通过对同一情境中的多个元素或对象进行注意调配来实现情绪调节。这一策略又可细分为分心策略和专注策略。分心策略是指将注意集中到与当下情绪无关的对象上，或将注意从目前的情境中转移开；专注策略是指将注意长时间地指向和集中在情境中的某一个对象或元素上，个体可以沉浸在与自己关注对象的互动中，而忽略其他方面。6个月左右的婴儿就已经开始通过转移对陌生人的注意、注视母亲等方式来降低对陌生人或情境的焦虑水平。

3. 认知重评策略

认知重评是通过改变对情绪事件的理解和评价，改变情绪事件对个人的意义的认识而进行情绪调节的策略。在许多情境中，消极情绪都是在对情境或刺激事件不恰当评价的基础上产生的，正如情绪的ABC理论所说，对事件意义的解读是情绪产生的基础，因此，改变对情境或刺激事件的评价，就能够改变情绪的效价和性质。认知重评试图以一种更加积极的方式理解使人产生挫折、愤怒、厌恶等消极情绪的情境或刺激事件，或者对情境或刺激事件进行合理化，以减轻愧疚和自责。其所产生的积极情感和社会互动结果，不需要耗费过多认知资源，是一种有益的情绪调节方式。

4. 表达抑制策略

表达抑制策略是对情绪反应进行调整的策略。情绪调节者主动抑制将要发生或正在发生的情绪表达行为来实现情绪调控。虽然表达抑制可以即时有效地阻断情绪事件作用及不良后果的持续升级，但因其需要调用自我控制能力，耗费认知资源，常被认为是一种会产生消极情感和社会互动结果的调节策略。抑制厌恶和悲伤并没有引起情绪感受的减弱，反而使部分交感神经激活水平增强；抑制骄傲和愉快时，主观感受显著下降，同时交感神经激活水平增强。这意味着表达抑制会对情绪调节者心理适应性产生不良影响，一定程度上危及心理健康。但在婴幼儿早期，儿童已通过学会抑制自己的情绪表达来得到更多的爱护和关切，密切与养育者的关系。

5. 合理表达策略

情绪调节能力强的个体并不是完全压抑自己情绪表达的人，他们对已形成的情绪反应，可以抑制，也可以通过更恰当的方式（如倾诉、写日记、体育锻炼等）进行表达。情绪的合理表达策略是情绪调节的非常重要的策略。能够恰当地表达自己的情绪，不仅不会给人际或社会适应带来新的困扰，还有利于个体的和谐与团队的融洽，这才是情绪调节的最终目的。情绪的合理表达既是一种情绪调节的策略，也是一种全方位自我调整的方式，对于增进个体的情绪健康和组织内团队的和谐融洽都是非常有益的。

（三）教师的情绪调节与管理

由于职业的特殊性，教师在教育教学活动中的情绪调节与管理显得尤为重要。教师在教育教学活动中的情绪调节与管理主要包括以下三个方面：

1. 对自身情绪的调节与管理

教师的职业劳动是一种情绪劳动，它要求教师无论在生活中遭遇什么，在工作时都必须展现出积极向上的情绪状态，以达到创设良好心理环境、引导学生积极健康发展的目标。本质上这就是个体根据组织制定的情绪行为管理目标所进行的情绪调节行为。教师的情绪调节与管理能力不仅是其身心健康、职业发展与人际交往的重要基础，也是保证学生身心健康发展的必要保障。近年来，对学生"师源性心理障碍"的研究发现，教师如果对自身不良情绪缺乏良好的管理，将学生卷入教师自己的情绪宣泄事件中，那么易导致学生身心障碍。因此，教师的情绪调节与管理首先是对自身情绪的调节与管理。

2. 对学生不良情绪的疏导与干预

教师不仅是学生学习的指导者与促进者，也是学生心理健康的保健者。中小学生正处于身心快速发展的重要时期，受各方面因素的影响，难免会产生一些情绪上的困扰。这些困扰若不及时消除，轻者会影响其学习和生活，重者会导致心理疾病，严重时还会影响学生的身心健康发展，甚至危及生命。因此，教师在教育教学活动中，需要积极关注学生的心理和情绪变化，及时地给予帮助或指导。教师需要学习和掌握一些基本的心理健康知识，情绪调节与管理的方法与技术，比如放松训练、倾听等，引导学生通过一些简便易行的情绪调适技术来应对或克服不良情绪的侵扰，促进学生人格的和谐发展。

3. 对教学活动中学生积极情绪的调动与激发

课程教学是学校促进学生增长知识、发展智力、形成个性的重要途径，情绪具有动机的作用，情绪情感参与教学对取得良好的教学效果起重要作用。积极情绪具有拓展和建构的功能，能够激发学生的有效学习。课堂教学中最基本的情绪因素有好奇、兴趣、愉快和焦虑等（陈艳玲等，2000），其中，好奇和兴趣对学习主要起积极作用，愉快和焦虑在适宜水平时也会对学习起到促进作用，过高或过低时反而会阻碍学习。但通常课堂中出现的情绪不是单一的，而是由这几种基本情绪组成的复杂情绪，不同的情绪组合也会对学习产生不同的效果。

教师的积极期望是教育教学活动中引发学生积极情绪体验的重要因素之一。对学生寄予较高期望的教师常常会在课堂上更多地鼓励学生自主探索、大胆表达，教师也更有耐心。当学生遇到困难和挫折时，除了给予学生方法的指导外，教师还会给予学生情感上的接纳与支持，这些都能够增进学生积极愉悦的体验。因此，教师要着力营造积极的课堂心理环境，把微笑、激情和关爱带进教室，把公正、理解和机智带进教室，创设有利于学生智慧与人格成长的环境，引导学生积极、主动、快乐地学习，不断挖掘和发挥自身的潜能，提高主动适应和探索环境的能力。

健康是无价的，也是免费的。尽管健康护理的费用昂贵，但获得健康的最重要的方式是免费的，培养积极乐观的情绪便是其中之一。积极情绪是身心活动和谐的象征，是心理健康的标志。它对人们的生理和心理、精神和行为，都会产生积极的影响，使人们从内心到外表都感染上愉快的色彩。积极乐观的情绪能使人精力充沛、生机勃勃，能使人豁达和坚强，还能促进智力的发展，增强思维的效能，也是抵御不良情绪袭扰的有效屏障。

反思与探究

1. 情绪在我们的工作、学习和生活中发挥着什么作用？
2. 什么是压力？生活中有哪些压力源？
3. 情绪与压力、健康之间有什么关系？
4. 常见的压力应对方式有哪些？
5. 什么是健康的生物-心理-社会模型？
6. 情绪调节的策略有哪些？

推荐阅读

1. 傅小兰. 情绪心理学［M］. 北京：华东师范大学出版社，2016.

情绪是心理学研究的重要对象，也是国内外学术研究的前沿和热点问题。该书系统介绍了情绪心理学的相关研究议题，内容包括情绪研究历史及情绪理论、情绪的主观体验及评价、情绪的外部表现及识别、情绪的生理激活及测量、情绪的生理学基础研究、情绪与认知、情绪与行为、情绪与健康、情绪智力、情绪发生与发展的研究等。

2. 郭德俊，刘海燕，王振宏. 情绪心理学［M］. 北京：开明出版社，2012.

该书认为情绪是人的心理活动的重要组成部分，也是人脑的高级功能，是人类生存适应的第一心理工具。基于此，作者着重从两个方面——什么是情绪，情绪与其他心理活动、个体生活和工作的关系——进行了较为翔实的阐述。书中对情绪的基本概念与理念，用实验资料、研究成果和生活实例加以论证，基本理论与经典实验相呼应，密切联系生活实际，是一本科学性、专业性与趣味性、实用性相结合的读本。

3. 乐国安. 健康心理学［M］. 北京：高等教育出版社，2011.

该书循着"积极"的健康心理学方向，侧重探索人的积极本性，旨在让个体避开疾病、更加健康或在个人的心理调节和治疗中缓解疾病。该书理念积极，内容精练，注重科学性与实用性、前沿性与经典性的结合，包括健康心理学理论、各个年龄阶段个体的心理健康、与健康相关的生活质量、心理应激、健康行为、不同疾病患者的心理健康与管理、健康心理学发展的趋势与挑战等内容。

第十二章 人 格

知识导图

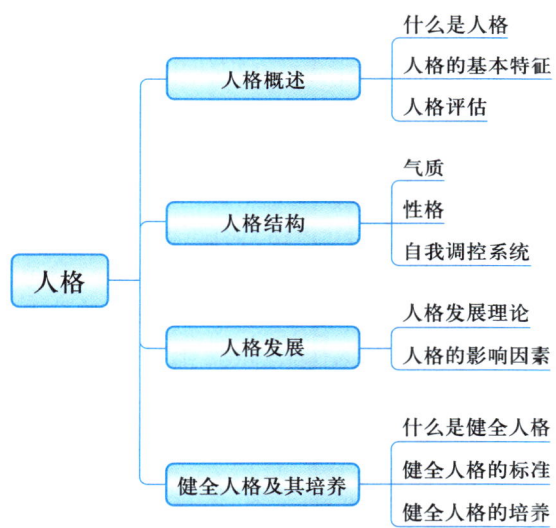

案例导入

人格与面具

"人格"一词起源于古希腊的面具，揭示了人们既具有外在特征，又具有内在真实的自我特质。在古希腊，一位著名演员在表演时因面部缺陷而用面具遮挡，之后，其他演员也采用了这种表达方式。起初，演员佩戴面具以突显角色与自身的区别，渐渐地，面具规定了演员在台上所要表现的行为。根据角色绘制的面具或脸谱能够展现角色的性格和身份，观众可以从演员的面具或脸谱上快速了解其所扮演角色的特质。

现今，人格的含义不断丰富。人格不仅包括外在的公众形象，也包括内在的真实自我。心理学中的人格包含两层含义：一是"外在我"，即人们在社会舞台上的言行，是对文化习俗的反映，即展现的公众形象，类似于演员在舞台上佩戴的面具；二是"内在我"，即人们不愿展现的内在特质——"面具"后的真实自我。这种区别更是说明了人格的复杂性和多样性。

世间万物，莫不有格。国有国格，人有人格。习近平总书记强调，"现代化的本质是人的现代化"。人的现代化是社会主义现代化的本质要求、最终归宿，也是国家现代化的前提和基础，现代文明人格的培养是人的现代化的重要内容，具有重要的理论和实践意义。培养现代文明人格，是深入推进人的现代化的内在需要。党的二十大报告明确提出，要"重视心理健康和精神卫生"，这对帮助青年学生形成正确的世界观、人生观和价值观，塑造健全人格具有重要作用。

在现实生活中，只要稍加留意就会注意到周围的人各具特色、差别迥然，正所谓"人心不同，各如其面"：有的人热情奔放，有的人冷淡孤僻；有的人聪慧敏捷，有的人反应迟缓；有的人顽强果断，有的人优柔寡断；有的人善良助人，有的人恃强凌弱；等等。这些都是人格的特征。本章中我们将一起走进人格这一主题，从人格的定义、基本特征、评估工具、结构、发展理论、影响因素，健全人格的界定和培养等方面来详细介绍。本章学习可以让我们更加深入地了解正常个体之间的人格差异及其影响因素，有利于我们更加深刻地了解自己、认识自己，进而更好地接纳自己和完善自我。

第一节 人格概述

人格，作为一个多维的心理结构，既是心理学中的核心概念，也是普通人试图理解自己和他人行为的关键。因此，在深入探讨人格之前，我们首先需要对人格进行全面概述。其次，人格涉及一系列稳定、持久且独有的心理特征，了解人格的基本特征不仅能帮助我们理解个体差异，还能帮助我们预测和解释人的行为。最后，人格评估是心理学中一个非常重要的实践领域。通过各种心理测试和评估工具，心理学家能够量化和分析个体的人格特质。

一、什么是人格

我国古代汉语中没有"人格"这个词，只有"人性""品格""人品"等相近的词，而我们日常生活中提到的"人格"与心理学中的"人格"的内涵不大相同。

心理学中的"人格"来自英文 personality 的意译，其本意是指面具，暗示了人有两面——公开的一面和不为人知的一面，这与中国的"诚于中，形于外"之说不谋而合。在讨论人格的时候，既要探讨人格的外在表现，如一些看得到的行为表现和性格特点，更重要的是透过这些外在表现分析人格的内在本质（黄希庭，2002）。

一直以来，人格都是心理学关注的重要主题之一，但因研究者对人格研究的侧重点不同以及他们所采用的研究方法不同，所以对人格的理解和定义也不同。综合来看，人格是构成一个人思想、情感及行为的独特模式，该独特模式包含了一个人区别于他人的稳定而统一的典型心理品质。

二、人格的基本特征

人格是一个具有丰富内涵的概念，它有如下四个基本特征：

（一）整体性

人格由多种成分和特质，如气质、性格、能力、需要、动机、兴趣、信念、态度、价值观等组成，但人格不是这些成分和特质的简单相加或混合，而是一个有机的统一整体。就像一支乐曲，只有将音调、节拍、旋律等编排得协调和谐，才能动听悦耳。人格的整体性是指人格正是由多种成分和特质密切联系、协调一致所构成的统一的整体。

人格的整体性意味着人在认知、情感、意志和行为上的一致性。如果一个人在情感上喜欢某一事物，在行动上就会接近、爱护这一事物；如果在理智上认识到遵守社会行为准则的必要性，在行动上就会遵守社会行为准则。如果人格失去了整体性，个体的行为就可能经常处于几种相互冲突的动机支配中（高玉祥，2007），这种现象在临床心理学中被称为分离性身份识别障碍（dissociative identity disorder，DID），也叫多重人格障碍。

（二）稳定性

人格的稳定性是指个体的人格特征具有跨时间、跨情境的一致性。第一，人格的稳定性表现为跨时间的一致性。俗话说："三岁看大，七岁看老。"通常情况下，一个活泼好动的孩子，长大之后还是会具有开朗外向、喜欢交际的人格特征；而一个稳重谨慎的孩子，长大之后仍然会保持处世谨慎、循规蹈矩的人格特征。第二，人格的稳定性也表现为跨情境的一致性。比如一个好激动的人，在工作中处理问题时总是匆匆忙忙，与人有约时容易坐立不安，遇见突发事件时则惊慌失措；一个外向的学生不仅在学校里善于交际，喜欢交朋友，在校外活动中也喜欢交际，喜欢聚会。人格的这种稳定性使得我们可以通过长期的细心观察来分析学生的人格。

人格的稳定性并不意味着人格是一成不变的。人格变化有两种情况：第一，人格特征随着年龄增长、经历增加，其外在表现方式会有所改变；第二，对个体有重大影响的环境因素和机体因素，如严重疾病、严重挫折等，都有可能导致人格的某些特征（如自我观念、价值观、信仰等）发生改变。作为教师，当第二种情况发生时要特别警惕，对自身或家庭发生重大变故的学生要给予及时的关心和帮助，尽量减轻重大变故对他们的身心伤害，引导其人格健康发展。

（三）独特性

人格的独特性是指每个人的人格都有独特之处，并且表现出不同于他人的情况。古今中外的名著中，各具特色的人物性格给读者们留下了深刻印象。曹雪芹在《红楼梦》中一共描述了几百个人物，每个人物各具风采：黛玉的忧郁与聪慧，宝玉的多情与反叛，宝钗的自制与圆滑，凤姐的泼辣与奸诈，贾母的稳重与豁达……大大小小的人物有血有肉，显示出人格差异的千姿百态。

现代社会中，很多人追求个性，穿着打扮、言谈举止都想要与众不同。其实，站在心理学的角度上，每个人都有自己的"个性"，由于人格成分的多样性，每个人都有自己独一无二的特点。即便同卵双胞胎，虽有酷似的外表却也可能有着迥然不同的性格。对于教师来说，每个学生都是一个独特的个体，因此，需要根据每个学生的特点因材施教。

（四）社会性

人格的社会性是指人格是个体在社会化过程中形成的，人格是社会人所特有的。新生儿虽然具有人类的生物学特性，但在未掌握一定的社会知识技能和社会行为规范、行为方式之前，还不是真正意义上具有人格特征的人。每个人在社会化过程中，其人格深受社会文化、习俗和规范等的影响。

社会中讨论激烈的"90后""00后"现象就充分显示着时代在两代人身上留下的不同烙印。相对而言，由于成长环境的不同，两代人在性格和为人处世方面的差异很明显。

三、人格评估

人格是一个复杂的概念，包含不同的特质维度，且每个人的人格都有独特之处。如何有效而准确地对个体的人格进行评估，一直是人格心理学家关注的重点问题。下面我们介绍几种典型的、具有代表性的人格评估工具。

（一）自陈问卷

自陈问卷（self-report inventory）是测量人格最常用的工具，指受测者根据题目所述是否符合自己的真实情况来选答的问卷或心理测验量表。自陈问卷通过编制客观问题，要求受测者根据自己的实际情况或感受去逐一回答，然后根据受测者的答案，衡量受测者在某种人格特质上表现的程度。常用的人格自陈问卷有以下几种：

1. 明尼苏达多相人格调查表（MMPI）

明尼苏达多相人格调查表（Minnesota Multiphasic Personality Inventory，MMPI）于 1943 年由美国明尼苏达大学教授哈撒韦（S. R. Hathaway）和精神科医生麦金利（J. C. McKinley）编制，是一种既可用于测试正常人的人格类型，也可用于探测人格病理倾向的测量工具，被广泛应用于人类学及医学的研究。MMPI 是由 550 道题目组成的 14 个分量表（包括 10 个临床量表，4 个效度量表），内容包括个人的身体和心理健康、政治和社会态度、教育、职业、家庭、婚姻，以及神经症和精神病的行为倾向等。所有测试题目均采用"是""否"回答，题目举例如下：

工作时我常感到紧张。	是[　]	否[　]
我偶尔会觉得脑袋里有东西在挤压。	是[　]	否[　]
我希望我能重做一些已无法挽回的事。	是[　]	否[　]
体育课时我常爱跳舞。	是[　]	否[　]
别人误会我，我会感到苦恼。	是[　]	否[　]

2. 艾森克人格问卷

艾森克人格问卷（Eysenck Personality Questionnaire，EPQ）是由汉斯·艾森克（Hans J. Eysenck）和西比尔·艾森克（Sybil B. G. Eysenck）设计的一种有关人格维度的测定方法。成人版艾森克人格问卷共包含 90 道题目，包括 4 个分量表（如表 12-1 所示）。

表 12-1　艾森克人格问卷的分量表及测量内容

分量表	测量内容
内外向（E）	人格的一个维度。分数高说明外向，可能好交际、渴望刺激和冒险，情感易于冲动；分数低说明内向，可能好静，富于内省，易缄默冷淡，不喜欢刺激，喜欢有秩序的生活方式，情绪比较稳定
神经质（N）	人格的一个维度，反映正常行为，与病症无关。分数高可能说明焦虑、担心，常常郁郁不乐、忧心忡忡，有强烈的情绪反应，以致出现不理智的行为
精神质（P）	人格的一个维度，并非指精神疾病，在所有人身上都存在，只是程度不同。如果某人表现明显，则容易发展成行为异常。分数高可能说明孤独、不关心他人，难以适应外部环境，不近人情，感觉迟钝，与他人不友好，喜欢寻衅搅扰，喜欢不顾危险去做奇特的事情
测谎（L）	效度量表，测量受测者的掩饰、假托或自身隐蔽，或者其社会性朴实幼稚的水平。虽与其他分量表有联系，但其本身代表一种稳定的人格功能

人格自陈问卷属于纸笔测验的一种，它的优点是实施简便、易评分、易数量化。其缺点是受测者在回答问题时容易受社会期望的影响或道德防御的限制，同时受测者对自己的人格的认识也不一定正确，因而会影响测量的效度。

（二）投射测验

人格的投射测验主要是临床心理学家根据处理情绪困扰者的经验而发展出来的一种测量人格的工具。所谓投射测验（projective test）就是向受测者呈现模棱两可的刺激材料（如墨迹或不明确的人物图片），要求受测者解释其知觉到的信息，让他们在不知不觉中将其情感、态度、愿望、思想等投射出来。最有名的人格投射测验是罗夏墨迹测验和主题统觉测验。

1. 罗夏墨迹测验

罗夏墨迹测验（Rorschach Ink-blot Test）由瑞士精神科医生罗夏（H. Rorschach）于1921年编制。这种测验属于个别测验，每次只能测试一人。罗夏墨迹测验是由10张经过精心制作的墨迹图构成的：5张为黑白图片，墨迹深浅不一；2张为黑色加红色的墨迹图片；3张为彩色的墨迹图片。图12-1是罗夏墨迹测验的图样。这些图片在受测者面前出现的次序是有规定的。主试的说明很简单，例如："这看上去像什么？""这可能是什么？""这使你想到了什么？"主试一方面要记录受测者的言语反应，同时还要记录受测者的情绪表现和伴随的动作。通过对这些反应进行分析，推断受测者的人格特征。

图12-1 罗夏墨迹测验图样

2. 主题统觉测验

主题统觉测验（Thematic Apperception Test，TAT）是由美国心理学家默里（H. A. Murray）和摩根（C. D. Morgan）编制的。全套测验有30张黑白图片和1张空白卡片。图片内容多为一个或多个人物处在模糊背景中，图片意义隐晦。图12-2是主题统觉测验的图样。

图12-2 主题统觉测验图样

施测时，要求受测者去构建一个和图片中的人物有关的故事。故事的叙述应该包含三个基本维度：①图片上的情境是怎么产生的；②图片中的情境表示发生了什么事件，请描述其中角色的情绪表现；③故事结果是怎样的。心理学家在解释这些故事时会考虑下列因素：所涉及的人际关系的性质，人物的动机，以及这些人物所显露出的现实感。通过受测者描述的三个基本维度来考察个体的人格特征。

主题统觉测验没有客观的评分系统，因此被用于诊断时其信度和效度均偏低。

专为测量人格的特定层面（如成就、亲和力和权力等）而设计评分系统后，通过实证研究表明其有一定的效度。

第二节 人格结构

人格是一个复杂的结构系统，在众多成分中，最主要的是气质、性格和自我调控系统。通过对这三大主要成分的学习，我们可以更深入地理解自己和他人，探究行为背后的心理机制，从而在人际关系、工作环境和个人发展中获得更多的洞察力和智慧。

一、气质

（一）什么是气质

人们通常用"气质"来形容一个人的风度和模样，这同心理学中的"气质"有所差别。心理学中，气质（temperament）与我们平时说的"禀性""脾气"相似，是指个体心理活动的稳定的动力特征。所谓心理活动的动力特征，实际上包含了高级神经活动的三个基本特性：① 强度，即神经元的工作能力和界限，有强弱之分；② 平衡性，即兴奋和抑制过程力量的平衡过程，有平衡与不平衡之分；③ 灵活性，即兴奋和抑制过程更替的速率，有灵活与不灵活之分。

气质给人的整个心理活动染上了个人的独特色彩：有的人总是活泼好动、反应灵活；有的人总是安静稳重、反应缓慢；有的人不论做什么事情总是显得十分急躁；有的人的情绪总是细腻深刻。人与人之间在这些心理特性方面的差异，就是气质的不同。气质是每一个人最一般的特征，是他的神经系统最基本的特征。

人的气质是先天形成的，无好坏之分。它虽给人们的言行涂上了某种色彩，但不能决定人的社会价值，也不直接具有社会道德评价含义。个体的气质类型和气质特征是相当稳定的，正所谓"江山易改，秉性难移"。但气质又不是一成不变的，气质在教育和生活条件的影响下会发生缓慢的变化。可见，气质既有稳定的一面，又有可塑的一面。

（二）气质的类型

希波克拉底（Hippocrates，约前460—约前370）认为人体内有四种性质不同的体液，即血液、黄胆汁、黑胆汁和黏液。罗马医生盖伦（Galen，约129—约200）根据四种液体在人体内的比例不同把气质类型简化为四种，即流行于今的胆汁质、多血质、黏液质和抑郁质。巴甫洛夫用高级神经活动规律对这四种气质做了更科学的解释，如表12-2所示。

表12-2 气质类型与高级神经活动规律

气质类型	高级神经活动规律			
	强度	平衡性	灵活性	兴奋水平
胆汁质	强	不平衡	—	高兴奋

续表

气质类型	高级神经活动规律			
	强度	平衡性	灵活性	兴奋水平
多血质	强	平衡	灵活	高兴奋
黏液质	强	平衡	不灵活	低兴奋
抑郁质	弱	不平衡	—	低兴奋

（三）气质的应用

每种气质都有积极方面和消极方面，气质类型来自遗传，我们一出生就决定了。在生活实践中，"气质无好坏之分"的观点对选拔、招聘，以及教育工作都是有价值的。具有同样气质的人，既可能成为品德高尚、对社会有贡献的人，也可能成为品德低下、对社会起破坏作用的人。气质影响人的行为方式、行为风格，但它不决定人对事物的态度和行为的社会价值。

1. 气质在教育教学工作中的应用

孔子曾说："子游能养而或失于敬，子夏能直义而或少温润之色，各因其材之高下，与其所失而告之，故不同也。"（《论语·为政》）了解气质的实质及特点，对教育工作者来说是非常必要的。教师要善于区别并正确对待不同气质类型的学生，促使学生的人格向健康的方向发展：① 对胆汁质的学生进行教育时，既要触动其思想，又要避免激怒他们；在着重培养勇于进取、豪放的品质时，要防止任性、粗暴。② 对多血质的学生严格其组织纪律的同时，要热情相待。在鼓励其参加多种活动的同时，要注意培养稳定的兴趣；在发展朝气蓬勃、满腔热情的同时，要针对粗心大意、虎头蛇尾进行教育。③ 对黏液质的学生要多给予参加学校、班集体活动的机会，引导他们积极探索新问题，生动活泼、机敏地完成任务，防止墨守成规、畏缩不前等消极品质的产生。④ 对抑郁质的学生要多给予关怀、帮助，但要避免在公开场合批评他们，在培养其机智、敏锐和自信的同时，要防止疑虑、孤独等消极品质的产生。

2. 气质的职业适应性

气质特征是职业选择的依据之一。气质与职业活动的关系表现在两个方面：一是要使个体的气质特征适应职业活动的客观要求；二是在选拔人才和安排工作时应考虑个体的气质特征。

某些职业对人的气质提出了特殊要求，如宇航员、飞行员等，这类职业要求从业人员必须有胆有识，有耐力，有高度灵敏性，在危难中能镇定自若。不具备这些气质特征，就难以有成效地完成这类工作。因此，在这些有特殊需求的领域，更有必要把气质的测量结果作为选拔的依据。

对于一般的工作而言，气质对工作效率的影响并不显著。不同气质的人，一般来说都能以不同特点去适应操作活动的某一方面。不过，气质类型和职业需求的匹配，可以最大限度地发挥人才特长，调动其工作积极性：对于胆汁质和多血质的个体，更适合要求反应迅速、灵活的工作；黏液质和抑郁质的个体，更适合要求细致、持久的工作。因此，各自适应的工作如下：

胆汁质：适合从事难度较大的工作，如导游、推销员、节目主持人、外事接待人员、演员等。

多血质：适合反应迅速而敏感的工作，如外交工作、管理工作、驾驶员、纺织工人、服务人员、律师、运动员、新闻记者、军人、公安干警等。

黏液质：适合从事有条理的、冷静的和持久的工作，如外科医生、法官、管理人员、出纳员、播音员、会计、调解员等。

抑郁质：适合从事要求细致性的工作，如编辑、排版员、检验员、化验员、雕刻工作者、刺绣工作者、保管员、机要秘书等。

二、性格

（一）什么是性格

性格（character）是指个体对现实稳定态度和在习惯化的行为方式中所表现出来的个性心理特征。

性格是具有核心意义的个性心理特征，它最能表征一个人的人格特点和人与人之间的个性差异。每个人在社会实践活动中都会逐渐形成一些对人、对事、对自己的稳定态度，也会形成一些与生活相适应的习惯化了的行为方式，譬如，有的人工作勤勤恳恳、赤胆忠心；有的人则好吃懒做、敷衍了事；有的人待人接物慷慨、热情；有的人则吝啬、冷淡。我们评价一个人诚实或虚伪，勇敢或怯懦、谦虚或骄傲……都是对他的性格特征做描述。文学家总能抓住一个人最本质的性格特征作为典型特征加以描述，在读者面前展现生动鲜明、栩栩如生的人物形象。

性格既具有相对稳定性又具有一定的可塑性。正因为如此，我们才有可能通过科学的方法去研究一个人的性格，为预测和控制人的行为，培养和改造人的性格提供了条件。

（二）性格的分类

现代心理学中对性格类型的研究，由于划分性格类型时所依据的原则不同而产生了很多分类方式，下面我们就几种主要的性格类型做简单介绍。

1. 内倾型和外倾型

1913年，瑞士心理学家荣格（C. G. Jung，1875—1961）在国际精神分析会议上提出了内倾型和外倾型的性格。外倾型（或外向型）的人，其心理活动倾向于外部，个性好动，善于社会交往；内倾型（或内向型）的人，其心理活动倾向于内部，个性沉静，不善交际。汉斯·艾森克曾对这两种性格类型在人际适应上的不同做了详细的描述，见表12-3。

表12-3 汉斯·艾森克对外向型和内向型性格的描述

性格类型	性格特点
外向型	将生活指向外部世界，追求刺激，勇于冒险；无忧无虑，随和，乐观，爱开玩笑，易怒也易平息，常不加思考地行动；喜欢变化，善于交际，不喜欢独自学习，有许多朋友，有倾诉的需要，好为人师，容易冲动；对所处的社会环境更有影响力

续表

性格类型	性格特点
内向型	将生活指向内部世界，倾向于事先计划，三思而后行；性情孤独，内省，生活有规律；安静，不善交际，热爱读书，有时看上去冷淡、有距离感，会有少数几个亲密朋友，严格控制自己的感情，很少有攻击行为；喜欢常规的、可预测的生活方式

2. 场依存性和场独立性

美国心理学家威特金（H. A. Witkin）等人在研究知觉时发现，有些人很难从视野中分离出知觉单元，有些人较易从视野中分离出知觉单元。他们根据场的理论，将人划分为场依存性和场独立性两种类型。认知方式的场依存性和场独立性不仅存在于知觉过程中，而且普遍地存在于性格和思维等领域中。

（1）场依存性

场依存性的人的独立性较差，容易受暗示；对于需要找出问题的关键成分和重新组织材料的任务感到困难；更多地利用外在参照，会用外在的社会参照来确定自己的态度和行为，行为是社会定向的；社会敏感性强，容易注意他人提供的社会线索，对他人有兴趣，善于并爱好社交。

场依存性的学生较易接收与人有关的社会性信息，对人文社会科学有较大兴趣，人文社会科学的成绩较好。在职业选择上，场依存性的人较喜欢从事与人的活动有关的工作（如教师、商业贸易、社会服务等）。

（2）场独立性

场独立性的人有较大的独立性，不易受暗示；比较容易完成要找出问题的关键成分和重新组织材料的任务；更多地利用内在参照，行为是非社会定向的；社会敏感性差，不太注意他人提供的社会线索，比较独立、自信，自尊心强；更关心抽象的概念和理论，不善于社交。

场独立性的学生喜欢独立思考，偏爱自然科学，数学成绩较好。在职业选择上，场独立性的人倾向于选择人际关系较简单、可独自完成的工作（如机械维修、实验化验等）。

拓展阅读

评定场依存性和场独立性的测验

1. 身体位置调整测验

威特金最初对认知方式的研究起于军事上的需要。第二次世界大战期间，飞机驾驶员常因在云雾中机身翻滚而丧失方位感，进而造成失事。为减少此类事件的发生，在对飞行员进行选拔和训练时，要测试应征者对空间方位的知觉判断能力。因此，最初的测验是让受测者进入一个可调整倾斜度的房间，坐在一个可以做各种角度转动的椅子上。房间与椅子的转动，有时方向一致，有时方向不一致，这就构成了类似飞机在空中翻滚的情境。此时要求受测者将自己的身体调整到实际的垂直位置。能准确地将自己调整到垂直位置的人属于场独立性,不能调整者属于场依存性。

2. 框棒测验

这是继身体位置调整测验之后,威特金设计的一种更简便的测验。测验时,让受测者注视倾斜的方框,框内有一个可独立于框平面转动的亮棒,要求受测者将亮棒调整到垂直于地面的方位。倾斜的框架对受测者调整亮棒影响较大者为场依存性者;不受框架角度的影响而直接调整亮棒者为场独立性者。

3. 镶嵌图形测验

镶嵌图形测验也叫隐蔽图形测验,是目前研究中采用较多的一种方法:令受测者在较复杂的图形中用铅笔勾画出镶嵌或隐蔽在其中的简单图形(如图12-3所示)。在测验中,能排除背景因素的干扰从复杂图形中迅速地、容易地知觉到指定的简单图形者为场独立性者;而完成该项任务较为困难者为场依存性者。

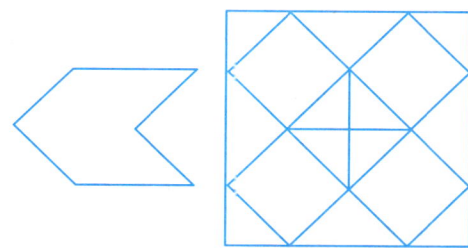

图 12-3　镶嵌图形测验图样

(三) 性格的塑造

1. 家庭中的性格塑造

家庭对一个人的性格形成和发展具有重要且深远的影响。父母是孩子的第一任教师,家庭是儿童所处的最初环境。在适应家庭的过程中,儿童获得了性格——这使他们能在后来的社会生活中适应其必须履行的职责。亲子关系、父母教养方式、家庭氛围等都影响着儿童的性格形成和发展。

一方面,父母的性格特点通过亲子关系潜移默化地在孩子身上打下烙印。父母是孩子最早的学习榜样,其社会信仰、规范和价值观等会通过日常亲子互动等方式悄然影响孩子的性格发展。这种影响可能是积极的,也可能是消极的,取决于父母的性格特点和亲子关系质量。另一方面,父母教养方式是影响孩子的性格形成和发展的重要因素。

家庭氛围也会影响孩子性格的形成和发展。在宁静愉快的家庭中,孩子感到有安全感、愉快,对生活乐观、信心十足、待人和善,能很好地完成学习任务。在气氛紧张及冲突型的家庭中,孩子缺乏安全感、情绪不稳定,容易紧张和焦虑、忧心忡忡,担心父母迁怒于自己而受严厉的惩罚,因此对人不信任,也容易发生情绪与行为问题。

2. 学校中的性格塑造

学校教育对人的性格形成和发展具有重要意义。学校不仅向学生传授科学文化知识,进行政治思想教育,还会促进学生性格的形成和发展。学生如果在学校里形成了良好性格,就易顺利地走向社会,适应社会生活;反之,则易出现各种问题。

学生的性格塑造可以在学习过程中进行。通过学习,学生可以发展坚持性、自制力、主动性和独立性等良好的性格特征，在接受系统的科学文化知识过程中，形成正确的世界观、人生观和价值观。另外，集体生活有利于培养学生的合群、组织性、纪律性、自制、利他、勇敢和顽强等优良的性格特征，也有利于扼制孤独、自私等不良性格特征的形成。

考试制度在我国由来已久，在很长一段时间内适应了社会发展的需求，为社会培养了一批又一批人才。当前学校大力推进核心素养背景下的课程改革，主要目标就是使学校教育更加适应学生的发展，全面提高学生的素质，培养德智体美劳全面发展的社会主义建设者和接班人。

（四）气质与性格的关系

气质与性格均属较稳定的个性心理特征，两者既相互联系又有所区别。

1. 气质与性格之间的联系

气质与性格有着相互渗透、彼此制约的复杂关系，性格的表现不可避免地要涂上各种气质的色彩。气质的生理基础是人与高等动物中共有的高级神经活动类型；而性格则是高级神经活动类型与神经系统在外界环境作用下后天形成的暂时的联系系统或动力定型的"合金"（高玉祥，2007）。气质影响着性格的动力特征，并影响性格形成和发展的速度与稳定性。

由于性格更多地受社会生活条件的制约，它又是个性心理特征的核心，因此性格会在一定程度上掩盖和改造气质，即掩盖和改造神经活动类型的特性。在成人身上，气质和性格往往是有机地交织在一起的，表现为一个人特定的态度体系和行为模式。在日常生活中，我们往往很难把气质和性格严格区分开来。

2. 气质和性格之间的区别

从社会评价的角度来看，性格是有好坏之分的，然而气质没有好坏之分。气质类型相同的人，当然容易形成相同的性格倾向，但也可以形成不同的表型性格。气质类型不同的人，既可以形成不同的表型性格，也可以形成相同的性格倾向。

综上所述，气质与性格有实质的区别：① 气质是生物进化的结果，只表现高级神经活动的生物特性，性格则多为社会环境的产物。② 气质是人和动物所共有的，性格只针对人而言。③ 气质是由个体先天的生理、生化、内分泌功能决定的，个体从出生就有不同气质表现；性格不是生来具有的，而是在一定气质基础上，在人的活动与社会环境相互作用下形成的。④ 气质是情绪反应与行为方式的外显动力特征，与行为或情感的内容无关；性格参与构成行为与情感的内容，因而会对各种性格有不同的社会评价。

三、自我调控系统

自我调控系统是人格结构中的内调系统或自控系统，由自我认知、自我体验和自我控制（或自我调节）三个子系统构成。自我调控系统的作用是对人格的各种成分进行调控，保证人格的完整、统一与和谐。

1. 自我认知

自我认知（self-cognition）是个体对自己的洞察和理解，包括自我观察和自我评价。自我观察是指个体对自己的感知、思想和意向等方面的觉察。自我评价是指个体对自己的想法、期望、行为及人格特征的判断与评估，是自我控制的重要条件。如果一个人不能正确地认识自我，只看到自己的不足，觉得自己处处不如别人，就易产生自卑，丧失信心，做事畏缩不前。相反，如果一个人过高地估计自己，就易骄傲自大、盲目乐观，导致工作的失误。因此，恰当地认识自我，实事求是地评价自己，是自我调控和人格完善的重要前提。

2. 自我体验

自我体验（self-experience）是伴随自我认知而产生的内心体验，是自我意识在情感上的表现。自尊、自信是自我体验的具体内容。自尊是指个体在社会比较过程中所获得的有关自我价值的积极的评价与体验；相反，当对自我价值做消极评价时，会产生自卑感。自信是对自己的能力是否适合所承担的任务而产生的自我体验。自尊与自信都是和自我评价紧密联系在一起的。自我体验可以使自我认知转化为信念，进而指导一个人的言行；自我体验还能伴随自我评价，激励适当的行为，抑制不适当的行为。

3. 自我控制

自我控制（self-control）是自我意识在行为上的表现，是实现自我意识调节的最后环节。例如一个学生如果意识到学习对自己发展的重要意义，就会激发努力学习的动机，在行为上表现出刻苦学习、不怕困难的精神。自我控制包括自我监控、自我激励、自我教育等成分。

自我控制的成分

1. 自我监控

自我监控是指一个人对自己的行为、情绪和思维等进行观察与评估的能力。通过自我监控，人们可以意识到自己的行为和反应，并在必要时对其进行调整或改变。这种能力有助于提高个体的自我意识和自我认知。

个体可以通过以下方式提高自我监控能力：写日记，记录自己的行为、情绪和想法，以便更好地了解自己；定期反思，回顾自己的行为和反应，思考哪些是有益的，哪些是需要改进的；寻求反馈，向他人寻求关于自己的反馈，以获取更客观的视角和建议。

2. 自我激励

自我激励是指个体通过内部动机来实现长期的目标或克服短期的困难，包括设定明确目标、制订计划和策略、坚持不懈地达成目标等。

个体可以通过以下方式进行自我激励：设定目标，特别是明确的、具体的、可衡量的目标；奖励自己，设定达成特定目标后的奖励机制，激励自己坚持和努力；培养积极心态，相信自己能够克服困难并取得成功。

3. 自我教育

自我教育是指个体通过自主学习和积极获取知识、技能、经验来提升自己，包括阅读、研究、实践、反思等。自我教育有助于个体实现自我成长和持续进步。

个体可以通过以下方式进行自我教育：持续学习，特别是对于新知识、新技能的学习，努力提升自己的认知水平；选择适合的资源，特别是选择适合自己学习风格和目标的资源，如图书、数字课程等；努力实践，将学到的知识和技能应用于实践中，不断反思和调整自己的学习方法与策略。

第三节 人格发展

人格的形成并非一蹴而就，也非一成不变，而是要经历一个漫长而复杂的发展变化过程，受到多种因素的影响。本节将探讨不同的人格发展理论，理解人格发展过程中的关键过程与机制，了解个体在成长过程中所面临的挑战和发展机遇，从而更深刻地理解人格发展的复杂性。

一、人格发展理论

人格作为个体的个性心理特征，虽受遗传因素的影响，但并不是生而不变的。人格的发展需要经历一定的阶段，并需要不断调整与完善。人格发展主要涉及人格发展历程、发展机制的问题。下面主要介绍两种有代表性的人格发展理论。

（一）弗洛伊德的人格发展理论

精神分析理论认为，人的心理过程需要能量驱动才能不断进行下去，而这种能量就是力比多。弗洛伊德作为精神分析学派的创始人，将心理发展的重心放在童年期，基于力比多所指向的身体部位将人格发展分为如表12-4所示的五个阶段，每个阶段都有不同的心理发展主题，并且这五个阶段的顺序是不变的。如果个体的人格不能按照正确的顺序发展，可能会出现两种危机：一种是固着，即某一个阶段得到的满足过多或过少，都会使力比多停滞在该阶段，继续寻找这一阶段的满足，从而使个体在成年后表现出该阶段对应的人格特征；另一种是倒退，即个体的人格在高级阶段的发展过程中遇到挫折，从而返回低级阶段，继续寻找低级阶段的满足，并表现出低级阶段的人格。弗洛伊德认为固着和倒退是心理疾病产生的原因。

表12-4 弗洛伊德的人格发展阶段

发展阶段	年龄	性欲区	人格发展内容
口唇期	0—1岁	口唇	通过吮吸产生快感。0—6个月婴儿的世界是"无对象"的。6—12个月婴儿开始形成他人（特别是母亲）的概念。如果本能未被及时满足，就会形成口唇期性格，导致未来出现嗜好啃咬、吸烟、饮酒等行为
肛门期	1—3岁	肛门	由于排泄粪便解除内急压力而得到快感。如果父母对儿童的排便训练过于严格，将导致其未来性格冷酷、刚愎和生活杂乱；如果父母能够让儿童的发展顺其自然，儿童将能自主决定行动，无过分的羞耻感，心理矛盾较少并具有较强的合作意识

续表

发展阶段	年龄	性欲区	人格发展内容
性器期	3—6岁	生殖器	开始出现对同性别父母的爱慕——俄狄浦斯情结和厄勒克特拉情结。这种情结的出现有助于儿童性别角色的发展与其他社会技能的形成。如果这一阶段发展不顺利，儿童则会出现角色认同障碍和情绪问题
潜伏期	6—11、12岁		性的发展呈现一种停滞或退化现象，是相对平静的时期。儿童的性兴趣被其他兴趣取代，如探索自然、体育活动等，自我和超我得到更大发展
生殖期	11、12岁以后		开始对异性感兴趣，其最重要的任务是摆脱父母对自己的控制，进行自主活动。青少年容易产生性冲动，也容易产生对成人的抵触情绪和冲动行为

弗洛伊德认为，口唇期、肛门期和性器期是人格发展最重要的三个阶段，为成年后的人格模式奠定了基础。但是，弗洛伊德基于性心理的人格发展理论过分强调性本能与力比多在人格发展中的作用，显露出泛性论痕迹，引起了大家的广泛质疑。

（二）埃里克森的人格发展理论

与弗洛伊德的人格发展理论不同，更强调各阶段人格的社会性发展，因此其提出的人格发展理论也称心理社会发展理论。埃里克森认为，人格发展要经历从出生到晚年的八个阶段，每个阶段都会面临一些需要解决的问题，即面临一种心理发展危机。各阶段的发展危机、可能产生的积极与消极心理特征如表12-5所示。埃里克森的人格发展阶段论为不同年龄段的教育提供了参照。

表12-5 埃里克森的人格发展阶段

阶段	时间	发展危机	充分解决	不充分解决
1	婴儿期 0—1岁	信任对不信任	基本信任感，形成"希望"	不安全感、焦虑，产生"恐惧"
2	儿童期 1—3岁	自主性对羞怯和怀疑	知道自己有能力控制自己的身体/做些事情，形成"意志"	感觉无法完全控制某些事情，产生"自我怀疑"
3	学龄初期 3—6岁	主动性对内疚	相信自己是发起者、创造者，形成"有目的"	感到自己没有价值，失去信心，产生"无价值感"
4	学龄期 6—12岁	勤奋对自卑	丰富的社会技能和认知技能，形成"能力"	缺乏自信心，有失败感，产生"无能感"
5	青春期 12—20岁	自我同一性对角色混乱	明白自己是谁，接受并欣赏自己，形成"忠诚"	感到自己充满混乱，变化不定，不清楚自己是谁，产生"不确定感"
6	成年早期 20—40岁	亲密对孤独	有能力与他人建立亲密关系，形成"爱"	感到孤独、隔绝，否认需要亲密感，产生"乱婚"

续表

阶段	时间	发展危机	充分解决	不充分解决
7	成年中期 40—65岁	繁殖对停滞	关注家庭、社会和后代，形成"关心他人"	过分自我关注，缺乏未来定向，产生"自私"
8	成年晚期 65岁以上	自我整合对失望	完善感，对自己的一生感到满足，形成"智慧"	感到无用、沮丧，产生"无意义感"

在每个心理社会发展阶段中，如果各个阶段需要解决的冲突都解决了，就算完成了这阶段的发展任务，有助于最终实现健全的人格，否则就会产生心理社会危机，出现情绪障碍，形成不健全的人格，甚至是人格障碍。

二、人格的影响因素

世界上没有人格完全相同的人。那么这些千姿百态的人格是怎样形成的？人格的发展受哪些因素的影响？这是人格心理学家长期探讨的几个重要问题。总体来说，心理学家认为：人格是在遗传与环境、内因与外因的交互作用中逐渐形成的。

（一）生物遗传因素

我们民间俗语常说的"龙生龙凤生凤，老鼠的儿子会打洞"就强调了遗传的作用。遗传是人格形成和发展中不可缺少的先天基础。心理学家通常采用双生子研究方法来研究遗传对人格的影响：选择同性别、生活在同一家庭中的同卵双生子（遗传基因完全相同）和异卵双生子（遗传基因不完全相同）进行研究。研究结果表明，在情绪稳定性、活动性、社会性三种人格特质上，同卵双生子之间的相关系数均高于异卵双生子（Buss & Plomin，1975），表明在这三种人格特质上，遗传的作用大于环境。此外，现代医学研究表明，脑损伤、脑病变或人体内某些生物化学物质的变化也会改变人格特质及行为表现。

（二）社会文化因素

人类创造了各种社会文化，而特定的社会文化会对生活在其中的社会成员的人格特征产生塑造作用。如果一个人极端偏离其社会文化所要求的人格特征，不能融入特定的社会文化，他就可能被视为有行为偏差或人格障碍。例如，农耕文明更加强调分工合作、遵守规则和注重责任；而渔牧文明则更强调独立自主与个人成就。又如，封建社会更强调女性的依赖性和服从性；而当代社会则主张男女平等，强调女性要自立、自强、自信。

（三）家庭环境因素

家庭是个体最初的生活环境，其对个体的人格发展会产生长期的、直接的影响。影响个体人格发展的家庭环境因素主要包括：父母教养方式、家庭类型（核心家庭、主干家庭、联合家庭等）、父母受教育程度、家庭社会经济地位等。

研究人格的家庭成因，重点在于探讨父母教养方式对儿童的人格发展和人格差异的影响。父母教养方式一般分成三类，不同的教养方式对儿童的人格特征的形成和发展具有不同的影响（彭聃龄，2018）。第一类为权威型教养方式，父母在子女教育中表现得过于支配和控制。在这种环境中成长的孩子容易表现出消极、被动、依赖、服从、懦弱、做事缺乏主动性等人格特征。第二类为放纵型教养方式，父母对孩子过于溺爱，让孩子随心所欲。在这种家庭环境中成长的孩子多表现为任性、幼稚、自私、无礼、独立性差、蛮横无理等人格特征。第三类是民主型教养方式，父母与孩子在家庭中建立了一种平等和谐的关系，父母尊重孩子，能积极正确地指导孩子，给孩子一定的自主权。这种教养方式使孩子能形成一些积极的人格特征，如活泼、快乐、直爽、自立、彬彬有礼，乐于交往、善于合作等。

（四）早期童年经验

"三岁看大，七岁看老"体现了早期童年经验对人格的长远影响。人格心理学家历来重视早期童年经验对人格发展的影响。斯皮茨（R. Spitz）对孤儿的研究发现，这些早期缺少母亲照顾的孩子，长大以后在各方面的发展均受到了影响：许多孩子患了依附性抑郁症（anaclitic depression），其症状表现为哭泣、僵直、退缩、表情木然等。安斯沃斯（M. D. S. Ainsworth）的研究表明：早期安全依恋的婴儿在成人后易有更强的自信与自尊，确定的目标更高，表现出对目标更大的坚持性，并容易建立亲密关系。

人格发展的确受到童年经验的影响，幸福的童年有利于儿童发展出健康人格，不幸的童年也易导致儿童的不良人格，但二者不存在一一对应的关系：溺爱可使儿童形成不良人格特征，逆境也可磨炼出坚强的性格。早期童年经验不能单独对人格起决定作用，它与其他因素共同影响人格。早期童年经验能否对人格产生永久性影响因人而异，对于正常人来说，随着年龄的增长、心理的成熟，童年对人格的影响会逐渐减弱。

（五）学校教育因素

学校是人格社会化的主要场所，对学生的人格形成与发展起着不可忽视的作用，主要表现在三个方面。

1. 课堂教学会影响学生人格

课堂教学不仅向学生系统传授学习知识，同时也培养学生的坚持性、主动性、探索精神等人格特征。学校可以通过道德与法治、思想政治等课程促进学生形成正确的世界观、人生观、价值观。这些都对学生良好人格特征的形成具有重要意义。

2. 教师会影响学生人格

教师是学生学习的榜样，其言传身教对学生的人格发展起着潜移默化的影响。首先，教师对待学生的态度（或称教师管理风格）会影响学生人格的发展。专制型教师易使学生表现出情绪紧张、冷淡、攻击性强、自制力弱等人格特征。放任型教师易使学生表现出无组织纪律、无团体目标等人格特征。而民主型教师则易促使学生形成相对良好的人格特征，如情绪稳定、态度积极等。其次，教师的公平和公正也对学生发展有着至关重要的影响。学生非常看重教师对待他们是否公平和公正。

教师的不公平和不公正表现易使学生的学业成绩下降和道德品质下滑。最后，学生需要教师的关爱，教师应该把自己的热情与期望投放在学生身上。在教师的关注下，学生会朝着教师期望的方向发展。

3. 班集体会影响学生人格

学生学习生活的班集体会影响他们人格的形成和发展。良好的班风可以使学生形成团结友爱、合作、大公无私等人格特征，同时也会增强学生的责任心和组织纪律性。

（六）自我调控因素

人格的形成和发展除了受以上外部因素的影响，还受到个体内部因素的影响——外因是通过内因而发挥作用的。人格发展的内部因素指人格的自我调控系统，它能够对人格的各个成分进行调控，保证人格的完整统一与和谐发展。强健的自我调控系统能够帮助个体认识自我，愉快地接纳自我、延伸自我和创造自我，并最终实现人格健全。

综上所述，人格是先天与后天、内因与外因相互作用的结果。各个因素对人格的形成与发展起到了不同的作用。遗传决定了人格发展的可能性，环境决定了人格发展的现实性，其中学校教育与家庭因素起到了重要作用，自我调控系统是人格发展的内部决定因素。

第四节　健全人格及其培养

人格有健全与不健全之别。作为综合评价个体心理素质的一个标志，健全人格不仅是个人幸福和成功的基石，也是社会和谐稳定的重要保障。在当今社会，健全人格的重要性日益受到人们的关注和重视。因此，本节将重点探讨健全人格的内涵和标准，探讨如何培养和促进健全人格，以期更好地引导个体实现自我成长和自我完善，为构建和谐、美好的社会提供有力支持。

一、什么是健全人格

健全人格就是在结构和动力上和谐、健康、全面发展的人格。健全人格是个体自我全面发展的客观需要，是个体适应社会的重要前提，也是个体实现自我价值、为社会做出贡献的重要基础。那么，健全人格的标准是什么？学校该如何培养学生的健全人格呢？

二、健全人格的标准

对健全人格的理解与一个人的人性观是分不开的，因此在对待健全人格的标准问题上，各个学者的看法不完全一致。综合来说，健全人格的标准主要包括以下几个方面：

1. 自我意识正确

自我意识是人格的核心。人格健全的人的自我认知客观、公正，能够正确地感知周围的现实，认识自己的优缺点及自己与他人的差别；能够接纳自己，自我体验到平等、尊严和安全；能有意识地进行自我调控，不受自己的情绪支配，能耐受挫折、恐惧和不幸；能立足现实，追求美好未来，积极超越自我，找到理想自我与现实自我的最佳结合点。

2. 人际关系和谐

人际关系是社会交往的出发点和归宿。一个人的人格往往是在其行为中表现的，健全人格也只有在与人的交往中才能体现出来。要塑造健全人格，就必须发展良好的人际关系。具有健全人格的人能够自尊和自立，富有爱心和同情心，尊重社会习俗，关心他人的需要，给人以真诚的赞美，不做无建设性的批评，在与人交往时，他们积极、自信，诚实守信，理解他人，平等相待，尊重他人的个性，能建立有亲有疏、范围广延、关系融洽和谐的人际关系。

3. 正确的世界观、人生观和价值观

世界观、人生观和价值观是人的主观意识的核心内容，对人的发展起着指导作用。只有正确的世界观、人生观和价值观，个体才能正确地对待自己与自然、社会的关系。人格健全的人具有正确的世界观、人生观和价值观，能肯定人的主观能动性，能把个人发展和社会发展有机结合起来，并凭着高度的社会责任感参与社会生活，正视现实、积极进取、乐观向上、顽强奋斗。

4. 道德品质良好

道德品质是在个体的道德实践的基础上形成的，个体的道德意识与道德实践互动的过程，同时也是一定的道德原则、道德规范为个体所认同，并具体化、个性化的结果。良好的道德品质是理想人格的凝结。具有健全人格的人，其道德品质是一定社会占主导地位的道德原则、道德规范和文化在自身的凝结和体现，具有引导人们向善的感召力。

5. 创新能力较强

创新是民族进步的灵魂，是国家兴旺发达的不竭动力。具有健全人格的人，有独处和独立的需要，自主而不依赖环境，对世俗和而不同，坚持自己的观点，不墨守成规，具有较强的独创性，能够以开放的态度对待经验，以人文的意蕴丰富自身，以理性的激情搏击未来。

总体来说，健全人格是一个系统，需要家庭、学校、社会等各个方面共同作用。教育除了使学生掌握必要的知识、技能以外，还要使学生拥有实现理想、负责任、快乐和爱、感恩的能力和人格（黄希庭，2008）。

三、健全人格的培养

如前所述，人格的发展虽然受到遗传因素的影响，但并非生而稳定。人格是在先天与后天、内因与外因的相互作用中逐渐形成和发展、稳定的。此外，人格的可塑性还体现在，即使在成年以后，个体的人格依然可以改变。这些都为培养学生的健全人格提供了可能。

健全人格的培养，实质上是对个体的人格结构进行塑造、重组和升华的过程。它需要个体在一定的环境条件下，经过家庭教育、学校教育、社会实践，同时结合自身意志努力，使其人格逐步走向健康和完善。由于学生阶段是个体人格形成、发展和稳定的关键时期，因此学校教育在培养学生健全人格中发挥着至关重要的核心作用。

具体而言，学校教育可以从以下几个方面来培养学生的健全人格：

1. 加强思想道德教育，引导学生树立正确的世界观、人生观和价值观

世界观、人生观和价值观是个体看待世界、看待自我、看待他人、看待社会现实的总的观点，是调节和控制自身行为的最高层次的参照系。人格素质实质上是世界观、人生观和价值观在日常生活中的外化与展现。正确的世界观、人生观和价值观是推动良好人格素质形成的精神动力，也是构成健全人格的重要组成部分。学校不仅要对学生开展科学文化知识教育，还应加强对学生的思想道德教育。正确的世界观、人生观和价值观的确立是培养学生人格素质的一项奠基工程，是学生立身处世的行为准则，是健全人格形成的必备基础。学校可以通过课程思政、理论讲座、专题报告和时事讨论等形式，使学生学会如何科学地认识和理解客观事物，以积极的态度审视人生，追求崇高的自我价值和社会价值。

2. 强化心理健康教育，引导学生认识自我、接纳自我、完善自我

健康不仅包括身体健康，还包括心理健康。所谓心理健康，是一种内部心理和外部行为的和谐统一，并适应社会准则和职业要求的良性状态。心理健康与人格的健康发展关系非常密切，只有心理健康的人，才可能具有健全人格。良好的自我意识是心理健康的重要标志，对健全人格的形成和发展起着关键的监控、调节和矫正作用。所以，学校应加强对学生的心理健康教育，引导学生正确认识自我、积极悦纳自我、不断完善自我；教育学生形成自信、自立、自尊、自强的精神，养成高尚情操，建立良好人际关系，控制、调节自己的情绪，增强对挫折和失败的心理承受能力；等等。此外，学校还应该加强对青少年的心理咨询工作，使他们的心理矛盾和心理障碍能得到及时地化解，预防心理疾病，促进人格的成熟和发展完善。

3. 充分发挥教师的人格示范作用，用言传身教培养学生健全人格

作为"人类灵魂的工程师"，教师肩负着塑造学生良好人格的责任。教师自身的人格特征会影响学生的人格发展。一个具有健全人格的教师，对学生人格发展具有很好的榜样示范作用，有助于学生发展健全人格：教师在言传身教的过程中，其个人魅力、道德情操、行为风格等都会无形地激励和引导着学生，进而在潜移默化中影响着学生人格的发展。因此，教师除了具有扎实学识外，还要有理想信念、道德情操和仁爱之心。

4. 鼓励学生积极主动融入集体，引导学生发展良好的人际关系

健全人格的发展过程，也是个体社会化的过程，是个体与他人、集体、社会相互作用的过程。集体是塑造健全人格的土壤，要塑造健全人格，就必须发展良好的人际关系。在与集体、他人的交往中，个体的某些人格品质或受到赞扬、鼓励，或受到批评、压制，个体可以从中汲取经验、弥补不足，从而有助于个体对自己的人格进行有针对性的调整与完善。此外，友好和谐的人际关系可以使个人的情感得到陶冶，归属与爱的需要得到满足，从而使个人的人格向健康的方向发展。因此，学校教育应该注重青少年社会意识和交往能力的培养，增强学生主动社交的意识，鼓励学生积极主动地融入集体，锻炼其社交能力，从而为学生形成健全人格奠定基础。

5. 鼓励学生积极参与实践活动，践行人格的自我培养

实践是人格发展的源泉，也是人格发展的动力。无论知识的获取、能力的形成，还是意志的磨炼，都离不开实践。良好的人格特征（诸如勤奋、坚韧、乐观、细致等）都是长期实践锻炼的结果。学校应鼓励学生积极参加各种有益身心健康的实践活动，在实践中践行人格的自我培养，不断完善自己的人格。例如：要求学生在日常生活中注意自己的一言一行，从小事做起，养成良好的生活习惯；鼓励学生参加各种有益的社会公益和文体活动，在丰富的业余生活中陶冶性情、增长见识、促进人际交往；引导学生在实践中注重培养自己的适应能力、应变能力、创造精神和顽强拼搏的毅力；等等。学生在社会实践中应不断审视、调整和改善自我，使自己的人格得到进一步发展和完善，进而逐步达到健全人格的目标。

健全人格的培养不仅需要学校教育，还需要家庭教育和社会实践等方面的协同作用。学生也应该持有终身发展观，积极发挥主观能动性，不断加强个人修养，最终实现人格健全。

反思与探究

1. 什么是人格？
2. 分析自己的气质和性格特点及类型。
3. 气质与性格在教育教学和日常生活中有何应用？
4. 健全人格的表现有哪些？如何构建自己的健全人格？
5. 教师应如何帮助学生构建良好的人格特征？

推荐阅读

1. 许燕. 成为更好的自己：许燕人格心理学30讲［M］. 北京：机械工业出版社，2020.

作者结合自己多年的教学和研究经验，带读者走进人格这一浩瀚而神秘的系统。该书分为8个部分、30讲内容，涵盖人性哲学、人格测评、人格改变、人格失常、人格动力、人格成因、人格培养等知识模块，为读者系统讲授人格心理学知识，破译魅力人格的密码，让读者更好地了认识自己、了解自我、理解他人，塑造健康的人格，展示人格的力量，提升人格魅力，从而获得最佳成就，创造美好未来。

2. 郭刚军，马慧. 大学生抑郁情绪与人格的关系：应对方式的中介和调节效应［J］. 中国健康心理学杂志，2022，30（3）：426-431.

作者通过抑郁自评量表（SDS）调查了我国大学生的抑郁现状，通过卡特尔16种人格因素问卷（16PF）调查了大学生的人格特征，通过简易应对方式问卷（SCSQ）调查了他们的应对方式特征，考察了人格特征和应对方式对大学生抑郁状况的影响。研究结果表明：大学生抑郁状态与应对方式、人格特征显著相关，积极和消极应对方式在有恒性、忧虑性等人格特征与抑郁之间发挥着不完全的中介作用。

第十三章　群 体 心 理

知识导图

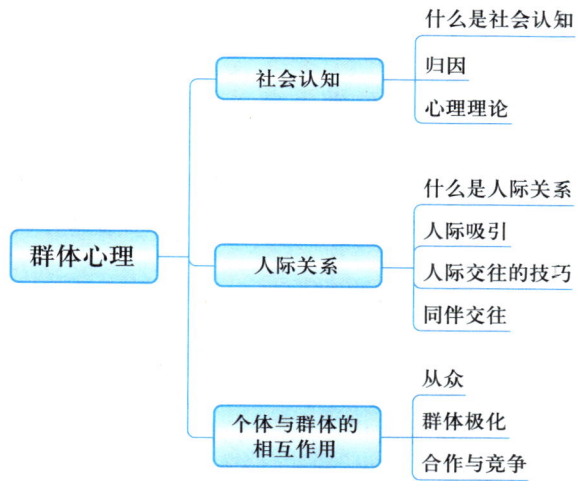

第十三章 群体心理

> **案例导入**
>
> **个体与群体的作用**
>
> 小娜即将跑完每日长跑的全程时，已经累得不行了，尽管她的脑子里想着要坚持跑完，可身体却向她央求"还是步行回家吧"。最后，她选择了折中的办法——用极慢的速度跑回了家。第二天，除了有两个朋友和她一起长跑以外，情况还是和前一天一样，但是小娜少花了2分钟就跑完了全程。她觉得很奇怪："我能跑得更快就是因为和朋友们一起跑步吗？和别人一起跑步时我能跑得更快吗？"

群体互动常常会产生戏剧性的效果：博学多才的人在一起，会促进彼此的才智；不良少年在一起，彼此的反社会倾向也会愈演愈烈。那么，群体是以什么方式来影响群体内成员的态度呢？又是怎样影响群体做出明智或是愚蠢的决策的呢？本章将探讨这些有趣的问题。

第一节 社会认知

在日常生活中，我们会时刻与一些人或一些事物接触，分析并思考这些人或事物，这就构成了社会认知。社会认知包括我们对自己的认知、对他人的认知、对社会的认知。我们在社会认知的基础上，进行着广泛的社会互动和交流，通过互联网、社交媒体等多种方式，社交、分享信息、理解他人，进一步促进了社会的发展和进步。

一、什么是社会认知

社会认知（social cognition）是指人们根据环境中的社会信息推论人或事物的过程。具体来讲，就是对他人的表情、性格、人与人的关系以及人的行为原因的认知，是个体对他人的心理状态、行为动机、意向等做出推测与判断的过程，是根据认知者已有经验和对有关线索的分析而进行的。社会认知过程包括某种程度的信息加工、推理、分类和归纳。

社会认知是个体行为的基础，个体的社会行为是个体在社会认知过程中做出各种判断与决策的结果。

（一）社会认知对健康的影响

社会认知对人类健康有着重要影响，主要包括以下三个方面：

1. 社会认知与寂寞

社会认知影响着人们对信息的选择与加工。如果个体只注意生活中的消极方面，就可能体验到更大的寂寞。长期寂寞的人容易陷入贬低自己的消极作用圈，因为他们可能会用消极的态度看待自己的压抑，并且可能责备自己没有良好的社会关系。同时，寂寞感较强的人也易出现用消极的眼光看待他人的情况。

2. 社会认知与焦虑

焦虑是人类生活中不可避免的情绪状态，人们在许多场合都会体验到焦虑，比如求职面试，或者是被别人评价的时候，但是，人们对情境的认知与控制可以避免焦虑。一项研究（Zimbardo，1981）让害羞和不害羞的两组女大学生在实验室中与一位英俊的男士谈话。在见到这位男士之前，先把这些女学生集中在一间小屋子里，向她们呈现很大的噪声。之后告诉其中一部分害羞的女生：噪声会造成她们心跳加快，这是焦虑的症状。结果发现，这部分女生由于把自己在与英俊的男士交谈时的心跳加快归因于噪声，而不是自己害羞或者缺乏社会技能，因此她们不再焦虑，交谈也很顺畅。

3. 社会认知与生理疾病

行为医学和健康心理学的研究发现，人类的行为和认知对自身的健康有着重要影响，人们对自己的情绪与紧张的认知与疾病的产生有着紧密联系。心理学家在研究社会认知对健康的影响时发现，乐观的生活态度以及面对疾病时的乐观解释是人们身体健康的主要条件之一，那些乐观的人的身体状况远远好于那些悲观的人。

（二）社会认知的法则

因为个体认知资源的有限性，个体不可能同时处理各种复杂的信息，所以，在社会认知过程中，个体往往会采取一些法则，以便更有效地处理和加工各种信息。

1. 便利法则

便利法则是指人们根据一件事进入脑海的容易程度来做出判断。例如，医生在诊断病情时，不同疾病进入脑海的容易程度会影响他们的判断。如在某种流行病盛行的时候，如果有人出现发热状况，医生更可能想到患者是感染了这种流行病。又如，一个人在需要帮助时，最先想到的求助对象最有可能是大脑中最先出现的那个人，而此人往往是他最熟悉和信赖的人。

2. 象征性法则

象征性法则是指人们根据事物与某典型事物的相似程度来加以归类。例如，在大多数人的印象中，北方人一般长得比较高大，而南方人一般长得相对矮小，如果一个人比较高大，那么他更可能被认为是北方人而不是南方人。又如，运动员大多肌肉健硕，普通人则大多不是。如果让两个人站在一起，人们更可能认为肌肉更健硕的那个人是运动员。

3. 基础比例信息法则

基础比例信息法则是指人们根据总体中不同类别的成员所占的相对比例来做出判断。例如，判断一个四川师范大学的学生来自哪里，人们更容易判断他是四川人，因为四川人在四川师范大学的比例更高。

4. 锚定法则

锚定法则是指人们在没有把握的情况下，通常以某个参照点和锚点为起始点，并依据这个起始点进行调整，降低模糊性从而得出最后的结论。例如，股民在预测股价时，往往会先对股票的价格做出一个粗略的估计——锚定，然后根据进一步的信息进行调整，形成比较理想的判断。最初的锚定价可能是心理价位，也可能是朋友的看法或投资专家的意见。这种锚定期待会影响锚定价，如"看涨"的人往往设定的锚定价比较高；而"看跌"的人往往设定的锚定价比较低。

二、归因

归因（attribution）是指人们对他人或自己行为原因的推论过程。具体来说，就是观察者对他人的行为过程或自己的行为过程所进行的因果解释和推论。

1. 海德的归因理论

海德（F. Heider）认为，个体的行为原因可能来自环境因素，也可能来自个人因素。如果来自环境因素，那么个体对其行为结果不用负什么责任；如果来自个人因素，那么个体要对其行为结果负责。其中，环境因素包括他人、奖惩、运气、工作难度等；个人因素包括人格、动机、情绪、态度、能力、努力程度等。例如，一个学生考试不及格，可能由于个人因素——不聪明、不努力等，也可能由于环境因素——课程太难、考试科目设置不合理等。

2. 凯利的三维归因理论

凯利（H. H. Kelly）提出，人们在归因过程中总是涉及三个因素：① 客观刺激物（存在）；② 行动者；③ 所处的关系或情境。这三个因素构成了一个协变的立体框架，所以称为三维归因理论。归因遵循的总原则是协变性原则。三个因素中的任何一个因素的归因都取决于行为的三个变量：一致性、一贯性和特殊性。一致性是指行为者的行为是否与他人的行为相一致。一贯性是指行为者的行为表现是否与平时的行为相一致。特殊性是指行为者的行为指向是否具有持续性。

3. 影响归因的因素

影响归因的因素包括：① 社会视角。由于人们在归因上的社会视角不同，因此对行为原因的解释也有明显的不同。② 自我价值保护倾向。个体在归因过程中，对有自我卷入的事情的解释会带有明显的自我价值保护倾向，即归因向有利于自我价值确立的方向倾斜。③ 时间因素。随着时间的流逝，归因越来越具有情境性，人们会将过去很久的事件归因于背景，而不是行为主体、刺激客体等。

影响归因的因素还有能力水平、努力程度、任务难度、运气、身心状态、外界环境等。

一般而言，如果学生将成功或失败过多地归因于能力水平、任务难度与运气等因素，就很容易打击自己的信心，因为能力水平、任务难度与运气都是不可控的因素。相反，如果学生将成功或失败归因于努力程度，则更有可能唤起学生的正向心态——努力程度是自己可以控制的因素。可见，正确的归因方式具有积极的影响效果。

三、心理理论

心理理论最早是由普雷马克和伍德拉夫（G. Woodruff）于1978年提出的。他们认为，如果个体能把心理状态加于自己和他人，个体就具有心理理论，这种推理系统被叫作一个理论是因为这种状态无法被直接观察到，而且这个系统可以被用来预测他人的行为，即心理理论（theory of mind）是对他人和自己心理状态的认识，并由此对相应行为做出因果性的预测和解释的能力。

（一）理论论

理论论的代表人物是韦尔曼（H. M. Wellman）。他认为，人们的心理知识会逐渐形成一个像理论一样的知识体系，但并不是一个真正的科学理论。韦尔曼指出，儿童获得的是某种形式的表征性的心理理论，且儿童的心理理论向成人心理理论的发展过程中要经历几个阶段：2岁左右，儿童形成愿望心理学；3岁左右，儿童获得了愿望-信念心理学；4岁左右，儿童获得了成人的信念-愿望心理学。在这个心理体系中，信念和愿望被认为共同决定人的行为。理论论者认为，经验塑造了儿童心理理论的发展，经验信息最终致使儿童修正和改进他们已有的心理理论。当他们反复看到人们的行为不仅要用愿望解释，还要用信念来解释时，他们会逐渐由愿望心理学家变成信念-愿望心理学家。

（二）模块论

模块论的代表人物是莱斯利（A. M. Leslie）和巴伦-科恩（S. Baron-Cohen）。他们认为，儿童根本没有获得心理表征理论，其心理知识的获得是通过先天存在的模块机制的相继成熟来实现的。

莱斯利提出了三个模块，身体理论机制（theory of body mechanism，ToBM）模块在3、4个月时开始形成，另外两个模块叫心理理论机制（theory of mind mechanism，ToMM）模块。其中，ToMM1在6—8月开始形成，ToMM2在18个月时开始形成。ToBM模块加工物质客体的行为信息，并对一系列物质客体的机械特性进行表征，它使儿童认识到动因性客体有内在的能源使它们能自己运动。ToMM模块处理动因性客体的意向性或指代性，即加工主体与行为真正或可能指向的目标之间的关系。后期，巴伦-科恩（1993）进一步补充了三个具体的早期发展模块：意图觉察器（intentionality detector，ID）模块、视觉方向觉察器（eye-direction detector，EDD）模块和共同注意机制（shared attention mechanism，SAM）模块，认为婴儿一开始就具有ID和EDD模块，10—12个月时会出现SAM模块，ToMM模块会出现在更晚时期。

（三）匹配理论

梅尔佐夫（A. N. Meltzoff）和摩尔（M. K. Moore）等提出了匹配理论，他们认为心理理论发展的前提是儿童必须意识到自己与他人在心理活动中处于等价的主体地位，从而认识到自己与他人在心理活动中的相似性。通过对这种情境的不断观察和再认，儿童对这种等价关系的认识得以不断发展，从而逐渐获得系统的关于心理世界的知识。但是在匹配理论中，又存在不同认识：梅尔佐夫认为，儿童从我-他相似性的认识逐步扩展到对复杂心理关系的认识，其中起关键作用的是儿童的模仿能力；摩尔等人则认为，婴幼儿各种心理活动中存在着许多主客体因素，因此不能将婴幼儿对心理关系的表征独立地归功于主体和客体。

第二节 人际关系

人际关系对个体的情绪、学习、生活、工作有较大影响，甚至对组织气氛、组织沟通、组织运作、组织效率及个人与组织之间的关系均有较大影响。因此，建立良好的人际关系对于个人的成功和幸福至关重要。

一、什么是人际关系

人际关系（interpersonal relation）是指人与人之间的心理关系及其心理距离，它反映了个人或团体寻求满足其社会需要的心理状态。因此，人际关系的变化和发展，决定于社会需要满足的程度。如果双方在相互交往中都获得了彼此社会需要的满足，相互间才能发生与保持接近的心理关系，表现友好的情感；反之，如果其中一方对另一方不友好、不真诚或发生了不利于另一方的行为，就会引发另一方不安，这时，双方关系就会中止或疏离，甚至变为敌对关系。

（一）社会需要满足是人际关系的基础

人际关系反映了交往双方的社会需要满足程度。如果交往双方能相互满足对方的社会需要，就结成更密切的人际关系。如果一方不友好、不真诚，或做出不利于对方的行为，就会引起对方的不安或不满，进而导致关系疏远或恶化。可见，情感的相互依存关系是人际关系的特征。一般说来，在正式组织关系中，行为成分是调节人际关系的主导成分；在非正式组织关系中，情感成分承担着主要的调节功能。洛特（B. Lott）等人进一步指出，我们不仅喜欢直接给予我们奖励的人，而且喜欢与奖励时间、空间有联系的人。他们曾做过这样一个实验：安排一群儿童进行三人一组的游戏，有的小组玩得好，得到了奖励，有的小组玩得不好，没有得到奖励。然后让每个儿童挑选两个游戏伙伴，并且说可以打破原来的小组。结果发现，曾受过奖励的儿童，大多挑选原来同小组的伙伴，而没有受过奖励的儿童，则较少挑选同小组的伙伴。洛特等人的实验结论扩大了满足需要是建立良好人际关系基础这一命题的范围。

（二）人际关系的行为模式

人与人之间的心理距离会影响个体的行为。这些外显行为如果为对方所感受，就会进一步影响双方关系。也就是说，一定的人际关系会表现出一定的人际行为模式，一方的行为会引起对方相应的行为反应。社会心理学家把这种心理现象称为人际行为模式。

利里（T. F. Leary）把人际行为模式划分为八类：① 由一方发出的管理、指导、教育等行为导致另一方的尊敬和顺从等反应；② 由一方发出的帮助、支持、同情等行为导致另一方的信任和接受等反应；③ 由一方发出的赞同、合作、友谊等行为导致另一方的协助和友好等反应；④ 由一方发出的尊敬、赞扬、求助等行为导致另一方的劝导和帮助等反应；⑤ 由一方发出的怯懦、礼貌、服从等行为导致另一方的骄傲和控制等反应；⑥由一方发出的反抗、怀疑、厌倦等行为导致另一方的惩罚和拒绝等反应；⑦由一方发出的攻击、惩罚、责骂等行为导致另一方的仇恨和反抗等反应；⑧由一方发出的夸张、拒绝、自炫等行为导致另一方的不信任和自卑等反应。

美国社会心理学家霍尼（L. P. Horney）则依据个体对他人的态度将人际行为模式分为三类：① 逊顺型，特点是朝向他人。他们遇到任何人都会想"他喜欢我吗？"，然后尽量去顺从对方，讨对方的喜欢。这样的人宜从事社会工作、医务工作和教育工作等。② 进取型，特点是喜欢挑战，总想知道他人的力量，考虑对自己是否有用处。这样的人宜从事竞争性强的工作，如商业、法律等。③ 分离型，特点是疏远他人，经常考虑他人是否会干扰自己。这类人宜从事科研、绘画、音乐等工作。

这两种人际行为模式分类只是粗略地归纳，现实生活中的人际关系是很复杂的，受多种因素制约，尤其受情境和个性心理特征的影响，很少是单纯的某种人际行为模式。

（三）人际交往的意义

人际交往是获得必要的生活资料、进行必要的生活协作的手段，也是获得精神上的愉悦和满足的方式，还是人类世世代代遗传下来的安全感的需要。

人际交往的意义主要表现在以下几个方面：① 良好的人际关系能帮助我们交到很多朋友，对身体是非常有好处的，能让机体处于积极活跃的状态；相反，如果总是孤僻寂寞，人的情绪就会长期低落，对身体不利。② 良好的人际关系能促进身体的新陈代谢，促进人体分泌多巴胺等神经递质，让人愉悦，提高身体素质，减少疾病的发生。③ 良好的人际关系能提升睡眠质量，能让人放松，心情愉悦，消除烦恼，然后很轻松地就进入了梦乡。④ 人际关系好的人不易得心理疾病，例如抑郁等，因为这些人善于交谈，有什么心里话都能找到倾诉的对象，不憋在心里、不内耗，这样有利于心理健康。

二、人际吸引

人际关系的心理因素中，情绪的成分即对人的喜爱或不喜爱会表现为人际吸引。人际吸引的一般形式是喜欢或友谊，强烈形式是爱情。

（一）人际吸引的原则

人际吸引的原则包括以下四个：

1. 邻近性原则

邻近是人际吸引早期阶段的重要影响因素，彼此接触机会越多，能相互了解的机会也越多，互动与喜欢的可能性也越大。美国心理学家费斯廷格（L. Festinger，1919—1989）对麻省理工学院学生宿舍的调查研究发现，各户的新朋友多是住得很近的邻居，而距离越远，成为朋友的机会越少。另外，时间上的邻近，如同龄、同时入学、同期毕业等，也易于相互吸引。当然，如果说与我们联络越多的人，我们就会越喜欢他，那么夫妻结婚越久，岂不是越幸福？事实却不总是这样，所以人际吸引还可能与其他因素有关，如彼此之相悦、接纳、容忍、体谅。当两人之间存在着严重分歧或根本不相容时，接触次数越多反而会导致公开冲突、愤恨、疏离或决裂。

2. 外貌吸引力

虽然我们都知道"人不可貌相"，但是在人际交往中，却易以貌取人，个体一般喜欢外貌美的人。仪容仪表是增进人际吸引的因素之一，外貌在人们的交往中具有重要作用。尽管不同时代、不同民族、不同文化传统下的人对美的认识不同，但置身于美的环境总会令人赏心悦目。

3. 相似性原则

通常我们会喜欢跟自己相似的人，如态度、价值观、个性、外貌、年龄、社会地位等。具有相似态度与需求的两个人会互相欣赏，彼此喜欢。"物以类聚，人以群分。"交往双方越具相似之处，就越能相互吸引，产生亲密感。1961年，纽科姆（T. M. Newcomb）为不相识的大学生免费提供住宿16周，事先对他们的态度、价值观和个性进行了测试。结果显示：在住宿初期，空间距离是决定彼此交往频率的主要原因；在住宿后期，彼此的态度、价值观和个性的相似性超越了空间距离而成为密切人际关系的基础。对已婚人士的研究也支持了这一结论：具有相似需求的夫妻比不具有相似需求的夫妻，其婚姻关系更幸福，双方较能相互适应（Antill，1983）。为什么相似的态度价值观和个性容易产生相互吸引？因为人人都具有自我评价倾向，而他人的认同是支持自己评价的有力依据，具有很高的互惠和强化力量，所以易产生较强的吸引力和凝聚力。

4. 互补性原则

互补即具有不同但相互依赖的人格特征的两个人，彼此会被对方吸引。如默里（H. Murray）指出，心理需求与人格特征的互补性是择友的基础，他提出的互补需求论（theory of complementarity needs）认为，共同生活的两人若具有同一特征内互补性（如支配需求高者喜欢支配需求低者）或不同特征间互补性（如谦虚需求高者喜欢敌意需求高者）就会增强两人的关系，因为彼此可提供最大需求满足，这是两性间友谊、恋爱、婚姻的成功条件。互补需求论所强调的互补性，是指双方在特殊特征间的互补，而非双方全部的人格，如能言善辩对沉静寡言者构成吸引，支配欲强者喜欢依赖性格的伴侣。也许互补性在异性友谊的早期阶段可能并不重要，但在长期的婚姻关系中则非常重要。

研究发现，青年在选择恋爱对象时，首先考虑对方的内在因素，其中共同的兴趣爱好尤为注重；其次考虑对方的外在因素；最不重视家庭因素。此外，男女择偶的吸引力因素中也存在不同的一面：男性较为强调对方的文静与美貌，而女性则要求对方的思想与才能（时蓉华，2002）。

（二）大学生的人际吸引

黄希庭采用社会测量、访问与观察等方法研究了大学生的人际吸引，并得到了人缘型学生与嫌弃型学生的人格特征，如表13-1所示。

表 13-1 人缘型学生与嫌弃型学生的人格特征等级顺序

类型	人格特征的等级顺序
人缘型学生	① 尊重他人，关心他人，对他人一视同仁、富有爱心
	② 热心团体活动，对工作非常负责
	③ 持重、耐心、忠厚老实
	④ 热情、开朗、喜爱社交、待人真诚
	⑤ 聪明，爱独立思考，成绩优良，乐于助人
	⑥ 独立自治并有谦逊品质
	⑦ 有多方面兴趣与爱好
	⑧ 有审美眼光与幽默感，但不尖酸刻薄
	⑨ 斯文、端庄，有仪表美
嫌弃型学生	① 自我中心，只关心自己，不为他人的处境和利益着想，有极强的嫉妒心
	② 对团体工作缺乏责任感，敷衍了事，或完全置身于团体之外
	③ 虚伪、固执、爱吹毛求疵
	④ 不尊重他人，操纵欲、支配欲强
	⑤ 对人淡漠、孤僻，不合群
	⑥ 有敌对、猜疑和报复的性格
	⑦ 行为古怪，喜怒无常，粗鲁、神经质
	⑧ 狂妄自大、自命不凡
	⑨ 成绩优良却不肯帮助他人，甚至轻视他人

三、人际交往的技巧

和谐人际关系的基本原则是平等、真诚、宽容、求同。大学生要构建和谐人际关系，除了留意个人不受欢迎的行为外，还应该遵循和谐人际关系构建的基本原则。为了能有效建立人际关系，培养正面积极的行为，大学生在进行人际交往时应注意以下五个方面：

1. 以善良的愿望猜度同学

只有怀抱善心的人，才能爱人、欣赏人、宽容人。尊重他人的优势和才华，也宽容他人的缺点和不足；尊重他人的人格和尊严，也宽容他人的脾气和个性。不能理解的时候，就试着去谅解；不能谅解的时候，就平静地去接受。在集体生活之中，同学之间难免有一些摩擦，有一些矛盾，但是同学之间本无深仇大恨，只要以善良的愿望去猜度同学，很多问题就可以很好地得到解决，达到同学之间的互相理解。

2. 助人互助，互利互惠

主动帮助他人是和谐人际关系的诀窍。帮助他人，自己往往要先"吃亏"，主动帮助他人，就是要不怕吃亏。实践证明，越是不怕吃亏的人，人缘越好。主动助人是互相帮助的钥匙，能真诚地关心他人，这种关心便会得到回报，他人也会真心实意地从你的角度来考虑问题。做人老实不是愚钝，做事踏实不会吃亏。

3. 善用语言

语言是人际交往的主要工具，正确使用语言，可以达到传情达意的目的，不正确使用语言，就会导致恶语伤人。善用语言，往往可以产生化敌为友、化忧为喜的意外效果。一些大学生搞不好人际关系的主要症结在于不善于使用语言，掌握语言沟通技巧，是大学生的一个重要课题。

4. 诚恳交流

在交流过程中，应坦诚开放，表露诚恳之意。诚恳交流意味着个人应做到言行一致，对自己的行为负责。在集体生活中，可能有时我们的行为会影响他人，则应承担后果。我们要真诚地向同学致歉，求得同学的谅解。我们很难将自己与群体隔离开，因此在人际交流过程中，应尽量做到共同努力，互相提醒，互相勉励，应避免个人主义。我们也要习惯分享感受。无论是成功还是失败，交流过程中应随时将自己的想法、情绪与对方分享，善于倾听并收集他人对我们的意见和建议，这样能够更好地增进彼此了解。只有坦诚开放，表露诚恳之意，才可能形成较好的人际关系。

5. 见贤思齐

我们要向自己身边优秀的同学学习，找到自己与他们的差距，发奋努力。不要拿自己的优点去跟他人的缺点比较，沾沾自喜。同时也要防止产生嫉妒心理，积极参与公平竞争，在人际交往中营造互帮互助、你追我赶的良好气氛。

四、同伴交往

除了亲人、教师外，大学生在学校的学习和生活过程中接触最多的就是同伴。与同伴的交往使得大学生学会了许多书本上没有的知识，明白了许多生活中的道理，这一过程对于他们形成健全的人格具有重要作用。同伴交往，可以根据交往目的和交往对象的不同，分成两种最基本的人际关系——友谊和爱情。友谊是以关爱为基础，在共同的学习、生活、工作中，在相互交往中产生的一种亲密情感。爱情是人生的重要组成部分，真正的爱情能给人以鼓舞，给人以力量，给人带来精神的激励、情绪的愉悦、生活的充实、事业的成功。

友谊的产生，主要在于交往双方的关系品质，不是以数量或联络次数来衡量的。调查研究发现：朋友之间最常有的共同活动为亲密交谈。交谈方式或是见面聊天，或是打电话、视频，向朋友诉说某次突发事件、异性交友烦恼、家庭摩擦，分享感受、帮助朋友等。

通常，分享秘密与自我坦露可增进友谊，但这种意愿是因人而异的，其与自尊水平等因素有关。如高自尊者在分享私人信息后，会觉得有较大安全感而增进友谊关系，低自尊者更希望拥有私人信息，以示与人亲密。当两个朋友相互自我坦露，理应彼此更加亲密，双方交情更深，但事实不然，过度坦露（尤其是朋友间对冲突事件或不同观点之坦诚）可能会引发对双方关系的更大问题，使两个亲密个体间产生妒忌，形成爱恨交加的关系。所以，纵然是最亲密伙伴，也要懂得"保持距离，以策安全"。

此外，是否存在与异性的友谊一直是一个有争议的问题，甚至一些人对它表示极度怀疑。不过，当今社会，男女两性共同学习、工作，异性之间确实有亲密友谊存在，这是不可否认的事实。但只要双方中有一方认为这种异性间的友谊是不同的，它就很容易变质，转变成爱情。至于已婚异性之间是否存在友谊关系，也许要看双方对"友谊"的主观认定与心态，甚至婚姻之幸福多半也建立在双方朋友对这桩婚事的看法与态度上。

第三节　个体与群体的相互作用

群体（group）是两个或更多互动并相互影响的人组成的团体，而个体（individual）是相对于群体而言的，指具有人的普遍自然属性与社会属性，并以独特方式行动的单个的人。

个体与群体的关系是相互依存的。首先，个体离开群体，就失去了与大社会联系的结点，心理活动与行为就失去了直接的参照，就不能获得不断的社会支持与社会比较，因而自我意识就失去了基点。严重时，个体离开群体甚至不能生存。其次，个体的特征与状态会直接影响群体的特征与状态。不过，需要注意的是，个体一旦组成群体，就有了不能简单由个体来解释的新的特征和新的状态。个人组成群体后出现的群体影响、群体心理气氛、士气、群体极化与群体思维等现象，都是个体所没有的。一个群体的效能，绝不是其成员的效能的简单加和，无论在体力上还是在思维上，都是如此。最后，对于个体而言，群体是其联系宏观社会的中介。社会对于个体的作用，往往是通过群体实现的；个体对于社会的反馈，也需要借助群体来实现。

群体由各种各样的个体组成，为什么群体中个体的行为常常一致？哪些人更可能表现出与群体其他人一致的行为？谁更可能抵制群体性行为而表现个性化行为呢？

一、从众

在群体中，当个体与多数人的意见和行为不一致时，由于群体的引导或施加的压力，个体改变自己的行为与信念，表现出与群体中多数人相一致的意见和行为方式，这种现象就叫从众（conformity）。用通俗的话说，从众就是"随大流"。社会心理学家所做的从众研究发现，人类会表现出强烈的从众倾向。虽然我们每个人都标榜自己有个性，但很多时候，我们却不得不放弃自己的个性而选择"随大流"，因为我们每个人不可能对任何事情都一清二楚，对于那些自己不太了解、没有把握的事情，我们一般会采取"随大流"的做法。

（一）从众与服从

服从（obedience）同样是个体按照社会或群体的要求，或他人的意志而做出的一种行为。从众和服从虽然都是在外部压力下发生的与群体一致的行为，但是二者有所区别。在从众的情况下，个体虽然没有遵从自己的本意，却是自愿地按照他人的意见或做法做出行为，外部对个体没有要求。服从是个体应外界的要求甚至是被迫地做出行为，蕴含了更多的被动意愿。

服从按其对象的不同分为两种：一种是对社会规范的服从，如遵守宪法、交通法规等；另一种是对权威个人的服从。从社会发展的角度看，强调对权威个人的服从的是人治社会，而法治社会强调的是对社会规范的服从。

（二）从众与服从的经典实验

社会心理学对从众和服从的研究涉及行为的来源和影响。在传统的实验室实验里，从众和服从行为的来源，尤其是通过团体压力所产生的相同行为，一直是研究者关注的焦点。

1. 阿希的经典从众实验

阿希（S. E. Asch）的经典从众实验是群体心理学中最为著名的一个实验。实验中，5~7人组成一个小组，围圆桌而坐，实验任务是判断线段的长短。研究者先给被试看一张卡片，卡片上有一条线段。他们被告知这条线段与第二张卡片上的三条长度不等的线段中的某一条等长，要求他们将相等的线段配对。这些线段上标了字母，被试须大声说出答案。实验过程中，除一个真被试外，其余被试均为实验助手。研究者要求实验助手从第三轮实验开始，做出一致的错误判断。这样，在几次实验中，那个真被试会遇到自己的判断与群体的判断相矛盾的问题。图13-1是阿希的经典从众实验的实验材料与实验情境。

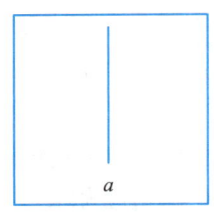
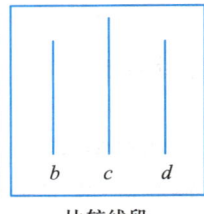

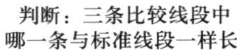

图 13-1　阿希的经典从众实验

阿希发现，真被试在自己独立判断时，基本上都能做出正确判断，而跟随群体判断时，有 1/3 的被试会选择从众。同时，被试对群体错误判断的服从是因人而异的：大约 25% 的被试会保持完全的独立。

阿希的实验和其他类似的实验表明，我们对自己所见所闻的报告容易受到他人的影响。这是对群体压力屈服的典型例子。值得我们注意的是，仅仅只有一个人的少数派的存在就可以大大减少这种从众或服从的程度。后来，当阿希和被试交谈时发现，大多数被试指出他们在群体中的判断和他们实际的感知是不一致的，他们一直在服从。也就是说，他们认为自己所说的是在该情境中被要求这样说的，同时他们保留了不同的个人判断。

2. 米尔格拉姆的服从实验

在米尔格拉姆（S. Milgram, 1933—1984）的服从实验中，被试要参加学习和记忆研究。实验前研究者已说明，如果出错，就要对其进行惩罚，惩罚措施是实施逐渐增强的电击。其中一位被试是实验助手，因此总是抽到"学习者"的角色，而真正的被试总是抽到"教师"的角色。

按照程序，被试要读一遍词语表，并对"学习者"发生的每一次错误回答施加电击惩罚。惩罚时用第一个开关给予轻微电击，然后依次使用较高强度的电击"学习者"每犯一次错误，研究者就要求被试把电击的电压提高15 V。根据预先安排的程序表，"学习者"要做出若干错误回答，以使他受到逐渐增强的电击，同时，他还要表现得越来越悲伤和痛苦。如果被试服从研究者的要求，那么最开始轻微电击时，被试会听到"学习者"的哼哼声，随着电压的增加，"学习者"会发出"电击太疼了""把我放出去，我不做了"等痛苦的尖叫声。在330 V后，"学习者"不再发出声音。其间，"学习者"不回答也算错误。图13-2是米尔格拉姆的服从实验场景。

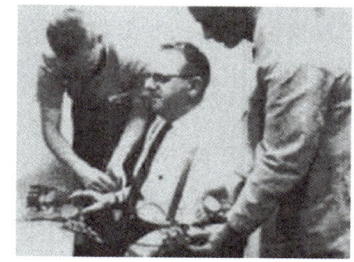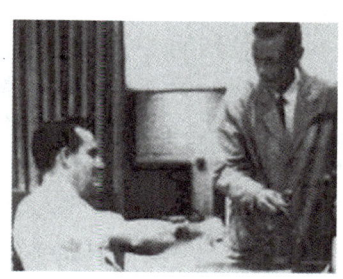

图13-2 米尔格拉姆的服从实验场景（Coon，2004）

注：从左至右依次为电击发生器，用皮带将"学习者"绑在椅子上，实验者告诉"教师"，要继续对"学习者"施以更强的电击。

你会进行到什么程度？实验结果发现，施加电击到450 V的被试的比例大大超过了实验前的预测。此后，该实验在不同国家和地区被多次重复，得到了基本一致的结果，不同国家和地区的服从率存在不同程度的差异。

（三）影响从众的因素

为什么有些情境引发的从众行为较多，而有些情境引发的从众行为较少？是什么原因导致不同的结果呢？研究者发现，如果任务判断非常困难，或者参与者感到无力胜任，那么从众的比率会大大增加。我们对自己的判断越不确定，就越容易受他人影响。

此外，以下几个因素也会影响从众的发生：

1. 群体因素

群体规模。在实验室实验里，一个规模较小的群体就可以引起较大的效应。在现场研究中，米尔格拉姆等人（1969）让1、2、3、5、10个或15个人停留在纽约市繁忙的人行道上，并抬头观望。抬头观望的路人人数也增加了。

一致性。人们一般易有"多数人持有的一致意见可能是正确的"信念，当自己的意见和多数人的不一样时，易感到紧张，怀疑自己的看法，于是容易受外界影响。"三人成虎""众口铄金，积毁销骨"说的就是这个道理。

凝聚力。一个群体的凝聚力越强,群体对成员的影响力就越大。例如,在一个种族群体里,人们会感到一种共同的"归属群体的从众压力"——讲话、行动、穿着都应该像"我们"。

地位。地位高的人往往有更大的影响力。有时人们会想方设法避免与地位低的人或受别人嘲笑的人意见一致。对乱穿马路行为的研究显示,乱穿马路的基线比率为25%,当遵守交通规则的个体出现时,行人乱穿马路的比率下降到17%。如果不乱穿马路的人衣着整齐高雅,那么这对乱穿马路的人起的示范作用最佳。在澳大利亚,服饰也能"塑造人":悉尼的行人更容易服从衣着整齐的调查者而不是衣着破烂的调查者(Myers,2006)。

2. 个体因素

性别和年龄。人们通常认为男性比女性更不容易从众。从年龄上看,儿童和青少年比成人更容易从众。

个性特征。个人的能力、自信、自尊、社会赞许需要等都与从众行为密切相关。

知识经验。人们对刺激对象越了解,掌握的信息越多,就越不容易从众。反之则越容易从众。

个人的卷入水平。一旦一种意见被表达出来,人们就会更强烈地意识到自己已经选择了某种态度。先发表意见相当于个人做出了承诺,个人为了自己的信誉和维持良好个人形象就会选择不从众。

(四)从众的意义

现代社会越来越开放,价值选择多元化,即使最有经验的教师,也不可能完全无误地把握每一个学生的心态变化和行为轨迹。因此,德育工作的任务和落脚点仍是增强学生的自我疏导、调整,提高教育的自觉性和自我教育能力。这就要求"群体"成为当代教育,尤其是道德教育的新载体,"群体效应"应该成为当代德育追求的目标。

1. 从众的积极意义

当代大学生道德社会化进程中的合理的群体性行为,不仅是个体对社会、群体规范的积极内化,有助于增强个体道德理性,而且对于维护社会秩序,抵制不良社会风气和不正确的道德观念,建立健康合理的社会道德环境,也是必不可少的。同时,个体道德社会化的从众,进一步加强了人们对社会主流价值的认同,增强了社会道德在维系人们的社会联系和社会秩序,规范人们的社会行为方面的协调功能,从而增强了群体的认知压力。群体认知压力反过来又会加强个体道德社会化的从众。大学生群体属于同辈群体,成员心理相容性强。年龄层次、观念特征、心理需求、知识结构和生活志趣等方面的相似性,使得群体更有利于形成价值观念上的相互认同,从而更容易强化从众心理。以"寝室文化"为例,寝室的摆设布置,室友的消遣方式、消费方式、人际交往、娱乐方式、兴趣爱好、思想意识、思维方式等,会对其中的个体有同化作用。大学生的生活、学习空间相对来说比较狭窄、封闭和单一,宿舍、食堂、教室、图书馆"四点一线"的学习与生活模式,使他们朝夕相处、抬头不见低头见。由于尚未参与社会生产和人类自身生产,大学生与外界的接触较少。因此,周围大多数同学的价值观念、行为方式,会潜移默化地被个体内化。在无所不在的群体压力和群体互动情境下，个体往往会放弃自己的某些思想、价值观念和行为表现。从道德教育的角度来看，大学生群体是在整个社会的文化价值观念的影响下，积极培育个体的有效载体。

大学生群体作为社会与个体的中介，是影响个体道德发展的具体形式，社会准则通过大学生群体影响个体。在教育过程中，个体对个体的影响只是狭隘的、有限的因素，如果德育工作者仅仅局限于自己与单个学生的单向线性联系，教育了这个，又教育那个，其教育成效就是有限的。教育有集体教育，也有个别教育，个别教育离不开集体教育。个体的社会化过程，个人规范和价值观念的形成，只有在群体中，在实际存在的人们中间，才会最有效地实现。

2. 从众的消极意义

每个人所处的社会场、生活圈中，先进、落后的观念是并存的。如果所处群体的思想道德观念是积极、向上的，个体的从众就会带来正面效应。如果所处群体的思想道德观念是落后、颓废的，个体的从众就会带来负面效应。当个体处于非常时期、非常环境、非常情绪、非常状态时，就易出现盲从，做出日后追悔莫及的事。例如：部分大学生对待学习，"不求分高，及格就好"；对待消费，"追求名牌，超前消费"；对待恋爱，"不在乎天长地久，只在乎曾经拥有"。在这些观念引导下的从众，会对大学生道德社会化产生严重的负面影响。

社会心理学关于从众心理的弊端实验中有一个"旁观者效应"，即目击一起危急事件的旁观者越多，人群中挺身而出并给予帮助的个体就越少。说明个体的从众，会使个体在某种程度上丧失责任感。一些大学生对校园不文明行为的批评或制止也存在着"旁观者效应"。例如，对别人损坏公物、考试作弊、旷课、夜不归宿等行为睁一只眼、闭一只眼等，都是从众使个体的社会道德责任感弱化的具体表现。显然，消极的从众行为不利于大学生社会道德责任感的培养。

二、群体极化

群体极化最早是由斯通纳（J. Stoner）于1961年提出的。群体极化（group polarization）是指群体成员中原已存在的倾向性得到加强，使一种观点或态度从原来的群体平均水平，加强到具有支配性地位的现象，即群体成员一起进行决策时，会使群体决策更具有倾向性，做出的决策会比个体自己做出的决定更加极端。如果在群体讨论之前，个体对某个决定已经具有赞同的倾向，那么在讨论后这种赞同的倾向会更加明显；相反，如果在群体讨论前，个体对某个决定已经具有反对的倾向，那么在讨论后这种反对的倾向也会得到加强。群体讨论通常可以强化群体成员的平均倾向。

（一）群体极化的意义

群体极化具有双重意义。从积极的一面来看，它能促进群体意见一致，增强群体内聚力和群体行为。从消极的一面来看，它能使错误的判断和决定更趋极端。群体极化似乎很容易在一个具有强烈群体意识的群体内产生，也许正是在这样的群体中，其成员对群体意见常做出比实际情况更一致和极端的错误决定。

拓展阅读

你会伸出援助之手吗？

1964年，美国发生了一起凶杀案。案发那天的凌晨三点，一位名叫吉诺维斯（K. Genovese）的姑娘在返回公寓的途中被一名歹徒持刀杀害。案件的特别之处在于，案件持续了约30 min，遇害者的38个邻居听到了呼救声，其中许多人还走到窗前看了很长时间。然而，在遇害者与歹徒搏斗时，没有一个人去援救，甚至没有人行举手之劳，及时打电话报警，致使一桩本不该发生的惨剧成为事实。

案件发生后，美国社会各界反响强烈：如果有一个人能早些向吉诺维斯伸出援助之手，她也许就能幸免于难。这看上去似乎是因为邻居缺少爱心，没有努力阻止这场暴力事件的发生。许多人认为惨剧发生的根本原因在于都市人际关系的冷漠，于是人们开始谴责该地区的居民，谴责人类的本性。

然而社会心理学家不这么悲观。按通常的观点来说，在突发事件发生时，旁观者越多，当事人就越可能得到帮助。但是，心理学家达利（J. M. Darley）和拉坦纳（B. Latane）却提出了相反的假设。他们认为，人们没有及时提供帮助的原因在于，许多人都有一种"也许其他旁观者会帮助受害者"的想法，所以，大家都对他人抱有良好的期望，把责任推给了他人，而认为自己没有提供帮助的责任，结果导致谁也没有真正提供帮助。他们把这一现象称为"责任分散"。也就是说，在突发事件中，旁观者越多，人们心里的一种想法就越强烈——"有人会去帮助他的，我就不必去了"。

想象一下，假设你在荒郊野外，周围没有其他人，你遇到了同样的事件，此时你会伸出援助之手吗？相信你一定会的！

（二）群体极化产生的原因

为什么群体情境中的个体比其单独行动时更易产生冒险的观点，采取更为冒险的行动呢？下列三种解释可以说明这种情况。

1. 责任分散

群体成员认为，任何加诸群体的责备或群体责任，应由大家共同分担，而非由某一位成员单独承担。也就是说，决定是整个群体做出的，所以责任也相应地应由大家来共同分担。这样，每个人的责任都被削弱或个体感到没有责任了，那么即使造成了失败性消极后果，人们对失败的恐惧也降低了。因此，在这种情况下，人们做出了更冒险的选择。

在这种解释中，群体意识是群体极化的必要条件。每个人都会感到自己是在群体之中，这种群体感以及相伴的责任感分散是产生群体极化的关键要素。

2. 信息的影响

群体成员在自己做出决定时，并不能想到自己做出决定时所依据的所有理由，但在群体讨论中，所有成员的意见综合在了一起，占优势的观点就会获得更多的支持。这样，有些成员就容易被说服，从而改变观点，转向更有说服力的观点。所以在群体讨论中，群体更倾向于支持在群体讨论之前略占优势的那些观点。

3. 文化价值观

布朗（R. Brown）提供了解释群体极化的一种假设。他认为，采取冒险行动和保守决定都有文化价值。换句话说，在某些文化中，人们称赞冒险，而在其他文化中，谨慎保守则受到肯定。在群体讨论的情况下，通过讨论评价，某种特定的文化价值会进一步得到强化。比如，在鼓励冒险、赞扬冒险的文化中，当人们在一起讨论时，提出大胆的、冒险的想法的人会更多地受到肯定，得到赞赏。这样一来，那些持保守、落后想法的人发现自己并不受欢迎，因此也会朝着更冒险的方向改变自己的态度，结果导致群体最后的决定更具有冒险性。

总之，群体极化的产生与鼓励冒险精神的文化价值有密切关系。群体并非总是增强个人的冒险倾向，有时也会出现相反的情况。在高度评价谨慎的文化中，会出现所谓"保守迁移"，这些都是群体极化的表现。

三、合作与竞争

合作与竞争是相辅相成的关系，存在于所有的群体与群体之间、群体中的各成员之间。

（一）合作

合作（cooperation）是两个或两个以上的个体或群体，为实现共同目标在某项活动中联合协作的行为。合作是一种与竞争相对立的社会相互作用的方式。合作必须具备两方面条件：双方有一致的目标；活动结果不仅有利于自己而且有利于对方。

合作的积极作用是可以调动成员各自的优势来共同完成任务，合作在大型复杂的工作中是不可缺少的。就个人效能的发挥来说，对于中等能力水平的成员最为有利。合作的消极作用是在合作的情境下有可能出现责任分散现象，有的成员不负责任、不努力工作。

（二）竞争

竞争（competition）是指两个或两个以上的个体或群体，在某项活动中力争胜过对方的行为。竞争是一种与合作相对立的社会相互作用的方式。竞争必须具备的两方面条件：双方有共同的争夺目标；双方中只有一方能取得成功。

竞争的积极作用是使成员充分发挥自己的能力，往往可以创造好成绩，可以使成绩较低者向成绩较高者学习和自我改进。竞争的消极作用是当竞争双方成绩相差悬殊时，有的成员有可能放弃竞争而失去压力，或因缺乏有效的信息交流而得不到可以比较的参照，只能按照原来的标准继续活动。高成绩者因为没有潜在的对手也会失去竞争意识。

（三）目标手段相互依赖理论

社会心理学家多伊奇（M. Deutsch）在1973年提出了一种解释产生竞争与合作

不同关系的理论，即目标手段相互依赖理论。这种理论认为，个体的行为目标或手段与他人的行为目标或手段之间如果存在相互依赖的关系，那么他们就会发生相互作用。当不同个体的目标或手段之间存在积极的或肯定性的依赖关系时，即只有与自己有关的他人实现了目标或采取某种手段时，自己的目标或手段才能得以实现，他们之间就是合作的关系。当不同个体的目标或手段之间存在的是消极的或否定性的依赖关系时，即只有与自己有关的他人不能达到目标或采取其手段时，自己的目标或手段才有可能实现，他们之间就是竞争的关系。

【知识窗】合作和竞争的实验研究

反思与探究

1. 自我意识是如何形成的？以自己为例理解意识形成的过程和影响因素。
2. 如何正确认识自我？
3. 影响归因的因素有哪些？如何正确地归因？
4. 心理理论的主要内容是什么？
5. 什么是群体？群体是怎么发展起来的？
6. 如何正确认识人际关系？如何正确处理人际纠纷？
7. 如何正确认识竞争与合作？

推荐阅读

1.《社会心理学概论》编写组. 社会心理学概论［M］. 北京：高等教育出版社，2021.

该书是"马克思主义理论研究和建设工程"重点教材。以综合的视角，围绕现代社会心理学知识体系，分六大知识模块论述，全面反映社会心理学知识。第一模块包括绪论、第一章和第二章，阐释社会心理学的基本概念、学科性质和研究取向。第二模块是第三章，力图对人的社会行为模塑过程或人的社会化做出说明。第三模块包括第四章、第五章和第六章，阐述心理学取向的社会心理学的传统研究议题，包括社会认知、社会动机和社会态度。第四模块包括第七章和第八章，通过对沟通与互动、人际关系的研究，解决人际层面的社会心理的研究任务。第五模块包括第九章、第十章和第十一章，讨论群体的社会心理、群际关系以及集群行为的研究。第六模块是第十二章，以文化的影响和社会变迁的力量为线索，对人格和社会行为的形成变化做出分析。

2. 迈尔斯. 社会心理学：第11版［M］. 侯玉波，乐国安，张智勇，译. 北京：人民邮电出版社，2016.

该书被美国几百所大学和学院心理系用作教科书，是社会心理学领域的经典教材。该书将基础研究与实践应用完美地结合在一起，以富有逻辑性的组织结构引领学生了解人们是如何思索、影响他人并与他人建立联系的，是人们了解自身、了解社会、了解自己与社会之间关系的最佳的指导性图书。

第十四章 心理学与生活

知识导图

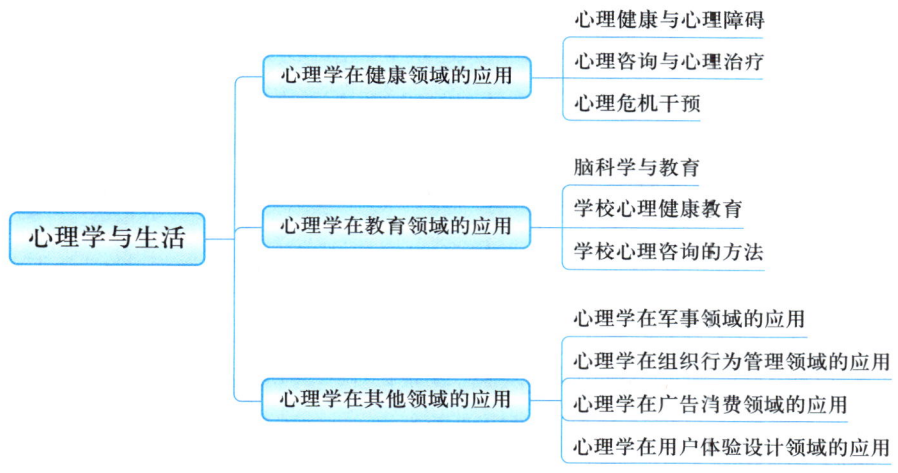

> 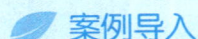 案例导入
>
> **鲶鱼效应**
>
> 挪威人爱吃鲜沙丁鱼，但是当渔民将捕捞到的沙丁鱼运回渔港时发现大多数沙丁鱼已经死了，死鱼卖不上价，怎么办呢？聪明的渔民想出了一个办法，就是将鲶鱼与沙丁鱼放在一起。每当渔民出海捕鱼时，总是先准备几条活跃的鲶鱼，一旦把捕获的沙丁鱼放入鱼舱后，就把鲶鱼也放入鱼舱。鲶鱼入舱后因环境陌生而惊恐乱窜，引起摩擦和碰撞。沙丁鱼因发现"异己"自然也十分紧张，加速游动，从而使鱼舱里氧气充分，避免了因窒息死亡。如此这般，就能保证沙丁鱼活蹦乱跳地被运回渔港。

这就是著名的"鲶鱼效应"。鱼舱中的沙丁鱼如此，现实生活中的人更是这样。如果人才长期固定不变，养尊处优，就会缺少新鲜感，日积月累，就容易产生惰性。因此，为了增加活力，就有必要引进一些外来的、具有"搅动性"的人才加入组织，这样，组织就自然生机勃勃起来。这是心理学研究在生活中的应用。

心理学其实就在我们身边，社会生活中充满了心理学的应用案例：健康领域，如心理辅导、心理援助等；教育领域，如学校心理健康教育、学生学习与教师教学、学生品行培养等；军事领域，如军事人才的选拔、训练的安排等；组织管理领域，如员工激励、员工心理调适等。可见心理学是一门内容广泛的学科，心理学家一直着眼于心理学理论知识与社会实践的结合，旨在为提高人们的生活质量服务。

第一节　心理学在健康领域的应用

党的二十大报告强调，要"推进健康中国建设"，要"重视心理健康和精神卫生"，"人民健康是民族昌盛和国家强盛的重要标志"。《"健康中国2030"规划纲要》指出，促进心理健康工作的要点主要体现在针对全民加大心理健康科普宣传力度和提升心理健康素养，针对重点人群加大心理问题早期发现和及时干预力度。为此，心理学工作者必须摆脱思维定势，主动寻求更广大的服务人群和更广阔的服务空间，使心理学的健康助推工作一开始就着眼于大健康领域而不是狭义的心理健康领域，从而深度参与健康中国建设的全过程，建立突发公共卫生事件的心理危机干预的常态化工作机制，彰显新时代中国心理学的学科价值和社会使命。

一、心理健康与心理障碍

现代人对健康的理解是多水平、多层次、多标准的，心理学家则重点关注心理健康。

（一）什么是心理健康

习近平总书记在2016年8月19日—20日召开的全国卫生与健康大会上强调，要"将健康融入所有政策"。现代健康观认为，健康不仅是身体上的健康，还是躯体、心理与社会健康的统一。

国内外许多心理学家给心理健康下过定义，但内容大同小异。本书认为，心理健康（mental health）是指个体内部心理过程和谐一致、与外部环境适应良好的稳定的心理状态。

（二）心理健康的标准

《"健康中国2030"规划纲要》明确提出要"促进心理健康"，要"加强心理服务体系建设和规范化管理"。生理健康和心理健康相辅相成的观点，目前已经得到普遍的认可，但对心理健康的标准存在着不同的看法。

【知识窗】
不同学者提出的心理健康标准

本书认为，心理健康的标准是：①认知效能良好。在学习、工作与生活中能够正常发挥自己的能力，包括正常的注意、记忆、思维等能力，能够完成学习与工作任务，解决各种问题。②情绪体验良好。情绪总体上积极稳定，能够有效地调节情绪。③自我认识恰当。能够较为准确地了解自己，对自己的能力做出恰当的估计，具有良好的自我价值感，对自己的总体评价较为积极。④人际交往良好。既能感受到他人的支持和关爱，又能主动与他人交往并关心、理解他人。⑤环境适应良好。能够恰当地认识现实，适应不同的、变化的环境，遇到挫折和困难时能够有效调适。

（三）什么是心理障碍

心理障碍（mental disorder）泛指个体在心理或精神、行为方面的一切异常。心理障碍是一个描述性概念，重要强调的是病感，而不论其有没有组织器官结构的改变。

【知识窗】
正常心理与异常心理的区分

《全面加强和改进新时代学生心理健康工作专项行动计划（2023—2025年）》指出，促进学生身心健康、全面发展，是党中央关心、人民群众关切、社会关注的重大课题。随着经济社会快速发展，学生成长环境不断变化，学生心理健康问题更加凸显。大学生心理健康状况一直是社会关注的重点。大学生在面对环境变化和人际关系时，容易感到烦躁焦虑、忧郁苦闷，从而导致压抑、紧张、痛苦等不良心理，产生心理障碍。下面介绍几种大学生常见的心理障碍：

1. 自我认知障碍

自我认知是自我意识的主要内容。大学生在自我意识完善过程中，如果不能客观地认识和评价自我，就易出现自我认知偏差，甚至造成自我认知障碍。自我认知障碍的主要表现形式有自傲、自卑和虚荣等。

2. 情绪障碍

一个人如果长期处于消极的情绪状态，或处于激烈的情绪状态中，就易产生情绪障碍。这种情况下，正常的心理和生理活动会受到影响，若不及时采取调适措施，可能引起严重的后果。情绪障碍的表现形式主要有烦恼、焦虑、抑郁、暴躁和冷漠等。

3. 学习心理障碍

大学生学习心理障碍主要表现为：学习动机缺乏或动机过强、注意力不集中、记忆力不强、学习方法不当、考试过度焦虑等。

4. 人际障碍

人际交往对于大学生完成学业、发展人格具有重要作用。大学生常见的人际障碍有自我中心、心理不相容、羞怯和角色困惑等。如果大学生只想从人际交往中获得好处，而不顾及对方的意愿和利益，这就是自我中心的表现。

5. 恋爱心理障碍

恋爱也是大学生活的重要内容。大学生在恋爱过程中可能因各种因素而产生困惑甚至恋爱心理障碍。如一些大学生在如何面对"情敌"上存在困惑，如果处理不好恋爱关系，就容易影响大学生的学习和日常生活，妨碍其身心的健康发展。

明确大学生心理障碍的种类及其表现，同时做好大学生心理障碍的预防与治疗工作，是保证大学生身心健康发展的重要前提。

二、心理咨询与心理治疗

（一）什么是心理咨询

心理咨询（psychological counseling）可以表示一门学科，即咨询心理学；也可以表示一种心理技术工作，即心理咨询服务。其含义是：咨询师运用心理学的理论和技术，借助语言、文字等媒介，与咨询对象建立人际关系，进行信息交流，帮助咨询对象疏导心理问题和心理障碍，以促进咨询对象的心理健康，使其能充分发挥自身潜能，有效适应社会生活环境。

（二）什么是心理治疗

心理治疗（psychological therapy）是指经过专业训练的治疗师运用心理学的有关理论和技术，对当事人进行帮助，以消除和缓解当事人较严重的心理问题或心理障碍，促进其人格健康协调地发展，恢复其心理健康的过程。

（三）心理咨询与心理治疗的联系与区别

心理咨询与心理治疗的联系在于：二者采用的理论方法往往是一致的，进行工作的对象常常是相似的，都强调帮助求助者成长和心理改变，都注重咨访关系的建立。

心理咨询与心理治疗的区别在于：① 心理咨询的对象主要是正常人，正在恢复和已康复的病人；心理治疗的对象则主要是患有心理障碍的人。② 心理咨询着重处理的是正常人所遇到的各种问题，如日常生活中的人际交往问题、家庭关系问题、婚姻问题等；心理治疗的工作则主要围绕某些神经症、心理障碍、行为障碍、康复中的精神疾病患者进行。③ 心理咨询用时较短；心理治疗较为费时，从几次到几十次不等，需长期的治疗。④心理咨询在意识层次上进行，更重视教育性、支持性、指导性、着重协助，帮助求助者认识问题、解决问题，促进其自身发展；心理咨询主要在无意识层次上进行，具有对抗性，着重点在于重建患者的人格。⑤心理咨询工作是更为直接地针对某些有限的具体目标而进行的；心理治疗的目的则比较模糊，其目标是使患者产生改变和进步。

目前，无论在国内还是在国外，心理咨询与心理治疗常常是不加区分的。有的学者把二者并列使用，有的学者更多地采用心理治疗一词。对于后者而言，心理治疗的含义中包括心理咨询。

三、心理危机干预

心理危机干预（psychological crisis intervention）是指在人们遭遇紧急事件后，为了保护和促进心理社会安宁以及预防或治疗精神障碍，所采用的任何形式的当地支持或外部支持，又称紧急情况心理社会支持。心理危机干预是健康中国建设的重要部分。建设健康中国，不仅要促进少数心理疾病患者的心理健康或提升心理健康素质，还要改进社会成员生活行为方式、生产生活环境和医疗卫生服务等。随着突发公共卫生事件的频繁发生，心理危机干预的常态化工作机制得到了广泛关注，心理学界正在集中力量，联合公共卫生和公共管理领域的专家，针对可能发生的各类突发公共卫生事件，设计出科学的心理干预方案及具体步骤，并将之作为系统性应对预案的常态性组成部分，丰富突发公共卫生事件的治理策略与政策工具。

（一）心理危机的反应与阶段

1. 心理危机的反应

（1）生理方面

心理危机事件必然会导致个体在生理方面的反应。主要表现为肠胃不适甚至腹泻，食欲不振，疲倦、头痛、失眠、做噩梦，易受惊吓，呼吸困难或窒息，肌肉紧张等症状。

（2）情绪方面

恐惧、焦虑等是遭遇心理危机时个体最主要的情绪表现。恐惧是个体在心理危机事件中最易出现的情绪，适度的恐惧有助于个体提高警惕性，而过度的恐惧可能会导致个体的心理障碍。焦虑也是一种常见的情绪反应，它的表现多种多样，比如手心出汗、心跳加快、血压上升等。适度的焦虑有助于个体采取行动应对危机，但过度的焦虑则可能妨碍个体有效应对危机。

（3）认知方面

处在危机状态的个体往往表现出注意力涣散，记忆力下降，工作或学习效率降低，缺乏信心，对自我、他人和前景的判断悲观，很难把思想从危机事件中转移等情况，甚至会出现仇恨心理，敌视身边的人和事，害怕他人疏远自己，怕受到冷落、鄙视，希望他人关心自己的心理。

（4）行为方面

心理危机中的个体在行为方面主要表现出：强迫思维（如反复责备自己）、强迫行为（反复洗手、反复消毒等），社交退缩、回避，不敢出门，害怕见人，暴饮暴食，不易信任他人或者盲从等。心理危机事件发生后，有些人甚至可能出现自伤、自杀行为。

2. 心理危机的阶段

（1）冲击阶段

冲击阶段一般发生在危机出现时或危机刚过时。危机事件发生的瞬时会对人的心理产生影响，这种影响造成的人的应激反应属于瞬时效应。当事人会感到十分震惊，不相信或否认事件的存在。刺激过强时，还会出现眩晕、麻木、不知所措等感受。

（2）完全反应阶段

完全反应阶段的心理伤害表现为认知、情绪、行为反应异常等短期反应。当事人常常感到恐惧、焦虑、痛苦和愤怒等，有的个体还会伴随罪恶感、退缩或抑郁等情况。

（3）解决阶段

在解决阶段，当事人开始接受事实并为未来做好相应的规划。这时人们会努力恢复心理上的平衡，控制焦虑和恐惧等负面情绪，恢复受损的认知功能，将自己的注意力转向危机刺激，并采用各种措施应对危机。

对于大多数人来说，危机反应无论在程度上还是在时间上，都不会给生活带来永久性或者极端的影响，他们需要的只是时间，加上亲友之间的关心和帮助，就能够逐步找回生活的信心。如果危机反应过强，持续时间过长，就会对个体身心产生一系列更加消极的影响。

（二）心理危机干预模式与干预技术

1. 心理危机干预模式

心理危机干预模式主要为：平衡模式、认知模式和心理社会转变模式。这三种模式为不同的危机干预策略和方法奠定了基础。

（1）平衡模式

平衡模式强调，处于危机事件中的个体或组织，由于现有的应对方式和解决问题的方法不能满足对危机事件的应对，进而导致自身处于心理和情绪失衡的状态。因此，平衡模式认为，心理危机干预的目标就是帮助个体或组织恢复到危机前的平衡状态。平衡模式常用于危机事件的早期应对中。

（2）认知模式

认知模式强调，非功能性认知在危机事件中扮演着重要的角色。只有改变了不良的思维方式，消除非功能性认知中的非理性和自我否定，才能恢复个体理性并重新获得自我肯定，进而具备相应的控制能力。认知模式常用于危机事件稳定后，伴有不良情绪体验和不良行为表现的个体心理干预中。

（3）心理社会转变模式

心理社会转变模式强调资源在个体危机应对中的作用。资源包括个体自身的能力，也包括个体可利用的环境资源和社会支持。心理社会转变模式着重对与个体危机有关的内部、外部的困难进行评估，进而帮助个体整合内部的应对机制、社会支持系统和环境资源等，以获得对生活的控制。心理社会转变模式常用于危机事件稳定后的个体心理干预中。

2. 心理危机干预技术

（1）建立关系的技术

咨访关系是心理危机干预工作有效开展的前提和基础。建立良好的咨访关系对干预者提出了以下几点要求：① 无条件尊重、关注以及接纳当事人；② 专心、耐心倾听当事人的叙述；③ 真诚地展现自己以及对待当事人；④ 设身处地地体会当事人的内心世界，即能够共情；⑤ 给予当事人充分的情感支持。

（2）心理危机干预的具体技术

对于突发事件特别是紧急灾难性事件的心理危机干预技术，现在国际上比较公认的有以下几种：

紧急事件晤谈法。紧急事件晤谈法是米切尔（J. Mitchell）于 1983 年提出的一种团体心理治疗方法。紧急事件晤谈法多用于小组会谈，治疗对象是经历了危机事件而存在一般应激性压力反应的人群。晤谈法通常在紧急事件发生后的 24 小时内进行，一次持续 2~3 h。

空椅技术。空椅技术用于协助当事人疏解情绪和处理未完成事件。此技术要用到两张或多张椅子，干预者要求当事人坐在其中一张椅子上，扮演内心冲突情境的一方，再换坐到另一张或其他椅子上，扮演内心冲突情境的另一方，让当事人所扮演的双方持续对话，以逐步达到自我的整合或者自我与环境的整合。

安全岛技术。安全岛技术是一种个体用想象法改善自己情绪的心理学技术。内在安全岛是指在内心深处寻找一处自己感到绝对舒适和惬意的地方。在内在安全岛上不应该有任何压力的存在，只有好的、保护性的和充满爱意的东西。

眼动脱敏与再加工疗法。夏皮罗（F. Shapiro）于 1987 年创造了眼动脱敏技术，并在此基础上于 1991 年创造了眼动脱敏与再加工疗法。它建构了加速信息处理的模式，帮助当事人迅速降低焦虑，并且诱导积极情感，唤起当事人对内的洞察、观念转变和行为改变，加强内部资源，使他们能够达到理想的行为和人际关系改变。

（三）心理危机干预的目标与对象

1. 心理危机干预的目标

一般来说，心理危机干预有以下三个层次的目标：① 最低目标是缓解当事人的心理压力，防止过激行为，如自杀、自伤或攻击行为等；② 中级目标是帮助当事人恢复以往的社会适应能力，使其重新面对自己的困境，采取积极而有建设性的对策；③ 最高目标是帮助当事人把危机转化为一次成长的体验并提高当事人解决问题的能力。

综上所述，在心理危机干预的三个层次的目标中，最低目标的核心是"劝阻"，中级目标的核心是"恢复"，最高目标的核心是"发展"。

2. 心理危机干预的对象

面对危机，不同人产生的反应可能不一样。第一种是个体虽然度过危机，但并未真正解决问题，危机的不良影响在生活中还会时不时地表现出来。第二种是个体刚遭遇危机，心理就彻底崩溃，仅靠自身的力量无法恢复。这两种人都是心理危机干预的对象。值得注意的是，在灾害期间需要心理危机干预的人群更加广泛，既包括在灾害中遭受身体和心理创伤的亲历者，又包括与亲历者有密切接触的一线医护人员、应急服务人员、志愿者等。

（四）心理危机干预中的潜在伦理问题

1. 专业关系的伦理问题

良好的专业关系是心理危机干预的基础。干预者要以共情、尊重、温暖、平等、真诚的态度对待当事人；要客观中立，不以外界的标准评判、要求当事人。

2. 专业胜任能力的伦理问题

干预者应该接受过专业基础训练和危机干预相关训练，具备相应的资格能力，不断提高自身对心理危机的评估与干预能力，必要时寻求督导的帮助。

3. 保密与保密例外的伦理问题

干预者有责任保守当事人的秘密，保密的内容和范围受到国家法律与专业伦理规范的保护和约束。在当事人出现伤害自身、伤害他人或法定的通报责任的情况时，就属于保密例外的情况。此时，干预者要本着最大程度保护当事人的同时兼顾他人与公众的权益并考虑法律规定的原则，妥善进行处理。

4. 保证当事人的福祉以及结束与转介的问题

心理危机干预的重点是帮助当事人顺利度过心理危机。与心理咨询不同，心理危机干预过程中不给当事人贴"疾病标签"，只有在当事人确实有转介的需要时，才提供相应的资源，尊重当事人的决定。

第二节　心理学在教育领域的应用

教育、科技、人才是全面建设社会主义现代化国家的基础性和战略性支撑。青少年是社会主义建设者和接班人，促进青少年身心健康、全面发展，是党中央关心、人民群众关切、社会关注的重大课题。准确理解和把握脑科学与教育的关系，运用心理学理论科学指导教育工作显得尤为迫切。将心理学理论和实践成果应用到教育领域，是高质量教育的必然要求，也是培养拔尖创新人才的重要内容。

一、脑科学与教育

（一）脑科学对教育的启示

人并不是生来就拥有一个功能完备、高效运转的大脑，大脑的逐渐成熟是基因与环境交互作用的结果，环境对大脑的刺激决定了大脑的变化、学习和记忆及脑内神经元的联结程度。以语言功能为例，语言是人和其他动物区别的重要标志，也是大脑成熟的重要标志。从脑的进化和关于语言的脑机制研究中可以了解到，语言的产生的确具有重要的脑科学基础。语言学家乔姆斯基（A. N. Chomsky，1928—　）强调语言与遗传特征的关系，希望找到语言基因，但这一预测并未得到科学的证实。语言功能是大脑和环境交互作用的产物。遗传特征在语言发展中固然起着重要作用，但正常的语言发展需要儿童期的语言环境，需要语言教育的配合。

总之，环境影响基因的变化，基因决定环境的作用，这是脑科学研究得出的见解，而这里的关键因素是对脑的刺激。

心智的结构是多元的。对贫困儿童进行早期教育干预的研究证实，对贫困儿童的教育干预方案能够有效防止智力发展上的延缓，并能提高智商测试分数。加德纳在《智能的结构》一书中指出，我们每个人的大脑至少由八种智力构成，且脑外科和脑科学研究表明，每一种智力或能力都在大脑中有相应的位置，存在着脑功能的不同定位。若严重损伤大脑的某个部位，就会有失去特定能力的风险。根据多元智力理论，教师应拓展教学技巧、方法，采用多样化的教学策略。在传统的课堂中，教师以讲解课文、板书、提问为主；而在注重多元智力的课堂中，教师运用多种方法，旨在发展学生的多元智力。比如，教师除适当地讲解外，还可以利用图示、视频、音乐等形式教学，或让学生离开课堂进行自主探究、小组学习，以加深学生对抽象内容的理解，并通过同桌、小组、大组活动等人际交往方式以及自学、讨论等学习方式得到最佳教学效果。

在实践多元智力理论和相关教学策略的过程中，教师应注意，学生在多元智力方面各有所长。这意味着，某种教学方式可能对一些学生行之有效，而对另一些学生未必有效。例如，图画和想象策略对形象思维较强的学生奏效，但对语言智力和身体运动智力较强的学生则效果不明显。由此可见，教师应当吸收脑科学研究成果，经常改变教学策略，这样才能使每个学生所擅长的智力充分运用到学习之中，收到最佳的教学效果。

越来越多的脑科学研究成果表明：情感在人类学习中起着不可低估的作用。情感与认知并不是对立的两个过程，而应当理解为两个并行的过程，它们以特殊的方式联系在一起，对有机体有不同的意义或价值，都是脑神经整体功能的体现，反映出神经活动的效率。戈尔曼（D. Goleman）在《情感智商》等著作中，对经典的智力概念提出了挑战。他认为，我们具有两个大脑、两个中枢以及两种不同的智力形式——理性的或情感的。

在人类的精神生活中，大脑边缘系统、新皮质、杏仁核和前额叶既相对独立，又彼此互补；其协调合作的优劣，既决定了智力水平的高低，也决定了情感智力水平的高低。勒杜（J. Ledoux）发现，情绪的神经通路在新皮质之外，专司情绪事务的杏仁核在大脑整体结构中作为情感中枢起着关键作用。作为情绪前哨，杏仁核占据着优势，有能力造成大脑神经中枢"短路"。它对脑的功能，包括思维有着重要影响。

戈尔曼和勒杜的研究都揭示了情感智力在学习和推理以及个性发展中有举足轻重的作用。教师可以通过有意识的活动在班级营造积极的情绪氛围，可以有如下目标：① 创建和重温能提升积极情绪的活动，采用积极语言，避免笼统性表扬；② 设计活动，让学生与课程内容或者技能建立情感联结，可建立班级日常规程让学生知道他们在校园生活中应遵守的规范与要求，可组织独特有趣的班级活动，比如创作班歌、设计班徽等，这些对激发学生活力，使其获得参与感有帮助，还有助于学生建立群体认同感，同时提高学生的归属感和群体凝聚力。

（二）以脑为导向的教学模式

以脑为导向的教学（brain-targeted teaching，BTT）模式是一个完整的教学指导框架。它基于神经科学和认知科学领域的研究而设计，旨在帮助教师科学地计划、执行、评估教学程序。该模式由六大教学阶段构成——为学习营造情绪氛围，为学习创造良好的物理环境，设计学习体验，教授掌握内容、技能和概念，教授知识的扩展和应用，评估学习。简而言之，BTT模式就是依据我们当前知道的关于学生如何学习与思考的知识，进行有针对性的教学。

认知与学习领域的科学发现完全可以也应当被用来武装教师的头脑。但是，如果缺乏指导性的框架，那么想利用好这些科学发现并将其融入具体教学将是一件颇具挑战的事情。BTT模式综合了相关的研究，使之成为一个关联紧密且具有实践性的教学系统。就其本身而言，BTT模式既不是一种课程设置，也不是一个独立的教育产品，而是将大多数有效的教学项目和实践结合起来，指向一个或者多个脑-目标，就像一种通用的学习设计或者教学框架。

【知识窗】
BTT模式在生物学的有效尝试

尽管每一个脑-目标都被表征为相对分离的部分，但是BTT模式的六个阶段之间是相互关联的。因此，不能将这个BTT看作线性的，而应视其为一个有机的系统。它能够为教师提供指导与方案，其作用范围会从课堂延伸到整个学校系统。

当然，BTT模式的根本目标不仅是教育学生掌握学习内容，更重要的是使学生能够创造性地运用知识解决问题。这种创新性被当作21世纪人才的必备技能与核心素质。此外，BTT模式中同样核心的部分还有对学习过程中情感气氛和物理环境的关注，它能开发有效的教学设计使学生拥有综合化、全局化的思维，进行持续性的学习评估，运用艺术训练来增强学生对知识的记忆与巩固，建构概念（不仅是表层的知识），培养学生的高阶思维。

二、学校心理健康教育

（一）什么是学校心理健康教育

1994年，《中共中央关于进一步加强和改进学校德育工作的若干意见》中第一次在文件中正式使用"心理健康教育"一词，指出"通过多种方式对不同年龄层次的学生进行心理健康教育和指导，帮助学生提高心理素质，健全人格，增强承受挫折、适应环境的能力"。1999年，教育部发布了《关于加强中小学心理健康教育的若干意见》，对心理健康教育给出了更为明确的定义：中小学心理健康教育是根据中小学生生理、心理发展特点，运用有关心理教育方法和手段，培养学生良好的心理素质，促进学生身心全面和谐发展和素质全面提高的教育活动。《中小学心理健康教育指导纲要（2012年修订）》指出，中小学心理健康教育，是提高中小学生心理素质、促进其身心健康和谐发展的教育，是进一步加强和改进中小学德育工作、全面推进素质教育的重要组成部分。

（二）学校心理健康教育的目标

《全面加强和改进新时代学生心理健康工作专项行动计划（2023—2025年）》将

"健康教育、监测预警、咨询服务、干预处置'四位一体'的学生心理健康工作体系更加健全，学校、家庭、社会和相关部门协同联动的学生心理健康工作格局更加完善"作为工作目标。从学校层面来看，心理健康教育的目标是提高全体学生的心理素质，充分开发他们的潜能，培养学生乐观向上的心理品质，促进学生人格的健全发展。具体体现在：教师通过指导使学生不断认识自我，增强调控自我、承受挫折、适应环境的能力；培养学生健全的人格和良好的个性心理品质；对少数有心理困扰或心理障碍的学生，给予科学有效的心理咨询和辅导，使他们尽快摆脱障碍，调节情绪，提高心理健康水平，增强自我教育能力等。

（三）学校心理健康教育的内容

《全面加强和改进新时代学生心理健康工作专项行动计划（2023—2025 年）》提出，要"五育并举促进心理健康"。学校心理健康教育要根据学生生理、心理发展的特点，运用有关心理教育的科学方法和手段，培养学生形成良好的心理素质，促进学生各种素质全面提高。学校心理健康教育的内容主要包括：学业发展的辅导、人际关系的辅导、情感教育的辅导、性格教育的辅导、职业指导的辅导。

（四）学校心理健康教育的途径

学校心理健康教育要实现目标，就必须借助一定的方法和手段。学校心理健康教育的途径有：开好心理健康课程，做好"学科渗透"工作，实施倾听一刻钟，运动一小时"两个一"行动，丰富校园文化活动，加强学校体育运动，广泛开展艺术教育，大力开展劳动教育，做好心理咨询工作。

三、学校心理咨询的方法

（一）精神分析的方法

精神分析学派的心理干预技术是学校心理咨询常用技术，它主要分为两大方面，即精神分析经典技术与短程精神动力学心理治疗。精神分析经典技术包括以下几个部分：① 自由联想。心理健康教师让来访者躺在专用的躺椅上将头脑中浮现的任何观念和想法全部说出来，心理健康教师需要仔细倾听来访学生的诉说。其间，要求治疗环境相对安静，来访者不易被打扰。② 阻抗与对应阻抗。弗洛伊德将阻抗定义为来访者在自由联想过程中对于那些使人产生焦虑的记忆与认识的压抑，可以是语言形式也可以是非语言形式，可以表现在健忘、控制话题、谈论琐事、东拉西扯等谈话内容方面，也可以表现在不认真履行心理健康教师的安排，这就要求心理健康教师善于识别各种形式的阻抗，并从帮助对方的角度出发，以诚恳的态度与对方进行探讨，共同讨论出现的阻抗现象。③ 梦的解析。弗洛伊德认为梦不是偶然形成的联想，而是压抑的欲望，它可能表现出对治疗有重要意义的情绪的来源，包含导致某种心理的原因。④ 移情。作为精神分析的一个用语，也是一项技术，移情是指在以催眠疗法和自由联想法为主体的精神分析过程中，来访者对心理健康教师所产生的一种强烈的情感，是来访者将自己过去对生活中某些重要人物的情感投射到心理健康教师身上的过程。

短程精神动力学心理治疗是在传统精神分析和其他精神动力学心理治疗的基础上逐步改良发展的，一般可以分为初期、中期和后期三个阶段。因为疗程较短，治疗的重点便转向对某一问题的改变，而不再强调做广泛的人格分析。治疗技术除了支持、鼓励、复述、解释以外，还包括确定焦点问题与以往经历的联系、移情分析、新想法思考替代、行为应对以及良性忽视等。

（二）行为主义的方法

行为干预的技术十分广泛，根据学校心理咨询的特点，常用的技术有行为塑造、行为技能训练、惩罚、代币治疗、促进、行为契约、放松训练、系统脱敏、快速暴露法等，本书主要介绍其中几种方法。

行为塑造是通过强化手段，矫正人的行为，使之逐渐接近某种适应性行为模式的强化治疗手段。行为塑造是一个过程，需要为来访者定义目标行为、确认初始行为、选择行为塑造步骤以及过程中的强化物，并按照合适的速度完成塑造的各步骤。

代币治疗是在一个指导治疗或接受教育的环境中，来访者在出现期望行为或减少不良行为后给予代币，并可得到兑换的物品，从而达到转变行为的过程。促进是指在行为进行之前或行为进行之中给予的刺激，有助于行为的发生。

促进是使一个正确行为出现并给予强化。在学校环境中，教师可以通过语言促进、姿势促进、示范促进、躯体促进等方式鼓励来访者，以此提高他们的自信心。

放松训练是一种通过调节来访者自主神经兴奋状态从而达到减轻其焦虑和恐惧的行为干预技术。放松训练最为常用的方法有渐进性肌肉松弛法、腹式呼吸法和注意集中训练法等。

系统脱敏是指心理健康教师有步骤地让来访者在放松状态下想象并逐步解除以前曾让他们恐惧的情境，逐步增加其耐受程度。运用系统脱敏有三个重要环节：来访者学习和运用放松技术，心理健康教师和来访者一起建立恐惧事件等级，来访者在心理健康教师的指导下进入不同等级的恐惧情境的同时练习放松。

（三）人本主义的方法

人本主义的方法是由许多学者共同创建的一类心理疗法，包括来访者中心疗法、完形疗法、存在主义疗法等。其中以罗杰斯开创的来访者中心疗法的影响最大，成为人本主义的方法中一种常用方法。来访者中心疗法的过程包括七大方面，即最初来访者对待自己的经验是刻板、固执的，在与心理健康教师畅谈一些自我之外的话题后出现态度上的松动，与心理健康教师交流得更加流畅并自由表达自我感受，表达情感阶段，接受自我阶段，切实体验阶段，自我整合阶段。

完形疗法的目标在于达到察觉的状态，以及经由察觉获得更多的选择及肩负更多的责任，而心理健康教师的重要职能就是关注来访者的肢体动作，并鼓励来访者积极投入，抱着对人生探索的态度去学习认识自己。同时，心理健康教师还要注意来访者的语言与肢体动作间是否有不一致的现象，对这些细节性方面多加注意并进行调整。完形疗法中的技术很多，包括对话技术、空椅技术、绕圈子技术、"我负责"技术、投射技术、反转技术、预演技术、夸张技术等。

存在主义疗法的目的是促进来访者对生活进行反思，认识到自己可以选择的范围，在各种选择中做出决定。一旦来访者开始认识到他们是怎样被动地接受了环境并放弃了主动控制时，就可以有意识地规划自己的道路。存在主义疗法有三大任务：帮助来访者认识到在实际生活中被限制的一些问题；支持来访者面对始终在避免的焦虑；帮助来访者重新认识自己和世界，促进他们更真实地去接触世界。

（四）认知主义的方法

常规实施认知疗法的第一步是建立治疗性医患关系，这一步很重要，是整个疗法的基础，直接影响疗法的最终效果。接着心理健康教师需要全面评估确定目标，识别、收集功能失调性自动想法，检验、矫正功能失调性自动想法，探索检验并矫正负性中间信念，揭示质疑并矫正负性核心信念，最后巩固疗效，预防复发。在认知主义的方法中，认知干预的技术很多，比如调整功能失调性自动想法的技术包含归类曲解想法、引导自我发现、质疑绝对肯定、进行重新归因、直接对峙争辩等方法。调整假设和核心信念的技术包含苏格拉底方法、合理假设替代、忽略微小概率等方法。控制反复冒出想法的技术包含停止想法、重新聚焦等。

（五）积极心理方法

积极心理方法是一种短期疗法，也是一种跨文化的、多种心理治疗流派的理论与方法的整合模式。它从尊重人发展的可能性和人的能力出发，以积极认知为主导，对疾病赋予积极解释，关注积极的人格特质，与人本主义的方法存在相似交叉的地方。积极心理方法主要包括两大部分：五阶段的主导疗法和讲故事形式的辅助疗法。

积极心理方法开辟了一条全新的治疗思路，它将心理疾病从创伤的牢笼中解放出来，将人视为待发展或者发展过度的文化个体，将人放在具体环境中治疗，增强了治疗的实效性。此外，积极心理方法结合多种心理治疗的理论与技术，既包含精神分析方法，又采用行为方法，还和人本主义方法在心理问题的成因与治疗目标上的见解一致，都是着眼于发掘来访学生身上存在的种种能力和自助潜力，它体现了深厚的人性意义。

【知识窗】
积极心理方法在学校心理咨询中的应用

第三节　心理学在其他领域的应用

心理学研究人的心理和行为，在军事领域的应用历史悠久，在军人心理选拔、军人个体与组织心理健康、军事环境与应激等方面发挥着重要作用。心理学与经济社会发展有特别密切的关系，其成果对人类社会进步和科学技术发展具有十分重要的应用价值。心理学在工业/组织领域中的应用价值日益凸显，在提高工作效率、减少员工压力、改善工作环境、促进组织发展等方面产生了重要影响。此外，面对网络化、信息化和全球化带来的新问题、新挑战，开展基于新媒体、大数据分析的宏观社会心理规律研究成果也广泛应用于广告、消费、用户体验设计等诸多领域。

一、心理学在军事领域的应用

心理学在军事领域中的应用历史悠久，人类自有战争起就有心战。《中国古代心战》一书指出，没有心战支持的兵战是缺乏灵魂的战争。中国古代战争证明，战争中有效应用心战攻防是决定战争胜利的铁律。

高素质的战斗员和指挥员是任何军事行动成功的基本保证。随着高强度化、机械化、自动化、信息化、智能化、全息化、远程化和立体化军事态势的发展，人在军事行动中的地位越发凸显，更高的心理素质、智能水平，以及人与人的协同、人与装备的配合，这些都是军事心理学的研究范畴。可以肯定，心理学在军事领域中的应用将有更高水平的发展。

（一）军人心理选拔

军人心理选拔（serviceman psychological selection）是军事心理学的重要内容，是指根据军事职业的特殊需要，运用心理学的理论、方法和相关技术，通过特定的心理选拔程序，检测候选者的军事职业适合性和成功掌握军事职业技术的心理品质及发展，录取适合者的过程。在众多的军事心理学研究领域中，军人心理选拔是开展最早、与军事活动联系最紧密、应用最为广泛的领域。军事职业活动的特殊性，要求军队必须通过严格的心理筛查，选拔没有心理障碍并在行为特征上合格的个体进入部队，以保障部队的正常作战能力，提高部队的特殊作业能力。

知识窗
军人心理选拔的原则

军人心理选拔历史悠久。春秋时期，选拔士兵主要测查身体运动能力，其标准是能否穿着甲胄进行军事活动，能者称为"胜衣"，不能者叫"不胜衣"。"不胜衣"者很难成为士兵。《孙子》提出，将的胜任特征是"智、信、仁、勇、严"。《荀子·议兵》中对不同兵种的体质、体能和心理品质提出了不同的标准。从现代人事选拔的角度来看，这些典籍中的记载包含军人选拔的身体标准、体能标准、心理品质标准，具有较强的可操作性。

（二）军人个体与组织心理健康

个体的心理健康在一定程度上取决于个体与组织间的关系。当个体价值与组织价值趋向相同时，个体对组织的认同感增加，有助于组织的发展。组织心理健康是指组织成员在与组织良性互动中形成的一种积极氛围，这种氛围有助于组织克服困难实现既定目标。但组织心理健康的结构与个体心理健康的结构不能一一对应，如果我们将组织视为一个完整的整体，那么组织心理健康与个体心理健康之间在一些维度上存在一定的关系如表14-1所示。

表14-1　个体心理健康和组织心理健康的对应

个体心理 健康维度	组织心理 健康维度	组织心理健康的内容
自我接纳	组织认同	是组织心理健康最重要的因素之一。成员承认自己的组织、认同自己是组织的一员，会对成员的心理产生积极影响。一个认同组织的员工，会将组织的成就与自己联系起来，产生荣誉感和自豪感

续表

个体心理健康维度	组织心理健康维度	组织心理健康的内容
良好人际关系	组织凝聚力	在组织中,良好和谐的内部关系有助于形成组织凝聚力,而组织凝聚力是组织发挥效能的重要保证
自主性	责任感和承诺感	成员的自主性可以增强对组织中工作的责任感,进一步发展其对组织的承诺感
环境控制	集体效能感	组织与环境密切关联。组织力量在一定程度上取决于成员的集体效能感,即相信只要通过齐心协力就能解决问题。集体效能感影响成员寻求什么样的发展,投入多少努力,在集体力量不能产生即时效果时能坚持多久
生活目标	组织目标认同	健康组织必须有明确的发展目标,只有当组织目标与成员目标一致时,才能激发成员的工作动机,提高工作积极性,使成员朝共同的目标努力
个体成长	组织学习	不仅成员要学习,组织也要学习。组织学习是组织中团队的学习,也是组织为了适应环境变化所主动采取的应对方式。一个会学习的组织,才能获得健康发展的机会

(三)军事环境与应激

1. 军事环境

军事环境是战斗力构成要素之一,影响战斗力生成、军事绩效的提升,在一定范围内决定战争的胜负。在危险、恶劣、复杂的多重压力环境中执行任务,是军事职业的一大特征。军人面临的环境主要包括四类:自然环境(如高热、高寒、高原、高湿、低温等)、人工环境(如加速度、振动、噪声、放射等)、社会心理环境(如孤独、寂寞、幽闭、封闭管理、生活单调等)、作业环境(如持续作业、睡眠不足、生存威胁等)。

研究特殊军事环境对军人心理行为的影响,探讨如何通过军事训练提高军人快速适应环境的能力、挫折承受能力和战场心理防护能力等,是军事环境心理长期研究的课题。

军事环境可通过两种方式对个体的心理功能产生影响:① 通过影响个体的生理功能继而影响个体的心理功能。如持续暴露于高温环境下 2 h,军人操作能力与暴露于舒适温度下 6 h 的下降水平相同,严重者甚至会出现幻觉、视物变形等。高原环境对人体的感知觉、记忆、注意、思维等会产生广泛影响。如从海拔 1 200 m 开始,海拔平均每升高 600 m,个体夜视力下降约 5%;从海拔 800~2 400 m 开始,个体的记忆开始受影响;大约在海拔 5 400 m 时,个体已很难同时记住两件事。② 直接影响个体的心理功能。如慢性的睡眠不足或急性的睡眠剥夺会对个体的注意、记忆、思维、情绪等产生直接影响;长期孤独、寂寞的环境(如驻守岛礁、雷达站等)会对个体的思维、语言功能产生明显影响。复杂的军事环境对军人生理、心理的影响,与繁重的军事作业任务相结合,往往导致特定、严重的心理与生理问题,降低军事作业绩效和战斗力。

2. 军事应激

军事应激（military stress）指接触各种军事环境因素刺激的人员所表现出的特异性和非特异性、适应和适应不良的心理生理与行为反应。

现代高科技战争与非战争突发事件中，严重的军事应激所引发的主要症状包括：① 生理方面，心跳加速、血压升高、喉咙发干、呕吐、耳鸣和视力模糊等；② 心理方面，恐惧、紧张、焦虑、兴奋、狂热、抑郁、苦恼、心神不定和情绪意志异常综合征等；③ 行为方面，头重脚轻、肌肉紧张、动作失调、举止木讷、不知所措等。个别军人伴有神情恍惚，手中武器不听使唤等情况。此外，还有一些军人出现思乡病，或者以各种理由请求留守以躲避参战。个别军人甚至会因不想参战或参战后惧怕再参战而出现自伤、自残或自杀等过激行为。

3. 军事应激的防治

目前，国际上对军事应激的预防主要从两个方面进行。① 个体预防：主要包括针对个体的各种应激训练。各国曾经使用或正在使用的方法有很多，名称不一致，常用方法如应激接种训练、军事心理训练等，主要是通过各种抗应激训练提高军人的抗应激能力，使军人保持较强的心理自控力和自信心，增强环境适应力。② 群体预防：主要通过强化组织机构，增强团体的凝聚力，达到使军人保持健康心态的目的。

军事应激的救治在战时和平时有所区别。战时救治时要采取简易、迅速、见效快的方法，以药物治疗为主，辅以心理支持法、心理疏导法和心理放松法。平时采取认知行为疗法、合理情绪疗法、眼动脱敏与再加工、行为矫正疗法，同时辅以药物治疗。

（四）军事心理训练

军事心理训练是指围绕培养情绪控制和调节能力、提高心理活动强度、增强环境适应能力、促进挫折耐受力和心理复原力等开展的提高军人心理素质的训练。军事心理训练的目的是使军人能在危险、艰难、突然、强烈刺激的情况下，保持心理稳定，能做出积极反应，有效地进行作战或工作。军事心理训练的内容包括：军人心理品质的定型训练；提高军人心理活动水平训练；在特别情况下排除各种心理干扰能力的训练；结合军人职业进行专业心理训练等。在现代战争中，军人要承受强大的军事冲击、高技术手段带来的巨大心理压力以及残酷的战场心理创伤。因此，军人不仅要有强健的体魄和过硬的军事素质，更要有良好的心理素质，这样才能在未来的战争中有效保持、提高部队的战斗力。

对于军人心理训练方法大致可以分为两大类。一类是针对心理健康和心理调节的训练，主要方法包括：生理调控训练，如肌肉放松法、暗示催眠法、音乐疗法等；表象意念训练法，如系统情绪脱敏、战绩表象训练、回忆最佳状态等。另一类是针对军人职业特点和任务指向的训练，重点包括多顾虑、重负荷状态下的军人身心承受能力训练，持久性、艰苦性为特点的军人身心耐久能力训练，高强度、高密度环境下的军人应激能力训练。尤其以第二类锻造军人适应战场需要的心理素质为关键。

二、心理学在组织行为管理领域的应用

人在组织中发挥着重要的作用，人才已经成为企业竞争优势中的战略性资源。将心理学引入组织行为管理，了解员工的心理活动，创造积极健康的工作生活环境，将增强员工的积极情绪体验，培育其积极人格，增强满意度和幸福感，激发工作热情，提高业务效率，从而促进个体和组织共同蓬勃发展。

（一）组织行为管理

1. 什么是组织行为管理

组织行为管理（organizational behavior management）是采用系统分析的方法，综合运用心理学、社会学、人类学、伦理学、管理学和政治学等多学科知识，研究和解释一定组织中人的心理行为规律的交叉性、边缘性社会科学。组织行为管理的目的是提高管理人员预测、引导和控制人的行为的能力，实现组织预定目标。

2. 组织行为管理的性质

组织行为管理作为一门新兴的管理学科，是现代管理学的重要组成部分，但它既不同于管理学，也不能与行为科学混为一谈。它是一门与管理学、行为科学既有密切联系，又有严格区别的边缘性社会科学。它有以下四个特性：

（1）规律性

组织行为管理的研究对象是一定组织中人的行为规律和心理活动规律。它既不单独研究人的行为规律，也不单独研究人的心理活动规律，而是把两者作为一个有机体来加以研究。

（2）系统性

组织行为管理的研究方法是系统分析的方法。它不是孤立地研究一个组织中的个体、群体和组织心理与行为，而是采用系统分析的方法，研究个体、群体等子系统在组织环境这个大系统中的相互联系和相互作用。这些子系统均自成体系而又密不可分，共同构成一个具有内在联系的有机整体。

（3）效能性

组织行为管理以研究一定组织中人的心理和行为规律为目的，并不在于揭示和描述这些规律，而在于通过掌握这些规律提高管理者引导、控制人的行为的能力，以实现组织目标、获得最佳工作绩效。

（4）多学科性

组织行为管理是一门具有应用价值的多学科交叉性、边缘性社会科学。首先，由于人的行为具有鲜明的社会性，人的社会性决定了人的行为不可能超越社会关系而独立存在，同时，组织是具有特定社会关系的社会结构，因此，作为一门研究组织这种社会结构中人的行为的学科，组织行为管理是一门社会科学。其次，就研究特性而言，组织行为管理把人类学、心理学、社会学以及其他行为科学的有关知识扩展到组织环境之中，并运用它们来分析和解释组织中人的心理与行为规律，提高管理者引导、控制人的行为的能力，所以它是一门应用于人的行为管理的现代管理科学，对管理实践具有极大的应用价值和指导意义。

3. 组织行为管理模式

（1）专制模式

专制模式是以强权为基础来达到管理目标的管理模式。这种模式的基础是权力，如果员工不服从命令就将受到惩罚。

在专制模式下，管理者认为员工的责任就是服从命令。这种传统的管理观念导致工作中对员工的严密监管，员工的取向是服从老板，老板的雇用、解雇的权力是绝对的。在这种管理模式下，员工完成最低限度的绩效，老板支付最少的薪水。员工之所以还愿意完成最低限度的绩效，是因为他们必须为自己和家庭满足最低的生存需要。

专制模式对于完成工作是一种有效的方法，它的主要缺点在于其高昂的人力成本。在过去没有其他选择时，专制模式是一种可接受的指导管理行为的模式，如今在某些情况下如组织危机中，它也依然是有效的。但是，随着对员工需要的逐渐深入，再加上社会价值观的普遍改变，组织需要实施更加人性化的管理方式。

（2）看护模式

看护模式（custodial model）是以改善劳资关系为基础来达到管理目标的管理模式。在专制模式下，虽然员工嘴上从来不顶撞，但他们的心里易有不满。看护模式在客观上要求管理者采取办法，提高员工的满足感和安全感。如果能消除员工的不安全感、挫折感，他们可能会更喜欢工作。看护模式有赖于组织的经济财力，如果一个组织无力支付各项福利费用，便不能有效地达到管理目标。看护模式的管理取向是：由于员工的生理需要已经获得了一定的满足，因此管理者把安全需要的满足作为员工的激励动力。

（3）支持模式

支持模式（support model）是以领导而不是权力或金钱为基础，通过领导和管理营造支持员工成长的气氛，为员工提供适当的机会，优先考虑支持员工成就业绩，而不是单纯地提供物质福利等经济保障措施。其结果是使员工感到他们在参与管理，自己包含在组织之中，获得了强大激励，满足他们的高层次需要，促发了他们对工作的自觉驱动力。支持模式的管理取向在于对员工的工作绩效予以支持，员工得到更大的激励，因为他们的尊重需要得到了更大的满足。

（4）团队模式

团队模式（team model）是对支持模式的一种有效扩展，体现了团队的精神。采用团队模式的心理效果是自我约束、自我要求。如同中国女排队员团结协作、顽强拼搏、永不言败。置身于这样的环境中，员工会具有某种程度的恪尽职守和自我实现感。团队模式的管理取向是协作、指导、协调，员工能以高度的责任感参与协作。采用团队模式的心理效果是自律、自我实现感。

（二）组织中的激励

1. 薪酬激励

薪酬（compensation）是员工因向所在组织提供劳动或完成任务而获得的各种形式的酬劳或酬谢。它是劳动力价格的支付形式，在市场经济环境下，同时又是人力资本竞争的价格表现。按照存在的形态不同,薪酬可分为经济性薪酬和非经济性薪酬。经济性薪酬又叫外在薪酬,是指以物质形态存在的各种薪酬,可分为直接薪酬和间接薪酬两大部分。直接薪酬包括员工收到的基本工资、奖金、津贴、加班费、佣金、股权等;间接薪酬是指组织向员工提供的各种福利,如各种保险、补助、优惠、服务和带薪休假等,是一些未包括在直接薪酬中的货币薪酬。非经济性薪酬则主要包括工作本身和组织内部环境为员工所带来的效用满足。例如工作的挑战性、责任感、成就感、趣味性,员工在工作中所体验到的个人能力和适应性等方面的成长以及个人梦想的实现等。

2. 工作设计

人与工作之间的相互适应与匹配是现代组织管理中的重要问题。工作设计是一种能让人与工作匹配,从而使人们的职业兴趣得以实现的重要方法。所谓工作设计是指对工作完成的方式以及某种特定工作所要求完成的任务进行界定的过程,是一种确定组织中员工工作活动的范畴、责任和工作关系的管理活动。通过工作设计,管理者可以知道实现组织绩效的最佳办法,同时可以满足员工成长与福利方面的要求。工作设计涉及工作系统的各个方面,包括工作任务、工作职能、工作关系、工作标准与业绩、人员特性、工作环境等,其目的在于更好地提高员工的工作效率与工作生活质量,充分施展每位员工的工作能力,实现组织目标。

(三) 组织中的决策与领导

决策是组织中最重要的管理活动之一。管理者需要做出的决策大到决定组织目标、所提供的产品和服务、财务运作方式,小到生产日程安排、招聘新员工等。

领导者在领导活动中所表现出来的行为就是领导行为 (leadership),即指引和管理一群人或一个组织实现某种目标的活动。领导行为的影响和作用表现为领导功能,主要有计划功能、组织功能、人事功能、激励功能和控制功能等。

计划功能。集体活动需要有头脑清晰、胸怀全局、高瞻远瞩的领导者来帮助人们认清所处环境,明确活动目标和实现途径。因此,领导者有责任计划组织这些活动的开展。领导行为的计划功能体现在:规定将来评定组织绩效的标准,建立各种规章和业务处理的程序,制订工作计划,分析和预测执行决策过程中的条件与环境等。

组织功能。领导行为的组织功能体现在:设立组织开展业务所需的各个部门,给组织中的员工分派工作,对下属进行授权,建立职权指挥系统,明确交流和沟通的渠道,对所管辖的人员的工作进行协调。

人事功能。领导行为的人事功能体现在:招聘和选拔人员,设立衡量员工工作绩效的标准,训练和培养员工,对员工的业务水平进行辅导,评定员工的业绩,奖励绩效优异的员工。

激励功能。激励功能是领导行为的主要功能之一。领导者各项决策的确定、组织目标的实现等都是借助发挥和调动团队与员工的积极性来完成的。任何一位领导者,如果不能有效地发挥激励作用,即使目标决策再好、组织设计再合理、管理制度再完善、管理手段再科学,也难以实现既定的目标,很难算是一位好的领导者。

领导行为的激励功能体现在：领导者的榜样激励，使用员工参与激励，实行素质提高激励，需要满足激励等。

控制功能。领导行为的控制功能体现在：对各项业务设定完成情况的标准，按期检查员工的工作是否达标。如果没有达标，要分析其中的原因。如果是因客观因素或员工自身能力不足，就要适时修正和采取调整措施。如果是因员工个人积极性不高，就要采取适当方法对其进行激励。

（四）组织冲突与职业健康

1. 组织冲突

组织冲突（organizational conflict）是指对立双方在资源匮乏时出现阻挠行为并被知觉到的矛盾，是影响组织气氛和士气的重要因素。它是组织中员工之间、部门之间或员工与部门之间由于意见分歧或利益不一致而产生的心理和行为对抗，是一个从知觉到情绪再到行为的心理演变过程。在这个过程中，个体或团队在各种条件的影响下会意识到他或他们的利益正在受到其他个体或团队的影响，产生知觉层面的冲突感受。如果情况并非知觉或想象得那样严重，或者对方的所作所为没有对自己造成既成的后果，组织冲突就会结束在知觉层面上。否则，就会发展演变为情绪上的对抗，乃至行为上的对立。

2. 职业健康

职业健康（occupational health）是研究并预防因工作导致的疾病，防止原有疾病的恶化。主要表现为工作中因环境及接触有害因素引起人体生理机能的变化。提升职业健康水平的方法有：适当放松，保持充足的睡眠，维持工作与生活的平衡等；加强身体锻炼；积极地进行人际交往，如找人倾诉、提高人际交往技能等；进行压力管理，从源头抑制压力的产生，或者在压力产生之后，正确地认识并应对压力；构建积极心理资源，提高自我效能感，相信自己有能力处理遇到的问题；增强心理韧性，能够迅速恢复心力；保持乐观，对失败进行外部归因；充满希望，计划并憧憬未来，相信好的结果总会到来。

三、心理学在广告消费领域的应用

（一）广告策划心理

广告策划是指广告人员在对市场、产品和消费者进行广泛调查分析的基础上，根据广告客户的需求对广告活动进行全面谋划的过程。在对市场与消费者进行充分研究的基础上，确定向谁说——目标定位，说什么——产品定位，如何说以及由谁来说——心理策略，最后还要了解消费者对广告的反应——心理效果测评。

广告策划的程序包括开展市场调查、确定广告目标、进行广告定位、确定广告诉求策略、拟订广告媒介策略、拟订广告预算、进行广告效果测评。

（二）广告说服心理

说服（persuasion）是指改变他人或客体态度及行为的过程。广告说服是通过大众媒体，旨在促进消费者对特定商品产生积极的态度和购买行为。广告说服成功的诱因包括：广告信息本身与消费者的潜在需要有关；广告信息源有较高可信度；广告给消费者以积极的情感体验。

广告说服本质上是一种沟通方式，是通过有效的信息诉求改变消费者头脑中已形成的某种认知，促使其形成新的认知并由此改变消费者的行为。广告说服策略旨在通过广告活动让消费者对广告产品以及品牌产生良好态度，进而说服其购买广告传播的产品或服务。

【知识窗】
广告中的
说服理论

（三）消费心理

消费心理学（consumer psychology）是以消费者在消费活动中的心理行为现象为分析研究对象，研究消费者在购买、使用和消耗商品及劳务的过程中反映出来的心理活动规律的社会心理学分支。如人们消费时的认知过程、情绪过程和意志过程等心理活动的特征与规律；消费时的心理活动倾向，如求实求廉、从众趋时的心态；人们的需求动态及消费心理的变化趋势等。设计和制造商创造出新的使用价值，在消费者手中经历了需求、购买、使用与报废的消费过程，并完成设计成果由产品、商品、用品到废品的消费周期。消费者在消费过程与消费周期中的心理活动形成了消费心理。

消费者的个性不但影响其购买动机和需求，也在一定程度上影响消费者的购买行为和消费风格。消费者的个性心理特征很多，主要有兴趣、气质、能力和性格四个方面。

实证研究表明，兴趣对消费者购买行为的作用主要体现在以下三点：第一，使消费者比较容易做出购买的决定；第二，如果对某种商品产生了稳定的兴趣，就会在一定时期和一定情况下促使消费者对该商品进行重复购买；第三，会促使消费者为未来的购买行为做准备。消费者的兴趣对购买行为的影响受兴趣的深度、广度及指向对象的影响。在有些情况中，受某些情绪的影响，消费者的兴趣会发生转变。商家常根据消费者的兴趣特征，把握、利用这种心理资源，促进消费行为。

四、心理学在用户体验设计领域的应用

设计心理学（design psychology）的研究重点不是单纯的心理学基础理论，而是心理学在以用户为中心的设计及相关领域中的运用。其研究目的是帮助设计师做出更符合受众预期的设计，使设计成果更好地为人服务。所以，研究者必须同时掌握心理学和设计学两个领域的知识，才能有效地运用心理学来解决设计中的实际问题。

用户体验设计（user experience design）是指设计团队用来创建为用户提供理想体验的产品或服务的过程，是一种研究和开发涉及用户交互的各个方面的想法。用户体验设计更多的是从用户的角度解读设计。用户沉浸在设计师所设定的有形的产品、服务、空间，或无形的交互、服务中，会产生令人难忘的情感表达和情绪记忆，这些情绪和体验是设计师设计、生产、创造营收的经济物品，并非只是虚无缥缈的感觉。

【知识窗】
小米公司
的生态链

（一）设计中的受众心理

1. 受众的需要、动机与行为

需要、动机都是心理行为的动力因素，在心理过程中表现为驱使个体心理行为的动力。根据需要层次论，消费者对服装的需要从最基本的保暖需要到较高层次的尊重需要、审美需要，需要类型各不相同。许多产品都是在满足基本需要的基础上，按照目标群体需要的不同，呈现不同的档次、类别、设计风格等。

2. 受众态度与设计说服

态度（attitude）是个体对特定对象以一定方式做出反应时所持的评价性的、较稳定的内部心理倾向。说服的目的是影响和改变个体的态度。设计说服，是将设计作为一种交流的语言或方式，运用设计来引导他人的态度和行为趋向预期的方向。设计说服的意义在于，在消费的过程中，无论产品造型设计、包装设计、企业的视觉传达、广告设计或是卖场的环境设计，其核心本质都在于试图对潜在消费者进行正面的引导，使他们产生积极的态度，并最终引导可能的购买行为。

（二）设计中的产品创造心理

产品创新既是设计的目的又是设计的手段，在设计活动中处于核心地位。创新为工业设计注入了新的生命力。在市场竞争日趋激烈的今天，设计的创造力成为企业取得竞争优势的重要条件之一。创造心理是设计心理的重要组成部分，是研究设计创新、拓宽设计思路的重要突破领域。把握产品创意心理、突破设计思维对于设计而言具有较为深远的意义和作用。

1. 设计的安全性

安全性是操作的基础，设计的安全性是其经济性、可靠性、操作性和先进性的综合反映，是设计实现其经济目的的前提条件。产品如果存在安全隐患，就会直接危及产品的使用者。对人或环境等构成伤害或存在伤害可能的产品都不符合设计原则。

2. 设计的实用性

设计应当符合人类不同实际活动的需要，为人们提供舒适方便的使用环境，保证使用目的的实现并不会引起歧义。设计应最大限度满足不同使用者的共同要求，产品应尽最大可能面向所有使用者，而不该为一些特殊的情况做出较为勉强的迁就。

（三）用户体验测评

用户体验通常被认为是主观性的心理感受，且与体验环境、个体因素甚至心情相关，不同条件下的体验往往具有一定波动。以往的产品在投放到市场后才开始收集用户的反馈，但此时已经具有流失客户的风险。用户体验评估是通过包括心理学等在内的一系列学科的量化方法对产品进行评价，具有一定的普遍性和参考价值，可以在产品正式面对消费者前，与部分目标消费者进行交流互动，提前发现问题、规避市场风险。

用户体验的测评方法包括调查问卷（传统媒体、新媒体、论坛）、用户访谈、功能反馈、用户测试（众测）、App 灰度发布、内测、A/B 测试、原型测试等。

拓展阅读

A/B 测试

A/B 测试的核心是确定两个元素或版本（A 和 B）哪个版本更好，需要同时对两个版本进行实验，最后选择最好的版本使用。它借鉴了实验的思维，目标是归因。

最早的 A/B 测试起源于医学。当一种药剂被研发后，科研人员需要评估药剂的效果，此时可选择两组随机筛选的被试，构建实验组和对照组，进行"试药"：向实验组提供真的药剂，向对照组提供安慰剂。参与实验的被试不知道自己属于哪一组，只有研究者知道。在"用药"后的观察中，通过一些统计方法，验证药效是否显著，从而校验药剂是否达到我们的预期效果。

在用户体验测评中，进行 A/B 测试时需要确认的是，当前改版是否有效，即将需要验证效果的"药剂"变成了网站、电脑桌面应用、手机应用等的"改版"。也可以把网站、电脑桌面应用、手机应用或者相关内容生产流程等，拆分为多个版本。然后将流量分层（或者分流），让不同的人群使用的功能或者触发的策略不同。这里的人群一定要满足同质化的要求。所以无论分层还是分流，我们都需要将用户随机分配，且同一用户不能处在两个组内。

通俗来说，A/B 测试是在互联网人口红利减少的背景下，为了提高用户满意度、留住用户而使用的一种精细化运营的评估方法。

反思与探究

1. 心理健康的标准是什么？大学生常见的心理障碍有哪些？
2. 心理危机的阶段有哪些？心理危机干预技术包括哪些？
3. 简述以脑为导向的教学模式。
4. 简要介绍学校心理健康教育的方法。
5. 除了本章介绍的心理学应用领域，心理学在生活中还有哪些应用领域？在这些领域中，你有感兴趣的研究方向吗？请尝试就该方向的一个前沿问题进行研究设计。

推荐阅读

1. 姚本先. 学校心理健康教育新论［M］. 北京：高等教育出版社，2010.

该书围绕学校心理健康教育的三个问题——"为什么""是什么""干什么"构建学校心理健康教育的理论体系，关注学校心理健康教育的内在逻辑结构。通过对学校心理健康教育的基础知识、基本理论的阐释和论述，引导学校心理健康教育领域的工作者系统地了解和掌握一般性原理及方法。

2. 桑青松. 网络文化与青少年道德学习［M］. 北京：人民出版社，2023.

该书包括三部分内容：①聚焦新时代网络文化发展新样态和青少年品德心理发展规律特点，揭示网络文化与青少年道德学习的相互作用机制；②聚焦新时代青少年道德教育新任务，构建具有生态化效度的道德情感培育和健全人格养成的保障机制；③聚焦文化价值标准和高质量教育内涵，提出自教与他教相结合、网上网下相配合、学校－家庭－社会协同育人的网络德育新模式和新路径。有关青少年网络心理的实证研究成果，为促进学生思想道德素质和身心健康素质协调发展提供了借鉴与参考。

3. 苗丹民，严进，冯正直，等. 军事心理学［M］. 上海：华东师范大学出版社，2020.

该书系统介绍了近年来国际、国内军事心理学研究及新发展成果，主要包括军人心理选拔与训练、军事环境应激与心理障碍、作战心理与信息损伤防护、军队组织文化与军人心理健康等，展示了军事心理学研究的全貌和应用前景。

4. AAMODT M G. 工业与组织心理学：第6版［M］. 丁丹，武琳，邵燕萍，译. 北京：中国轻工业出版社，2011.

该书系统探讨了工作分析与评估、员工选拔、培训系统的设计与评估、员工激励、工作满意度与组织承诺、组织沟通、领导、组织行为与冲突、工作压力管理等内容，提供了丰富的真实案例。该书将研究前沿、理论经典与实践应用完美地结合在一起，让读者通过对案例的学习，做好迎接未来的准备。

主要参考文献

[1] 朱智贤. 儿童心理学[M]. 4版. 北京：人民教育出版社，2003.

[2] 林崇德. 智力发展与数学学习[M]. 北京：中国轻工业出版社，2011.

[3] 黄希庭. 心理学导论[M]. 2版. 北京：人民教育出版社，2007.

[4] 彭聃龄. 普通心理学[M]. 5版. 北京：北京师范大学出版社，2018.

[5] 董奇，陶沙. 动作与心理发展[M]. 北京：北京师范大学出版社，2002.

[6] 郭德俊，刘海燕，王振宏. 情绪心理学[M]. 北京：开明出版社，2012.

[7] 迈尔斯. 社会心理学：第11版[M]. 侯玉波，乐国安，张智勇，译. 北京：人民邮电出版社，2016.

[8] 孟昭兰. 体验是情绪的心理实体：个体情绪发展的理论探讨[J]. 应用心理学，2000，6（2）：48-52.

[9] 陈英和. 认知发展心理学[M]. 北京：北京师范大学出版社，2013.

[10] 戴斯，等. 认知过程的评估：智力的PASS理论[M]. 杨艳云，等译. 李其维，审校. 上海：华东师范大学出版社，1999.

[11] 叶奕乾，祝蓓里，谭和平. 心理学[M]. 6版. 上海：华东师范大学出版社，2020.

[12] 史秋衡，王芳. 我国大学生就业能力的结构问题及要素调适[J]. 教育研究，2018，39（4）：51-61.

[13] 李卫兵，邹萍. 空气污染与居民心理健康：基于断点回归的估计[J]. 北京理工大学学报（社会科学版），2019，21（6）：10-21.

[14] 张广来，张宁. 健康中国战略背景下空气污染的心理健康效应[J]. 中国人口·资源与环境，2022，32（2）：15-25.

[15] 刘丹霓，李董平. 父母教养方式与青少年网络成瘾：自我弹性的中介和调节作用检验[J]. 心理科学，2017，40（6）：1385-1391.

[16] 契克森米哈赖. 心流：最优体验心理学[M]. 张定绮，译. 北京：中信出版社，2017.

[17] 朱芬，孔燕. 中国科大少年班超常教育的实践成果与经验探讨：基于"双超常教育"思想的视角[J]. 中国特殊教育，2020（8）：43-47.

[18] 孟万金，官群. 人人都有超常潜能，人人都需要超常教育：再论双超常教育：破解拔尖创新人才培养难题[J]. 中国特殊教育，2010（7）：49-53.

[19] 卓彩琴. 生态系统理论在社会工作领域的发展脉络及展望[J]. 江海学刊，2013（3）：113-119.

[20] 苗丹民，严进，冯正直，等. 军事心理学[M]. 上海：华东师范大学出版社，2020.

[21] 桑青松. 网络文化与青少年道德学习[M]. 北京：人民出版社，2023.

［22］孙宏伟，等. 心理危机干预［M］. 2版. 北京：人民卫生出版社，2018.

［23］周承君，赵世峰. 设计心理学与用户体验［M］. 北京：化学工业出版社，2019.

［24］BAUMRIND D. Child care practices anteceding three patterns of preschool behavior［J］. Genetic psychology monographs，1967，75（1）：43-88.

［25］BINDL U K，UNSWORTH K L，GIBSON C B，et al. Job crafting revisited：implications of an extended framework for active changes at work［J］. Journal of applied psychology，2019，104(5)：605-628.

［26］CAI L，WANG X. Prediction and influencing factors of college students' career planning based on big data mining［J］. Mathematical problems in engineering，2022(5)：1-11.

［27］MAGNUSON J R，KANG H J，DALTON B H，et al. Neural effects of sleep deprivation on inhibitory control and emotion processing［J］. Behavioural brain research，2022，426：113845.

［28］Rolle L，Prino L E，Sechi C，et al. Parenting stress，mental health，dyadic adjustment：a structural equation model［J］. Frontiers in psychology，2017，8：1-10.

郑重声明

高等教育出版社依法对本书享有专有出版权。任何未经许可的复制、销售行为均违反《中华人民共和国著作权法》，其行为人将承担相应的民事责任和行政责任；构成犯罪的，将被依法追究刑事责任。为了维护市场秩序，保护读者的合法权益，避免读者误用盗版书造成不良后果，我社将配合行政执法部门和司法机关对违法犯罪的单位和个人进行严厉打击。社会各界人士如发现上述侵权行为，希望及时举报，我社将奖励举报有功人员。

反盗版举报电话　　（010）58581999　58582371
反盗版举报邮箱　　dd@hep.com.cn
通信地址　　北京市西城区德外大街4号
　　　　　　高等教育出版社知识产权与法律事务部
邮政编码　　100120

读者意见反馈

为收集对教材的意见建议，进一步完善教材编写并做好服务工作，读者可将对本教材的意见建议通过如下渠道反馈至我社。

咨询电话　　400-810-0598
反馈邮箱　　gjdzfwb@pub.hep.cn
通信地址　　北京市朝阳区惠新东街4号富盛大厦1座
　　　　　　高等教育出版社总编辑办公室
邮政编码　　100029